DAS BRAUNE BERLIN

Für Dr. Bernhard Weiß (1880-1951),
den ehemaligen Polizei-Vizepräsidenten von Berlin

Weiß war eine Kämpfernatur und griff als einer der wenigen in Berlin entschieden gegen Rechtsbrüche während der Weimarer Republik durch. Der Jurist, dessen Vater Vorsitzender der jüdischen Gemeinde Fasanenstraße war, wurde 1918 stellvertretender Leiter der Kriminalpolizei, 1925 Chef der Kripo und 1927 Vizepolizeipräsident.

Joseph Goebbels, Berliner Gauleiter der NSDAP, hetzte in der nationalsozialistischen Zeitung „Der Angriff" regelmäßig gegen Weiß und überzog ihn mit antisemitischen Diffamierungen. Goebbels kehrte die respektvolle Abkürzung „ViPoPrä" für Weiß ins Negative und bezeichnete ihn als Juden „Isidor Weiß". Weiß reagierte mit mehr als 60 Prozessen gegen Goebbels.

1932 verlor Weiß sein Amt und ging – nach kurzer Haft – 1933 ins Exil.

WIELAND GIEBEL (HG.)

DAS BRAUNE BERLIN

ADOLF HITLERS
„KAMPF UM DIE REICHSHAUPTSTADT“

BERLIN STORY VERLAG

IMPRESSUM

Giebel, Wieland (Hg.):
Das braune Berlin –
Adolf Hitlers „Kampf um die Reichshauptstadt"
1. Auflage – Berlin: Berlin Story Verlag 2012
ISBN 978-3-86368-064-0

Alles über Berlin GmbH
Unter den Linden 40, 10117 Berlin
Tel.: (030) 20 91 17 80
Fax: (030) 69 20 40 059
www.BerlinStory-Verlag.de
E-Mail: Service@AllesueberBerlin.com
Umschlag und Satz: Norman Bösch

WWW.BERLINSTORY-VERLAG.DE

INHALT

ZU DIESER EDITION

Diese Edition umfasst schwerpunktmäßig die Jahre 1920 bis 1933, also von den ersten Äußerungen Hitlers über die politische Bedeutung Berlins bis zu seiner Ernennung zum Reichskanzler am 30. Januar 1933. Im Kern geht es um Adolf Hitlers letztlich erfolgreichen Kampf um die Reichshauptstadt. Einzelne Quellen stammen aus den Jahren vor und nach diesem grundsätzlichen Rahmen, genauer aus den Jahren 1916 bis 1919 und 1933 bis 1936. Das erwies sich als sinnvoll, um Querverweise in den Quellen verständlich zu machen. Dagegen erwies es sich als nicht praktikabel, Berlin als „Hitlers Hauptstadt" 1933 bis 1945 in ähnlicher Dichte zu dokumentieren. Das hätte den Rahmen dieses ohnehin schon sehr umfangreichen Bandes gesprengt. Entsprechendes Interesse beim Publikum vorausgesetzt, wäre eine solche Ergänzung in einem zweiten Band jedoch durchaus möglich.

Es gibt unüberschaubar viele Quellen, die den Verlauf von Hitlers Bemühungen um Berlin dokumentieren. Grundlage der hier vorgelegten Auswahl über den Aufstieg des Nationalsozialismus in der Reichshauptstadt sowie der Kommentare ist eine Quellensammlung, die Sven Felix Kellerhoff für sein Buch „Hitlers Berlin. Geschichte einer Hassliebe" (Berlin 2005) erarbeitet hat. Die für den praktischen Gebrauch mit biografischen Details sowie Informationen zum jeweiligen Kontext kommentierte Quellensammlung ergänzte er für seine Bücher „Gerüchte machen Geschichte" (mit Lars-Broder Keil, Berlin 2006), „‚Kristallnacht' – Das Novemberpogrom 1938 und die Verfolgung der Berliner Juden 1924-1945" (Berlin 2008) sowie „Berlin im Krieg. Eine Generation erinnert sich" (Berlin 2011). Seine Vorarbeiten stellte Kellerhoff dem Redaktionsteam des Berlin Story Verlages freundlicherweise für dieses Buch zur Verfügung.

In Kellerhoffs Sammlung gingen bekannte wissenschaftliche Editionen wie „Hitler. Sämtliche Aufzeichnungen 1905-1924" (Stuttgart 1980) oder „Hitler – Reden. Schriften. Anordnungen 1925-1933" (14 Bde. München usw. 1991-2000) ein, außerdem die seinerzeit noch nicht vollendete Edition der Tagebücher von Joseph Goebbels (32 Bde. München 1993-2008). Gerade für das entscheidende Jahr 1932 von großer Bedeutung ist die mustergültige Edition „Akten der Reichskanzlei", im Besonderen die Bände über die Kabinette Brüning (3 Bde. Boppard 1982-1990), von Papen (2 Bde. Boppard 1989) und von Schleicher (Boppard 1986). Diese Editionen sind in gut ausgestatteten Bibliotheken problemlos greifbar.

Weitaus weniger bekannt, aber mindestens genauso wichtig für einzelne Phasen des nationalsozialistischen Kampfes um die Reichshauptstadt sind zwei an verstreuten Stellen veröffentlichte Sammlungen. Zentral für die Frühzeit der Hitler-Bewegung in Berlin ist Martin Broszats Dokumentation „Die Anfänge der Berliner NSDAP 1926/27", die in den „Vierteljahresheften für Zeitgeschichte" erschien (München 1960). Das Gleiche gilt für den 26 Seiten umfassenden Dokumentenanhang in Helmut Heibers erster, fragmentarischer Edition der Goebbels-Tagebücher von 1925/26 (Stuttgart 1960). In den bisher eher verstreuten Studien zur Geschichte der Berliner NSDAP sind weitere wichtige Quellen als größere Zitate enthalten und werden in dieser Sammlung danach zitiert. Dazu zählen Arbeiten wie „Rechtsradikalismus in Berlin 1918-1928" (Berlin 1988) von Bernd Kruppa, „Die Spandauer SA 1926-1933. Eine Studie zur nationalsozialistischen Gewalt in einem Berliner Bezirk" von Oliver C. Gliech (Berlin 1988) oder „Der Kampf um Namen. Bernhard Weiß gegen Joseph Goebbels" von Dietz Bering (2. Aufl. Stuttgart 1992).

Einen großen Anteil in Kellerhoffs Sammlung haben Quellen, die in den zwanziger und dreißiger Jahren erschienen und seither nicht oder jedenfalls nicht in einer kommentierten Form wieder herausgegeben worden sind. Dazu gehören eine Reihe von Originalschriften von Joseph Goebbels, etwa die Hetzschriften „Das Buch Isidor. Ein Zeitbild voll Lachen und Hass" (5. Aufl. München 1931), „Knorke. Ein neues Buch Isidor (2. Aufl. München 1931), „Kampf um Berlin. Bd. 1: Der Anfang 1926/27", von dem mehr nicht erschienen ist (München 1932) oder „Vom Kaiserhof zur Reichskanzlei. Eine historische Darstellung in Tagebuchblättern" (München 1934), außerdem nationalsozialistische Heldengeschichten wie etwa „Soldaten der Freiheit. Ein Parolebuch des Nationalsozialismus 1918–1925“ von Erich Franz Berendt (Berlin 1935), „Eine braune Armee entsteht. Die Geschichte der Berlin-Brandenburger SA“ von Julius Karl von Engelbrechten (München – Berlin 1937), der Stadtführer „Wir wandern durch das nationalsozialistische Berlin. Ein Führer durch die Gedenkstätten des Kampfes um die Reichshauptstadt“ von Engelbrechten und Hans Volz (München 1937) sowie „Adolf Hitler gewinnt Berlin“ von Ernst Ziemann (Leipzig 1937).

Einen wichtigen Teil der Quellensammlung machen zeitgenössische Zeitungsartikel aus. Sie stammen einerseits aus nationalsozialistischen Blättern wie dem *Völkischen Beobachter* und dem *Angriff*, andererseits aus liberalen Berliner Blättern wie der *Berliner Morgenpost*, dem *Berliner Tageblatt* und der *Vossischen Zeitung*. In Einzelfällen wertete Kellerhoff auch andere Blätter aus, etwa die kommunistischen Zeitungen *Rote Fahne* und *Welt am Abend*, die seinerzeit schnellste Zeitung der Welt, die *BZ am Mittag*, das SPD-Parteiblatt *Vorwärts* und den rechtskonservativen *Berliner Lokal-Anzeiger*. Diese Blätter lagen teilweise im Zentrum für Berlin-Studien der Zentral- und Landesbibliothek Berlin als Mikrofilmkopien, teilweise im Infopool des Axel Springer Verlages in Original-Zeitungsbänden vor.

Im ersten Teil der Edition werden im Wesentlichen in chronologischer Reihenfolge Quellen präsentiert, die politische Zusammenhänge betreffen. Aufnahmekriterium war, dass eine überlokale Bedeutung der in den Dokumenten behandelten Zusammenhänge deutlich war. Sie sollten sich ferner nicht überwiegend auf örtlich beschränkte Vorgänge beziehen. Allerdings ist eine gewisse Unschärfe dabei nicht zu vermeiden, wie etwa das Beispiel der Schlacht auf dem Bahnhof Lichterfelde-Ost belegt.

Im zweiten Teil liegt der Schwerpunkt auf im engeren Sinne lokal zu verortenden Ereignissen. Die hierfür ausgewählten Quellenstücke erlauben einen Einblick in die Agitation der NSDAP und der SA vor Ort. Da eine vollständige, kommentierte Edition des nationalsozialistischen Reiseführers „Wir wandern durch das nationalsozialistische Berlin. Ein Führer durch die Gedenkstätten des Kampfes um die Reichshauptstadt“ von Julius Karl von Engelbrechten und Hans Volz (München 1937) an Einwänden des möglichen Inhabers der Urheberrechte, des Finanzministeriums des Freistaates Bayern, scheiterte, fanden in die hier vorgelegte Auswahl lediglich kommentierte, also wissenschaftlich bearbeitete Auszüge aus diesem Werk Eingang.

Im dritten Teil der vorliegenden Edition finden sich statistische Daten über den Aufstieg der NSDAP in der Reichshauptstadt. Sie stammen in den meisten Fällen aus den Jahrbüchern des Statistischen Landesamtes Berlin, die im Zentrum für Berlin-Studien der Zentral- und Landesbibliothek Berlin einsehbar sind, sowie aus den jährlichen Berichten des Statistischen Reichsamtes. Einzelne andere Quellen sind detailliert nachgewiesen.

Für die vorliegende Ausgabe wurden in das bereits vorliegende Konvolut einige weitere Quellen eingearbeitet, die erst kürzlich zugänglich wurden. Dazu zählt zum Beispiel die unvollendete und nur handschriftlich überlieferte Bekenntnisschrift von Horst Wessel mit dem Titel „Politika", die von der Staatsbibliothek 1938 angekauft und im Rahmen der Auslagerungen wertvoller Bestände während des Zweiten Weltkriegs nach Schlesien verlagert wurde. Sie befindet sich heute unter der Signatur Ms. Berol. Germ. Oct. 762 in der Biblioteka Jagiellońska in Krakau, die sie vor kurzem als vollständigen Scan online zugänglich machte (http://jbc.bj.uj.edu.pl/dlibra/docmetadata). Erstmals ausgewertet wurde für dieses Buch der unter dem Namen von Joseph Goebbels erschienene, tatsächlich aber wesentlich von mehreren seiner Mitarbeiter verfasste Bildband „Das erwachende Berlin" (München 1933).

Diese Edition soll einen möglichst direkten Einblick in den Aufstieg der NSDAP in Berlin ermöglichen, und zwar in Originalquellen. Deshalb stehen im ersten Teil in der Regel mehrere Quellentexte für einen jeweiligen konkreten Zusammenhang. Das sind in vielen Fällen einerseits Quellen unterschiedlicher nationalsozialistischer Provenienz, andererseits Artikel aus seriösen, das heißt liberalen Zeitungen, Polizeiberichte oder Aktenstücke zum selben Zusammenhang. Wo es keine neutralen Quellen gab, wurden auch Texte aus Goebbels-kritischen Kreisen innerhalb der NSDAP herangezogen. Da jedoch die Selbstdarstellung der Hitler-Partei für den Aufstieg der braunen Bewegung in der Reichshauptstadt eine zentrale Bedeutung hat, überwiegen Quellen nationalsozialistischer Provenienz rein mengenmäßig. Im zweiten Teil war eine solche Gegenüberstellung prinzipiell nicht möglich, denn es gibt keine Gegenüberlieferung zu den Orten nationalsozialistischer Selbstdarstellung beim „Kampf um Berlin“. Viele der im zweiten Teil beschriebenen Gewalttaten vor allem aus den Jahren 1930 bis 1932 haben sich in den Berliner Zeitungen nur summarisch niedergeschlagen. Wo es doch Ermittlungen und Verfahren gab, sind deren Ergebnisse kurz zusammengefasst. Ansonsten beschränkt sich der Kommentar in diesem Abschnitt darauf, nicht unmittelbar erkennbare Verzerrungen im Sinne der NS-Ideologie zu identifizieren. Der dritte Abschnitt präsentiert statistische Quellen, die lediglich sachlich erläutert werden mussten.

Wie jede Auswahl folgt auch das hier vorgelegte Konvolut subjektiven Kriterien. Die Schwerpunkte der Dokumentation folgen dem Erkenntnisinteresse ihres Urhebers und erklären sich aus dem Zusammenhang seiner Arbeiten, also vor allem der Frage des Verhältnisses Hitlers zur Reichshauptstadt und zum Aufstieg der Berliner NSDAP unter ihrem Gauleiter Joseph Goebbels. Hätte man andere Schwerpunkte gesetzt, etwa die Entwicklung der Berliner SA in einem bestimmten Bezirk oder die Maßnahmen der Politischen Abteilung der Berliner Polizei gegen die NSDAP, wäre eine andere Zusammenstellung herausgekommen. Jedoch zeichnet die Auswahl auf jeden Fall ein repräsentatives Bild des Kampfes um die Reichshauptstadt.

Kellerhoffs Arbeitskommentare in dem zugrundeliegenden Konvolut wurden im Hinblick auf eine möglichst breite Leserschaft ergänzt. Allgemeines Wissen zur deutschen Zeitgeschichte, besonders zur Weimarer Republik, musste zwar vorausgesetzt werden. Doch sind sämtliche namentlich auftretenden Personen kurz charakterisiert, außerdem nicht unmittelbar erschließbare Zusammenhänge erläutert. Da nationalsozialistische Quellen nach Überzeugung des Herausgebers nicht losgelöst von einem seriösen Sachkommentar gedruckt werden sollten, hat sich das Redaktionsteam zu einer Erläuterung in echten Fußnoten entschlossen. Sven Felix Kellerhoff erklärte sich dankenswerterweise bereit, eine Einleitung zu diesem Buch beizusteuern, in der die hier präsentierten Quellen im zeithistorischen Zusammenhang gewertet werden.

Für das Redaktionsteam
Wieland Giebel

EINLEITUNG

Wer Vergangenheit verstehen will, muss die zeitgenössischen Zeugnisse im Original lesen. Nur so lässt sich direkt nachvollziehen, wie die Situation im jeweiligen Moment einer Entscheidung wahrnehmbar war, wie die Beteiligten die Ereignisse subjektiv verstanden und mitgestalteten. Nachträgliche Betrachtungen, ob sie nun von Zeitzeugen stammen oder von Historikern, sind oft interessant und wichtig, auch diskussionswürdig. Aber es handelt sich doch immer um Interpretationen. Der Zugriff auf die Originalquellen bleibt der Königsweg, sich der Wirklichkeit lange vergangener Epochen anzunähern. Das gilt auch und besonders für die Zeitgeschichte. Die Quellen beispielsweise zum Aufstieg des Nationalsozialismus kann jeder lesen man braucht in der Regel keine speziellen Sprachkenntnisse oder Fertigkeiten etwa beim Entziffern von Handschriften, wie das für mittelalterliche und sogar viele Zeitzeugnisse bis zur Wende vom 19. zum 20. Jahrhundert notwendig ist. Deshalb lohnt es sich, nicht nur für Experten und Fachwissenschaftler, sondern auch für ein breites Publikum eine Sammlung von Quellen zum Kampf der NSDAP um die Reichshauptstadt vorzulegen. Berlin war für Adolf Hitler stets ein Ziel im doppelten Sinn: zugleich Feindbild und Wunschbild, sowohl Maßstab im Negativen als auch Bühne für das, was er für seine Berufung hielt. Diese Ambivalenz macht es auch acht Jahrzehnte nach seiner Machtübernahme 1933 und fast sieben Jahrzehnte nach seinem Selbstmord in der feuchten, engen Betonhöhle des Führerbunkers im Regierungsviertel in Mitte schwer, die komplexe Beziehung auf eine einfache Formel zu bringen. Vielleicht am nächsten kommt dem noch das Wort „Hassliebe".[1] Es illustriert das ständige Nebeneinander von überbordender Begeisterung und tiefer Ablehnung. „Die Stadt ist großartig. So eine richtige Weltstadt."[2] Das schrieb der Fronturlauber Hitler 1917 an einen Kriegskameraden.

1 Vgl. ausführlich dazu Kellerhoff: Hitlers Berlin, passim.

2 Vgl. Dokument 3.

Sechs Jahre später forderte er seine Anhänger auf, „mit der ganzen Kraft aller deutschen Gaue den Vormarsch anzutreten in das Sündenbabel Berlin“.[3] Es gibt zahllose weitere Zitate des NSDAP-Chefs, oft in verwirrender zeitlicher Nähe entstanden, die zeigen: Hitler hatte stets ein gespaltenes Verhältnis zur Reichshauptstadt.

Trotzdem war ihm vielleicht schon seit seinen ersten Kontakten mit der Reichshauptstadt im Ersten Weltkrieg[4] klar, wie wichtig Berlin gerade für seine Art von Politik war. Der Populist und Demagoge, Parteiführer und Agitator brauchte die Metropole als Resonanzboden für seine Attacken auf politische Gegner. Er brauchte die Reaktionen der liberalen Presse, die er als jüdisch vergiftet attackieren konnte, und jede Eskalation nützte ihm, solange es genügend Menschen gab, die ihm seine scheinheiligen Schwüre auf den in Wirklichkeit verachteten Rechtsstaat abnahmen. Hitler wusste schon lange vor 1933, dass für ihn der Weg zur Macht in Deutschland ausschließlich über Berlin führte. Deshalb führte er nicht wie manche anderen Ideologen der extremen Rechten, einen Kampf gegen diese „Stadt als solche“, sondern einen „Kampf um die Reichshauptstadt“.[5] Es lohnt sich, die Aktionen seiner Partei in den Jahren 1920 bis 1933 anhand von Dokumenten zu verfolgen. Im Verlauf dieses reichlichen Jahrzehnts nämlich wurde Berlin, neben dem Ruhrgebiet einst die Hochburg der deutschen Arbeiterbewegung, braun: Nirgendwo gab es im ersten Halbjahr 1933 mehr Opportunisten, Mitläufer und Nutznießer als gerade hier.

Anfangs aber bekam der Münchner Bierkeller-Agitator wenig Resonanz in Berlin. Seine ersten politischen Gespräche verpufften, die Gründung einer örtlichen Parteigruppe scheiterte mehrfach.[6] Seit 1920 kam er immer wieder an die Spree oft um Geld für seine notorisch klamme Partei zu organisieren, was ihm allerdings hier weitaus weniger gut gelang als etwa in München. Auch deshalb war der Marsch auf Berlin das zentrale Motiv seines Putschversuches im November 1923.[7] Nach dem folgenden Verbot der NSDAP und ihrer Neugründung an-

3 Vgl. Dokument 15.
4 Vgl. Dokumente 2-5.
5 Vgl. Dokument 6 u. 1.
6 Vgl. Dokumente 8-14.
7 Vgl. Dokument 15.

derthalb Jahre später blieb die Reichshauptstadt fremdes Terrain für die Hitler-Bewegung – bei der ersten Wahl, bei der sie überhaupt als selbstständige Partei antrat, erzielte sie in gerade einmal einem Bezirk, in Spandau, die demütigende Zahl von 137 Stimmen.[8]

Eben weil aber die Hauptstadt so ungeheuer wichtig in Hitlers eher von Größenwahn als von Realitätssinn getriebener Weltanschauung war, schickte er seinen besten Mann hierher. Innerhalb kürzester Zeit unterdrückte Joseph Goebbels mit Rückendeckung des Parteichefs die bis dahin lähmenden Konflikte innerhalb der Berliner NSDAP[9] und machte aus ihr sowie der SA ein wirksames Instrument, um ein so einfaches wie brutales Vorhaben umzusetzen: Aufmerksamkeit um wirklich jeden Preis.[10] Gewalt war in der Politik der Weimarer Republik nichts Neues, aber Goebbels befeuerte solche Auseinandersetzungen als Selbstzweck. Freilich zeigte sich bald, dass es noch innerparteiliche Opponenten gab. Sie unternahmen wiederholt Attacken gegen den totalen Machtanspruch Goebbels' im Berliner NSDAP-Gau, unterlagen letztlich aber trotz Hitlers häufigem Zögern der schieren Energie und absoluten Skrupellosigkeit ihres Gegners.[11]

Die Reichstagswahl 1928 wurde zur großen Enttäuschung für Goebbels und die Hitler-Bewegung, denn offenbar zahlte sich die riskante Strategie der politischen Provokation an der Wahlurne nicht aus. Jedenfalls blieb die NSDAP eine Splitterpartei, im gesamten Deutschen Reich mit gerade einmal 2,6 Prozent der Stimmen, besonders aber in Berlin mit noch einem Prozent weniger.[12] Es war kein Zufall, dass nach dieser deutlichen Wahlniederlage erneut heftige Konflikte innerhalb der Hitler-Bewegung der Reichshauptstadt ausbrachen.[13] Mehrfach war es eng für Hitlers Statthalter in der Hauptstadt, doch letztlich setzte er sich durch. Zupass kam Goebbels dabei, dass der charismatische und rhetorisch äußerst begabte junge SA-Führer Horst Wessel, der ein potenzieller Rivale um die Führungsposition in Berlin hätte werden können, Anfang 1930

8 Vgl. Dokumente 17-22 u. 85.
9 Vgl. Dokumente 23-28.
10 Vgl. Dokumente 29-33.
11 Vgl. Dokumente 35 u. 37-42.
12 Vgl. Dokumente 43 u. 87f.
13 Vgl. Dokumente 44-46 u. 52f.

einem Überfall kommunistischer Straßenkämpfer zum Opfer fiel.[14] Für den instinktsicheren Propagandisten war das ein Geschenk, denn einen toten „Helden“ konnte er zum perfekten „Märtyrer der Bewegung“ aufbauen.

Zum Schlüsseljahr wurde für die NSDAP 1931. Nach dem Erdrutschsieg bei der Reichstagswahl 1930 mit einer Verachtfachung der Stimmen und nun 107 Mandaten im deutschen Parlament, konnte niemand mehr die Partei ignorieren.[15] Zugleich aber brachen nun die bis dahin unterdrückten Konflikte innerhalb der Hitler-Bewegung offen aus. Im ganzen Reich wurde das Fernduell des Berliner SA-Führers Walther Stennes mit dem Münchner Parteichef Hitler aufmerksam verfolgt.[16] Hier agierte Hitler wie auch später als Reichskanzler häufig: Lange, eigentlich viel zu lange ließ er erkennbaren Konflikten freien Lauf, um dann schlagartig zu entscheiden und ohne Rücksicht auf Verluste offene Konflikte zu beenden – und gleichzeitig zu beschwören, eigentlich sei er doch moderat. Sein Meineid vor dem Kriminalgericht Berlin-Moabit, mit dem er sich auf ausschließlich friedliche Methoden im politischen Streit festlegte, illustriert diese seltsam inkonsequente Methode. Obwohl Hitler damit die aggressive Taktik von Goebbels und der SA scheinbar desavouierte, fühlten sich die meisten Sympathisanten seiner schlichten Botschaften nicht abgeschreckt.[17]

Mehrere glänzende Wahlerfolge auf Landes- und Kommunalebene außerhalb Berlins ließen Hitler vermuten, die NSDAP sei 1932 stark genug, nach der Macht zu greifen. Doch gleich mehrfach scheiterte er: Zwar zwang er den greisen Reichspräsidenten, seine zweite Amtszeit mit Unterstützung der verhassten Sozialdemokratie anzutreten, doch mit seinen maßlosen Forderungen konnte Hitler bei Gesprächen über die Bildung einer neuen, parlamentarisch gestützten Regierung weder im August noch im November 1932 durchdringen.[18] Die NSDAP, wiewohl inzwischen eindeutig stärkste Partei im Reichstag, stand, nach dem Dämpfer der zweiten Reichstagswahl in diesem Jahr mit deutlichen Stimmenverlusten, vor der Spaltung. Wieder, wie schon 18 Monate zuvor in der Auseinandersetzung

14 Vgl. Dokumente 48 u. 50f.
15 Vgl. Dokumente 54 u.93.
16 Vgl. Dokument 55.
17 Vgl. Dokument 56.
18 Vgl. Dokumente 59f., 63 u. 65.

mit Stennes, erreichte Hitler im Konflikt mit seinem Organisationsleiter Gregor Straßer durch brutales Draufschlagen einen Sieg.[19] Dennoch erwarteten politische Beobachter zum Jahreswechsel 1932/33, dass die NSDAP den Höhepunkt überschritten hätte.[20]

Es war gerade diese übrigens sogar von Goebbels selbst eingeräumte Schwäche, die schließlich zur Berufung Hitlers an die Spitze eines neuen Reichskabinetts führte – zusammen mit einem völlig unbegründeten Gerücht über einen angeblich bevorstehenden Staatsstreich der Reichswehr gegen den Reichspräsidenten.[21] Die Ernennung der neuen Regierung erfolgte unter dubiosen Umständen: Hindenburg berief gegen Geist und Wortlaut der Verfassung einen Reichswehrminister von eigenen Gnaden, obwohl er das nur auf Vorschlag des Reichskanzlers hätte tun dürfen. Deshalb erhob der noch amtierende Regierungschef Kurt von Schleicher zu Recht den Vorwurf des Verfassungsbruchs.[22] Im Gegensatz zum damaligen Eindruck der meisten Zeitgenossen ist Adolf Hitler eben nicht legal an die Macht gekommen. Der Fackelzug am Abend des 30. Januar 1933 wurde das Symbol für das unwiderrufliche Ende des Rechtsstaates Weimarer Republik; die Demokratie in Deutschland war schon vorher gestorben: auf Reichsebene 1930, in Preußen und damit in Berlin 1932.

Eine rein auf politische Ereignisse bezogene Schilderung des „Kampfes um die Reichshauptstadt" jedoch wäre unvollständig. Denn die NSDAP und vor allem die SA agierten unter Goebbels seit Ende 1926, mit zunehmendem Erfolg seit 1930 in der ganzen Stadt. Da Selbstverklärung zu den wichtigsten Stilmitteln jeder antidemokratischen Revolution gehört, der bolschewistischen in Russland ebenso wie der nationalsozialistischen in Deutschland, zählt zu den spannendsten Quellen über den Aufstieg der Hitler-Bewegung in Berlin der Reiseführer „Wir wandern durch das nationalsozialistische Berlin" von Karl Julius von Engelbrechten und Hans Volz aus dem Jahr 1937.[23] Auszüge zu einigen besonders spannenden Stadtteilen im zweiten Teil dieser Quellensammlung geben einen Einblick

19 Vgl. Dokument 66.
20 Vgl. Dokument 67.
21 Vgl. Dokument 68 sowie Keil / Kellerhoff: Gerüchte machen Geschichte, S. 69-88.
22 Vgl. Dokument 69.
23 Vgl. Dokumente 71-78.

in die formal an das Vorbild Baedeker angelehnte Methode der beiden Autoren. Da ihr Werk aus SA-Sicht jedoch das angemaßte Deutungsmonopol des Gauleiters Joseph Goebbels zum „Kampf um Berlin“[24] direkt in Frage stellte, verschwand es nach nur einer Auflage wieder aus den Buchläden der Reichshauptstadt. Deshalb war diese zentrale, wenngleich in jedem einzelnen Punkt überprüfungsbedürftige Quelle lange Zeit vergessen. Ausschnitte daraus werden hier erstmals kommentiert vorgelegt.

Das Berlin der Weimarer Republik war eine andere Stadt als die deutsche Hauptstadt heute. Als Industrie- und Handelsmetropole dominierte die pulsierende Millionenstadt alle anderen Gemeinden des Deutschen Reiches. Etwa Hamburg, Frankfurt am Main, Köln und München waren seinerzeit trotz aller Stärken in bestimmten Branchen weitaus weniger bedeutend als heute. Als pluralistische politische Kraft gab es den Föderalismus noch kaum wenig erstaunlich angesichts der Dominanz Preußens als des größten Landes, das fast drei Viertel des gesamten Staates und seiner Wirtschaft umfasste. Um diese Unterschiede wenigstens ansatzweise klar zu machen, versammelt der dritte Teil ausgewählte Statistiken und ähnliche Quellen. Dazu gehören unter anderem Daten zur Sozialstruktur der Berliner Bevölkerung und des NSDAP-Vorläufers und der Gründungsmitglieder der NSDAP.[25] Auch gewöhnlich gering geschätzte Wahlstatistiken können hochspannend sein, jedenfalls wenn sie stets auf lokale Unterschiede eingehen.[26] Die Hochburgen der NSDAP im Verlauf der Zeit lassen sich daran leicht ausmachen, etwa Steglitz. Genauso wichtig sind die zu einigen Wahlen vorliegenden Sonderauswertungen zum Abstimmungsverhalten von Männer und Frauen.[27] Sie belegen, dass beide extremistischen Parteien öfter von Männern gewählt wurden als von Frauen, dass aber die Unterschiede bei der KPD größer waren als bei der NSDAP. Dagegen überwogen bei mehr oder weniger stark christlich-kirchlich geprägten Parteien wie dem katholischen Zentrum und der evangelisch-reaktionären DNVP Wählerinnen die Wähler eindeutig.

24 Vgl. Dokument 1.

25 Vgl. Dokumente 79 - 83

26 Vgl. Dokumente 84-88, 90-93 u. 95- 98.

27 Vgl. Dokument 94.

Verständlich wird Vergangenheit immer dann, wenn sie konkret ist. Aus den brutalen Auseinandersetzungen etwa innerhalb der Berliner NSDAP 1926 bis 1931 kann man auch heute mittelbar viel lernen über den Wert demokratisch-gesitteter Verhaltensweisen. Die knappen Auszüge aus den fast täglichen Aufzeichnungen von Joseph Goebbels illustrieren das Phänomen der Selbstpropagierung, während Beispiele aus einigen Reden Hitlers staunen machen ob der Wirkung, die so schlichte Aneinanderreihungen von Banalitäten, Vorurteilen und übertriebenen Attacken entfalten können. Die hier versammelten Quellen, die bisher meist nur in wissenschaftlichen Fachbibliotheken oder sogar nur eigentlich öffentlich unzugänglichen Sammlungen zu lesen waren, sensibilisieren für die Gefahren des Populismus. In diesem Sinne ist „Das braune Berlin“, auch wenn es zu mehr als drei Viertel aus Quellen nationalsozialistischer Provenienz besteht, ein Lese- und Lehrbuch über Demokratie. Allerdings über das tragische Scheitern einer Demokratie.

POLITISCHE QUELLEN

1

EIN NATIONALSOZIALISTISCHER BLICK AUF BERLIN

Einleitung zum Bildband „Das erwachende Berlin", der im November 1933 unter dem Namen von Joseph Goebbels erschien, aber wesentlich von seinen Mitarbeitern Karl Hanke[1] und Hella Koch[2] erarbeitet[3] wurde. Zit. n. Goebbels: Das erwachende Berlin, S. 11-22

[...] Die Stadt Berlin ist ein ewiges Rätsel. Nur der kommt hinter ihr Geheimnis, der sie in all ihren Ständen und Schichten, in ihren Gefühlslagen und Entwicklungen, der sie in ihrem rauschenden Glück und in ihrem verzweifelten Jammer bis ins Letzte studiert und abgetastet hat. Keine Stadt in Deutschland trägt wie diese den Stempel des Unnennbaren und Unerklärlichen an der Stirne. Es gibt Menschen, die Berlin verschiedentlich besuchten und die Stadt furchtbar, beklemmend und beängstigend[4] finden. Es gibt andere, die hier jahrelang wohnen, ohne den eigentlichen Sinn und das hinter den Erscheinungen

1 Karl Hanke (1903-1945), Müllermeister und Gewerbelehrer, seit 1930 NSDAP-Funktionär, 1932-1938 engster Mitarbeiter von Goebbels, Geliebter von Magda Goebbels, 1941-1945 Gauleiter von Niederschlesien.

2 Hella Koch-Zeuthen (Lebensdaten unbekannt), Künstlerin, schuf zahlreiche Fotomontagen, Einbandentwürfe und ähnliches für Publikationen der NSDAP.

3 Erstmals erwähnte Goebbels den Plan zu einem Buch mit dem Titel „Das erwachende Berlin" am 4. Dezember 1932: „Mit Krause spreche ich meinen neuen Buchplan durch. ‚Das erwachende Berlin. Eine Fotoreportage'. Das soll ein Schlager werden." Am 29. Januar 1933 notierte er in sein Tagebuch: „Gestern nach Rostock. Unterwegs Arbeit mit Hanke am Buch ‚Erwachendes Berlin'. Hanke macht seine Sache gut." Am 28. Februar 1933 schrieb Goebbels: „Mit Hella Koch mein Buch ‚Erwachendes Berlin' besprochen. Sie macht nun die letzten Vorarbeiten." Am 3. März 1933 notierte er: „Frau Koch hat mein Buch etwas vorbereitet. Gut gemacht. Sie hat Geschmack und Stil." Am 9. März 1933 heißt es: „Mit Frau Koch neues Buch durchgesprochen. Wird sehr gut." Drei Tage später vermerkte der eben zum Propagandaminister ernannte Goebbels: „Frau Koch Buch durchberaten." Die nächste Eintragung zum „Erwachenden Berlin" findet sich erst am 14. Juni 1933: „Frau Koch-Z. kommt mit meinem neuen Buch. Noch einige Mängel." Einen Monat später arbeitete Goebbels laut Tagebuch zum ersten Mal selbst intensiv an dem Entwurf, und nur einen Tag später vermerkte er: „Gestern: den ganzen Tag am Buch gearbeitet. Bis Mitternacht, da war es fertig. Nur noch Umstellungen, dann kann es in Druck gehen. Ich glaube, es ist wohl gelungen. Eine Fotoreportage mit ganz neuem Stil." Am 4. August 1933 korrigierte Goebbels die Druckfahnen, am 26. November 1933 lag es gedruckt vor. Vgl. Fröhlich (Hrsg.): Die Tagebücher von Joseph Goebbels, Teil 1, Bd. 2/III, S. 74; S. 118; S. 136; S. 139; S. 142; S. 144; S. 206; S. 230f.; S. 240; S. 323.

4 Zu diesen Menschen zählte 1924 bis 1926 auch Joseph Goebbels. Vgl. z. B. Fröhlich (Hrsg.): Die Tagebücher von Joseph Goebbels, Teil 1, Bd. 1/I, S. 241; S. 243; S. 277; S. 380 sowie Bd. 1/II, S. 94; S. 127 u. S. 132.

stehende Wesen dieses Riesenkörpers von Steinquadern, Asphalt und lebendigen Menschenleibern erfasst zu haben. Es gibt aber auch solche, die Berlin das erste Mal sehen und denen mit einem Schlage das ganze geheimnisvolle Wild dieser Metropole des Reiches aufgeht.

Berlin steht auf dem festen Boden der Mark. Der Sand einer Provinz, die von den großen Preußenkönigen geschaffen und aufgebaut wurde, gibt den Untergrund ab, aus dem dieses Stadtungeheuer[5] sich gestaltete. Man mag Asphalt und Stein darüber legen und wälzen, der Mutterboden des urewigen Landes wird selbst dadurch immer wieder hervorsteigen und seine ewigen Gesetze von Blut und Leben geltend machen.

Die auf den ersten Anblick sinnwidrige Verschmelzung von Scholle und Asphalt[6] hat in Berlin jene eigenartige Atmosphäre geschaffen, die jeden umgibt, der die Straßen dieser Stadt betritt. Es herrscht hier eine nüchterne Klarheit des Denkens, die fast grausam und herzlos wirkt. Der Verstand bestimmt den Charakter dieser Metropole, und die viereinhalb Millionen, die sie bevölkern, werden, ob sie wollen oder nicht, mit in den sachlichen und unromantischen Rhythmus des Intellekts hineingerissen. Berlin denkt rasch, nicht so gründlich wie die anderen Städte, aber dafür mit mehr Behändigkeit. Hier werden Urteile schnell gefasst und oft ohne ernste Prüfung. Der Tag macht seine Forderungen geltend, und wer nicht mitkommen kann, der muss am Rande des Weges liegen bleiben, ohne dass man ihm eine Träne nachweint. Berlin verbraucht Menschen.[7] Sie werden in den Steinquadern dieser Stadt an Gehirn und Herz zermahlen und aufgerieben, und nur der, der auf eigenen Füßen steht und die Ellbogen zu gebrauchen weiß, kann sich auf die Dauer in der vorwärtsstürmenden Aktivität dieses Ungetüms behaupten. So absurd das klingen mag: Berlin ist eine Soldatenstadt und wird das ewig bleiben. Die Preußenkönige haben es dazu gemacht, und was sie an Zucht und Ordnung, an Disziplin und Massenwillen in diese Bevölkerung hineinlegten, das ist dem Berliner sozusagen in Fleisch und Blut übergegangen. In den schlimmsten Zeiten des spar-

5 Deutsch für Moloch, ein in ländlichen NSDAP-Kreisen verbreitetes Urteil über die Reichshauptstadt.

6 Anspielung auf die „Blut-und-Boden"-Ideologie der NSDAP. Auch Hitler selbst, der genau um den Nutzen der großstädtischen Arbeiterschaft als Resonanzkörper für seine Propaganda wusste.

7 Gängiges Vorurteil gegen die Reichshauptstadt.

takistischen Wahnsinns[8] konnte ein schneidig gespielter Militärmarsch den wildesten Bolschewisten[9] wankend machen. Nichts überzeugt hier so, wie der ruhige und feste Marschtritt von Soldaten, sie mögen im einzelnen einer Sache dienen, welcher auch immer. Selbst in den Mietskasernen von Wedding und Neukölln sieht man verschlissene Fotografien hängen, auf denen der Vater oder der Onkel als Gardefüsilier abgebildet ist.

Eine Nüchternheit ohnegleichen macht die Atmosphäre der Reichshauptstadt klar und durchsichtig wie Glas. Hier gibt es keine Linien, die ineinander verschwimmen und Farbe statt Umriss geben; hier sind die Konturen scharf und deutlich gezeichnet und trennen unbarmherzig voneinander, was nicht zueinander gehört. Nichts liegt dieser Stadt ferner als seichte Sentimentalität.[10] Ihr Leben hat sich seinen eigenen Stil gebildet, und der wieder hat sich auf alle übertragen, die hier atmen, arbeiten und sich ihr tägliches Brot verdienen.

Berlin ist seit Bismarck die Stadt des Bürgertums gewesen. Zwar bestimmte der hohenzollern'sche Adel Heer und Verwaltung, aber die Stadt als solche gehörte der Bourgeoisie. Sie war in Verfolg der gewonnenen Kriege reich und mächtig geworden, hatte sich ihr eigenes politisches System[11] zurechtgezimmert, wusste Geld einzunehmen und Geld auszugeben. Während man noch in den Kreisen, die das Schicksal des Staates gestalteten, das Wort Geld als unvornehm verpönte, wusste man im Bürgertum der Reichshauptstadt sehr wohl seinen Wert und seine Wirksamkeit einzuschätzen und einzusetzen. Von ihm gefördert und unterstützt, gediehen Kunst und Wissenschaft, erstanden Galerien und Bauwerke. Zwar ohne übermäßigten Geschmack, dafür aber mit viel Pomp und Aufwand.[12] Berlin war eine reiche Stadt geworden. Aber während im Zentrum und im Westen, wo die Begüterten und Vornehmen wohnten, die Zivilisation sich immer mehr verfeinerte und damit immer

8 Gemeint: der Spartakus-Aufstand gegen die demokratische Wahl zur ersten und einzigen deutschen Nationalversammlung im Januar 1919.

9 Die Anhänger der gerade kurz zuvor gegründeten KPD ließen sich von Marschmusik keineswegs umstimmen. Hier handelt es sich um eine gezielte antikommunistische Verleumdung. Der Leser dürfte das als Anspielung auf den „Hauptmann von Köpenick“ verstanden haben.

10 Genau das aber warfen NS-Ideologen wie Alfred Rosenberg oder Gottfried Feder Berlin vor.

11 Die Reichshauptstadt wurde während des Deutschen Kaiserreichs und der Weimarer Republik stets von nationalliberalen Oberbürgermeistern regiert. Die preußische Kommunalverfassung galt hier ebenso wie in allen anderen Städten Preußens.

12 Gängiges Vorurteil der NSDAP. Bauten wie der eklektizistische Reichstag jedoch belegen, dass dieses Vorurteil zumindest nicht ganz unberechtigt war.

volks- und lebensfremder wurde, erhob sich draußen im Osten und Norden der Stadt das finstere Gespenst der sozialen Not. Ganze Straßenzüge entstanden von grauen Mietskasernen, in denen der Proletarier hauste und sein freud- und glücksloses Dasein fristete. Im sechsten und siebenten Hinterhof[13] fing der Groll und die Bitterkeit an, deren Marxismus sich, klug und auf weite Sicht eingestellt, bemächtigte, um sie, geformt in einer Massenbewegung von noch nie dagewesenen Ausmaßen, auf die Straße zu tragen. Hier setzte zum ersten Male der Kampf um die Reichshauptstadt ein, der politisch geführt wurde mit dem Ziel, das Reich zum Sturz zu bringen und die Klasse der Enterbten vorzutreiben zur Eroberung der Macht für jene Schicht von feigen Usurpatoren und Nichtsnutzen, die ihre Partei mit dem Reich und ihr eigenes parasitäres Dasein mit dem deutschen Volk verwechselten.[14]

In diesem Kampf waren Adel und Bürgertum von vornherein unterlegen. Sie hatten das Berlin des Glanzes und des Lichtes im Besitz; das Berlin der Finsternis und des Grolls blieb ihnen auf ewig verschlossen. Sie kannten diese Stadt nur an der Oberfläche, nicht aber in den brodelnden Untergründen der grauen Vorstädte, der langen trostlosen Straßenzeilen und der armen Hinterhöfe, in die niemals die Sonne Gottes hineinschaute.

Dort saß dumpf und finster brütend das Proletariat. Dort spielten zwischen Unrat und Kehricht die Kinder mit den gelben, ernsten Gesichtern, die einen Wald nur dem Namen nach kannten und nie mehr Wasser gesehen hatten, als ihre kleine Waschschüssel barg.[15] Das war der Nährboden, auf dem aus Not Verzweiflung, aus Verzweiflung Bitterkeit, aus Bitterkeit Anarchie und aus Anarchie Hass und Verbrechen wurde. In diesen Mietskasernen mit den stumpfen Fenstern gehörte schon vor dem Kriege der „Vorwärts"[16] zur täglichen Morgenlektüre, und die ihn schrieben, wussten das auch. Sie gossen

13 Bauten dieser Art gab es vor allem im Wedding und in Neukölln, zwei Hochburgen der KPD. Vgl. u. Dokument 73.

14 Typisches antimarxistisches Klischee der NSDAP.

15 Zutreffende Beschreibung, wie etwa Heinrich Zilles Zeichnungen und Hans Falladas Roman „Ein Mann will nach oben" belegen.

16 Vorurteil. Der „Vorwärts" als Parteiblatt der SPD zählte zu seinen Lesern überwiegend relativ gut verdienende Fach- und Industriearbeiter, weniger das hier beschriebene „Lumpenproletariat".

in Groll und Sorge die ätzende Lauge ihrer Staatsfeindschaft[17] und ihrer asozialen Instinkte. Zwar dekretierte man am Alexanderplatz noch, dass die Straße dem Verkehr gehöre.[18] Nun denn, man zog sich in Hinterhöfe und Mietskasernen zurück, um eines Tages in finsterer Bitterkeit und wütender Verzweiflung herauszubrechen und, losgelöst von jeder Verantwortung, an den Fundamenten des Reiches zu rütteln, bis der Staat Bismarcks zertrümmert zu Boden stürzte.

Im August 1914 fand sich diese graue Masse Volk noch einmal zu ihrer eigentlichen Bestimmung zurück. Da saßen die „Vorwärts"-Leser draußen in den roten Kneipen, ließen den Kaiser hochleben oder zogen singend durch die Straßen. Der Krieg hatte sie noch einmal zur Besinnung gebracht.[19] Über die Köpfe der feigen Hetzer hinweg, die aus ihrer Not ein parteipolitisches Geschäft gemacht hatten, bekannten sie sich zu Volk und Nation und unterwarfen sich schweigend und voll innerer Inbrunst dem ewigen Gesetz, das über ihnen stand.

Die Verantwortlichen sahen die Zeichen der Zeit nicht. Sie reichten an der Masse vorbei, die zu ihnen strebte, um sich dem Reiche hinzugeben, ihren Verführern die Hände, wollten keine Parteien mehr kennen, nur noch Deutsche, selbst in denen, die sich eben anschickten, den Dolch zu schleifen, um ihn in der Zeit der größten Not dem kämpfenden Heere in den Rücken zu stoßen.[20]

Von da ab war Berlin die offene Wunde des Reiches. Hier wühlte die geheime Sabotage, hier wurde zuerst in versteckten Andeutungen, dann unverhüllter und zuletzt frech und zynisch der Widerstandswillen des Volkes gebrochen, die Munitionszufuhr abgestoppt, die Ideale eines männlichen Heroismus in den Kot gezerrt, Treu und Glauben mit Füßen getreten und das Gefüge des Staates von innen heraus zerfressen und unterwühlt, bis dann im November 1918 das Reich zusammenbrach. Berlin war dem Lande entfremdet, es hatte sich von den Wur-

17 Die SPD war spätestens seit 1914 nicht mehr „staatsfeindlich", sondern im Gegenteil geradezu staatstragend. In Preußen stellten die Sozialdemokraten fast während der gesamten Weimarer Republik den Regierungschef.

18 Anspielung auf die Neuplanung des Alexanderplatzes durch die SPD-Stadträte Martin Wagner und Ernst Reuter.

19 Anspielung auf das vermeintliche „August-Erlebnis" 1914.

20 Anspielung auf den „Dolchstoß", den „die Heimat" angeblich dem „im Felde unbesiegten" kaiserlichen Heer 1918 versetzt habe. Gemeint war unter anderem der Streik der Berliner Munitionsarbeiter im Januar 1918.

zeln des Bodens entfernt und war in die Hände nomadenhafter Zerstörer geraten, die nicht mehr Volk, Vergangenheit und Geschichte wahrhaben wollten, sondern nur noch bemüht waren, die Werte des preußisch-deutschen Staates zu beseitigen, um damit der Möglichkeit enthoben zu sein, an ihnen ihren eigenen Unwert gemessen zu sehen. Die Tore der Stadt öffneten sich, und durch sie ergoss sich der schmutzige, dickflüssige Strom der Zuwanderer aus dem Osten.[21] Zuerst kamen sie zu Tausenden, dann wurden es Zehn- und Hunderttausende; im Scheunenviertel begannen sie als kleine Pelzhändler und Gauner, in einigen Jahren saßen sie im Zentrum, und von dort wanderten sie in die Prunkvillen des Westens.[22] Nun waren sie Journalisten, Konfektionäre, angesehene Geldmänner.[23] Sie machten die öffentliche Meinung, sie lieferten der Stadt, was sie zum Leben gebrauchte, sie gaben Kredite von den Millionen, die sie vorher dem Volke abgegaunert hatten.

Berlin war dem Reiche verloren. Es lebte sein eigenes, frivoles Leben. Wie mit magnetischer Gewalt zog es die Menschen vom Lande auf den glühenden Boden seines Asphalts, bis sie dort verbrannten. Ein Steinsarg, ein Krematorium, in dem die Fruchtbarkeit zur lächerlichen Farce herabgewürdigt wurde, über die man witzelte und spöttelte, als sei sie entehrend, und die feige Genusssucht, die man an ihre Stelle gesetzt hatte, der Weisheit letzter Schluss. Die Monarchie hatte diese Stadt bereits aufgegeben. Das Bürgertum hatte sie ihr nicht nehmen können, der Marxismus triumphierte auf der ganzen Linie, und nun stieg, grau im Nebel und Regen, der November 1918 auf.

Die Revolte begann. Rote Marodeure, in Matrosenuniform[24] verkleidet, nahmen Besitz von der Stadt; wo ehedem Zucht und Disziplin, Ordnung und Straffheit geherrscht hat-

21 Klischee. Entgegen der NS-Propaganda gab es nach dem Ersten Weltkrieg einen deutlich kleineren Zuwachs an Einwanderern aus Ostmitteleuropa als während des Krieges selbst.

22 Gerade assimilierte deutsche Juden schauten besonders kritisch auf die Zuwanderer in den Elendsquartieren des Scheunenviertels herab. Soziale Durchlässigkeit war hier im späten Kaiserreich die absolute Ausnahme.

23 Assimilierte deutsche Juden, in der Regel seit mehreren Generationen in Deutschland und Berlin ansässig, prägten in der Tat die Presse in der Reichshauptstadt sowie die Modeindustrie. Auch viele Banken gehörten assimilierten Juden. Mit dem hier geschilderten antisemitischen Zerrbild hatte die Realität dennoch nichts gemein.

24 Die Revolution von 1918/19 wurde nicht von „verkleideten roten Marodeuren" vorangetrieben, sondern tatsächlich von meuternden Matrosen der Hochseeflotte aus Kiel und Wilhelmshaven, auch und gerade in Berlin.

ten, da machte sich jetzt der Mob breit. Die niedrigsten Instinkte wurden mobilisiert. Frech reckte das Verbrechen sein Haupt empor, zynisch legte es Hand an am Reiche Bismarcks; in den Parlamenten flegelten sich die Soldatenräte herum. Der Abschaum des Volkes schwang sich auf die verlassenen Throne der Macht. Spartakus regierte die Stunde.[25]

Von da ab ist Berlin nicht mehr zur Ruhe gekommen. In einem ewigen Widerstreit der Meinungen wurde es zwischen zwei Extremen hin- und hergezerrt. Der Kampf um die Stadt wurde erneut aufgenommen, und er sollte nicht eher zu Ende gehen, bis sie dem Deutschtum zurückerobert war.[26] Wenige nur haben das damals für möglich gehalten. Diese wenigen waren selten in den Ständen von Besitz und Bildung zu finden, sie gehörten meistens zu den Kleinen und Unbekannten im Lande; es waren die hellhörig gewordenen Söhne jener „Vorwärts"-Leser, in denen das ewige Soldatenblut wieder zu pulsen und zu strömen begann.[27]

Kapp[28] versuchte es, indem er die Ehrhardt-Brigade[29] einmarschieren ließ. Der Versuch war umsonst getan. Von Angst oder kühler Reserve empfangen, mussten seine Soldaten schon nach wenigen Tagen wieder unter dem Hohngelächter der Asphaltpresse die Reichshauptstadt verlassen. Man gab es dann eine Zeitlang ganz auf; man erklärte, Berlin sei endgültig verloren, es könne nicht von innen, es müsse von außen erobert werden. Man spielte in geheimen Konventikeln mit Einmarsch- und Zernierungsplänen; man wollte diese Stadt mit Gewalt in die Knie zwingen.[30]

25 Der Spartakus-Aufstand dauerte nur eine gute Woche und wurde von regierungstreuen Freikorps und regulären Truppen auf Befehl des SPD-Politikers Gustav Noske blutig niedergeschlagen.

26 Anspielung auf die Machtübernahme der NSDAP im Frühjahr 1933.

27 Gemeint sind die Anhänger der Berliner NSDAP und der SA, die sich seit 1925 in Berlin bemerkbar machten.

28 Wolfgang Kapp (1858-1922), Ministerialbeamter und Anführer des Kapp-Lüttwitz-Putsches im März 1920, der nach fünf Tagen durch die Flucht der regulären Reichsregierung und einen Generalstreik zusammenbrach.

29 Freikorps des ehemaligen Korvettenkapitäns Hermann Ehrhardt (1881-1971), aufgestellt in Wilhelmshaven im Februar 1919. Ehrhardt sammelte Männern um sich, die nicht bereit waren, den Friedensschluss und die Revolution zu akzeptieren. Sein Freikorps schlug kommunistische Aufstandsversuche in verschiedenen Städten nieder, darunter auch die Räterepublik in München. Im März 1920 putschte die Marinebrigade Ehrhardt gegen die Reichsregierung in Berlin und besetzte das Regierungsviertel. Nach dem Zusammenbruch des Staatsstreichs wurde die Brigade aufgelöst. Ehrhardt bildete eine rechte Terrorgruppe, die „Organisation Consul".

30 Anspielung auf Pläne in reaktionären Kreisen, die Reichshauptstadt nach einem „Marsch auf Berlin" in Besitz zu nehmen. Vorbild dieser Überlegungen waren die Niederschlagung der Münchner Räterepublik 1919 und der „Marsch auf Rom" der italienischen Faschisten 1922.

Wir[31] sind unterdes in die Höhle des Löwen gegangen, vielleicht waren wir uns zuerst nicht ganz im klaren darüber, was uns erwartete. Wir haben den Kampf begonnen ohne Rücksicht darauf, ob und wann er zum Siege führen würde.[32] Wir haben diesem Kampf seinen Impuls, seinen heißen Atem, sein wildes Tempo, seine mitreißenden Parolen und seine stürmende Aktivität gegeben. Wir haben dieser Stadt unsere Idee und unseren Namen eingehämmert und aufgezwungen.[33] Es ist ein Kampf um Berlin geworden, der an die acht Jahre dauerte, der Ströme von Blut und Tränen kostete, der aber trotz allem von einer verzweifelten Minderheit angefangen wurde, diese Riesenmillionenstadt unaufhaltsam mit sich riss und am Ende zu Boden warf.[34] Wir mussten jahrelang durch Schmutz und Unrat waten, kein Laster, das man uns nicht angedichtet und keine Tugend, die man uns nicht abgesprochen hätte. Wir haben's gewagt!

Hier hatte der Feind keine Burgen, hier war die Internationale aller Schattierungen festgenistet, hier tobte der rote Terror in sonst nicht gekannter Brutalität und Wildheit.[35] Hier hatte der Bolschewismus sich häuslich niedergelassen, hier gab er zuerst seine Parole aus: Schlagt die Faschisten, wo Ihr sie trefft![36]

Kann es da wundernehmen, dass in Berlin die Auffassungen und Anschauungen von einer Härte und Folgerichtigkeit waren, die man sonst selten kannte? Und ist es nicht verständlich, dass gerade hier die Meinungen unverbogen und ungezügelt aufeinanderplatzten? Klarheit war vonnöten, wenn man sich in Berlin durchsetzen wollte, und hinter der Klarheit musste ein Glaube stehen, der entschlossen war, Berge zu versetzen. Tempo! Tempo! Das war die Parole unserer Arbeit. Keiner durfte sich schonen, und niemand wurde geschont. In dieser schreienden Raserei eines Kampfes zwischen Gut und Böse

31 Gemeint: die Nationalsozialisten in Berlin unter Goebbels' Führung

32 Als Goebbels die Berliner NSDAP 1926 übernahm, war sie eine zerstrittene und bedeutungslose Splitterpartei. Die Beschreibung trifft zu.

33 Zutreffende Beschreibung von Goebbels' Methode.

34 Nicht die Berliner NSDAP hat Berlin für Hitler erobert. Vielmehr wurde dem NSDAP-Chef die Reichskanzlerschaft am 30. Januar 1933 übergeben. Erst danach eroberten NSDAP und SA auch in der Reichshauptstadt die uneingeschränkte Hoheit.

35 Tatsächlich war die KPD in keinem Ballungsgebiet außer dem Ruhrgebiet vergleichbar stark wie in Berlin. Sie führte einen massiven Kampf gleichermaßen gegen den demokratischen, wesentlich von der SPD geprägten Rechtsstaat als auch gegen reaktionäre und rechtsextreme Gruppen.

36 Erfunden hatte diesen Schlachtruf die KPD-Führung 1924, um den Rotfrontkämpfer-Bund gegen die als „deutsche Faschisten" bezeichneten Mitglieder des Veteranenverbandes „Stahlhelm" zu mobilisieren. Er setzte sich aber nicht durch. Wiederentdeckt wurde der Spruch 1929 vom KPD-Politbüromitglied Heinz Neumann; seither gehörte der zur ständigen Propaganda der KPD.

gab es keinen Pardon. Entweder schlugen die andern uns, oder wir streckten die andern zu Boden.[37]

Wer Berlin hat, der hat das Reich.[38] Wir waren von dieser Überzeugung so fest durchdrungen, dass wir im Kampf um die Metropole mehr sahen, als die Besitzergreifung einer Stadt. Dieser brodelnde Hexenkessel musste von uns genommen werden. Wir studierten Volk und Atmosphäre mit einer kalt wissenschaftlichen Gründlichkeit; und dann sprachen wir zu Berlin die Sprache, die Berlin verstand.[39]

Tag für Tag und Stunde um Stunde donnerten die Rotationen und spien Gift und Galle auf uns; aber die Macht der Wahrheit war stärker als die Macht der Lüge.[40] In verzweifelten Offensiven rannten wir gegen dieses Ungeheuer an, drückten den Gegner aus seinen festen Positionen heraus, manövrierten ihn in jahrelangen Kämpfen nach und nach in die Ecke, um ihn dann endgültig in den Staub zu werfen.

In einem Berliner bolschewistischen Theater wurde vor Jahren ein toter Frontsoldat mit den Worten: „Dreck, weg damit!" auf den Abfallhaufen gekehrt. So sicher haben sich einmal die Juden in der Reichshauptstadt gefühlt! Aber die toten Soldaten dieser Stadt, die Arbeiterjungens aus dem Wedding und Neukölln und die Söhne der Bürger aus dem Westen haben in den Gräbern von Flandern und Polen keine Ruhe gefunden. Als unsichtbares Armeekorps sind sie den Zügen unserer braunen Kolonnen vorangmarschiert und haben ihnen Kraft und Mut gegeben, damit ihr Opfer nicht umsonst bliebe.

*

Der Berliner selbst ist wie seine Stadt. Das Grundelement der Bevölkerung wird vom Märker bzw. vom Urberliner gestellt. Dieses Grundelement ernährt sich durch ewigen Zuzug aus dem Reiche. Kein Volksstamm, kein Stand und kein Land,

37 Auch wenn die KPD tatsächlich aggressiv und gewalttätig agierte: Angreifer waren in den Auseinandersetzungen zwischen NSDAP und KPD 1927 bis 1932 meistens Goebbels' SA-Männer.

38 In Berlin regierte bis 1932 eine demokratische Regierung unter Otto Braun (SPD) den größten Teilstaat Preußen, als auf Reichsebene und in anderen Ländern schon längst Reaktionäre und NSDAP dominierten. Dennoch ging der Rechtsstaat unter. Richtig ist jedoch, dass Hitler wusste, dass die Macht in Deutschland nur über die Reichshauptstadt zu erkämpfen war.

39 Goebbels „studierte" Berlin nicht; er setzte von seiner Ankunft im November 1926 klar auf das einfache Rezept der totalen Konfrontation.

40 Gemeint: die angeblich „jüdische" Berliner Presse. In Wirklichkeit ignorierten die wichtigen Berliner Zeitungen wie „Morgenpost" und „Tageblatt" die NSDAP so lange wie möglich.

das hier nicht vertreten wäre. Berlin versteht wie keine andere Stadt, die Elemente zu mischen und daraus ein Neues zu formen. Wer hier drei Jahre gelebt hat, der fühlt sich als Bürger dieser Stadt. Über den festen Untergrund von braven und arbeitsamen Menschen legte sich vor dem Kriege schon, mehr noch während des Krieges und vor allem nach dem Kriege, die dünne, beizige Tünche des Judentums und des Bolschewismus.[41] Juden und Bolschewisten sind es vor allem, die Berlin im Lande und in der ganzen Welt diskreditiert haben.[42] Es wurde nach Moskau die röteste Stadt Europas.

Der Berliner selbst hat in seinem eigentlichen Wesen nur wenig damit zu tun. Zwar ist er schnodderig und kalt, sentimentalitätslos und fast grausam, aber im tiefsten Grunde seines Herzens wie ein Kind. Sein Witz ist von einer Eigenart, die man sonstwo nirgends trifft. Mit einem seltsam anmutenden, fast barocken Humor gepaart, dessen Pointen mehr durch knappe Schlagkraft als durch gemütliche Breite wirken.

Der Berliner ist fleißig und genügsam. Nirgendwo wird mehr gearbeitet als in dieser Stadt, und nirgendwo mit mehr Begeisterung und mit mehr Hingabe an die Sache. Das Berlin des lauten Amüsements wird vom Berliner selbst nur zuweilen an Sonnabenden und Sonntagen in Anspruch genommen.[43] Die Woche aber gehört der Arbeit und dem Kampf um das tägliche Brot. Er ist hier härter als in anderen Städten. Viereinhalb Millionen wollen leben, wohnen und atmen, viereinhalb Millionen suchen einen Platz an der Maschine oder in den Kontorstuben. Sie fahren morgens in aller Frühe mit den vollgepferchten Straßen-, Hoch- und Untergrundbahnen eine Stunde und mehr zur Arbeit und werden abends müde und verbraucht in denselben dunstigen Wagen wieder in die Vororte zurückgetragen. Ohne innere Solidarität wäre ein Nebeneinanderleben dieser viereinhalb Millionen nicht möglich. Der Alltag in seinem wilden Tempo erzieht den Berliner zu einer Art von Massendisziplin, die bewundernswert ist. Hier streben Hunderttausende auf gleichem Wege einem Ziele zu, ohne dass es zur Panik, ja selbst zur Aufregung kommt. Nichts hasst

41 Die wesentliche Zuwanderung aus Osteuropa nach Berlin erfolgte vor und während des Ersten Weltkrieges.

42 Klischee der NSDAP-Propaganda.

43 In Wirklichkeit war die Unterhaltungsindustrie Berlins mit ihren Theatern, Bierhallen und sonstigen Etablissements jeden Tag der Woche gut ausgelastet.

der Berliner mehr als Lärm zur unrechten Zeit.[44] Aber andererseits: Klamauk muss sein! Dieses Wort ist ganz aus der Seele dieser Stadt gesprochen. Etwas Besonderes glaubt der Berliner immer für sich in Anspruch nehmen zu können. Langeweile ist bei hoch und niedrig verpönt, und selbst den ernstesten Dingen wird hierzulande ein Schuss Sensation beigemischt.

Nicht umsonst bevölkert dieser Menschenschlag das phantastische Stadtungeheuer, das es in den Grenzen des Reiches gibt. Diese Stadt wird krank, wenn anderswo etwas Besseres, Größeres oder Berühmteres existiert als das ihr Gegebene. Berlin voran, und uns kann keener! So denkt schon der kleine Junge auf der Straße, und so denken sie alle, die Männer und die Frauen, die Arbeiter und die Bürger, die Intellektuellen und die Kinder des Volkes.[45]

Und trotzdem hat diese Überheblichkeit auch wieder ihr Versöhnendes. Denn sie stammt nicht aus der Nichtskönnerei oder Trägheit. Der Berliner versucht sie durch Leistung wenigstens zu begründen; und dabei ist er auf der anderen Seite von einer Gutmütigkeit und Hilfsbereitschaft, die etwas ungemein Rührendes an sich hat. Man kann nach dem Wege fragen im Westen oder im Osten, bei Arbeitern oder bei Kommerzienräten: Man hat meistens Mühe, den freundlichen Mentor überhaupt loszuwerden.[46] Dem Fremden gegenüber fühlt jeder Berliner sich als Gastgeber.[47] So gerne er schenkt, so ungern lässt er sich beschenken. Sein Stadtstolz ist unbeschreiblich. Er pflegt ihn nicht nur zu Hause, er nimmt ihn als wichtigstes Gepäckstück mit auf die Reise. Er mag alle Länder durchstreifen und alle Ozeane durchqueren: Berlin bleibt doch Berlin! Mit einer gewissen Herablassung würdigt er Sehenswürdigkeiten, Kunstwerke, Bauten oder Straßen anderer Städte und Länder. Aber gegen seinen Dom, gegen seine Linden, gegen seine Wilhelmstraße kommt in der ganzen Welt nichts an. Wenn er in Wien etwas barsch einen Schutzmann nach dem Stephansdom fragt und der ihm bedeutet, etwas freundlicher und liebenswürdiger an ihn heranzutreten, dann gibt er zur Antwort: „Da valoof ick mir lieber!"

44 Rätselhafte Bemerkung. Berlin galt in den 20er-Jahren als lauteste Stadt Europas, in der auch mitten in der Nacht noch Bahnen kreischten und Wagen jeder Art polterten.

45 Zutreffende Beschreibung.

46 Rätselhafte Bemerkung. Gerade für besondere Freundlichkeit waren die Berliner nie bekannt.

47 Die Ruppigkeit der Berliner war schon von 1933 sprichwörtlich. Gastfreundschaft gehörte sicher nicht zu den herausragenden Eigenschaften der Einwohner.

Die Stadt Berlin ist von einem Erfindungsreichtum ohnegleichen. Die immer wechselnden Methoden ihres geschäftlichen und politischen Lebens sind zeitweilig für das ganze Reich richtunggebend gewesen. Hart stoßen hier die Gegensätze aufeinander, und sie werden mit radikalem Fanatismus ausgefochten. Der Berliner lässt sich nicht leicht oder gerne über den Haufen werfen; man hat es hier schwer, etwas Neues durchzusetzen.[48] Aber was er gegessen hat, das will er auch verdauen, und wovon er überzeugt ist, dafür setzt er sich auch mit seiner ganzen frischen und mutigen Aktivität ein.

Der Fremde merkt das nicht, aber trotzdem ist in Berlin ein kleinbürgerlicher Familiensinn zu Hause, der für manche andere Stadt vorbildlich sein könnte. Mutter und Vater spielen im Leben eines jeden Berliners die größte Rolle. Zwar ist die verwandtschaftliche Liebe derb und sentimentalitätslos, dabei aber keineswegs weniger herzlich und hilfsbereit.

Der Berliner ist lern- und wissbegierig. Die Zeitung ist sein tägliches Brot. Selbst der kleine Mann von der Straße liest gern drei und fünf an einem Tage.[49] Nicht etwa nur im Familienteil, nein: er wohnt doch nun einmal in der Reichshauptstadt, wo die große Politik gemacht wird, ohne ihn geht es doch nicht, er muss doch dabei sein, sein Urteil beisteuern und seinen Senf dazugeben. Hat er sich einmal in eine politische Anschauung verbissen, dann ist er auch bereit, dafür zu kämpfen und sich ihr mit ganzer Leidenschaft hinzugeben. Der Typ des politischen Soldaten findet in dieser Stadt immer bereiten Boden.

Man hat so viel darüber geklagt, dass der Berliner auf jede falsche Zeitgröße[50] hereingefallen sei. Er verdient diesen Vorwurf nicht, denn man kann ihn nicht für die Presse der Juden verantwortlich machen. Im Gegenteil: Er selbst ist von einer erfrischenden Respektlosigkeit gegen das Getue um eine aufgeblasene Null. Nirgendwo sind so wie hier die fetten Bonzen der Novemberrepublik[51] mit Hohn und Galle überschüttet worden. Sie haben es mit dem Berliner bei Gott nicht leicht

48 Hier widerspricht sich der Text innerhalb eines einzigen Absatzes. Denn in Berlin hatte tatsächlich das Neue weitaus mehr Chancen als in jeder anderen Stadt. Möglicherweise Ergebnis der Zusammenarbeit von Goebbels, Hanke und anderen an dem Vorwort.

49 Berlin war in den 20er-Jahren tatsächlich die Zeitungshauptstadt der Welt. Drei bis fünf Zeitungen jedoch dürfte außer wenigen Bohemiens kein Berliner parallel gelesen haben.

50 Gemeint wahrscheinlich: zeitweilig prominente Person.

51 Schmähbegriff reaktionärer und nationalsozialistischer Politiker für die Weimarer Republik.

gehabt, und wo er einem etwas am Zeuge flicken konnte, da hat er es mit Lust und Vergnügen getan.

Dafür hat er auch seine auserkorenen Lieblinge, auf die er nichts kommen lässt, die ihm gehören und die er deshalb mit seiner ganzen Liebe und Sympathie überschüttet. Es gibt nichts Schöneres und Herzerquickenderes, als beim Berliner populär zu sein! Gerade das Volk ist hier so überreich im Geben von Wärme und Vertrauen, dass es manchmal ergreift und fast zu Tränen rührt. Setzt der Berliner bei einem Menschen einmal das Attribut „unser" vor den Namen, dann nimmt er ihn wie einen Bruder in seine große Stadtfamilie auf, dann interessiert ihn alles und jedes an ihm, und nichts gibt es, was sich dann noch keiner Fürsorge entziehen könnte. Das geht so mit den Dingen wie mit den Menschen. Was der Berliner einmal mit Beschlag belegt hat, das geht ihm nicht mehr aus. Eifersüchtig wacht er darüber, dass es sein Eigen bleibt, das er höchstens gelegentlich einmal für andere Städte oder andere Leute ausleiht.

Im Ganzen genommen: Der Berliner ist besser als die schlechte Meinung, die man von ihm im Reich hat. Er hat seine Schwächen, aber auch seine Tugenden. Wer wirft den ersten Stein auf ihn?

*

Auf dem Boden dieser fantastischen, flimmernden Stadt mit all ihren Geheimnissen und Untergründen, mit jungen Männern dieser Stadt, die im letzten Sinne ihres Wesens Soldaten sind, ist der Kampf um Berlin ausgefochten worden. Er wurde durchgestanden im Hinblick auf das Reich.[52] Er hat Blut und Leben gekostet, aber sein Ziel ist erreicht worden: Berlin gehört nicht mehr dem Marxismus. Das erwachende, junge Deutschland hat sich diese Stadt wieder einverleibt.

Der Kampf um Berlin begann als aussichtslose Sache und wurde trotzdem von einer Sekte verwegener Menschen gewagt.[53] Von Hohn und Spott verfolgt, sind sie ihren Weg gegangen, haben sie auf den weiten Friedhöfen dieser Riesenstadt ihre Toten begraben, haben sie ihre Verwundeten in die

52 Hitler wusste, dass er gegen Berlin sein Ziel, die Eroberung der totalen Macht über Deutschland, nicht erreichen würde. Deshalb schickte er mit Joseph Goebbels seinen besten Mann in die Reichshauptstadt.

53 Rückblickende Selbststilisierung. Im Folgenden gängige Klischees der Berliner NSDAP.

Krankenhäuser hineingebracht und herausgeholt, sind sie bei Trauerstunden an den weißen Steinen der Gefallenengräber gestanden, um schweigend und verbittert das Gelöbnis zum weiteren Ausharren den toten Kameraden zu Füßen zu legen. Aus Blut und Tränen hat sich ein neues deutsches Berlin erhoben. Mit Fanatismus und Glauben sind die braunen Kolonnen über Gräber vorwärtsmarschiert und haben die Fahne des neuen Reiches auf die Zinnen der Macht gepflanzt. Unter Dank gilt den braven Soldaten der alten Garde, die niemals wankte oder verzagte, unter Gruß den toten Kameraden, die auf den Friedhöfen Berlins wieder in deutscher Erde schlummern.

Unter dem Kommando ihres Sturmführers Horst Wessel[54] schreiten sie im Zuge der Dahingegangenen, in dem wir alle einmal aufgehen werden, wenn unser Werk erfüllt ist. [...]

2

HITLERS ERSTER BESUCH IN BERLIN

Rückblickende Darstellung. Zit. n. Adolf Hitler: Mein Kampf, S. 210f.

[...] Fast am Jahrestage meines Ausmarsches[55] kam ich in das Lazarett zu Beelitz bei Berlin. Welcher Wandel! Vom Schlamm der Sommeschlacht[56] in die weißen Betten dieses Wunderbaues! Man wagte ja anfangs kaum, sich richtig hineinzulegen. Erst langsam vermochte man sich an diese neue Welt wieder zu gewöhnen. Leider aber war diese Welt auch in anderer Hinsicht neu. Der Geist des Heeres an der Front schien hier schon kein Gast mehr zu sein. Etwas, das an der Front noch unbekannt war, hörte ich hier zum ersten Male: das Rühmen der eigenen Feig-

54 Horst Wessel (1907-1930), Pfarrerssohn und SA-Sturmführer. 1929 fast so etwas wie ein Konkurrent Goebbels' um die führende Position in der Berliner NSDAP, bei einem Anschlag eines Kommunisten tödlich verletzt. Der Gauleiter baute ihn nach seinem Tod zum bekanntesten Märtyrer der NSDAP auf.

55 Gemeint: der Tag der Abfahrt des Reserve-Regiments List von München an die Westfront am 21. Oktober 1914. In Beelitz kam Hitler am 9. Oktober 1916 an, in Berlin war er offenbar etwa drei Wochen später. Spätestens am 4. November 1914 war er wieder in Beelitz und schickte von hier aus eine Postkarte mit der Nationalgalerie auf der Museumsinsel an seinen Kriegskameraden Franz Mayer an die Front. Vgl. Kershaw: Hitler, Bd. 1, S. 134f.

56 Britisch-französische Großoffensive gegen deutsche Stellung am nordfranzösischen Fluss Somme, begonnen am 1. Juli 1916. Nach Verlusten von rund einer Million Mann auf beiden Seiten brach der britische Oberbefehlshaber die Angriffe am 18. November 1916 abbrechen.

heit! [...] Als ich wieder richtig gehen konnte, erhielt ich Erlaubnis, nach Berlin fahren zu dürfen. Die Not war ersichtlich überall sehr herbe. Die Millionenstadt litt Hunger.[57] Die Unzufriedenheit war groß. In verschiedenen, von Soldaten besuchten Heimen war der Ton ähnlich dem des Lazaretts. Es machte ganz den Eindruck, als ob mit Absicht diese Burschen gerade solche Stellen aufsuchen würden, um ihre Anschauungen weiterzuverbreiten.[58] [...]

3

HITLERS ZWEITER BESUCH IN BERLIN

Postkarte Hitlers an Ernst Schmidt[59], 6. Oktober 1917. Zit. n. Jäckel / Kuhn (Hrsg.): Hitler. Sämtliche Aufzeichnungen 1905–1924, S. 82

Lieber Schmidt!

Bin erst Dienstag[60] hier angekommen. Familie Arendt[61] ist sehr lieb, hätte es mir nicht besser wünschen können. Die Stadt ist

57 Der 77. Stimmungsbericht des Berliner Polizeipräsidenten vom 28. Oktober 1916 hielt fest: „Die vorübergehende Brotknappheit der letzten Tage erregte Beunruhigung. Auch die Kartoffeln sind stellenweise noch immer sehr knapp. Marmelade ist zurzeit nur noch in geringen mengen am Markte. Gemüse und Gemüsekonserven sind recht teuer. Auch das Obst müsste erheblich billiger sein. Die Preise für Fisch und Räucherwaren steigen bei der angeblich sachwachen Zufuhr andauernd weiter. Wurstwaren sind gegenwärtig nicht zu haben. Selbst das Pferdefleisch ist im Preis stark gestiegen. Dasselbe gilt für Geflügel. [...] Jedenfalls sind die Verhältnisse auf dem Lebensmittelmarkt noch immer so, dass Nichtbegüterte, deren Einkommen während des Krieges nicht gestiegen ist, insbesondere also das große Heer der Unterbeamten, sich und ihre Familien zumeist nicht mehr ausreichend ernähren und kleiden können." Zit. n. Materna / Schreckenbach (Hrsg.): Dokumente aus geheimen Archiven, Bd. 4, S. 164. Theodor Wolff, Chefredakteur des liberalen *Berliner Tageblatts*, notierte am 3. November 1916: „Daneben wächst die Lebensmittelnot von Woche zu Woche. [...] Am schlimmsten ist es mit den Kartoffeln. Auch Kohlen sind knapp geworden, wegen der Transportschwierigkeiten. Aber jeder, der vom Lande kommt, erzählt, dass es dort noch alles gebe. Das Schieber- und Agentenwesen blüht im Geheimen, alle Welt spürt solche ‚Quellen' auf, wo man sich noch etwas verschaffen kann." Zit. n. Sösemann (Hrsg.): Tagebücher 1914-1919, Bd. 1, S. 453.

58 Schon am 17. August 1916 hatte ein Kriminalschutzmann namens Schade in einem Bericht festgehalten: „Die Stimmung ist allgemein sehr gedrückt. Jeder sehnt sich nach Beendigung des Krieges (...) Man ist mit den Maßnahmen der Regierung nicht zufrieden, zumal gegen Teuerung und gegen den Wucher nicht genügend eingeschritten wird. Mit dieser Erbitterung gehen die Soldaten ins Feld." Zit. n. Materna / Schreckenbach (Hrsg.): Dokumente aus geheimen Archiven, Bd. 4, S. 156.

59 Ernst Schmidt (1889-1985), Malergeselle und Gefreiter im Regiment List, enger Freund Hitlers und wie er Meldegänger.

60 Gemeint: 2. Oktober 1917.

61 Fritz und Helene Arendt, wohnhaft Schonnrische Straße 15, Berlin N 113. Die Eltern von Hitlers Kriegskamerad Richard Arendt (geboren 1895, Todesdatum unklar) nahmen den Freund ihres Sohnes bei dessen ersten regulären Fronturlaub im Oktober 1917 bei sich auf.

großartig. So richtig eine Weltstadt. Der Verkehr ist auch jetzt noch gewaltig. Bin fast den ganzen Tag fort. Habe jetzt endlich Gelegenheit, die Museen etwas besser zu studieren. Kurz: Es fehlt mir nichts.

Es grüßt Dich Dein A. Hitler

Postkarte Hitlers an Max Amann[62]*, 8. Oktober 1917. Zit. n. Jäckel / Kuhn (Hrsg.): Hitler. Sämtliche Aufzeichnungen 1905–1924, S. 82*

Mit dem größten Bedauern, dass meine Tage[63] hier so schnell verlaufen, sende ich Ihnen, Herr Feldwebel, die herzlichsten Grüße als

Ihr sehr ergebener A. Hitler[64]

4

HITLERS DRITTER BESUCH IN BERLIN

Monolog Hitlers, 21./22. Oktober 1941. Zit. n. Jochmann (Hrsg): Hitler. Monologe im Führerhauptquartier 1941-1944, S. 100

[...] Während des Krieges hatte ich zweimal zehn Tage[65] Urlaub. Ihn in München verleben? Das Treiben der Schwarzen[66] hätte mir die Freude an der Stadt genommen. Beide Male ging ich nach Berlin, und von der Zeit her kenne ich die Berliner Museen und Sammlungen. [...]

62 Max Amann (1891-1957), Feldwebel im Regiment List, Vorgesetzter Hitlers. Amann trat am 1. Oktober 1921 der NSDAP bei und machte als einer der treuesten Gefolgsleute Hitlers Karriere, die ihn schließlich zum nach Goebbels mächtigsten Mann des deutschen Pressewesens machte. MdR 1933-1945.

63 Hitler blieb bis zum 17. Oktober 1917 in Berlin. Vgl. Weber: Hitlers Erster Krieg, S. 269.

64 Am 11. und am 12. Oktober 1917 schickte Hitler jeweils eine weitere Postkarte an Amann. Vgl. . Jäckel / Kuhn (Hrsg.): Hitler. Sämtliche Aufzeichnungen 1905 1924, S. 82f.

65 In Wirklichkeit hatte Hitler 1917 über drei Wochen und 1918 mindestens 19 Tage Urlaub.

66 Gemeint: das katholisch-konservative Milieu der bayerischen Hauptstadt.

5

HITLERS VIERTER BESUCH IN BERLIN

Rückblickende Darstellung. Zit. n. Adolf Hitler: Mein Kampf. 479.-483. Aufl. München 1939, S. 552

[...] Nach dem Krieg[67] erlebte ich dann in Berlin eine Massenkundgebung des Marxismus[68] vor dem Königlichen Schloss und Lustgarten. Ein Meer von roten Fahnen, roten Binden und roten Blumen gab dieser Kundgebung, an der schätzungsweise 120.000 Personen teilnahmen, ein schon rein äußerlich gewaltiges Ansehen. Ich konnte selbst fühlen und verstehen, wie leicht der Mann aus dem Volk dem suggestiven Zauber eines solchen grandios wirkenden Schauspiels unterliegt. [...]

6

HITLERS BERLIN-BILD 1920

Brief von Adolf Hitler und Anton Draxler, Vorsitzender der NSDAP, an Walter Riehl, Führer der österreichischen Nationalsozialisten, 1. März 1920. Zit. n. Jäckel/Kuhn (Hrsg.): Hitler. Sämtliche Aufzeichnungen 1905–1924, S. 112

[...] Die Fehler und Schattenseiten Berlins erscheinen uns nicht als unzertrennlich von dieser Stadt an und für sich, sondern nur als notwendige Folge einer so genannten Kultur, die in ihrem Wesen nach nicht sehr bestimmt wird durch Einflüs-

67 Hitler musste am 20. November 1918 in Berlin vom Zug aus Pasewalk in Pommern in einen Zug nach München umsteigen. Die Züge verkehrten von unterschiedlichen Kopfbahnhöfen. Offenbar lief Hitler die Strecke vom Stettiner Bahnhof, wo er ankam, zum Anhalter Bahnhof, von wo aus die Fahrt weiterging, mitten durch die Innenstadt.

68 Gemeint: das feierliche Begräbnis der bei Unruhen um den 9. November 1918 gestorbenen Arbeiter. Die Hauptkundgebung fand auf dem Tempelhofer Feld statt. Danach bewegte sich ein Demonstrationszug durch die Innenstadt, unter anderem am seit Kaiser Wilhelms II. Thronverzicht funktionslosen Berliner Schloss vorbei. Vgl. *Berliner Tageblatt* v. 20. November 1918 u. v. 21. November 1918; *Berliner Morgenpost* v. 21. November 1918.

se germanischer Rassenart, sondern jüdischer.[69] Es ist nur zu natürlich, dass in der größten Stadt des Reiches der Fluch dieser Misskultur[70] auch am verderblichsten zur Geltung kommen muss, ganz gleich, ob diese Stadt Berlin oder anders heißt. Deshalb kann unser Kampf auch nicht dieser Stadt als solcher gelten, sondern den allgemeinen Ursachen dieser Zustände. Wir empfinden den so genannten ‚Kampf gegen Berlin' als Maske für das Ziel, Deutschland durch die Beseitigung seiner Reichshauptstadt politisch in seine frühere Ohnmacht und Zersplitterung zurückzuschleudern. [...]

7

HITLERS BEKENNTNIS FÜR MÜNCHEN UND GEGEN BERLIN

Bericht des Polizeipräsidiums München über die Rede Hitlers auf einer NSDAP-Versammlung in München, 29. Juli 1921. Zit. n. Jäckel/Kuhn (Hrsg.): Hitler. Sämtliche Aufzeichnungen 1905–1924, S. 448

[...] Unsere Bewegung ging von München aus und bleibt auch in München, nicht wie manche Quertreiber wollen, nach Berlin (niemals).[71] [...]

69 Berlin hatte zwar die größte jüdische Gemeinde im Deutschen Reich, doch bekannten sich im Jahr 1910 von 3,74 Millionen Einwohner Groß-Berlins lediglich 144.000 zum Judentum, also 3,9 Prozent. Bei der nächsten Erhebung hatte sich dieser Anteil geringfügig auf 4,3 Prozent erhöht. Nach Protestanten (ca. 77 Prozent) und Katholiken (ca. 10 Prozent) stellten die Juden die drittgrößte Religionsgemeinschaft in der Reichshauptstadt; 7,2 Prozent der Berliner bekannten sich zu keiner Religion. Berlin hatte damit einen deutlich geringeren Anteil jüdischer Bevölkerung als etwa New York, Wien oder Frankfurt / Main. Vgl. Alexander: Die Entwicklung der jüdischen Bevölkerung, S. 292 u. S. 294.

70 Der größere Teil der Juden in Berlin war vollständig assimiliert. Sie waren in allen politischen Strömungen der Reichshauptstadt vertreten, in der SPD ebenso wie in den liberalen Parteien. Viele Berliner Juden waren nationalliberal eingestellt. Zu den bekanntesten deutsch-jüdischen Familien gehörten die Verleger Ullstein und Mosse, deren wichtigste Zeitungen zu den besten Blättern der Welt zählten. Die angeblich spezifisch jüdische „Misskultur" in Berlin existierte nie; es handelte sich um ein antisemitisches Stereotyp.

71 Parteizentrale und Mitgliederverwaltung der NSDAP behielten bis 1945 tatsächlich ihren Sitz in München. Allerdings fielen sämtliche Entscheidungen stets in Hitlers Nähe – und damit spätestens ab 1933 sehr viel häufiger in Berlin als in München. In der Reichshauptstadt hatte ab 1933 auch der Leitungsstab der Partei, zunächst unter Rudolf Hess, ab 1941 unter Martin Bormann, seinen Sitz.

8

HITLERS ERSTES POLITISCHES GESPRÄCH IN BERLIN

Redigierte Fassung[72] eines Berichtes von Fritz Geisler[73], verfasst 1936, über Hitlers Gespräch mit Mitgliedern des „Nationalen Klubs 1919“[74] am 8. Dezember 1921. Zit. n. Engelbrechten / Volz: Wir wandern durch das nationalsozialistische Berlin, S. 53.

[...] In den Klubräumen fand die erste Fühlungnahme Hitlers mit nationalen Kreisen Norddeutschlands statt, u. a. mit dem stellvertretenden Vorsitzenden[75] der Zentralstelle der Vaterländischen Verbände.[76] Adolf Hitlers Anwesenheit musste wegen des preußischen sozialdemokratischen Innenministers Carl Severing[77] streng geheim gehalten werden. In dieser Besprechung beantwortete Hitler die verschiedenen an ihn gestellten Fragen, wie er sich die Lösung der Marxisten- und Judenfrage im Falle der Machtübernahme dächte. Bereits damals hat er im großen und ganzen, das ausgeführt, was er dann 1933 in die Wirklichkeit umsetzte, einschließlich der ‚Konzentrations-

72 Der Originalbericht von Fritz Geisler ist in BArch R 43 II/883, Bl. 123 überliefert.

73 Fritz Geisler (1890-1945), rechtsliberaler Politiker, MdR 1920-1928, Funktionär verschiedener nationaler Verbände. Er knüpfte Kontakte mit der NSDAP, profitierte davon aber nach 1933 offenbar nicht.

74 Der Nationale Klub entstand 1919 auf Initiative des Alldeutschen Verbandes. Seine Räume lagen in der Sommerstraße 6, der späteren Friedrich-Ebert-, ab 1933 der Hermann-Göring-Straße. Laut einer Selbstdarstellung sollte der Klub „ohne ein Parteiklub zu sein, wohl aber in Zusammensetzung wie Sinnesrichtung einen wahrhaft deutschen Klub darstellend, ein Vereinigungspunkt aller der Kreise werden, in denen der nationale Gedanke in Schärfe und Klarheit lebt, die überzeugt sind, dass ein Wiederaufstieg des deutschen Volks nur auf Grundlage des nationalen Gedankens möglich ist und die deshalb den heute herrschenden, zersetzenden, international gerichteten Kräften entgegenzuwirken entschlossen sind“, zit. n. Holzbach: Das System Hugenberg, S.139. Vgl. Schulz: Nationaler Klub, S. 207-237.

75 Hier meint Fritz Geisler sich selbst. Außer Geisler nahmen an dem Gespräch Heinrich Claß (1868-1953), Vorsitzender des Alldeutschen Verbandes, und Leopold von Vietinghoff-Scheel (1867 1946) teil, sein Geschäftsführer.

76 Zusammenschluss rechtsgerichteter Wehrverbände.

77 Carl Severing (1875-1952), SPD-Politiker, mehrfach Innenminister in der preußischen und der Reichsregierung. Severing galt bis 1933 als einer der Hauptfeinde der NSDAP, die er nach Kräften bekämpfte, allerdings ausschließlich mit den Mitteln des Rechtsstaates wie Organisations-, Werbe- und Redeverboten. Im Februar/März 1933 wurde er kurzzeitig festgenommen, zog sich aus der Öffentlichkeit völlig zurück und lebte überwacht, aber ansonsten unbehindert in seiner Heimatstadt Bielefeld. 1945 versuchte er einen politischen Neustart, blieb aber ohne nennenswerten Einfluss.

lager' (diesen Ausdruck[78] gebrauchte er), deren Notwendigkeit er besonders betonte, um die Machtübernahme möglichst unblutig durchzuführen.[79] [...]

9

HITLERS ZWEITES POLITISCHES GESPRÄCH IN BERLIN

Zusammenfassung verschiedener Berichte, verfasst 1936 u.a. von Emil Gansser[80] und Fritz Geisler, über Hitlers Vortrag im „Nationalen Klub 1919" am 29. Mai 1922. Zit. n. Engelbrechten / Volz: Wir wandern durch das nationalsozialistische Berlin, S. 53f.

[...] Auf Grund dieser Besprechung[81] erster Vortrag Hitlers, der von dem Dichter Dietrich Eckart[82] begleitet wurde, vor den Klubmitgliedern im kleinen Kreise. Er führte dabei (nach dem Bericht mehrerer Teilnehmer[83]) dem Sinne nach ungefähr folgendes aus:

Hitler kündigte zunächst neue Gewaltmaßnahmen Frankreichs gegen Deutschland[84] an, ferner ein weiteres Anwachsen

78 Es ist möglich, dass Hitler am 8. Dezember 1921 von „Konzentrationslager" sprach. Das erste Mal nachweislich verwendete er diesen Begriff, bezogen auf die „Concentration Camps" genannten Einrichtungen der britischen Armee im Burenkrieg um 1900, in einer Rede in München am 20. September 1920. Vgl. Jäckel/Kuhn (Hrsg.): Hitler. Sämtliche Aufzeichnungen 1905 1924, S. 448. In einem Artikel unter Hitlers Namen im *Völkischen Beobachter* heißt es: „Man verhindere die jüdische Unterhöhlung unseres Volkes, wenn notwendig durch die Sicherung ihrer Erreger in Konzentrationslagern." Zit. n. *Völkischer Beobachter* v. 13. März 1921.

79 Es ist sehr unwahrscheinlich, dass bereits nach diesem ersten Auftritt Hitlers in Berlin „in Berliner begüterten nationalgesinnten Kreisen der Weg bereitet worden" sei, um Mittel für die Ausdehnung der NSDAP nach Norddeutschland aufzubringen, wie Geisler behauptet (BArch R 43 II / 883, Bl. 123). Denn die Initiative zur Gründung einer ersten NSDAP-Gruppe in Norddeutschland ging erst im August 1922 von dem Freikorps-Führer Gerhard Roßbach (1893-1967) aus. Bei den drei angeblichen NSDAP-Ortsgruppen in Berlin im Jahr 1922, die ein Artikel im *Angriff* v. 23. April 1932 nannte, dürfte es sich um Ortsgruppen einer kurzlebigen Splittergruppe namens Deutschsoziale Partei gehandelt haben. Vgl. Schuster: Die SA, S. 19.

80 Emil Gansser (1874-1941), Chemiker und früher Unterstützer Hitlers. Er organisierte Hitlers Auftritte im Nationalen Klub 1919 mit. MdR 1924, später bedeutungslos.

81 Gemeint: Hitlers Gespräch im Nationalen Klub am 8. Dezember 1921 (Nr. 6)

82 Dietrich Eckert (1868-1923), deutschnational-völkischer Schriftsteller, früher Mentor Hitlers und erster Chefredakteur des *Völkischen Beobachters* unter NSDAP-Ägide, nahm Hitler mehrfach mit nach Berlin.

83 Neben Gansser und Geisler wohl noch Max Kutschmann (1871-1943) und Wilhelm Weicher (Lebensdaten unbekannt).

84 Es ist unklar, ob es sich hier um eine nachträgliche Prophezeiung handelt, denn tatsächlich besetzten französische Truppen ab dem 11. Januar 1923 das Ruhrgebiet. Andererseits hetzte Hitler schon vor dem 29. Mai 1922 in seinen Reden gegen die französische Politik und gegen den Vertrag von Versailles.

der bolschewistischen Gefahr in Deutschland[85] und den Bürgerkrieg. Indem er die vielen politischen und wirtschaftlichen Fehler des Weimarer Systems aufzeigte, betonte er eine gewisse Übereinstimmung mit den Rechtsparteien im nationalen Ziel der Befreiung Deutschlands, setzte sich aber zugleich deutlich von diesen Parteien insofern ab, als er ihnen lediglich eine vorübergehende Aufgabe, nicht aber die erforderliche Reformationskraft[86] zubilligte. Er sah ihre Aufgabe darin, vorläufig ein nationales Gegengewicht gegen die internationalen und pazifistischen Bestrebungen zu sein, erklärte aber, dass sie bei der Arbeiterschaft gegenüber den marxistischen Parteien überhaupt nicht konkurrenzfähig sein könnten. Nur auf vollkommen neuer sozialer und politischer Grundlage, nicht im Parlament und auf demokratischer Basis, sondern nur bei der gewaltsamen Durchsetzung der gefunden nationalen Kräfte und durch Sammlung und Vorbereitung der Jugend zu diesem Zwecke könnte die Macht erlangt und Deutschland neu gestaltet werden. Eine nationale Diktatur müsse dann Deutschland in seiner politischen, wirtschaftsorganisatorischen und sozialpolitischen Verfassung neu aufbauen und dabei den verhängnisvollen Einfluss[87] der Juden, Freimaurer und des politischen Katholizismus ausschalten. Über die zersetzende Wirksamkeit dieser drei internationalen Mächte ließ er sich besonders nachdrücklich aus und erklärte, dass die Rechtsparteien diese Gefahren überhaupt nicht oder nicht genügend würdigten und dass lediglich die von ihm geführte NSDAP von diesen Einflüssen frei und daher allein berufen sei, Deutschland einer besseren Zukunft entgegenzuführen. Dann sprach er sehr eingehend über die Bewegung und ihre Tätigkeit in München. Insbesondere schilderte er Aufbau und Organisation (Alarmsystem[88]) der am 3. August 1921 gegründeten SA[89] und berichtete anschaulich und mit vielen Einzelheiten über die große entschei-

85 Attacken auf den Kommunismus und den von der KPD angestrebten Bürgerkrieg gehören zum festen Programm fast jeder Hitler-Rede. Jedoch könnte es sich hier auch um eine nachträgliche Prophezeiung handeln, denn 1923 gab es tatsächlich Aufstandsversuche der KPD, z. B. in Hamburg.

86 Gängiges Motiv in Hitler-Reden.

87 Gängiges Motiv in Hitler-Reden.

88 Die Fähigkeit zur schnellen Mobilisierung galt in Deutschland als entscheidendes Kriterium für die Nützlichkeit einer Organisation.

89 Gegründet am 3. August 1921 als „Saalschutz" der NSDAP. Den Namen „Sturmabteilung", abgekürzt SA, bekam diese Einheit erst im November 1921. Vgl. Longerich: Die braunen Bataillone, S. 24-28.

dende Saalschlacht[90] vom 4. November 1921 im Hofbräuhaus in München. Sein Leitwort, das er öfters wiederholte, war, dass Terror durch Terror gebrochen werden müsste. In seinen Schlussworten kündigte er einen weiteren Zusammenbruch der deutschen Währung[91], der Moral und der Erfüllungspolitik[92] an. Mit dieser müsste so bald wie möglich Schluss gemacht werden. Dann würde sich erweisen, dass die Entente vor einem nationalen und diktatorisch geleiteten Deutschland zurückweiche. Nach dem Vortrage, der auf die Hörer einen sehr starken Eindruck machte, wurde der dann auch widerspruchslos angenommene Antrag gestellt, die Wirkung von Hitlers Ausführungen nicht durch eine Diskussion zu beeinträchtigen.[93] [...]

10

HITLERS DRITTES POLITISCHES GESPRÄCH IN BERLIN

Bericht von Fritz Geisler, verfasst 1936, über Hitlers zweiten Vortrag im „Nationalen Klub 1919" Anfang oder Mitte Juni 1922 mit Ergänzungen von Hans-Heinrich Lammers.[94] Zit. n. Engelbrechten/ Volz: Wir wandern durch das nationalsozialistische Berlin, S. 54

[...] Wegen des tiefen Eindrucks, den der Vortrag hinterlassen hatte, wiederholte ihn Hitler kurze Zeit danach (vermutlich am

90 Am 4. November 1921 kam es in München zum ersten Mal zu einer größeren gewaltsamen Konfrontation von Hitler- und SPD-Anhängern. Laut NSDAP-Darstellung befanden sich etwa 450 Anhänger republikanischer Verbände im Saal, die von der SA „Gruppe für Gruppe" hinausgeworfen wurden. In Wirklichkeit räumte die Münchner Polizei den Saal, als dort eine Schlägerei zwischen linken und rechten Gruppen ausbrach, doch „die SA stellte ihre Zuverlässigkeit unter Beweis, indem sie einige Knochen brach". Large: Hitlers München, S. 193.

91 Sehr wahrscheinlich eine nachträgliche Prophezeiung der Geldentwertung von 1923, denn Sorgen vor einer Inflation spielten in Hitlers dokumentierten Reden 1922 höchstens eine kleine Nebenrolle.

92 Gängiges Motiv in zahlreichen Hitler-Reden. Als „Erfüllungspolitik" bezeichnete er ähnlich wie viele andere Politiker der nationalen und der extremen Rechten jede Bereitschaft der deutschen Regierung, die im Waffenstillstand von 1918 und vor allem im Versailler Vertrag auferlegten Lasten zu tragen. Hitler verlangte stets, die „Erfüllung" entsprechender Forderung zurückzuweisen.

93 Dem widerspricht der Bericht des Teilnehmers Wilhelm Weicher, demzufolge sich nach der Rede „kleine Gruppen [bildeten], die den Vortrag lebhaft erörterten". Zit. n. Petzold: Die Demagogie des Hitlerfaschismus, S. 124.

94 Hans-Heinrich Lammers (1879-1962), Jurist und Ministerialbeamter. 1922 Leiter der Verfassungsabteilung im Reichsinnenministerium, Mitglied des „Nationalen Klubs 1919". 1933 bis 1945 Chef der Reichskanzlei, ab 1945 in Haft, verurteilt zu 20 Jahren Gefängnis, 1951 entlassen.

5. oder 12. Juni[95]) noch einmal. Im Anschluss daran entspann sich eine Diskussion. In ihrem Verlaufe sprach ein deutschnationaler Redner[96], Hitlers Worte, „er selbst wolle nichts für sich persönlich", aufgreifend, von der großen nationalen Front, für die Hitler jetzt arbeite und für die im entscheidenden Zeitpunkte auch wohl der nationale Führer gefunden werden würde. Als er geendet hatte, erhob sich Hitler sofort und erwiderte sehr scharf: „Herr Doktor, darauf können Sie sich verlassen: Wenn die nationale Front so groß ist, dass sie nach der Macht greifen kann, dann ist auch der Führer da!"[97] [...]

Schriftliche Erklärung Ernst von Borsigs[98] über seine Beziehungen zu Hitler nach seiner Teilnahme an dessen Vortrag im „Nationalen Klub 1919" im Juni 1922. Zit. n. Berliner Tageblatt *v. 12. März 1927*

[...] Ich bin im Jahr 1921 oder im Frühjahr 1922 zweimal mit Herrn Hitler zusammengetroffen, und zwar gelegentlich der Anwesenheit von Herrn Hitler in Berlin. Das eine Mal habe ich mit einer größeren Anzahl anderer Herren zusammen einen Vortrag angehört, den Herr Hitler im ‚Nationalen Club'[99] gehalten hat. Das andere Mal[100] habe ich mich mit Herrn Hitler persönlich über seine Bestrebungen unterhalten. Mein Interesse an der Hitler'schen Bewegung, die damals durchaus noch nicht den politischen Charakter trug, den sie später annahm, beruhte ausschließlich darauf, dass Hitler damals als ein Mann erschien, von dem ich mit vielen anderen den Eindruck hatte, dass er dazu beitragen könne, durch

95 Wann genau diese zweite Rede stattfand, ist unklar. Die Zeitangabe wurde vermutlich von Hans-Heinrich Lammers, ab 1933 Hitlers Chef der Reichskanzlei, in die Fahnen des Buches von Engelbrechten und Volz eingefügt.

96 Gemeint ist Eduard Stadtler (1886-1945), Studienrat und Anhänger eines nationalen Sozialismus. 1918 Gründer der Antibolschewistischen Liga. 1932/33 MdR, zunächst für die DNVP, dann als „Hospitant" der NSDAP-Fraktion. Im Herbst 1933 nicht wieder aufgestellt. Stadtler wurde seit 1936 von der Gestapo überwacht und nach dem 20. Juli 1944 einige Zeit festgenommen.

97 Wann genau Hitler die Vorstellung aufgab, „Trommler" für einen künftigen nationalen „Führer" zu sein, und stattdessen selbst diese Rolle zu übernehmen beschloss, ist unklar. Die ältere Forschung sah den Wendepunkt in der Übernahme des NSDAP-Parteivorsitzes mit diktatorischen Befugnissen am 29. Juli 1921. Albrecht Tyrell und seit ihm die meisten Historiker, z. B. auch Ian Kershaw, sehen diesen Wandlungsprozess erst in der Haft 1924. Vgl. Tyrell: Vom Trommler zum Führer, S. 15 u. S. 165-174 sowie Kershaw: Hitler, Bd. 1, S. 215-331.

98 Ernst von Borsig (1869-1933), Berliner Großindustrieller und Vorsitzender des Vereins Berliner Metallindustrieller sowie Vorsitzender der Vereinigung der Deutschen Arbeitgeberverbände. 1932 unterstützte Borsig die Wiederwahl des amtierenden Reichspräsidenten Paul von Hindenburg gegen die Kandidatur Hitlers. Borsig starb 24 Tage, bevor Hindenburg Hitler zum Reichskanzler ernannte.

99 Laut Borsigs Privatsekretär Fritz Detert ging er in Borsigs Auftrag zum ersten Vortrag Hitlers am 29. Mai 1922 und überredete seinen Chef daraufhin, beim zweiten Vortrag persönlich teilzunehmen. Vgl. Tuner: Die Großunternehmer und der Aufstieg Hitlers, S. 70f.

100 Datum nicht feststellbar.

die von ihm ins Leben gerufene Bewegung die Kluft zwischen den verschiedenen Volksschichten, insbesondere durch Wiederbelebung der nationalen Gesinnung der Arbeiterschaft, zu überbrücken.[101] Später habe ich keinerlei Verbindung mehr mit Herrn Hitler gehabt, insbesondere habe ich mich in keiner Weise seiner späteren auf politischem Gebiete liegenden Betätigung angenommen. Davon, dass ich der ‚Gönner' der Hitler'schen Bewegung[102] oder gar, wie der ‚Vorwärts' behauptet, ‚ihr Geldgeber' gewesen sei, kann gar keine Rede sein." [...]

11

HITLERS VIERTES POLITISCHES GESPRÄCH IN BERLIN

Bericht [undatiert] über einen weiteren Auftritt Hitlers im Nationalen Klub 1919 am 12. Oktober 1922. Zit. n. Engelbrechten/ Volz: Wir wandern durch das nationalsozialistische Berlin, S. 54

[...] Erneute, sehr ausgedehnte Besprechung Hitlers mit nationalen Kreisen Norddeutschlands (u. a. Vertretern der Vereinigten Vaterländischen Verbände Deutschlands, des Stahlhelms[103], Deutschnationalen Handlungsgehilfenverbandes[104] und Deutschbundes[105]), insbesondere über den bevorstehenden Ruhrkampf[106]. [...]

101 Geläufige Wahrnehmung auf Arbeitgeber-Seite. Seit dem beginnenden Aufstieg der SPD erschien der alten Oberschicht der Vertrauensverlust der Arbeiter zur unternehmerischen Elite als größtes Problem. Vielerlei neugegründete Gruppen und Parteien versuchten, dieses Problem zu lösen, z. B. die Christlich-soziale Partei des Hofpredigers Adolf Stoeckers oder die Vaterlandspartei Alfred von Tirpitz' .

102 Borsigs Unterstützung für die NSDAP beschränkte sich tatsächlich auf einige Spenden im zweiten Halbjahr 1922 sowie erfolglose Versuche, andere Berliner Industrielle für Spenden zu gewinnen. Borsigs Privatsekretär führte dieses Scheitern 1937 rückblickend auf den Einfluss „nichtarischer Kreise" in Berliner Unternehmerkreisen zurück. Das ist jedoch unwahrscheinlich, denn Juden in Berlins Industrie nahmen keine bedeutende Stellung ein; offenbar hatten die meisten führenden Persönlichkeiten der Wirtschaft in der Reichshauptstadt einen wesentlich schlechteren Eindruck von Hitler als Ernst von Borsig.

103 Vereinigung nationaler und chauvinistischer ehemaliger Frontsoldaten.

104 Völkische und antisemitische Angestelltengewerkschaft, gegründet 1893.

105 1894 gegründete Organisation, vom NSDAP-Parteigericht 1934 als „älteste völkische Vereinigung" anerkannt. Im Dritten Reich nicht aufgelöst, erst nach Kriegsende 1945 verboten.

106 In Hitlers dokumentierten Reden ist zwischen Juni und November 1922 nicht die Rede von einem bevorstehenden Konflikt um das Ruhrgebiet. Am 30. November 1922 allerdings sagte er laut einem Polizeibericht bei einer Rede in München: „Das Ruhrgebiet sei trotz [der Erfüllungspolitik von Reichskanzler Joseph Wirth] nicht mehr zu halten, und der Franzose ist auf dem Sprung." Zit. n. Jäckel / Kuhn (Hrsg.): Hitler. Sämtliche Aufzeichnungen 1905 1924, S. 744.

12

ERSTE VERSUCHTE GRÜNDUNG EINER NSDAP-GRUPPE IN BERLIN

Rückblickender Bericht [ca. 1934]. Zit. n. Erich F. Berendt: Soldaten der Freiheit, S. 282f.

[...] In Berlin sollte am 15. November 1922[107] eine Ortsgruppe der NSDAP gegründet werden. Diese Gründung wurde aber durch das am 22. November 1922[108] für Preußen ausgesprochene Verbot verhindert: „Auf Grund des § 14, Absatz 2 des Gesetzes zum Schutze der Republik vom 21. Juli 1922 wird die Nationalsozialistische Deutsche Arbeiterpartei hiermit in Preußen verboten. Ihre in Preußen bestehenden Zweigvereine einschließlich der nationalsozialistischen Vereinigung werden für aufgelöst erklärt."

„Das ist nicht zu ändern", erklärten die Einberufer den Kriminalbeamten, die das Verbot der Partei bekanntgaben und die Auflösung der Versammlung forderten. Das Verbot galt aber für die hier im Restaurant „Reichskanzler" in der Dorfstraße zusammengetretenen Männer nicht. Es bestand noch keine Ortsgruppe der NSDAP, und somit konnte weder ein Verbot ausgesprochen, noch eine Auflösung gefordert werden. Niemand konnte die Einberufer daran hindern, eine neue... Das ist ein guter Gedanke! Der Versammlung wurde bekanntgegeben, dass besondere Umstände eine neue Sachlage geschaffen hätten und dass die Verhandlungen für zehn Minuten ausgesetzt würden. Die Einberufer zogen sich zu einer kurzen Besprechung in ein anliegendes Zimmer zurück. Gegen das soeben ausgesprochene Verbot konnte man nichts machen, aber man wusste sich zu helfen. Die Beratung war kurz und nach der Rückkehr in den Saal wurde verkündet, dass die Einberufer willens wären, heute die Großdeutsche Arbeiterpartei zu gründen. Die Ortsgruppe Berlin der NSDAP hieß fortan Großdeutsche Arbeiterpartei! Es konnten sich

107 Richtig: 19. November 1922.
108 Richtig: 15. November 1922.

selbstverständlich nicht alle Versammlungsteilnehmer entschließen, ihre bisherigen Bindungen zu anderen völkischen Gemeinschaften sofort aufzugeben und sich der neuen Partei anzuschließen. Trotzdem bekannten sich 194 Männer zu Adolf Hitler. 194 Kämpfer wurden an diesem denkwürdigen Tage für den Nationalsozialismus gewonnen, die in Gegenwart von Dr. Gansser, dem Vertrauensmann Adolf Hitlers, den Treueid auf den Führer leisteten. Schlageter[109] war unter ihnen. [...]

Zeitungsartikel über die Gründung der Großdeutschen Arbeiterpartei. In: Berliner Tageblatt *v. 21. November 1922.*

[...] Wie aus der Satzung[110] hervorgeht, will die Partei, deren Sitz Berlin ist, eine völkische Partei sein. Mitglied kann jeder „sittlich einwandfreie Deutschstämmige" werden. Die Partei fordert den Zusammenschluss aller Deutschen aufgrund des Selbstbestimmungsrechtes der Völker[111] zu einem Großdeutschland, fordert Aufhebung der Friedensverträge von Versailles und Saint Germain[112] sowie Land und Boden (Kolonien) zur Ernährung unseres Volkes[113]. Innen- und wirtschaftspolitisch fordert die Partei die Bekämpfung der „korrumpierenden Parlamentswirtschaft"[114], Abschaffung des Arbeitsloseneinkommens[115], Gewinnbeteiligung an Großbetrieben[116], Schaffung eines gesunden Mittelstandes[117], Todesstrafe gegen Wucherer und Schieber[118], Schaffung eines Volks-

109 Albert Leo Schlageter (1894-1923), rechtsextremer Aktivist der frühen 20er-Jahre. Als ehemaliger Frontsoldat, frühes Mitglied der NSDAP und militanter Gegner des Versailler Vertrages war er verantwortlich für mehrere Sprengstoffanschläge und wahrscheinlich für mindestens einen Mordanschlag. Ein französisches Militärgericht verurteilte ihn zum Tode, am 26. Mai 1923 wurde das Urteil vollstreckt. Schlageter war bereits während seiner Haft und des Prozesses zum Märtyrer der völkischen Rechten aufgebaut worden; nach seiner Hinrichtung entstand ein gewaltiger Schlageter-Kult.

110 Offenbar nicht erhalten. Ein Vergleich mit dem 25-Punkte-Programm der NSDAP v. 24. Februar 1920 zeigt, dass die Satzung teilweise wortidentisch damit gewesen sein muss. Ob die Abweichungen am Berichterstatter des *Tageblattes* lag oder am abweichenden Text, ist nicht feststellbar.

111 Wortidentisch im NSDAP-Programm, Punkt 1.

112 Wortidentisch im NSDAP-Programm, Punkt 2.

113 Wortidentisch im NSDAP-Programm, Punkt 3.

114 Wortidentisch im NSDAP-Programm, Punkt 6.

115 Gemeint: des ohne Arbeit erwirtschafteten Einkommens, vor allem des Zinseinkommens. Vgl. NSDAP-Programm, Punkt 11: „Abschaffung des Arbeits- und mühelosen Einkommens, Brechung der Zinsknechtschaft."

116 Wortidentisch im NSDAP-Programm, Punkt 14.

117 Wortidentisch im NSDAP-Programm, Punkt 16.

118 Ähnlich im NSDAP-Programm, Punkt 18. „Wucherer und Schieber" war eine im Ersten Weltkrieg gängig gewordene Formel für echte und vermeintliche Profiteure der Kriegswirtschaft, zum Beispiel Schwarzhändler.

heeres[119], Schaffung einer „deutschen Presse“[120], Freiheit aller religiösen Bekenntnisse[121] und Bekämpfung des jüdisch-materialistischen Geistes[122].[...]

13

DAS VERBOT DER NSDAP IST ZULÄSSIG

Urteil des Staatsgerichtshofes zum Schutze der Republik[123] zum Verbot der NSDAP v. 15. März 1923. Zit. n. Huber: Dokumente zur deutschen Verfassungsgeschichte. Dokumente, Bd. 4, S. 300-302.

[...] Die von der NSDAP entfaltete Tätigkeit hat sich seit längerer Zeit in Formen abgespielt, die mit der Republikschutzgesetzgebung[124] nicht in Einklang zu bringen sind. Aus dem von den beteiligten Landesregierungen[125] und dem Reichskommissar für Überwachung der öffentlichen Ordnung beigebrachten äußerst reichhaltigem Material hat der Staatsgerichtshof die volle Überzeugung gewonnen, dass die Partei Bestrebungen der in §§7 Ziffer 4[126] und 8 Ziffer 1[127] des Gesetzes vom 21. Juli 1922 gekennzeichneten Art verfolgt und dass in ihr fortgesetzt dahingehende Erörterungen gepflogen werden. Diese

119 Ähnlich im NSDAP-Programm, Punkt 22.

120 Wortidentisch im NSDAP-Programm, Punkt 23.

121 Ähnlich im NSDAP-Programm, Punkte 4 u. 24

122 Wortidentisch im NSDAP-Programm, Punkt 24.

123 Durch das Republikschutzgesetz eingerichtetes Sondergericht beim Reichsgericht in Leipzig, das immer umstritten war. Es wurde 1927 wieder aufgelöst.

124 Nach zahlreichen Anschlägen linker und rechter Extremisten und vor allem nach dem tödlichen Attentat von Terroristen der revanchistischen „Organisation Consul“ auf Reichsaußenminister Walter von Rathenau wurde am 21. Juli 1922 das Gesetz zum Schutz der Republik erlassen. Es verschärfte bestehende Gesetze, sofern eine Gefährdung des republikanischen Staates befürchtet wurde.

125 Außer Preußen hatten Baden, Thüringen, Hamburg, Mecklenburg-Schwerin sowie Bremen die NSDAP verboten.

126 §7 Ziffer 4 des Gesetzes zum Schutz der Republik v. 21. Juli 1922: „[...] Mit Gefängnis von 3 Monaten bis zu fünf Jahren wird, soweit nicht andere Vorschriften eine schwerere Strafe androhen, bestraft: [...] 4. wer an einer geheimen oder staatsfeindlichen Verbindung (§§ 128, 129 des Strafgesetzbuchs), die die Bestrebung verfolgt, die verfassungsmäßig festgestellte republikanische Staatsform des Reichs oder eines Landes zu untergraben, teilnimmt, oder sie oder im Dienste ihrer Bestrebungen ein Mitglied mit Rat und Tat, insbesondere mit Geld unterstützt.[...]“

127 §8 Ziffer 1 des Gesetzes zum Schutz der Republik v. 21. Juli 1922: „[...] Mit Gefängnis bis zu fünf Jahren, neben dem auf Geldstrafe bis zu einer Million Mark erkannt werden kann, wird bestraft, 1. wer öffentlich oder in einer Versammlung die verfassungsmäßig festgestellte republikanische Staatsform des Reichs oder eines Landes beschimpft oder dadurch herabwürdigt, dass er Mitglieder der republikanischen Regierung des Reichs oder eines Landes beschimpft oder verleumdet. [...]“

Überzeugung stützt sich auf die vielfachen Kundgebungen der Hauptführer der Partei, insbesondere Hitlers selbst als ihres ersten Vorsitzenden und geistigen Hauptes. [...] Aus alledem geht hervor, dass die NSDAP nach ihren Satzungen, ihrem Programm, dem Parteiorgan, sowie den besonderen Einrichtungen des Kampfschatzes[128] und der Sturmabteilungen[129] wie kaum eine andere Partei dazu fähig ist, den von ihr aufgestellten Forderungen nicht bloß mit Worten, sondern gegebenenfalls auch durch die Tat Nachdruck zu verleihen. Es war deshalb weiter zu prüfen, ob das gesamte bisherige Verhalten der Partei die Annahme rechtfertigt, dass sie auch gewillt ist, zur Erreichung ihrer Ziele nötigenfalls Gewalt anzuwenden. Diese Frage musste bejaht werden. [...] Der Staatsgerichtshof hat in Würdigung aller dieser Tatsachen, deren Richtigkeit mit Erfolg nicht bestritten werden konnte, die Überzeugung erlangt, dass NSDAP, unter der Führung Hitlers, entschlossen ist, zur Erreichung ihrer Ziele, wenn nötig, Gewalt anzuwenden. Die Partei arbeitet augenscheinlich auf die Errichtung einer nationalen Diktatur hin und erblickt in den Sturmabteilungen die geeignete Waffe, um den ihr von der anderen Seite drohenden Widerstand zu brechen. [...] Die Anwendung des § 7 Ziffer 4 des Schutzgesetzes auf die NSDAP erscheint daher gerechtfertigt. [...]

Meldung über das Urteil des Staatsgerichtshofes zum Schutz der Republik. In: Berliner Morgenpost, *16. März 1923.*
[...] Eine Beschwerde der Nationalsozialistischen Arbeiterpartei gegen die Auflösung einer Anzahl ihrer Landeszentralbehörden wurde von dem Staatsgerichtshof in Leipzig mit der Begründung abgewiesen, dass die Tendenz der Parteien eine staatsgefährliche sei und die Herabsetzung des Ansehens der Republik erstrebe. [...]

128 NSDAP-eigene Sammelaktion. Für Spenden in unterschiedlicher Höhe wurden Spendenscheine mit der Aufschrift „Adolf Hitlers völkischer Kampfschatz" ausgegeben. Sie lauteten auf Goldmark, nicht auf das inflationsgefährdete Papiergeld.

129 Gemeint: die SA.

14

DIE ERSTE „FAHNENWEIHE" DER NSDAP IN BERLIN

Rückblickende Darstellung [ca. 1934]. Zit. n. Erich F. Berendt: Soldaten der Freiheit, S. 296-299.

[...] Der Tag der Weihe der ersten Fahne Adolf Hitlers in Berlin, überhaupt in Norddeutschland, kam näher und näher. Die Wohnungen der Führer standen unter Aufsicht der politischen Polizei, denn die NSDAP war in Preußen verboten.[130] Gasthäuser und Verkehrslokale erfreuten sich der gleichen fürsorglichen Beobachtung Herrn Severings. Der freie Himmel nur oder dunkle Verließe nur konnten Weihestätte sein, sollte die heilige Stunde nicht gestört werden. Nach langen Beratungen wurde der zerfallene Stollen eines Kalkbergwerkes, draußen vor den Toren der Stadt, als Ort der Weihe gewählt.

Die Männer der Tat fanden sich in der Nacht vom 22. zum 23. September 1923 an den vereinbarten Treffpunkten zusammen. Zwei Männer trugen die auseinandergenommene Fahnenstange unter ihren Mänteln; ein dritter verbarg das Tuch unter seinem Hemd. In langer Reihe, Mann hinter Mann, marschierten zwei Gruppen durch Tasdorf[131], über die Kanalbrücke, durch den Tunnel zum Kramersee. Von der anderen Seite her, den Berg herunter, kamen zwei andere Gruppen, Mann hinter Mann. Vorsichtig, schweigend, Schritt um Schritt suchend, damit Steinschlag den Vordermann nicht verletze, durchkletterten sie auf schmalen Pfaden das märkische Kalkgebirge. Ein verlassener Stollen des Rüdersdorfer Bergwerkes war das Ziel. Die Nacht ist sternenklar. Der Mondschein versilbert die geheimnisvolle Flut des Sees, dessen wirkliche Tiefe er nicht kennt. Tiefer als die tiefste See ist die Liebe der

130 Seit dem 15. November 1922; seit dem 10. Januar 1923 war auch die Tarnorganisation Großdeutsche Arbeiterpartei verboten.

131 Östlich von Hoppegarten bei Berlin.

Männer, die hier im Fels den Rütlischwur[132] leisten wollen: für Deutschland, für ihren Führer.

Der Nachtwind kommt auf und zischelt und schüttelt im Gebüsch. Das Mondlicht flirrt durch die Zweige und die Schatten, die vor den Männern zerfließen, machen die Schritte noch unsicherer. Man muss achtgeben auf den bröckelnden Fels. Sie überhören einen leisen Anruf und schrecken zusammen. „Halt! Wer da!", ruft es ihnen aus nächster Nähe entgegen. Vor einer dunklen Höhlenöffnung, dem Eingang zum Stollen, stehen ortskundige Führer; sie geleiten die Eidgenossen hinein in die Tiefe des Berges. Fackeln werfen rotes Licht auf die ernsten Gesichter; Schatten flattern gleich lebenden Wesen die Wände hinauf, den Weg voran – der ohne Ende zu sein scheint. Viele hundert Schritte lang tasten sie sich vorwärts; vorbei an Querstollen, über Wassertümpel und Moorstellen. Endlich stehen sie am Ziel. Der Weg wird breiter, ein großes Gewölbe, gleich der Kuppel eines Domes, nimmt sie auf. Die Sicherheit dieses Ortes hortet die Fahne! Ein Landsknechtslied mahnt zur Sammlung, dann wird die Fahne, das heilige Feldzeichen, zusammengesetzt, der Schaft, das Tuch: Blutrot ist das Tuch, hart steht das schwarze Kreuz im weißen Felde. „Gott will den Kampf", ruft die Fahnenschrift den Männern zu. Der Fackelschein flackert über die Fahne, es ist als ob sie sich in den Händen Erich Thimms[133] bewege. Die Männer werden ernst, ernster noch als bisher. Der Führer der Gemeinschaft tritt vor. Hermann Kretzschmann[134] spricht von der Not des Volkes, von den Volksverderbern im Lande, von den Erbfeinden; Worte aus Fichtes Hoffnungsrede[135] klingen durch die hohe Halle. Der armselige Stollen wird zum Gotteshaus! Die Stimme wird stark und klingt bis in die fernen Gänge des dunklen Labyrinths: „Treue dem Volk, der Ehre und dem Führer." Die Tiefe scheint bei diesem Schwur lebendig zu werden; die Wände hören ihn und das Echo trägt ihn zurück:

132 Der Legende nach schworen Schweizer Bauern Anfang August 1291 auf dem Rütli, einer Wiese am Vierwaldstädter See, gemeinsam ihre Freiheit zu erkämpfen. Der Rütlischwur ist die mythische Geburtsstunde der Schweizer Eidgenossenschaft.

133 Erich Thimm (1883-1933), Seemann, lebte spätestens 1922 in Berlin-Lichtenberg.

134 Hermann Kretzschmann (1886-1964), Eisenwarenhändler, Frontsoldat, seit 1919 in völkisch-sozialistischen Kreisen aktiv. 1922 Mitglied der NSDAP, 1933 Reichsleiter des Reichsarbeitsdienstes, MdR 1936-1945.

135 Eine „Hoffnungsrede" hat Johann Gottlieb Fichte nie gehalten. Er hielt Ende 1807 mehrere „Reden an die Deutsche Nation". Dagegen verfasste Ernst Moritz Arndt 1810 eine „Hoffnungsrede". Für die völkische Bewegung waren alle diese Ansprachen aus der Zeit der Befreiungskriege wichtig. Es ist denkbar, dass sie hier verwechselt wurden.

„Treue dem Volk, der Ehre und dem Führer." Jubelnd singen sie das Deutschlandlied, ihren Schwur zu bekräftigen. Die Erfahrungen haben sie vorsichtig gemacht; sie nehmen einen anderen Weg zum Ausgangstor. Durch einen schmalen Durchgang klemmen sie sich zurück, von Stein zu Stein springen sie, waten durch stehendes, moderndes Wasser und stehen endlich wieder unter dem Licht der hellen Sterne. Der Rückmarsch durch Kalkberge – sie marschieren jetzt – scheucht Ängstliche aus den Betten. Fenster werden hell und hier und dort rumort es hinter den Fensterläden. Schlaft nur – wir marschieren! Der nächste Tag sieht alle Eidgenossen wieder bei ihrer Arbeit. Aber der Ruf ihrer Fahne klingt in ihren Herzen: Gott will den Kampf!

Rückblickender Bericht [ohne Verfasser]. Zit. n. Ernst Ziemann: Adolf Hitler gewinnt Berlin, S. 17-18.
[...] Schon vor dem 9. November 1923 gab es in Berlin eine kleine Gruppe von Männern, die in fanatischem Glauben für Adolf Hitler eintraten. Auch Albert Leo Schlageter, der damals in Friedrichshagen wohnte, war dabei. Aber die Seele dieser kleinen Gruppe, die trotz behördlicher Verfolgung und polizeilicher Schikanen fest zusammenhielt, war Erich Thimm, der erste Wegbereiter Adolf Hitlers in Berlin. Ein klarer, fester Wille lebte in ihm. Und den hatte er in hartem Lebenskampfe gewonnen. Jahrelang war er auf Segelschiffen um die Welt gefahren. Der heiße Passat des Indischen Ozeans und der Eissturm bei Kap Horn, Taifun und Schiffbruch hatten ihn zum Manne geschmiedet. Nun war seine Stunde gekommen, um für Adolf Hitler auf verlorenem Posten zu Kämpfen.

22. September 1923! Eine kühle Herbstnacht ist angebrochen, und erst spät kommt der Mond auf. Über das stille Land hallt in ruhigem Gleichmaß der Marschtritt der Männer, die ihre selbstgenähten Kampfbinden mit dem todverhassten Hakenkreuz noch in den Taschen bergen müssen. Und gleichmäßig wie ihr Schritt ist der Schlag ihrer Herzen. Aug' und Ohr aber spüren in die Nacht hinaus; denn überall im Lande regen sich die roten Hundertschaften, die ihre heimlichen Übungen abhalten. Um Mitternacht wird Rüdersdorf mit seinen Kalkbergwerken erreicht. Nun stehen sie vor dem dunklen Eingang eines verlassenen Stollens (es ist der Redentunnel). 70 Meter geht es hinab. Mann hinter Mann verschwindet die Kolonne im Innern des Berges. Die Licht-

kegel der Taschenlampen werfen gespenstische Schatten von den niedrigen, rissigen Wänden. Eng und gewunden zieht sich der Stollen in den Berg hinein und erweitert sich plötzlich zu einer größeren Höhle. Fackeln flammen auf und erhellen den Raum.

Und da steht Thimm im Kreise seiner Kameraden, todernst und entschlossen der Blick. In der Hand hält er Berlins erste Sturmfahne, die in dieser feierlichen Stunde, an diesem verborgenen Orte geweiht und der Kampfgemeinschaft zu treuen Händen übergeben wird. „Gott will den Kampf!" so lautet ihre Inschrift. Thimm hat sie gewählt, und jeder der Männer fühlt, dass es ein heiliger Kampf sein wird und dass der Allmächtige ihn wollen und segnen muss. Sie reden von der schwarzen, sternlosen Nacht, die über Deutschland liegt und von dem Wetterleuchten an seinen Grenzen: von der Not des Volkes, von den Volksverderbern[136] im Lande und den Feinden an den Grenzen. Einer spricht Worte aus Fichtes Hoffnungsrede, und dann klingen ihre Stimmen zusammen zu dem heiligen Gelübde:

„Wir schwören Treue dem Volk,
der Ehre und dem Führer!"

Feierlich ist es wie im Gotteshause. Als sie sich nun anschicken abzurücken, ruft Thimm, der Fahnenträger, ihnen zu: „Deutschland muss leben, und wenn wir sterben müssen!" Und seine Worte bohren sich in hundert Herzen und Hirne.[137] Beim ersten Morgendämmern waren die „Eidgenossen" wieder in Berlin.

15

„MARSCH AUF BERLIN"

Rede Hitlers im Bürgerbräukeller am Abend des 8. November 1923 laut einem undatierten NSDAP-Flugblatt [1923]. Zit. n. Jäckel/ Kuhn (Hrsg.): Hitler. Sämtliche Aufzeichnungen 1905–1924, S. 1054.

[...] Eine deutsche nationale Regierung wird in Bayern hier in München heute noch ernannt. Es wird sofort gebildet: Eine

136 Gemeint: alle Feinde der NSDAP, von links bis zur reaktionären DNVP.

137 In Wirklichkeit nahmen an dieser „Fahnenweihe" kaum mehr als 20 NSDAP-Anhänger teil. Vgl. Schuster: Die SA, S. 28. Das belegen auch Fotos von dem Stollen, die am 25. April 1933 im *Völkischen Beobachter* abgedruckt wurden. Sie zeigen die Wiederholung der ersten Fahnenweihe.

nationale deutsche Armee. Ich schlage daher vor: Bis zum Ende der Abrechnung mit den Verbrechern[138], die Deutschland heute tief zugrunde richten, übernehme die Leitung der Politik der provisorischen Regierung ich. [...] Die Aufgabe der provisorischen Deutschen National-Regierung ist, mit der ganzen Kraft dieses Landes und der herbeigezogenen Kraft aller deutschen Gaue den Vormarsch anzutreten in das Sündenbabel Berlin, das deutsche Volk zu retten. [...]

Ausführung Hitlers vor dem Volksgericht München [Prozessprotokoll], 13. März 1924. Zit. n. Gruchmann/Weber/Gritschneder (Hrsg): Der Hitler-Prozess, Bd. 3, S. 944
[...] Meine hohen Herren! Ich bin hier das Opfer einer Auslegung von Begriffen, die der bisherigen Art der Auslegung entgegensteht. Die Herren haben bestimmte Wörter hinausgegeben, die nun einmal seit Jahrhunderten einen ganz bestimmten Inhalt besitzen, um nun nachträglich auf einmal zu sagen, wir haben uns darunter etwas ganz anderes gedacht; wir dachten uns unter dem Marsch nach Berlin nicht einen Angriff oder so etwas, sondern nur sittliche Erneuerung. Unter Staatsstreich haben wir etwas ganz anderes verstanden. Ich bitte doch das hohe Gericht, die Sache von dem Gesichtspunkt aus zu prüfen, dass wir Angeklagten und unsere noch Mitangeklagten nicht in die innerste Seele dieser Herren eindringen konnten, sondern bestimmte Begriffe eben so auffassen mussten, wie sie nun einmal seit Jahrhunderten aufgefasst werden, wie sie staatsrechtlich usw. nun einmal festgelegt worden sind, wie sie auch juristisch bis zu diesem Zeitpunkt zum mindesten immer die Grundlage zu dem Verfahren abgegeben haben. [...]

Brief Hitlers an Siegfried Wagner, 5. Mai 1924. Zit. n. Jäckel/Kuhn (Hrsg.): Hitler. Sämtliche Aufzeichnungen 1905–1924, S. 1231
[...] Als ich Anfang Oktober letzten Jahres das Glück hatte, zum ersten Male in meinem Leben Wahnfried[139] betreten zu dürfen, durfte ich auch mit bestem Grunde hoffen, schon in kürzester Zeit wieder, oder besser noch einmal nach Bayreuth kommen zu können, liegt es doch auf der Marschlinie nach Berlin. [...]

138 Gemeint: die demokratische Regierung in Berlin, die von ihren völkischen und reaktionären Gegnern wegen ihrer Rolle beim Waffenstillstand mit den Westmächten im November 1918 als „November-Regime" diffamiert wurde.

139 Gemeint: das Anwesen der Familie Wagner in Bayreuth.

16

JOSEPH GOEBBELS' BERLIN-BILD 1924/25

Auszüge aus dem Goebbels-Tagebuch v. 4. November 1924 u. 8. März 1925. Zit. n. Fröhlich (Hrsg.): Die Tagebücher von Joseph Goebbels, Teil 1, Bd. 1/I S. 243 u. Bd. 1/I, S. 277.

[...] Der Eindruck von Berlin war teils sehr kläglich. Mandatsjagd.[140] Die Idee geht kaputt. Wir müssen auf der Wacht stehen. Dafür sind wir ja da. [...] Berlin. Durch die Straßen, zu Fuß und im Auto. Bis in die weite Vorstadt. Eine entsetzliche Steinwüste mit Parfum und Frauenfleisch, das in schamloser Weise zur Schau gestellt wird. Siegesallee. All die großen, nichtssagenden Steinmassen. Und die entsetzlichen Menschen! Ich verlaufe mich. Café „Unter den Linden". Internationales Gesindel! Das ist „unsere" Kapitale! [...]

17

HITLERS ERSTE REDE VOR ANHÄNGERN IN BERLIN

Auszüge einer Mitschrift [ohne Verfasser], abgedruckt in der Augsburger Abendzeitung *v. 28. März 1925. Zit. n. Hitler – Reden, Schriften, Anordnungen, Bd. 1, S. 37f., Anm. 2*

[...] Die Wahl des Reichspräsidenten[141] ist ebenso unwichtig wie alle Wahlen, die bisher stattgefunden haben. Es ist voll-

140 Während Goebbels' Besuch wurde in der Nationalsozialistische Freiheitsbewegung gerade um die Listenplätze für die Reichstagswahl am 7. Dezember 1924 gerungen. Da absehbar war, dass die Sammelliste Stimmen verlieren würde, drohte vielen MdR der Nationalsozialistische Freiheitsbewegung nach nur einem halben Jahr mit Mandat schon wieder das Ausscheiden aus dem Parlament.

141 Durch den überraschenden Tod von Reichspräsident Ebert (1871-1925) wurde die Neuwahl des Staatsoberhauptes innerhalb von vier Wochen notwendig. Für den ersten Wahlgang unterstützte die NSDAP den General a. D. Erich Ludendorff (1865-1937) als Kandidaten der völkischen Parteien, der jedoch lediglich gut ein Prozent der abgegebenen Stimmen erreichte.

kommen gleichgültig, wer kandidiert. Von meinem Standpunkt aus gesehen, ist der schlechteste der Kandidaten gerade gut genug. Denn auf diese Weise kann man dem Volke am deutlichsten die prinzipiellen Unterschiede zwischen dem, was wir wollen, und dem November-Regime[142] aufzeigen. Hingegen ist der Kampf gegen einen scheinnationalen Präsidenten viel schwieriger. Immerhin kann man der Meinung sein, dass das kleinere Übel vorzuziehen ist. Das kann aber meines Erachtens nur für die Stichwahl[143] in Frage kommen. Im ersten Wahlgang darf keine junge, werdende Bewegung, wie etwa die meinige, darauf verzichten, ihre Anhänger fest in die Hand zu nehmen. Wahlenthaltungen gibt es selbstverständlich nicht. Das könnte ich auch meinen Anhängern heute nicht mehr zumuten. Wenn man seine Anhänger beim ersten Wahlgang fest in der Hand hat, kann man für die Stichwahl auch leicht eine Parole herausgeben, in der Gewissheit, dass diese Parole befolgt wird. Es kommt noch hinzu, dass bei einem Verzicht auf ein selbständiges Vorgehen von den anderen bestimmt die Behauptung aufgestellt werden wird, dass wir überhaupt nicht mehr vorhanden sind. Aus diesen Erwägungen heraus bin ich auf Ludendorff gekommen. Er braucht keine Erklärungen abzugeben, er braucht und darf keine Reden halten. Damit würde auch das Verbrechen, diesen Mann in dieses Parlament[144] hineingezerrt zu haben, wieder gutgemacht und er in der Rolle gezeigt werden, die er eigentlich zu spielen hätte. Ich bin nicht so naiv, anzunehmen, dass er diesmal gewählt werden könnte. Die Kandidatur als solche ist vielmehr vollkommen aussichtslos. Es handelt sich, wie gesagt, einzig und allein um die prinzipielle Bedeutung. [...]

Auszüge eines Lageberichts des Polizeipräsidiums Berlin. Zit. n. Hitler – Reden, Schriften, Anordnungen, Bd. 1, S. 37f.

[...] Die Herren sollen nicht glauben, dass wir tot sind; so tot sind wir noch lange nicht, dass man uns bei der Wahl unseres

142 Diffamierender Begriff der Völkischen für alle Regierungen der Weimarer Republik wegen der Rolle der demokratischen Parteien SPD, Zentrum und der Liberalen beim Waffenstillstandsangebot Deutschlands an die Westmächte im November 1918.

143 Im zweiten Wahlgang, der keine Stichwahl war und für den neue Kandidaten aufgestellt werden konnten, trat tatsächlich mit dem ehemaligen Generalfeldmarschall Paul von Hindenburg (1847-1934) ein mehrheitsfähiger Kandidat an.

144 Seit 1924 saß Ludendorff für die NSDAP-Tarnorganisation Nationalsozialistische Freiheitspartei im Reichstag. Er trat 1928 nicht wieder an.

Staatsoberhauptes übergehen dürfte. Ich bin mir darüber klar, dass diese Sonderkandidatur für unsere Bewegung ein gewisses Vabanque-Spiel[145] mit sich bringt. Es geht aber um Sein oder Nichtsein der NSDAP. Außerdem dokumentieren wir in unserer Treue zu unserem Führer Exzellenz Ludendorff, dass in deutschen Landen noch Treue um Treue gilt. [...] Hitler wandte sich ferner in recht scharfen Worten gegen die Berliner Richtung der völkischen Bewegung und erklärte, dass man ihm einst den Vorwurf gemacht habe, er hätte taktisch unrichtig gehandelt. Er wolle versuchen, sich zu bessern, und er hoffe, durch die von ihm bei der Reichspräsidentenwahl eingeschlagene Taktik im zweiten Wahlgang, den er unbedingt erwarte, ein gewichtiges Wörtchen auf Grund der für Ludendorff abgegebenen Stimmen, die er auf zwei Millionen[146] veranschlage, mitzureden. [...]

18

HITLERS VORSTELLUNG VOM „JÜDISCHEN BERLIN“ 1925

Rede Hitlers auf einer NSDAP-Versammlung in Weimar, 28. Oktober 1925. Zit. n. Hitler – Reden, Schriften, Anordnungen, Bd. 1, S. 196 (184-205)

[...] Nehmen Sie einmal alles, was hier arischer Geist geschaffen hat, weg und lassen Sie übrig, was der Jude schuf. „Elender Mist“, und selbst da sind die wenigen Früchte[147] gestohlenes Gut. Nehmen Sie die gesamten jüdischen Literaten, Musiker und Schauspieler dazu und ziehen Sie vorher alles ab, was gedanklich woanders hergeholt wurde, dann bleibt nichts übrig als das, was zerstörend wirkt und nicht der Stolz der Menschheit ist. Gehen Sie in die Großstadt, nach Berlin. Da sehen Sie auf der einen Seite das königliche Schloss, die Museumsbau-

145 Vanbanque-Spiel: Hochriskantes Vorgehen, bei dem man alles auf eine Karte setzt. Hitler bevorzugte derartiges Vorgehen.

146 Das war bei weitem zu hoch geschätzt: Ludendorff erzielt mit 285.793 Stimmen ein demütigend schlechtes Ergebnis.

147 Antisemitisches Stereotyp.

ten, all die Bauwerke, die arischer Geist geschaffen hat, der Arbeiter der Faust im Verein mit dem Arbeiter der Stirn. Und schauen Sie zwischen dem Großen all den Mist und die Jauche der Großstadt an und lassen Sie Ihren Blick schweifen auf den kleinen Mann da unten, der auf seinem Karren Journals[148] feilbietet: Hier die unvergängliche Schönheit und da der elendste Mist, der gemeinste Schmutz, hier Arier, dort der Massenfabrikant der anderen Konfession, hier in Stein gegraben die Namen großer deutscher Männer, dort auf Papier die Namen eines Veilchenblühen, Nebeltau und Morgenstern [...]

19

JOSEPH GOEBBELS' ERSTER AUFTRITT IN BERLIN

Nachricht über „Völkische Ausschreitungen". In: Berliner Tageblatt *v. 27. November 1925*

[...] Die Hitler-Gruppe hatte gestern Abend eine Versammlung in der Bockbrauerei[149] einberufen, in der über das Thema „Hitler oder Lenin" gesprochen wurde. Während der Reden ging es ziemlich lebhaft zu und schließlich artete das Ganze in eine wüste Schlägerei aus, bei der mehrere Personen durch Biergläser und Messerstiche verletzt wurden. Eine Horde völkischer Anhänger zog dann im geschlossenen Trupp nach dem „Vorwärts"-Gebäude[150] in der Lindenstraße und zertrümmerte hier gegen 23.30 Uhr abends eine große Ladenscheibe des Verlages. Als die Beamten des Überfallkommandos in der Lindenstraße eintrafen, waren die völkischen Helden in Stärke von etwa zweihundert Mann durch die Friedrich- nach der Leipziger Straße abgezogen. [...]

148 Anspielung auf die vermeintlich „jüdische" Berliner Presse. Zwar dominierten mit den Zeitungshäusern Mosse und Ullstein tatsächlich zwei deutsch-jüdische Verlegerfamilien mehr als die Hälfte des Berliner Zeitungsmarktes. Doch ihre Blätter, etwa das *Berliner Tageblatt*, die *Vossische Zeitung*, die *Berliner Morgenpost* und die *BZ am Mittag*, waren keineswegs „jüdisch", sondern mehr oder minder liberale Zeitungen.

149 Gemeint: Saal der Berliner Bockbrauerei in der Fidicinstraße 2/3 in Kreuzberg.

150 Gemeint: Sitz des SPD-Parteiblattes „Vorwärts" in der Lindenstraße 69 in Kreuzberg.

Auszüge aus dem Goebbels-Tagebuch v. 28. November 1925. Zit. n. Fröhlich (Hrsg.): Die Tagebücher von Joseph Goebbels, Teil 1, Bd. 1/I, S. 380.

[...] Sündenbabel Berlin. Ich rede vor Tausenden.[151] Straßer[152], sein Bruder[153], Feder[154], Frick[155], alle sind da. Bombenerfolg. Mit allen noch zusammen. Dr. Schlange[156] ein guter Kerl. Straßers Bruder so ordentlich wie er selbst. Ich werde mit ihm Freund werden. [...] Freitag! Mittags zum Reichstag. Bald habe ich Straßer. Im Restaurant. Da wird Locarno[157] beschwatzt. Alle die hohen Exzellenzen turnen herum. Grauenhaft! Juden und Judenknechte! Ich sitze am Fraktionstisch. Straßer macht höhnische Bemerkungen. Reventlow[158]. Er spricht sachlich und kühl. [...] Graefe[159]! Schneidig, blitzend, geistvoll. Das andere ist Scheißdreck. In den Gängen wandeln sie umher. Politische Leichen. Parlamentssumpf. Ich habe Übelkeit. [...]

151 Goebbels sprach in der Bockbrauerei über „Lenin oder Hitler" und im Kriegervereinshaus über „Völkerbund und Sicherheitspakt". Er dürfte in Wirklichkeit mehrere hundert Zuhörer gehabt haben.

152 Gregor Straßer (1892-1934), Apotheker und NSDAP-Politiker. Seit 1921 Mitglied der NSDAP. Er führte den sozialrevolutionären Flügel der NSDAP. Seit Dezember 1924 MdR, später NSDAP-Reichsorganisationsleiter und Konkurrent Hitlers. 1934 ermordet.

153 Otto Straßer (1897-1974), Ministerialbeamter und völkisch-sozialistischer Politiker. Seit 1925 Mitglied der NSDAP, bald Konkurrent des Gauleiters Goebbels, 1930 Parteiaustritt, 1933 Emigration, prominenter Hitler-Gegner im Ausland.

154 Gottfried Feder (1883-1941), Ingenieur und NSDAP-Politiker. Zwanghaft kämpfte Feder gegen die angeblich jüdische „Zinsknechtschaft", in der er den Grund allen Übels erblickte. Er prägte die wirtschaftspolitischen Ansichten der frühen NSDAP. 1924-1936 MdR.

155 Wilhelm Frick (1877-1946), Jurist, Staatsbeamter und NSDAP-Politiker. 1919 bei der Politischen Polizei in München, unterstützte Hitler. 1923 Teilnehmer am Hitler-Putsch. Seit 1924 MdR, seit 1928 Fraktionsvorsitzender der NSDAP. 1930 wurde er in Thüringen der erste NSDAP-Minister. Seit 1933 Reichsinnenminister, verantwortete er zahlreiche antisemitische und verbrecherische Gesetze. 1946 im Nürnberger Hauptkriegsverbrecherprozess zum Tode verurteilt und hingerichtet.

156 Ernst Schlange (1888-1947), Jurist und NSDAP-Politiker. Schwer kriegsversehrt, war er seit 1919 in wechselnden völkischen Gruppierungen aktiv. Im Februar 1925 Gründer und erster Gauleiter der NSDAP in Berlin und Brandenburg. Schlange scheiterte an den innerparteilichen Konflikten und gab sein Amt Ende Februar de facto 1926 auf. In Potsdam widmete er sich dem Aufbau der dortigen NSDAP und wurde Gauleiter des separaten Gaus Brandenburg der NSDAP. Nach 1933 mit verschiedenen Posten ruhiggestellt, blieb Schlange bedeutungslos.

157 Gemeint: die Konferenz von Locarno (5.-16. Oktober 1925), auf der ein Ausgleich zwischen Deutschland und den ehemaligen Kriegsgegnern im Westen vereinbart wurde. Direkte Folge war Deutschlands Beitritt zum Völkerbund ein Jahr später. Die NSDAP war scharf gegen die Verträge von Locarno eingestellt.

158 Ernst Graf von Reventlow (1869-1943), Seeoffizier, Journalist und NSDAP-Politiker. Als Mitbegründer der Deutschvölkischen Freiheitspartei anfangs scharfer Kritiker des Führerprinzips Hitlers. Seit 1924 MdR, 1927 Übertritt in die NSDAP, dort galt er als Mitglied der Straßer-Flügels. Nach 1933 bedeutungslos.

159 Albrecht von Graefe (1868-1933), Rittergutsbesitzer und reaktionärer Politiker. Teilnehmer am Hitler-Putsch, 1920 bis 1928 MdR für die Deutschnationale Volkspartei und die Deutschvölkischen Freiheitspartei. Danach Rückzug ins Privatleben.

20

DIE LAGE DER BERLINER NSDAP IM JUNI 1926

Auszüge aus Reinhold Muchow: Situationsbericht Nr. 1, Gau Groß-Berlin, Ortsgruppe Neukölln. Zit. n. Broszat (Hrsg.): Die Anfänge der Berliner NSDAP 1926/27, S. 92f.

[...] I. Die Lage des Gegners

Reden wir deutsch: Berlin ist rot und jüdisch zugleich. Jeder politische Anlass, jede Wahl dokumentiert es aufs Neue. Es muss auch rot sein, weil es jüdisch ist.[160] Beides ergänzt sich reibungslos; Marxismus und Börse waren von jeher schon treue Waffenbrüder.[161] Wenn Aristoteles einmal sagte, dass „das Wesen aller Dinge die Zahl“[162] sei, so trifft dies auf Berlin zu; denn hier denkt man nur in Zahlen und sie beweisen am besten die Macht des schwarz-rot-goldenen Gegners. [...]

Was sagen uns diese Zahlen[163]? Sie bescheinigen uns, dass Marxismus und Demokratie 59,5 Prozent sämtlicher abgegebenen Stimmen[164] auf sich vereinigen. Denen stehen gegenüber nur 29,7 Prozent Stimmen des nationalen „Einheits“-Breis, der prozentuale Rest verteilt sich auf die Splitterparteien, die sich einmal zu rechts und einmal zu links schlagen. Inmitten dieser Situation ist nun der Nationalsozialismus gestellt. Alle obigen drei Kräftegruppen sind seine politischen Gegner, zwei derselben stehen im Lager der Internationale und die andere im Lager der Reaktion. So ist darum das politische Sprüchlein des Berliner National-

160 Die Identifikation von Marxismus und Judentum gehörte zu den zentralen Überzeugungen in völkisch-nationalsozialistischen Kreisen.

161 Typisch nationalsozialistisches Stereotyp, das in dieser Zuspitzung auf Gottfried Feder und Hitler persönlich zurückgeht. Vgl. Reuth: Hitlers Judenhass, S. 153-254.

162 Fälschliche Zuordnung eines Lehrsatzes der Pythagoreer zu Aristoteles. Muchow zitierte offenbar nach Spengler: Der Untergang des Abendlandes, Bd. 1, S. 84.

163 Gemeint: der Kommunalwahlen am 25. Oktober 1925.

164 Muchow addierte hier offenbar die Stimmen für SPD und DDP, also der beiden stimmenreichsten demokratischen Parteien, sowie der KPD, der drittstärksten Partei in Berlin. Das Zentrum rechnete Muchow offenbar nicht ein. Unter den Parteien der „nationalen Einheit“ verstand er anscheinend die DNVP, die zweitstärkste Partei in Berlin, die DVP, die an fünfter Stelle lag, und mehrere völkische Splittergruppen. Die NSDAP war nur bei der Wahl für die Bezirksverordnung in Spandau angetreten und erzielte dort miserable 137 Stimmen. Die offiziellen Zahlen ergeben Abweichungen in der Größenordnung von zwei bis drei Prozent von Muchows Angaben.

sozialisten dieses geworden: „Hilf Dir selbst, so hilft Dir Gott!"
II. Die Lage der N.S.D.A.P.
Der Monat Juni, der im Zeichen des marxistischen Volksentscheid-Rummels[165] stand, hat die NSDAP nicht müßig gesehen. Einige wirkungsvolle Massen-Versammlungen mit dem üblichen Terror, die sich teils mit Hitlers Redeverbot[166] und der Enteignung der Fürsten befassten, sind abgehalten worden. Die Gesamt-SA Berlin unternahm Ende des Monats einen Demonstrationszug, der als Berliner Auftakt für den Weimarer Parteitag gedacht war, durch den Westen Berlins, dem „vornehmen Judenghetto" wo jene Galizianer[167] jetzt fürstliche Räume besitzen, die früher die schmierige schmutzige Grenadierstraße, den Sammelplatz[168] der Ostjuden, bewohnten. Die blutroten Hakenkreuzfahnen kündeten den internationalen Aasgeiern, die ängstlich und zum Tode erschrocken durch die Gardinen auf die bewegte Straße blickten, ein grässliches Erwachen an.[169] Die musterhafte Disziplin der SA-Leute, deren Reihen zum ersten Mal durch die neugeschaffenen ZOD [170] gegen eventuellen Straßenterror wirksam geschützt wurden, hinterließ den besten Eindruck. Innerparteilich wurden im Juni-Monat die Vorbe-

165 Am 20. Juni 1926 fand der Volksentscheid über die Fürstenenteignung statt, die von der KPD und großen Teilen der SPD vorangetrieben worden war. Von den 39,7 Millionen Stimmberechtigten gaben jedoch nur 15,6 Millionen ihre Stimme ab, so dass der Volksentscheid das notwendige Quorum von 50 Prozent der Stimmberechtigten deutlich verfehlte. Zwar votierten fast 93 Prozent der teilnehmenden Wähler für die entschädigungslose Enteignung fürstlicher Vermögen, doch hätten mindestens 19,4 Millionen Bürger dafür stimmen müssen, fast fünf Millionen mehr als die Verfechter der Fürstenenteignung mobilisieren konnten.

166 Am 25. September 1925 hatte der preußische Innenminister Carl Severing Hitler offiziell verboten, in Preußen öffentliche Reden zu halten. Ähnliche Verbote waren zuvor für Bayern und Baden erlassen worden, es folgten u.a. Hamburg, Anhalt und Sachsen. Solche Verbote waren in der Weimarer Republik kraft Polizeirecht möglich. Allerdings konnte Hitler in geschlossenen Veranstaltungen mit Einlasskontrolle dennoch sprechen. Das Verbot wurde für Preußen am 29. September 1928 aufgehoben.

167 Schmähwort für Juden, nach der stark jüdisch geprägten Gegend Galizien (ehemals Österreich-Ungarn, 1926 teils polnisch, teils sowjetisch).

168 Tatsächlich war das Gebiet um die Grenadierstraße, auch bekannt als Scheunenviertel, seit der Jahrhundertwende stark ostjüdisch geprägt. Allerdings verbesserte sich Ruf und soziale Situation in diesem Viertel durch diesen Zuzug erheblich: „Es sei daran erinnert [...] dass das Scheunenviertel durch den Zuzug dieser nüchternen, fleißigen und durch großen Familiensinn ausgezeichneten Elemente ein viel besseres Aussehen erhalten hat als noch zu der Zeit, da hier noch ein Tummelplatz der Zuhälter und Prostituierten war." Arbeiterfürsorgeamt der Jüdischen Organisationen Deutschlands (Hrsg): Die Einwanderung der Ostjuden, S. 6.

169 In Wirklichkeit waren die Verantwortlichen der Berliner SA und NSDAP nicht zufrieden mit der öffentlichen Aufmerksamkeit für den antisemitischen Demonstrationszug. Engelbrechten und Volz erwähnten diese Aktion in ihrer Chronik nicht einmal. Vgl. Engelbrechten / Volz: Wir wandern durch das nationalsozialistische Berlin, S. 32 u. Schuster: Die SA, S. 105.

170 „Zivil-Ordnungs-Dienst": SA-Leute in Zivil, die den Demonstrationszug begleiteten. Intern „Watte" genannt, sollten sie Protestäußerungen des Publikums unterdrücken, konnten aber auch Streit provozieren, in die dann uniformierte SA-Leute öffentlichkeitswirksam eingriffen. Außerdem ließen diese Zivilisten bei drohenden Polizeikontrollen Waffen „verschwinden", oft an ebenfalls in Zivil mitlaufende Frauen von SA-Männern. Vgl. Schuster: Die SA, S. 105.

reitungen zum Parteitag getroffen, die SA sportlich ausgebildet (soweit Turnhallen zur Verfügung standen), da der rote Magistrat[171] uns Schikanen über Schikanen in den Weg legte, und die politische Schulung vollzogen. Der Berliner Gauführer, Pg Dr. Schlange, ist z. Zt. beurlaubt; die Vertretung hat Pg Schmiedikke[172] übernommen. Der Gau leidet sehr unter Geldmangel. [...]

21

DIE NSDAP UMWIRBT BERLINS ARBEITSLOSE

Auszüge aus Reinhold Muchow: Situationsbericht Nr. 3, Gau Groß-Berlin, Ortsgruppe Neukölln. Zit. n. Broszat (Hrsg.): Die Anfänge der Berliner NSDAP 1926/27, S. 97f.

[...] Dem marxistischen Bonzentum ist in diesem Monat der Schreck in alle Glieder gefahren. Etwas Unerhörtes ist geschehen: Die Nationalsozialisten haben sich erdreistet, im Namen der Arbeiterschaft zu sprechen und, was noch furchtbarer ist, sie haben sich vor dem öffentlichen Forum der zahlreichen Arbeitsnachweise[173] hingestellt und versucht, die Erwerbslosen für sich zu mobilisieren. Nichts kann für die Marxisten tödlicher wirken als dieses. Und doch! Unser Gau hat die Notwendigkeit der Propaganda unter den Erwerbslosen erkannt, da er weiß, dass er hier erstens die günstige Gelegenheit hat, die NSDAP vor geschlossenen Arbeitermassen bekanntzumachen und zweitens die Erkenntnis besitzt, dass das große Heer der Dawes-Sklaven[174]

171 Berlins Stadtregierung war geprägt von der SPD, aber der Oberbürgermeister war Gustav Böß, ein Kommunalpolitiker der DDP.

172 Erich Schmiedicke (1887-nach 1945), Kaufmann und NSDAP-Politiker. 1922 Mitglied der NSDAP, 1925 beteiligt an der Gründung der Berliner Ortsgruppe, stellvertretender Gauleiter und SA-Führer, 1926 kommissarischer Gauleiter, 1933-1945 Oberbürgermeister von Guben. Nach 1945 verliert sich Schmiedickes Spur.

173 Kommunal organisierte Arbeitsvermittlungsstellen. Die Arbeitsnachweise gingen 1927 in den Arbeitsämtern auf.

174 Der Dawes-Plan von 1924 war die erste vertragliche Regelung der deutschen Reparationsleistungen für den Ersten Weltkrieg. In der völkischen Propaganda wurde dem von dem US-Banker und Politiker Charles Gates Dawes (1865-1951) erarbeiteten vergleichsweise moderaten Zahlungsplan die Schuld für die ökonomischen Schwierigkeiten in Deutschland zugeschoben – in Wirklichkeit hatte der Dawes-Plan jedoch die Lasten Deutschlands erheblich reduziert und ermöglichte so erst den Aufschwung der späten 20er-Jahre. Dawes erhielt für seine Arbeit den Friedensnobelpreis 1925.

eine noch ungeweckte politische Kraft darstellt, deren tausendmal berechtigte Verzweiflung gegen das elende Los ihrer Lage in diesem „Volks"-Staat[175] gegen die Infektion bolschewistischer Giftbazillen[176] durch unsere Aufklärung über den wahren Kapitalismus geschützt werden muss. Um für diese Arbeit eine organische Grundlage zu schaffen, ist durch die Gauleitung innerhalb der NSDAP Groß-Berlin ein „Zentralverband der Erwerbslosen" gegründet worden, dem vor allen Dingen unsere eigenen arbeitslosen Pgg als die politischen Kadres[177] angehören.

Diesem Schritt unserer Berliner Parteiorganisation muss man eine symptomatische Bedeutung beilegen. Bedeutet er doch nichts anderes als den ersten Versuch, in die wichtigsten und stärksten Bollwerke marxistischer Herrschaft, nämlich die Betriebe und Arbeitsnachweise, allmählich vorzudringen, sie zu unterminieren und sturmreif zu machen.[178] Da die Berliner Nationalsozialisten fast ausnahmslos ihre politische Kraft auf die Eroberung des deutschen Arbeiters verbrauchen (vom Bürgertum aller Schattierungen haben sie die Nase voll) und unser Kampf von den „Nationalen" oftmals, wenn auch manchmal etwas naserümpfend ob des frischen Angriffsgeistes („um den Gegner nicht zu reizen") rückhaltlos anerkannt wird, so stellt doch diese neue Angriffsart noch höhere Anforderungen an jeden einzelnen Pg von uns. Es ist ohne weiteres natürlich, dass sich der Hass und die blinde Wut der Marxisten erneut und in einem viel stärkeren Masse gegen uns richten wird, da sie sich ins Mark getroffen fühlen. Die Erwerbslosen-Ausschüsse in den einzelnen Verwaltungsbezirken, eine Gründung der KPD, in denen stets 80-90 Prozent Kommunisten[179] tonangebend sind, werden von nun an die Tribüne sein, wo die Lehre des nationalen Sozialismus gepredigt wird. Die KPD weiß sehr genau, was damit auf dem Spiel steht und die *Rote Fahne*[180] sah sich bemüßigt, folgenden kleinen Erguss über uns zu schreiben:

175 Deutsche Übersetzung für Demokratie, hier hämisch gebraucht. Preußen hieß in der Weimarer Republik offiziell Freistaat Preußen, was die deutsche Übersetzung für „Republik" war.

176 Nationalsozialistisches Stereotyp.

177 Gemeint: Führungspersonal. Plural für das aus dem Russischen stammende Lehnwort Kader, sprachlich in Anlehnung an den französischen Stamm cadre gebildet.

178 Zutreffende Beschreibung des politischen Kurses des linken Flügels der NSDAP, der vor allem durch die Gebrüder Straßer geprägt wurde.

179 Die KPD dominierte tatsächlich die Berliner Erwerbslosenausschüsse – in welchem Umfang, ist allerdings nicht dokumentiert. Die NSDAP konnte hier nicht nennenswert Fuß fassen.

180 Vgl. *Rote Fahne* v. 21. August 1926.

Eine neue völkische Firma
„Zentralverband der Erwerbslosen“
„Die Nationalsozialisten versuchen die verzweifelten Erwerbslosen in ihre Netze zu ziehen. Zu gestern Abend war nach Haverlands Festsälen[181] eine Erwerbslosen-Versammlung einberufen, für die ein ‚Zentralverband der Erwerbslosen' verantwortlich zeichnete. Die Einladung zu dieser Versammlung erfolgte durch einen ungeheuren Berg von Flugzetteln, die zur Täuschung der Arbeitslosen von roter Farbe waren. Während der Versammlung wurde der *Völkische Beobachter* völlig gratis verteilt, so dass die Annahme berechtigt erscheint: Hier haben einige Geldleute (Großagrarier?) die Hand im Spiel.[182] Der Ausgang der Versammlung dürfte den irregeleiteten Hitlerproleten, aber auch deren Geldgeber gezeigt haben, dass bei den Erwerbslosen Berlins „kein Blumentopf für Hitler“ zu gewinnen ist. Von Zwischenrufen fortwährend unterbrochen, versuchte ein „nationalsozialistischer“ Referent mit den alten, abgedroschenen Phrasen von Börsenkapital und Juden, die an allem Schuld sein sollen, Eindruck zu schinden. Als er Hitler als ‚ehrlichen Arbeiter' besang, brach in der Versammlung ein Proteststurm los. Die Diskussionsredner zeigten dann dem Referenten, welche Aufgaben die Erwerbslosen jetzt haben. Der Kongress der Werktätigen wird zu der Riesenerwerbslosigkeit Stellung nehmen. Darum müssen die Erwerbslosen überall Delegierte für diesen Kongress wählen. Die Ausführungen der kommunistischen Redner versuchten einige wildgewordene Nationalsozialisten dauernd zu unterbrechen, was ihnen aber nicht gelang. Als der letzte Redner geschlossen hatte, erhob sich plötzlich alles von den Bänken und stimmte die ‚Internationale' an. Die Erwerbslosen werden diesen Rattenfängern nicht auf den Leim gehen. Die Aufgabe der kommunistischen Arbeiter ist es, auch diejenigen Proleten, die auf der Seite der Nationalsozialisten noch stehen, von ihren Klassenfeinden zu lösen.“[183]

Diese Sprache versteht jeder Berliner Nationalsozialist. Krampfhaft wollte sich hier die *Rote Fahne* bemühen, über-

181 Großlokal in der Neuen Friedrichstraße 35 in Mitte.

182 Gemeint: Ostelbische Landbesitzer, bekannt als besonders reaktionär. Im Gegensatz zur Wahrnehmung der KPD finanzierten solche finanzstarken Gönner die NSDAP bis 1932 kaum. Vgl. Turner: Die Großunternehmer und der Aufstieg Hitlers, S. 405–426.

183 Wortlaut im Wesentlichen zutreffend wiedergegeben.

legen und abgeklärt zu erscheinen, als wäre das Auftreten der Nationalsozialisten völlig belanglos. Und doch spricht aus mehreren Sätzen ihre zitternde Angst über den Abfall der „irregeleiteten Hitlerproleten", die Moskaus Diktaturgesänge auf jüdischen Zimbeln gespielt nicht mehr hören wollen. Von geradezu erschütternden tragikomischen Auswirkungen ist der Schlusssatz. Es ist aber wenig Hoffnung vorhanden, dass der Unkenruf „Kehret zurück zu Vater Marx" jemals wieder Anklang bei den Arbeitern finden wird, die den marxistischen Volksbetrug kennengelernt haben. Auf die üblichen Verdrehungen obigen Artikels braucht nicht näher eingegangen zu werden, dies gehört zum guten Ton der *Roten Fahne.*

Die ‚Hitlerproleten' aber werden allen niederträchtigen Anfeindungen zum Trotz mit doppeltem Eifer und Schaffenskraft die Mobilisation der Berliner Erwerbslosen vorbereiten! [...]

22

STREIT IN DER BERLINER NSDAP

Polizeipräsidium Berlin, Abteilung IA (Politische Polizei): Nachtrag zum Lagebericht der NSDAP zu Spezialia 248. Berlin, 26. August 1926. Zit. n. Heiber (Hrsg.): Das Tagebuch von Joseph Goebbels 1925/26, S. 111f.

[...] Wie bereits im letzten Lagebricht der NSDAP, Gau Groß-Berlin, erwähnt, ist innerhalb des hiesigen Gaus und zwar in der Gauführerfrage eine Krise zutage getreten, zu deren Lösung für den 25. August 1926 abends acht Uhr in Haberlandts Festsälen[184] eine vertrauliche Führerbesprechung anberaumt war. Zu dieser Sitzung waren sämtliche politischen Bezirksführer, Redner, SA- und Ortsgruppenführer, insgesamt etwa 120 Personen, versammelt. Über diese Sitzung konnte folgender Bericht auf vertraulichem Wege beschafft werden: Schmiedike teilt bei Eröffnung der Sitzung mit, dass er seitens der Parteileitung München die Vollmacht erhalten habe, alle, seinem Ermessen nach notwendigen Maßnahmen zu ergreifen, um

184 Gemeint: Haverlands Festsäle.

die hiesigen Verhältnisse in geordnete Bahnen zurückzuführen. Schon hierbei wurde der Gauführer von der Mehrzahl der Anwesenden durch Lärmen und Zwischenrufe unterbrochen. Zu einem wüsten Tumult kam es, als der Leiter des Sportverbandes Berlin (Daluege[185]) mitteilte, dass drei Verfahren vor dem Ehrengericht gegen Schmiedicke und Schlange schweben. Die Vorwürfe gehen dahin, dass beide seitens einer der Bewegung fernstehenden Gruppe von Personen Anweisungen erhalten hätten, die die Zerschlagung der Partei zum Ziele haben. Außerdem wird die Beschuldigung erhoben, dass beide sich auch sonst noch in der Gauführung ehrenrühriger Handlungen, bei Schlange z. B. „Versuch zur Abgabe falscher eidesstattlicher Versicherungen" schuldig gemacht hätten. Daluege fordert Schmiedicke auf, sofort von seinem Posten zurückzutreten. Schmiedicke widersetzte sich der Rücktrittsforderung und versuchte nunmehr, von steten Tumulten unterbrochen, sich durchzusetzen, und forderte diejenigen Personen, die nicht gewillt sind, sich seinen Anordnungen zu fügen, den Saal zu verlassen [...] Der Leiter der Berliner Schutzstaffel[186], Wolter[187], teilt unter lebhaftem Beifall mit, dass er, Wolter, auf Grund eines Telefongespräches mit der Münchner Zentrale (Hitler und General Heinemann[188]) die Vollmacht habe, alle in Berlin erforderlichen Schritte zu Beilegung des Konfliktes zu unternehmen. Hierauf übernimmt Wolter die Leitung der Versammlung, enthebt Schmiedicke seines Postens und betraut Knodn[189] mit der Führung der hiesigen Gauleitung. Des weiteren fordert Wolter diejenigen Anwesenden auf, die nicht mit der soeben getroffenen Regelung einverstanden sind, den Saal zu verlassen. Als einziger verlässt nunmehr Schmiedicke den Saal. [...]

185 Kurt Daluege (1897-1946), Frontsoldat und Freikorpskämpfer. Seit 1922 NSDAP-Mitglied in Berlin, Bauingenieur. Daluege gründete 1926 die Berliner SA, trat 1928 zur SS über. Seit 1933 Chef der Preußischen Polizei, 1936 Chef der gesamten uniformierten Polizei im Dritten Reich, SS-Obergruppenführer. Umfangreiche Beteiligung an Kriegsverbrechen. 1946 in der Tschechoslowakei zum Tode verurteilt und hingerichtet.

186 Die SS war in Berlin am 8. Juli 1926 gegründet worden.

187 Näheres unbekannt.

188 Generalleutnant a. D. Bruno Heinemann (1868-1938), 1926/27 Reichsorganisationsleiter der NSDAP.

189 Unklar. Im Berliner Adressbuch 1926 ist kein Einwohner namens Knodn verzeichnet. Ein Hans Knodn war Mitbegründer der NSDAP in Passau, aber es ist nicht bekannt, dass er 1926 in Berlin gelebt hätte.

Auszüge aus Reinhold Muchow: Situationsbericht Nr. 3, Gau Groß-Berlin, Ortsgruppe Neukölln. Zit. n. Broszat (Hrsg.): Die Anfänge der Berliner NSDAP 1926/27, S. 97f.

[...] Die innerparteiliche Lage in diesem Monat ist keine gute gewesen. Es haben sich in unserem Gau Zustände herausgebildet, die sich diesmal derartig zuspitzten, dass mit einer vollständigen Zerrüttung der Berliner Organisation gerechnet wurde. Es ist die Tragik des Gaues gewesen, dass er nie einen richtigen Führer besessen hatte, der doch gerade hier in dieser Millionenstadt so ungeheuer notwendig gewesen wäre. Bei aller Hochschätzung des ersten Gauleiters, Pg Dr. Schlange, der sich aufgerieben hat, gelang es diesem doch nicht, eine einheitliche klare Linie im Gau zu bilden. Die Macht der Rede war ihm ohnedies noch versagt geblieben und manche ungerechte persönliche Anfeindung lähmte seine Arbeitskraft. Es begann sich langsam im Gau eine Opposition herauszuschälen, die zwar kräftig die Missstände rügte, was ja stets das eigentliche treibende Element jedweder Opposition ist, aber positive Vorschläge wenig vorbringen konnte und, was ja die Hauptsache wohl gewesen wäre, einen geeigneten Pg aus ihrer Mitte als neuen Gauleiter nicht stellen konnte. Diese zum Teil berechtigte aber ansonsten mehr lärmende als positiv-sachliche Opposition breitete sich immer mehr aus, als Pg Dr. Schlange die verantwortlichen Gaugeschäfte dem stellvertretenden Gauleiter, Pg Schmiedicke, übertrug. Dieser Pg besaß jedoch noch weniger Fähigkeiten, mit einem durchgreifenden Willen die verworrene Lage zu meistern. Die Folge davon war, dass die Opposition neue Nahrung bekam und sich an ihre Spitze der Pg Heinz Oskar Hauenstein[190] stellte, den die Opposition als neuen Gauleiter präsentierte. Die Ortsgruppenführer-Sitzungen, die der sachlichen Arbeit gewidmet sein sollten, wurden jetzt durchweg die Tummelplätze zweier fast gleichstarken Richtungen und die Abende wurden mit leidenschaftlichen Debatten, deren Inhalt zu mindestens 75 Prozent aus persönlichen Argumenten bestand, ausgefüllt.

190 Heinz Oskar Hauenstein (1899-1934), Kaufmann, 1920/21 Freikorps-Offizier, 1922 Eintritt in die NSDAP, 1926 Gründung des Zentralverbands der Erwerbslosen Groß-Berlin, Okt. 1926 Parteiausschluss, anschließend Gründer der Unabhängigen Nationalsozialistischen Arbeiterpartei Deutschlands, 1934 ermordet. Goebbels schrieb am 16. Oktober 1926 in sein Tagebuch: „In Berlin lebt ein Lump mit Namen Hauenstein." Zit. n. Fröhlich (Hrsg.): Die Tagebücher von Joseph Goebbels, Teil 1, Bd. 1/II, S. 139.

Diese Selbstzerfleischung, gewiss ein warnendes Beispiel was Führertum bedeutet, blieb nicht ohne Einwirkung auf die Pgg und die Öffentlichkeit. Die Schlagkraft der Partei sank auf Null. Nur ganz wenige Ortsgruppen des Gaues, Neukölln und Spandau, sahen leidenschaftslos den Dingen zu und arbeiteten, zum Teil mit eigener Verantwortung, unverdrossen weiter. Ihre Mitgliedschaft wurde vollkommen von den Einzelheiten der persönlichen Anfeindungen in den Ortsgruppenführersitzungen isoliert und darum die geschlossene Einheit der beiden Ortsgruppen gewahrt. Diese beiden Ortsgruppen haben insofern besondere Bedeutung im Gau, weil beide, vornehmlich Neukölln, in den größten marxistischen Zentren liegen. Als in den Wirrwarr keine Ordnung zu bringen war und als es sogar soweit kam, dass die in Opposition stehenden Ortsgruppen alle Gaumaßnahmen des stellvertretenden Gauleiters ignorierten, wurden Verhandlungen mit der Reichsparteileitung in München gepflogen und um einen neuen Gauleiter gebeten. Endlich gelangte die Nachricht an uns zurück, dass voraussichtlich Pg Dr. Goebbels der zukünftige Gauleiter von Groß-Berlin werden würde. Ein wahres Aufatmen ging durch den zerrütteten Gau, ein Beweis, wie sehr von allen Pgg der Mangel an einem richtigen Führer empfunden wurde. Noch liegt zwar eine offizielle Bestätigung nicht vor, aber alle Berliner Pgg hoffen zuversichtlich, dass Pg Dr. Goebbels bestimmt kommen wird. Angesichts dieser innerparteilichen Lage war von einem öffentlichen Auftreten der NSDAP in Berlin keine Rede. Hoffen wir, dass die kommenden Wochen dem neuen Gauführer die Erfolge bringen, die dem Nationalsozialismus in Berlin gebühren. [...]

Auszüge aus dem Goebbels-Tagebuch v. 30. April 1926, 10. Juni 1926, 27. August 1926, 28. August 1926 u. 17. September 1926. Zit. n. Fröhlich (Hrsg.): Die Tagebücher von Joseph Goebbels, Teil 1, Bd. 1/II, S. 79; Bd. 1/II, S. 93f.; Bd. 1/II, S. 126; Bd. 1/II, S. 127; Bd. 1/II, S. 132.

[...] Berlin. Zwei Stunden mit Schlange geklönt. Ordentlicher Kerl! [...] Noch immer nicht im Klaren. Jetzt soll nächste Woche Hitler entscheiden. Vorgestern nach Berlin. Schlange ist verzweifelt. Der gute Mann wird nicht mehr mit den renitenten Leuten fertig. Alle wollen mich nach Berlin als Retter. Ich danke für die Steinwüste. Andere Lesart: ich soll nach München als Generalsekretär[191] der Bewegung. Schon besser. Aber das hängt von den Bedingungen ab. Nur, wenn ich absolut unabhängig bleiben kann. Am ersten Abend spreche ich in Spandau. Vor 2000 Menschen. Riesenerfolg![192] Berlin eine große Wüste. [...] Antrag der Parteileitung[193] an mich: ich soll auf vier Monate den Gau Berlin kommissarisch übernehmen. Ich bin schwer in der Überlegung. [...] Nach München wegen Berlin halbe Absage. Ich will mich nicht in Dreck hineinknien. [...] Berlin. Von einer Reihe Unzufriedener empfangen. Stier[194] auch da. Elender Seich. Nachmittags allein ins Café. Ich kann die Querulanten nicht sehen. Abends empfange ich Schlange und Schmiedicke. Beide wollen, dass ich komme. Soll ich nun oder soll ich nicht? Lange noch mit den Freunden im Café Wilhelma. Dann schlendern wir durch die Straßen. Berlin bei Nacht. Ein Sündenpfuhl! Und dahinein soll ich mich stürzen? [...]

23

GOEBBELS SOLL GAULEITER VON BERLIN WERDEN

Erich Schmiedicke: Brief an Joseph Goebbels v. 16. Oktober 1926. Zit. n. Heiber (Hrsg.): Das Tagebuch von Joseph Goebbels 1925/26, S. 112f.

[...] Sehr geehrter Herr Doktor Goebbels!

Nachstehend möchte ich das Ergebnis unserer verschiedenen persönlichen Unterredungen über die Frage der Gauführung wie folgt niederlegen: Nachdem Pg Dr. Schlange Anfang Juni des Jahres sein Amt als Gauführer unserem Führer Adolf Hitler zur Verfügung gestellt hatte, war in einer Sitzung der damaligen Bezirksführer und Redner des Gaus Groß-Berlin unter

191 Einen Generalsekretär hat die NSDAP nie gehabt. 1933 rückte Hitlers Vertrauter Rudolf Hess als „Stellvertreter des Führers" in die Rolle des amtierenden Parteichefs auf.

192 Die wesentlichen Berliner Zeitungen registrierten diese angebliche Großkundgebung von Goebbels nicht. Sie dürfte vor sehr viel weniger Zuhörer stattgefunden haben.

193 Gemeint: Hitler.

194 Albert Stier (gestorben 1930), NSDAP-Aktivist. Propagandist u.a. in Frankfurt / Main.

meinem Vorsitz und in Gegenwart des Pg Gregor Straßer der einstimmige Wunsch geäußert worden, unseren Führer Adolf Hitler zu bitten, Sie als Gauführer für Groß-Berlin einzusetzen. Es war schon damals der dringendste Wunsch aller Berliner Pgg, Sie als Gauführer zu bekommen. […] Sie selber werden während Ihrer wenigen Besuche hier in Berlin und vor allen Dingen während des Märkischen Freiheitstages in Potsdam gefühlt haben, wie sehr sämtliche Berliner Pgg Sie als Führer für Berlin ersehnen. Dieser Wunsch aller Berliner Pgg begründet sich auf dem festen Glauben, dass Sie allein in der Lage sind, die Organisation als solche hier in Berlin zu festigen und die Bewegung vorwärts zu treiben. Sie können mit aller Bestimmtheit mit der allerstärksten Mitarbeit und größten Opferwilligkeit sämtlicher Pg rechnen. Gerade weil wir hier in Berlin gegen die zusammengefassten Kräfte kämpfen müssen und gerade weil dieser Kampf nicht leicht ist, ist es das Gefühl aller Berliner Pgg, dass nur eine überragende Persönlichkeit innerhalb unserer Bewegung geeignet ist, die Bewegung hier zu führen und zu vertreten, und für diese Persönlichkeit werden Sie von allen Pg hier gehalten. [...] Berlin mit seinen fünf Millionen, auf einem verhältnismäßig kleinen Fleck zusammengedrängten Menschen bietet zweifelsohne den allergünstigsten Boden für das Wachsen unserer Bewegung und es ist auch meine innerste, persönliche Überzeugung, dass Sie der berufene Führer für Berlin sind. [...]

24

GOEBBELS GEHT NACH BERLIN

Auszüge aus dem Goebbels-Tagebuch v. 18. Oktober 1926, 30. Oktober 1926, 1. November 1926, 6. November 1926 u. 8. November 1926. Zit. n. Fröhlich (Hrsg.): Die Tagebücher von Joseph Goebbels, Teil 1, Bd. 1/II, S. 141; Bd. 1/II, S. 143; Bd. 1/II, S. 144f.

[…] Am 1. November geht's nun endgültig nach Berlin. Ich freue mich. Berlin ist doch die Zentrale. Auch für uns. Weltstadt. […] Am anderen Tage nach Plauen. Dort liegt ein Brief von Hitler: Berlin ist perfekt. Hurra! Nun geht's in einer Woche in die Reichshauptstadt. Ade Elberfeld! [...] Mit Hitler wegen Übernahme in Berlin reden. In Berlin ein Riesenkrach. Es ist grauenvoll. Ich soll da den Heiland spielen. [...] Anderen Morgens mit Exz. Heinemann Berlin bekakelt. Das sind da grauenvolle Zustände. Und ich soll in diesem Augiasstall den Herkules mimen. [...] Und nun breche ich bald meine Zelte ab! In die große Asphaltwüste Berlin! [...] Auf in die Schlacht! Berlin! Asphalt oder Erfüllung? [...]

25

GOEBBELS' OFFIZIELLE ERNENNUNG ZUM GAULEITER

Bekanntmachung der NSDAP-Reichsleitung. Zit. n. Völkischer Beobachter *v. 28. Oktober 1926*

[...] 1. Mit Wirksamkeit vom 1. November 1926 werden die Gaue „Groß-Berlin" und „Potsdam" aufgelöst und wird aus ihnen der neue Gau „Berlin-Brandenburg" gebildet. [...]

2. Mit der Führung des Gaues Berlin-Brandenburg beauftrage ich hiermit den Pg Dr. Goebbels, Elberfeld, der mir allein verantwortlich ist für die organisatorische, propagandistische und politische Leitung des Gaues.

3. Alle Einzelheiten bezüglich der Auflösung der Gaue Groß-Berlin und Potsdam sowie der Übernahme der Geschäftsstellen regelt Pg Dr. Goebbels in direktem Einvernehmen mit den bisherigen Gauführern.

4. Die SS und SA des neuen Gaues wird der politischen Leitung des Gauführers ausdrücklich unterstellt. Ihre Führer werden endgültig erst nach dessen Vorschlag von der SA-Leitung München bestimmt.

München, 26. Oktober 1926

Adolf Hitler [...]

26

GOEBBELS TRITT SEIN AMT ALS GAULEITER AN

Auszüge aus dem Goebbels-Tagebuch v. 11. November 1926, 12. November 1926 u. 15. November 1926 . Zit. n. Fröhlich (Hrsg.): Die Tagebücher von Joseph Goebbels, Teil 1, Bd. 1/II, S. 147; Bd. 1/II, S. 148; Bd. 1/II, S. 149.

[...] Mit dem alten Buch[195] begann ich den eigentlichen Kampf im Gau Ruhr und beendete ihn damit. Mit diesem Buch beginne ich den Kampf in Berlin – wie wird das Ende sein? [...] In Berlin gleich ins Quartier. Ich hab's gut getroffen. Beim guten Steiger[196] wohne ich. Gleich im Mittelpunkt der Riesenstadt, an der Potsdamerstraße, und doch still wie in einer Kirche.[197] Hier ist gut sein. Mein Geschäftsführer heißt Gutsmiedl.[198] Ein Bayer. Gutmütig, brav, nicht besonders klug, aber als ausführendes Organ ausgezeichnet zu gebrauchen. Schmiedicke, Rehm[199] etc. sind fleißig, aber ohne eigene Initiative. Dienstagabend gleich in die Trauerfeier des deutschen Frauenordens. Ich sprach gut. Das *Berliner Tageblatt* schimpft schon. Der erste Erfolg. Frau Bechstein[200] war sehr nett. Dann nach Spandau. Knorke, sagt man hier! Gestern bei Bechsteins zum Mittagessen. Der Chef war da und sehr nett zu mir. Nach dem Essen waren wir ein paar Stunden für uns, er erzählte vom 9. November 1923, und ich erkannte die ganze gewaltige Tragik dieses Mannes. Er ist ein schöpferischer Kopf, der geschichtlichen Rang beansprucht. In der Taxe durch Berlin. Ich werde ihn noch wiedersehen, bevor er abfährt. Nachmittags und abends Konferenzen über Konfe-

195 Gemeint: Kladde Nr. 3 der Goebbels-Tagebücher für den 9. Juni 1925 bis zum 8. November 1926.

196 Gemeint: Hans Steiger (Lebensdaten unbekannt), Redakteur des *Berliner Lokalanzeigers*.

197 Goebbels' erstes Quartier lag in der Straße Am Karlsbad 5.

198 Franz Gutsmiedl (1901-nach 1945), Frontsoldat, Freikorpskämpfer, Landwirt, 1925 Mitglied der NSDAP, 1926/27 Gaugeschäftsführer, 1933-1945 Leiter des Amtes für Schönheit des Dorfes der NS-Gemeinschaft Kraft durch Freude.

199 Rudolf Rehm (Lebensdaten unbekannt), Kassenwart der Berliner NSDAP, später stellvertretender Gauleiter, ab 1933 Amtsleiter des Amtes Dorfgemeinschaftsleben in der Reichspropagandaleitung.

200 Helene Bechstein (1876-1951). Älteste Förderin Hitlers in Berlin, bei ihr kehrte der NSDAP-Chef stets ein, wenn er in Berlin weilte.

renzen. Das ist Berlin. Die Stadt der Intelligenz und des Asphalts. Mir hängt es schon zum Halse heraus mit all dem Stunk. Gestern Abend die entscheidende Rede für die heutige Generalversammlung ausgearbeitet. Heute morgen wieder früh fleißig. Mittags mit Gregor Straßer zum Mittagessen. Wir haben uns viel erzählen müssen, und ich glaube, hier in Berlin kommen wir uns näher. Heute Nachmittag wieder Besprechung über Besprechung. Dann abends entscheidende Generalversammlung in Spandau. Von der hängt alles ab. Gewinne ich die, dann gewinne ich Berlin. Ich bin erzbereit, in einer rechten Kampfesstimmung. Also auf! [...] Die Schlacht ist zu Ende, und ich habe auf der ganzen Linie gesiegt. Hauenstein, der spitzelhafte Gegenpol, wollte gestern Abend terrorisieren und sprengen, seine Leute mussten den Saal verlassen, und es gingen ganze 50 Mann. Die ewigen Stänkerer und Kritikaster bin ich los. Und jetzt soll's an die Arbeit gehen. Ich bin hoffnungsfroh und siegesgewiss. Ich habe dann drei Stunden gesprochen, sozusagen mit Engelszungen, das Ende war eine große Kundgebung des Vertrauens. Nun geht's los! Heute morgen die ersten Gaubefehle. Dann mit Gregor Straßer zum Mittag. Der gute, ehrliche Gregor. Ich hab ihn lieb. [...] Die Opposition[201] ist erledigt. Ganz und gar! Gestern Nachmittag der Chef und Maurice[202] hier zu Besuch. Dazu Daluege, Schweitzer und Dr. Straßer[203]. Bis spät abends zusammen. Der Chef war sehr nett. Alle begeistert. Er ist so rührend gut zu mir. Wenn er spricht, dann schweigen alle. Er versteht es, jedem Ding ein eigenes Licht aufzusetzen. Ich hab ihn aus tiefstem Herzen gern. [...] Gestern morgen Umzug in Neukölln.[204] Vier Schwerverletzte, 14 Leichtverletzte. Aber wir marschieren. Berlin wird unser sein! Heute viel Arbeit. Gleich Konferenz mit Dr. Straßer. Er war in Elberfeld. Viel Neues. Heute Nachmittag zu den Verletzten ins Krankenhaus. Heute Abend SA. Ich stecke mitten in der Arbeit! [...]

201 Gemeint: die Partei-interne Opposition.

202 Emil Maurice (1897-1972), Chauffeur Hitlers. 1919 NSDAP-Mitglied Freikorpskämpfer, am Hitler-Putsch 1923 beteiligt, danach mit Hitler in Festungshaft in Landsberg. Maurice war einer der wenigen Duzfreunde Hitlers. Ab 1933 bedeutungslos, jedoch mit Posten als Präsident der Handwerkskammer von München und Ratsherr abgefunden. 1948 zu vier Jahren Haft verurteilt.

203 Gemeint: Otto Straßer.

204 Erster Propagandamarsch der SA am 14. November 1926 durch Neukölln. Rund 320 Uniformierte liefen vom Bahnhof Kaiser-Friedrich-Straße (heute Sonnenallee) über Hermannplatz und Hasenheide zum Halleschen Tor. Wie erwartet löste der Marsch gewaltsame Reaktionen bei kommunistischen Anwohnern aus; Neukölln war neben dem Wedding die wichtigste Hochburg der KPD.

Auszüge aus Joseph Goebbels: Rundschreiben Nr. 1 der Gauleitung Berlin-Brandenburg der NSDAP. Erlassen nach dem 16. November 1926, datiert auf den 9. November 1926. Zit. n. Heiber (Hrsg.): Das Tagebuch von Joseph Goebbels 1925/26, S. 115f.

[...] 1. Übernahme des Gaus

Mit dem heutigen Tage übernehme ich die Gauleitung des Gaus Berlin-Brandenburg. [...]

2. Geschäftsstelle

Unsere erste Aufgabe wird es sein, eine neue Gaugeschäftsstelle zu schaffen. Die neue Gaugeschäftsstelle kostet Geld. Aus diesem Grunde ist die pünktliche Abführung von Beiträgen notwendig. Die Gaugeschäftsstelle ist Arbeitsraum des Gaus Berlin-Brandenburg; als solche nicht zu verwechseln mit einer Wärmehalle oder einem Wartesaal. Pgg haben auf der Geschäftsstelle nur dann Zutritt, wenn sie Parteiangelegenheiten zu erledigen haben. Der Gauführer ist nach vorheriger Anmeldung auf der Geschäftsstelle während der Geschäftsstunden zu sprechen. Anmeldungen zwecks Klatsch u.ä. sind zwecklos. Der Gauführer lässt sich grundsätzlich nur in sachlichen Angelegenheiten sprechen. [...]

4. SA und SS

Als SA-Führer versieht Pg Daluege weiterhin sein Amt. SA und SS sind die Machtinstrumente zum Erreichen der politischen Macht. Das öffentliche Auftreten von SA oder SS darf nur nach vorheriger Vereinbarung mit dem Gauführer geschehen. Stellvertretender Gauführer ist Pg Kurt Daluege. [...]

Auszüge aus Reinhold Muchow: Situationsbericht Nr. 6, Gau Groß-Berlin, Ortsgruppe Neukölln. Zit. n. Broszat (Hrsg.): Die Anfänge der Berliner NSDAP 1926/27, S. 104.

[...] „Vorbei ist die schreckliche, die kaiserlose Zeit.“ Der heilige Wirrwarr im Gau ist gelöst: Pg Dr. Goebbels ist zum Gauführer von Berlin-Brandenburg ernannt worden. Damit ist eine Epoche im Gau abgeschlossen worden, die seit der Gaugründung vorherrschend gewesen war. Am 7. ds. Mts.[205] traf Pg Dr. Goebbels auf dem Anhalter Bahnhof ein und mit dem Tage beginnt eine neue Geschichte des Gaues. Bereits am 9. ds. Mts. hielt er seine erste öffentliche Rede auf der „Totenge-

205 Richtig: am 9. November 1926.

denkfeier" des Gaues im Kriegervereinshaus.[206] Dann begann Zug um Zug die Neu- bzw. Reorganisation des alten Gaues. Der 17. ds. Mts. brachte die Gründung des Nationalsozialistischen Freiheitsbundes[207] innerhalb der Organisation der Partei, die eine Vereinigung aller der Pgg des Gaues darstellt, die dem Gau zu seinem Aufbau die finanzielle Hilfe leisten sollen und für späterhin als überaus schnell und rasch einzusetzende Kampftruppe für Spezial-Aufgaben verwendet werden soll. Am 20. ds. Mts. fand die erste Gautagung, an der sämtliche Sektionsführer teilnahmen, statt, auf der Pg Dr. Goebbels seine grundsätzlichen Richtlinien für die zukünftige Arbeit bekanntgab. Die erste Krönung der bisher geleisteten Arbeit fand in Form eines großen öffentlichen Gau-Sprechabends im Kriegervereinshaus statt, der einen großen Besuch aufwies. Pg Dr. Goebbels entledigte sich seines Themas „Deutschland – Kolonie oder Staat?" in der bekannten hinreißenden Weise als wahrer Volksredner. Eine stattliche Anzahl von Neuaufnahmen war der äußere Erfolg. [...]

27

HORST WESSEL – EIN NEUES PARTEIMITGLIED

Rückblickende Beschreibung Horst Wessels über seinen Eintritt in die NSDAP. Zit. n. Wessel: Politika, fol. 55-57.

[...] Wie ich zu den Nationalsozialisten kam? Aus Enttäuschung eigentlich. Mein nationaler Radikalismus oder auch mein radikaler Nationalismus waren nicht auf ihre Rechnung gekommen. Die Nazi, wie man damals schon die Nationalsozialisten nannte, aber waren radikal, radikal in jeder Hinsicht. Sehr sanft

206 In der Chausseestraße 94 in Mitte.

207 Unterorganisation der NSDAP, in die wohlhabendere Mitglieder eintreten konnten – gegen zusätzliche Beiträge. Der Ertrag soll angeblich von Anfang an monatlich 1500 Reichsmark betragen haben. Realistischer ist ein Drittel. Als Gegenleistung genossen die Mitglieder das Gefühl, Teil einer Elite zu sein. Sie erhielten Zugang zu exklusiven Treffen zum Beispiel mit Hitler und anderen Parteigrößen.

wurde ich gerade als Gast nicht behandelt. Vom Wiking[208] hielten sie nichts, Ehrhardt[209] beschimpften sie persönlich, kurzum, ich überlegte mir die Sache reiflich. Aber ein Plus hatten sie, das nicht zu umgehen war: Sie hatten eine Idee, also etwas, was den Wehrverbänden in Wirklichkeit völlig abging Die Nationalsozialisten waren ihrer Tätigkeit nach sehr jung in Norddeutschland. Im Jahre 1925 wurde die Partei von Adolf Hitler neugegründet. Zu der Zeit, als ich mich dafür interessierte, war sie also kaum ein Jahr alt. Als ich endlich im Herbst 1926 mich der Partei anschloss, begann für mich eine Zeit des Umlernens in politischer und des Neulernens in sozialistischer Hinsicht. Was wusste ich früher von Sozialpolitik, Trusts, Syndikat, Bank und Börse, Gewerkschaften, Dawes-Lasten[210], Sozialisierung etc. Die Nationalsozialisten wurden vielfach für eine rechtsradikale, völkische Gruppe gehalten. Ganz mit Unrecht! Vielmehr muss man sie als nationale Sozialisten bezeichnen, mit dem Ton auf Sozialisten. Der Berliner Führer, Dr. Göbbels[211], war selbst ein radikaler Vorkämpfer und Verfechter eines sozialistischen Programms auf nationaler Basis.[212] Die Rechtsparteien merkten bald, dass sie keineswegs auf die NSDAP zählen konnten, und wegen unserer sozialistischen Einstellung nannten sie uns Nationalbolschewiken oder Nationalmarxisten. So ganz Unrecht hatten sie von ihrem Standpunkte aus nicht, denn die Nationalsozialisten hatten letzten Endes mehr Sympathien für den RFB als für den Stahlhelm.[213] Nur keine noch so schwache Bindung mit Schwarz-rot-weiß und der Reaktion. Manches war mir zu Anfang nicht verständlich, aber allmählich rang sich mir die Überzeugung durch, dass die Nazis Recht

208 Gemeint: der Wiking-Bund, ein rechtsradikaler Wehrverband, der 1923 als Nachfolger der verbotenen Organisation Consul gegründet worden war. 1928 löste sich der Verband auf, die Mitglieder wechselten zu großen teilen in die SA.

209 Gemeint: Hermann Ehrhardt (1881-1971). Der ehemalige Freikorps-Führer hatte sich 1923 gegen den Hitler-Putsch in München gestellt und galt seitdem als Feind Hitlers und der NSDAP. Obwohl es 1933 kurzzeitig eine Annäherung gab, zog sich Ehrhardt nach Österreich zurück und lebte dort unbehelligt bis zu seinem Tode.

210 Gemeint: Reparationslasten entsprechend dem Dawes-Plan von 1925.

211 Wessel schrieb Goebbels stets mit „ö".

212 Tatsächlich hatte Goebbels in seiner Zeit im Rheinland eher zum linken Flügel der NSDAP gehört. In Berlin, vor allem im Zuge seiner Auseinandersetzungen mit den Brüdern Strasser, legte er jedoch den Schwerpunkt seiner Agitation auf einen nationalen Teil der nationalsozialistischen Weltanschauung. Vgl. Reuth: Goebbels, S. 76-114 u. Longerich: Goebbels, S. 67-85. Wessel selbst gehörte zeitlebens eher zum linken Flügel der NSDAP.

213 Wessel verklärt die scharfe Konfrontation mit dem RFB. Auch bei der SA gab es eine klare Angrenzung zum kommunistischen Veteranen- und Kampfverband, der offen attackiert und brutal angegriffen wurde. Ähnliche Auseinandersetzungen gab es mit Stahlhelm-Anhängern nicht.

hatten. Ich fing an, im Gegensatz zu früher, politisch zu denken. Bismarckbund, das war Freude und Vergnügen. Wiking, das war Abenteuer, Putschatmosphäre, Soldatenspielerei, wenn schon auf nicht ungefährlichem Untergrund. NSDAP aber war politisches Erwachen. Mit ganzer Kraft und Rieseneifer habe ich der Partei gedient. Kein Opfer an Zeit, Geld, keine Gefahr, Verhaftung, Schlägerei konnte mich schrecken. In die Materie drang ich sehr schnell und gründlich ein. Eine Erkenntnis vor allem war mir sehr wertvoll: Ich versuchte, jede politische Richtung zu verstehen, und dabei kam ich dahinter, dass es im roten Lager ebenso viele, vielleicht noch viel mehr fanatische, opferbereite Idealisten gibt als auf der Gegenseite. Hinzu kam noch die ganze erschütternde Erkenntnis der großen sozialen Verelendung und Knechtschaft der arbeitenden Schichten aller Berufe. Ich war eben Sozialist geworden. Nicht Sozialist aus Gefühl, wie so manche aus dem bürgerlichen Lager, sondern vor allem Sozialist aus Vernunft. Im Verhältnis zu den früheren Organisationen, denen ich angehörte, war die Partei grundverschieden. Das Soldatenspielen fiel weg. Politische Schulung, das war die Losung. Die Sturmabteilungen, SA, waren Ordnertrupps, waren die Faust der Bewegung gegen Polizei und Marxisten. Die Organisation selbst war den Kommunisten abgesehen. Sektionen anstatt Ortsgruppen, Zellensystem, Pressewerbung, Propaganda ließen noch deutlich ihr einstiges Vorbild erkennen. [...]

28

DIE ALTE UND DIE NEUE GAUGESCHÄFTSSTELLE DER NSDAP

Rückblickende Beschreibung der NSDAP-Gaugeschäftsstelle zu Anfang November 1926. Zit. n. Goebbels: Kampf um Berlin, S. 24-26.

[...] Die Berliner Bewegung hatte damals auch schon ihren festen Sitz. Allerdings war der von äußerster Primitivität. Sie bewohnte eine Art verdrecktes Kellergewölbe in einem Hinterhaus in der Potsdamer Straße.[214] Dort domizilierte ein sogenannter Geschäftsführer mit einem Kassenheft, in dem er die täglichen Ein- und Ausgänge nach bestem Gewissen zu buchen pflegte. Stapel von Papier und Zeitungen lagen in den Ecken herum. Im Vorzimmer standen debattierende Gruppen von arbeitslosen Parteigenossen, die sich die Zeit durch rauchen und das fabrizieren von Latrinenparolen. Wir nannten diese Geschäftsstelle die ‚Opiumhöhle'. Und diese Bezeichnung schien in der Tat absolut zutreffend zu sein. Sie war nur mit künstlichem Licht zu erhellen. Sobald man die Tür aufmachte, schlug einem der Schwalm von schlechter Luft, Zigarren-, Zigaretten- und Pfeifenqualm entgegen. An ein solides und systematisches Arbeiten war hier selbstverständlich gar nicht zu denken. [...]

Reinhold Muchows Beschreibung der neuen Gaugeschäftsstelle. Zit. n. Broszat (Hrsg.): Die Anfänge der Berliner NSDAP 1926/27, S. 106.

[...] Der Freiheitsbund sollte die Aufgabe haben, zunächst dem Gau durch die Entrichtung eines verschieden hohen Opferbeitrages der Mitglieder die finanzielle Grundlage für seine Arbeit zu geben. Einen Monat besteht er schon und das erste sichtbare Zeichen seines Wesens war die Schaffung einer vollkommen neuen Geschäftsstelle des Gaues im Zentralpunkt der Stadt.[215] Wickelten sich ehedem die Gauarbeiten mehr in einem zum Keller als zum Zimmer neigenden Raume ab, zu dem man nicht ohne gewisse Gefahr gelangen konnte, so besteht die heutige Geschäftsstelle aus vier mit allen modernen Büro-Einrichtungen versehenen Zimmern nebst zwei Fernsprechanschlüssen und bietet durch ihre Anlage die Möglichkeit, den Gau bis zu einer Stärke von 20.000 bis 30.000 Mitglieder organisatorisch zu verwalten. Das zweite Ziel, welches er sich gesteckt hat, ist die Schaffung einer 40 bis 50 Mann starken Gau-Musikkapelle, die von einem aktiven Musikmeister regelrecht ausgebildet werden soll. Ist auch diese Aufgabe erfüllt, so erfolgt die Anschaffung von Bereitschafts-Autos, die den Zweck besitzen, überall dort bei Propaganda-Umzügen, Schlägereien usw., schnell, sicher und billig, besetzt mit einem

214 Die erste Gaugeschäftsstelle der NSDAP lag in Tiergarten in der Potsdamer Straße 109 im Hof rechts, Parterre.

215 Im ersten Stockwerk des Vorderhauses Lützowstraße 44 in Tiergarten.

besonderen Kommando von Pgg, einzugreifen. So werden sich Aufgaben an Aufgaben reihen, bis der Freiheitsbund – nach Pg Dr. Goebbels – seine letzte Aufgabe zu erfüllen hat: Wenn der Befehl kommt, das Reichstagsgebäude zu besetzen und auszuheben! [...]

29

DIE ERSTE SAALSCHLACHT

Auszüge aus Reinhold Muchow: Situationsbericht Nr. 6, Gau Groß-Berlin, Ortsgruppe Neukölln. Zit. n. Broszat (Hrsg.): Die Anfänge der Berliner NSDAP 1926/27, S. 104.

[...] Während diese Versammlung[216] rührig verlief, vollzog sich am 25. ds. Mts. in Berlin-Spandau in den Seitz-Festsälen[217] der erste Zusammenprall mit der KPD. In der dort abgehaltenen Versammlung referierte Pg Dr. Goebbels in Anwesenheit von 200 bis 250 Kommunisten, die die Versammlung sprengen wollten. Während des Referates kam die Kunde, dass die Kommunisten auf der Straße einen Pg in 40facher Übermacht überfallen hatten. Das war das Signal zum Hinauswurf der im Saale anwesenden KPD, die mit zerbeulten Köpfen vor dem Versammlungslokal landeten. Nach dem geschlossenen Abmarsch der Berliner SA-Gruppen versah die Spandauer SA noch bis morgens fünf Uhr in kleinen Kommandos die Säuberung der Straßen und verprügelte jeden durch die Uniform kenntlichen Rotfrontkämpferbund-Genossen. [...]

Auszüge aus dem Goebbels-Tagebuch v. 25. u. 26. Januar 1927. Zit. n. Fröhlich (Hrsg.): Die Tagebücher von Joseph Goebbels, Teil 1, Bd. 1/II, S. 175f.

[...] Heute Nachmittag im Auto nach Spandau zur Einweihung unserer neuen Lesehalle. Heute Abend spreche ich darin. Es wird Zusammenstöße geben. Sei's drum! Ich bin froh, wenn der Kampf beginnt. [...] Gestern im Wagen nach Spandau.

216 Auftritt eines NSDAP-Redners am 21. Januar 1927 in der Bockbrauerei in der Fidicinstraße 3 in Kreuzberg.

217 In der Schützenstraße 2-4.

Zuerst weihe ich das neue Heim der Spandauer SA ein. Die Spandauer sind ganze Kerle. Dann Versammlung. Der Saal zum Bersten voll. 2400 Menschen.[218] 500 KPD. Ich rede wie nie in Berlin. Die Roten sind ganz benommen. In der Diskussion[219] kommt die Nachricht, dass man einen von uns auf der Straße niedergeschlagen hat. Ich breche sofort die Diskussion ab, der rote Bonze wird herausgeprügelt, unsere Leute sind kaum zu halten: Sieg auf der ganzen Linie! So hatte ich es in meinen kühnsten Träumen nicht [zu hoffen] gewagt! Wo gekämpft wird, da gibt's nur Sieg und Niederlage. Das war unser Sieg! Als ich nach Hause fuhr, da jubelten mir 2000 fanatische Kämpfer zu. Nun bin ich ganz der Führer dieser suchenden, sehnenden Menschen. Gott schütze das deutsche Volk! Übernächste Woche spreche ich wieder in demselben Saal. Ein aufreizendes Plakat, ein einpeitschendes Thema: Kampf! Das ist die Parole! [...] Arbeit! Kampf!! Sieg!!! Ich bin so etwas wie in meinem Element! [...]

Auszug aus dem Polizei-Bericht. In: Spandauer Zeitung *v. 26. Januar 1927. Zit. n. Gliech: Die Spandauer SA, S. 129.*

[...] Gestern Abend fand in den Seitz'schen Festsälen, Schützenstraße, eine von etwa 1000 Personen besuchte Veranstaltung der NSDAP statt, bei der es – namentlich während der Debatte – ziemlich erregt zuging. Auf der Straße setzten sich nach Schluss der Versammlung die Auseinandersetzungen zwischen nationalsozialistischen und kommunistischen Anhängern fort, ohne dass aber die Polizei zunächst einschreiten brauchte. Die Nationalsozialisten zogen – von Polizeimannschaften begleitet – geschlossen zum Bahnhof, wo sich der Zug ohne Zwischenfälle auflöste. Um 0.45 Uhr kam es dann aber auf dem Stresowplatz zu einer Schlägerei, die erst durch Erscheinen von Polizeibeamten beendet wurde. Zwei der fliehenden Teilnehmer konnten festgenommen werden. [...]

218 Das ist weit übertrieben. Realistisch waren etwa 1000 Zuhörer anwesend, davon ein Zehntel Kommunisten.

219 Zu NSDAP-Versammlungen wurden ab November 1926 bewusst auch Andersdenkende eingeladen, die allerdings wie alle anderen Besucher Eintritt zahlen mussten. Nach der Hauptrede war regelmäßig eine „Aussprache" angesetzt. Kam es zu Zwischenrufen, rief der Redner, in der Regel Goebbels, den Saalschutz zu Hilfe, woraufhin es meist zu wilden Prügeleien kam. Vgl. Gliech: Die Spandauer SA, S. 129f.

Darstellung der offiziellen SA-Chronisten zur Saalschlacht in Seitz' Festsälen. Zit. n. Engelbrechten/Volz (Hrsg.): Wir wandern durch das nationalsozialistische Berlin, S. 235f.

[...] Erste große öffentliche Kundgebung der NSDAP mit Dr. Goebbels. Großer Erfolg, die Kommunisten kamen nicht dazu, ihren geplanten Sprengungsversuch auszuführen. [...]

Goebbels' rückblickende Bilanz der Saalschlacht in Seitz' Festsälen. Zit. n. Goebbels: Kampf um Berlin, S. 63.

[...] Die Versammlung endete mit einem Sieg auf der ganzen Linie. Die roten Sprengtrupps schoben schweigend und mit hängenden Ohren ab; die eigenen Parteigenossen aber hatten an diesem Abend zum ersten Mal das beglückende Gefühl, dass die Bewegung in Berlin nun die engen, begrenzenden Fesseln einer parteipolitischen Sekte gesprengt hatte, dass der Kampf angesagt war und nun an der ganzen Front entbrennen musste. Es gab jetzt kein Halten mehr. Wir hatten den Gegner herausgefordert, und jedermann wusste, dass er diese Herausforderung nicht unbeantwortet lassen würde. [...]

30

DIE SCHLACHT IN DEN PHARUS-SÄLEN

Auszüge aus dem Goebbels-Tagebuch v. 11. u. 12. Februar 1927 Zit. n. Fröhlich (Hrsg.): Die Tagebücher von Joseph Goebbels, Teil 1, Bd. 1/II, S. 182.

[...] Eben Referat ausgearbeitet. Ich spreche heute Abend in den Pharus-Sälen[220]. Ob es eine Schlacht geben wird? Wer weiß? Einmal packt's uns doch! Sei's drum! [...] Gestern große Schlacht in den Pharus-Sälen. Wir hatten sieben, die Roten 83 Verletzte. Die *Rote Fahne* schimpft von „Arbeitermördern". Sie haben also Senge bekommen. Ich habe mein Referat zu Ende gehalten, und die Kundgebung endete mit einem Riesenerfolg. Heute morgen ist alles bei uns begeistert. Ich be-

220 Die Pharus-Säle in der Müllerstraße in Wedding waren traditionell ein Versammlungsort von SPD-Anhängern, seit Mitte der 20er-Jahre zunehmend der KPD. Die Veranstaltung der NSDAP dort, für die mit großen roten Plakaten in der Umgebung geworben wurde, sollte gezielt provozieren.

suche heute die Verletzten. Im Krankenhaus stehen 40 rote Frontkämpfer an den Betten der Unseren und höhnen sie aus. Neudeutschland! Ich hab Ordnung geschafft. [...]

Seriöser Zeitungsartikel über die Schlägerei in den Pharus-Sälen. In: Berliner Morgenpost, *12. Februar 1927.*

[...] In den Pharus-Sälen in der Müllerstraße 142 kam es gestern Abend gegen 21 Uhr zu schweren Zusammenstößen zwischen Kommunisten und Mitgliedern der deutschsozialen Arbeiterpartei[221], die dort eine Versammlung abhielt. Bei einer Schlägerei, die sich zwischen den Parteien entspann, wurden zahlreiche Personen erheblich verletzt. Das Rettungsamt brachte vier Verletzte in das Virchow-Krankenhaus, die anderen, etwa zehn Personen, erhielten an Ort und Stelle Notverbände. Die deutschsoziale Arbeiterpartei hatte zu gestern Abend in die Pharus-Säle im Norden Berlins eine politische Versammlung einberufen. Vor dem Versammlungslokal hatten sich bei Beginn des Vortrages mehrere hundert Kommunisten eingefunden, von denen ein großer Teil in den Saal Einlass fand. Aus den Reihen der Zuschauer ertönten unausgesetzt Zwischenrufe. Plötzlich kam es zu einem großen Tumult, der bald in eine Schlägerei ausartete. Mit Stühlen, Biergläsern und anderen Gegenständen gingen die Parteien aufeinander los. Die Einrichtung des Saales wurde demoliert. Ein großes Polizeiaufgebot trennte schließlich die Kämpfenden und nahm eine Reihe von Verhaftungen vor. [...]

Kommunistischer Bericht über die Schlägerei in den Pharus-Sälen. In: Welt am Abend[222] *v. 12. Februar 1927.*

[...] Gestern Abend kam es am Wedding zu blutigen Zusammenstößen zwischen provozierenden Nationalsozialisten und Polizei einerseits[223] und Arbeitern vom Wedding andererseits. Die Nationalsozialistische Arbeiterpartei hatte nach den Pharus-Sälen eine Versammlung einberufen, in der ein Dr. Goebbels über den Zusammenbruch des bürgerlichen Klas-

221 Die *Berliner Morgenpost* bezeichnete die NSDAP bis ins Frühjahr 1927, sofern sie überhaupt erwähnt wurde, als „Deutschsoziale Arbeiterpartei". Ob es sich hier um ein Missverständnis oder um bewusste Ignoranz dem tatsächlichen Namen gegenüber handelte, ist unklar.

222 Kommunistische Boulevard- und Abendzeitung. Herausgegeben vom Verlag von Willi Münzenberg.

223 Die *Welt am Abend* folgte der von der KPD-Führung vorgegebenen Behauptung, die stark sozialdemokratisch geprägte preußische Polizei mache gemeinsame Sache mit der NSDAP. In Wirklichkeit ging die Polizei 1927-1932 mindestens genauso scharf gegen die NSDAP und die SA vor wie gegen die KPD.

senstaates referieren sollte. Die Versammlung, die von ungefähr 2000 Personen, darunter zahlreiche Kommunisten und Sozialdemokraten, besucht war, nahm von Anfang an einen stürmischen Verlauf. Die Nationalsozialisten hatten es von Anfang an auf Provokation abgesehen. Der Versammlungsleiter Daluege erklärte, als sich Kommunisten meldeten: „Bei uns gibt es keine Diskussion." Daraufhin kam es zu scharfen Protestkundgebungen, bei denen der etwa 300 Mann starke hakenkreuzlerische Versammlungsschutz in der brutalsten Weise gegen die Arbeiter vorging. Es kam zu schweren Prügeleien, die Faschisten hieben mit Stuhlbeinen und Bierseideln auf die Arbeiter ein. Im Laufe dieser Zusammenstöße wurden mehrere Arbeiter schwer verletzt. Die kommunistischen und sozialdemokratischen Arbeiter wurden von den Hakenkreuzlern schließlich auf die Straße gedrängt, wo sich eine ungeheure Menschenmenge angesammelt hatte. Es kam Polizei, die die Müllerstraße von beiden Richtungen zu räumen versuchte und dabei wie wild auf die Arbeiter losschlug. Es kam zu schweren Zusammenstößen besonders bei der Amrumer Straße, wo insgesamt 17 Verhaftungen vorgenommen wurden.

Die Vorfälle in und bei den Pharus-Sälen verbreiteten sich im ganzen Bezirk wie ein Lauffeuer. Immer neue Arbeitermassen[224] kamen herbei, die Empörung richtete sich vor allem gegen den immer weiter provozierenden Hitlerschen Saalschutz. Die Polizei versuchte die Menge abzudrängen, und herbeigeholte Verstärkungen begleiteten die Hakenkreuzjungen zum Bahnhof Putlitzstraße. Ecke Torf- und Triftstraße kam es zu neuen Zusammenstößen. Die Polizei behauptet, dass gegen sie Steine geworfen worden seien. Jedenfalls gab die Schupo eine große Zahl von Schüssen[225] ab, es wurden neuerdings 20 Verhaftungen vorgenommen, die Verhafteten auf das Polizeipräsidium gebracht. Die Unruhen fanden aber damit noch nicht ihr Ende. Ecke Nordufer und Lynarstraße kam es neuerdings zu wilden Szenen, als auch hier abmarschierende Hakenkreuzler die Arbeiter anfielen. Auch hier wurden sechs Personen schwer verletzt. Insgesamt wurden bisher sechs Schwer- und dreißig Leichtverletzte festgestellt. [...]

224 Freie Erfindung der *Welt am Abend*.

225 Es sollen einige Warnschüsse in die Luft abgegeben worden sein. Verletzt wurde dabei niemand.

Kommunistischer Zeitungsartikel über die Schlacht in den Pharus-Sälen. In: Rote Fahne *v. 12. Februar 1927.*

[...] Am gestrigen Abend fand in den Pharus-Sälen eine Versammlung der Nationalsozialisten statt, zu der in öffentlichen Plakaten aufgefordert worden war. Es waren darum auch zahlreiche Arbeiter erschienen, so dass die Versammlung voll war. Die Tagesordnung sollte den Niedergang des Kapitalismus behandeln, wobei es selbstverständlich war, dass sich zu Beginn der Versammlung ein Arbeiter zu Wort meldete und zur Geschäftsordnung[226] sprechen wollte, um Diskussion zu beantragen.

Der Versammlungsleiter erklärte, dass es in dieser Versammlung keine Diskussion gäbe. Das war das Stichwort zu einem ungeheuerlichen und niederträchtigen Überfall der Nationalsozialisten. Extra zusammengestellte Knüppelgarden aus Schöneberg haben vor der Versammlung eine Menge Stühle und Bierkrüge auf die Galerie geschleppt, es handelt sich also um einen wohl vorbereiteten Überfall. In dem Moment nun, wo der Vorsitzende das Wort zur Geschäftsordnung verweigerte, begannen die Nationalsozialisten die erschienenen Arbeiter von der Galerie herab mit Stühlen und Bierkrügen zu bombardieren. Es kam zu schweren Zusammenstößen. Zahlreiche Arbeiter wurden verwundet, darunter einige sehr schwer, es soll sogar Tote[227] gegeben haben, wofür allerdings die Bestätigung noch abzuwarten ist. Die Nachricht von dem national sozialistischen Überfall verbreitete sich mit Blitzesschnelle im Wedding, wo die Arbeiter auf die Straße eilten, um in großen Protestzügen[228] gegen die nationalsozialistischen Mörder zu protestieren. Obwohl die Schupo rigoros[229] gegen die Arbeiter vorging, bildeten sich immer neue Gruppen. Wir erheben gegen diese feigen und mörderischen Überfälle schärfsten Protest: Arbeiter, schließt euch gegen die faschistischen Mörder zusammen! [...]

226 In politischen Versammlungen der 20er-Jahre üblicher Einwurf, um einen nicht inhaltlichen Einwurf zu machen.

227 Gerücht, das sich nicht bestätigte.

228 Die Polizei stellte große Erregung auf den Straßen fest, aber keine Protestzüge. Selbststilisierung der *Roten Fahne*.

229 Kommunistisches Stereotyp.

Auszüge aus Reinhold Muchow: Situationsbericht Nr. 9, Gau Groß-Berlin, Ortsgruppe Neukölln. Zit. n. Broszat (Hrsg.): Die Anfänge der Berliner NSDAP 1926/27, S. 111.

[...] Am 11. ds. Mts. veranstaltete die Partei im ausgesprochenen Arbeiterviertel Wedding in den Pharus-Sälen eine öffentliche Massenversammlung mit dem Thema: „Der Zusammenbruch des bürgerlichen Klassenstaates“. Redner war Pg Dr. Goebbels. Es war uns ohne weiteres klar, was das bedeutete. Es galt den sichtbaren Beweis zu erbringen, dass der Nationalsozialismus fest gewillt ist, mit aller Macht an die Arbeiterschaft heranzukommen. Bereits einmal gelang es uns, im Stadtteil Wedding Fuß zu fassen. Der Andrang zur Versammlung war gewaltig. Mehr als 1000 Personen füllten den Saal, der politisch zusammengesetzt war aus vier Fünftel SA und einem Fünftel KPD.[230] Letztere hatte jedoch ihre Hauptmacht auf der Straße zusammengezogen. Als die Versammlung durch den SA-Führer, Pg Daluege, eröffnet wurde, erfolgten programmmäßig die auf Provokation abgezielten „Zur Geschäftsordnung!“-Rufe. Als der anwesenden KPD erklärt wurde, dass die Geschäftsordnung nicht sie, sondern wir führen und ihnen nach dem Referat Pg Dr. Goebbels eine Diskussion freisteht, entstanden die ersten Plänkeleien. Es trat jedoch wieder eine scheinbare Ruhe ein, bis erneute lärmende Zwischenrufe ertönten. Auf die Mitteilung des Versammlungsleiters, dass er die Ruhestörer im Wiederholungsfalle aus dem Saale weisen würde, wurde die KPD von einer künstlichen Erregung befallen. Mittlerweile hatte die SA den Unruheherd langsam eingeschlossen und die Kommunisten, die Gefahr bemerkend, begannen plötzlich tätlich zu werden. Das Nachfolgende spielte sich innerhalb von drei bis vier Minuten ab. Im Nu wurden von beiden Seiten Stühle, Biergläser, selbst Tische, erhoben und ein wilder Kampf begann. Mehr und mehr wurden die Kommunisten unter die Galerie gedrängt, die wohlweislich von uns besetzt war, und bald sausten von dieser ebenfalls Stühle und Gläser herab. Die Schlacht war schnell entschieden: die KPD zog mit 83 mehr oder minder schwer Verletzten ab, d. h. sie konnte gar nicht so schnell die Treppen heruntersteigen, wie sie gemütlich und „harmlos“ heraufgestiegen war. Auf unserer Seite hatten

230 Realistische Angaben.

wir drei Schwerverletzte und ca. zehn bis zwölf Leichtverletzte zu beklagen. Als die Polizei erschien, war der Kampf bereits abgewickelt. Der marxistische Terror war blutig unterdrückt worden. Es gelang uns, den Haupträdelsführer, ein Galgengesicht erster Güte, zu erwischen, der der Polizei übergeben wurde. Die Versammlung ging nach diesem „Zwischenfall" ruhig weiter. Nach einiger Zeit bemerkten verschiedene Pgg, die auf der Galerie waren und die Möglichkeit ausfindig gemacht hatten das Dach des Hauses zu besteigen, wie sich unten auf der Straße große Menschenmassen anzusammeln begannen. In kurzer Zeit hatte die KPD den ganzen Bezirk alarmiert, die Meute schien entfesselt. Es wurde ferner beobachtet, wie sich der Mob von den nahegelegenen Bauplätzen mit Steinen versah, deren Verwendung für uns keine Zweifel bedeuteten. Pg Dr. Goebbels gab nach Schluss die Parole heraus, geschlossen abzumarschieren, wie dies ja jetzt in Berlin nur möglich ist. Und gegen 23.30 Uhr abends setzte sich der über 500 Mann starke Zug der SA durch die von der Polizei abgesperrten Straßen in Bewegung. An einem Zentralpunkt geschah die Auflösung. Die Schlacht war geschlagen, der Sieg des Nationalsozialismus auf dem Wedding errungen. Am nächsten Tage begann die Flut der Lügen und Verleumdungen über uns hereinzubrechen. Dies gab uns die Quittung, dass der Hieb saß. [...]

Goebbels' rückblickende Darstellung [1932] Zit. n. Goebbels: Kampf um Berlin, S. 64-68.

[...] Nun gab es für uns nur noch zwei Möglichkeiten: entweder nachzugeben und damit ein für allemal den politischen Ruf der Partei beim Proletariat zu verspielen, oder aber erneut und mit verdoppelter Wucht in die geschlagene Kerbe zu hauen und unsererseits den Marxismus wiederum zu einer Auseinandersetzung herauszufordern, die – das wussten wir – über das weitere Schicksal der Bewegung vorläufig entscheiden musste. „Der Bürgerstaat geht seinem Ende entgegen. Ein neues Deutschland muss geschmiedet werden! Arbeiter der Stirn und der Faust, in Deine Hände ist das Schicksal des deutschen Volkes gelegt. Am Freitag, den 11. Februar, Pharus-Säle! Thema: „Der Zusammenbruch des bürgerlichen Klassenstaats".[231] Das

231 Ungefährer Text der Plakate zur Veranstaltung. Foto abgedruckt in Goebbels: Kampf um Berlin, S. 67.

war allerdings eine Provokation, die man bisher in Berlin noch nicht erlebt hatte. Der Marxismus empfindet es bekanntlich schon als Anmaßung, wenn ein national denkender Mensch in einem Arbeiterviertel seine Gesinnung offen zur Schau trägt. Der rote Wedding gehört dem Proletariat! So hat es jahrzehntelang geheißen, und niemand fand den Mut, sich dem entgegenzustellen und durch die Tat das Gegenteil zu beweisen.

Und die Pharus-Säle? Das war die unbestrittene Domäne der KPD. Hier pflegte sie ihre Parteitage abzuhalten, hier versammelte sie fast Woche für Woche ihre treueste und aktivste Gefolgschaft, hier hatte man bisher nur die Phrasen von Weltrevolution und internationaler Klassensolidarität geredet und gehört. Und gerade dahin beraumte die NSDAP ihre nächste Massenversammlung ein. Das war eine offene Kampfansage. So von uns gemeint und so vom Gegner verstanden. Die Parteigenossen jubelten. Nun ging es aufs Ganze. Nun wurde das Schicksal der Berliner Bewegung kühn und verwegen in die Waagschale geworfen. Jetzt hieß es: gewinnen oder verlieren!

Der entscheidende 11. Februar rückte heran. Die kommunistische Presse überschlug sich in blutigen Drohungen.[232] Man werde uns einen warmen Empfang bereiten, man wolle uns das Wiederkommen verleiden. Auf den Arbeitsämtern und Stempelstellen[233] wurde offen angekündigt, dass wir heute Abend zu Brei und Brühe geschlagen würden. Wir sind uns damals gar nicht der Gefahr bewusst gewesen, in die wir uns begaben. Ich jedenfalls kannte den Marxismus zu jener Zeit noch nicht so weit, um die möglichen Folgen im Einzelnen vorauszusehen. Ich ging über die finsteren Deklamationen der roten Presse mit einem Achselzucken hinweg und erwartete mit Spannung den entscheidenden Abend.

Gegen 20 Uhr fuhren wir in einem alten, holprigen Auto vom Zentrum zum Wedding los. Ein kalter, grauer Nebel nieselte vom sternenlosen Firmament herunter. Das Herz klopfte

232 Zutreffend. Die *Rote Fahne* v. 9. Februar 1927 rief offen zu Gewalt auf: „Wer es wagt, den Boden des Berliner Nordens zu betreten, muss wissen, dass er mit den harten Fäusten des Berliner Proletariats Bekanntschaft macht! Kein Faschist wird lebendig die Pharus-Säle verlassen! Haut die Arbeitermörder zu Brei, die es wagen, den Saal, in dem die Parteitage des revolutionären Proletariats stattfinden, auch nur zu betreten! An der Stelle, an der Karl und Rosa zum Proletariat sprachen, hier, wo die Führer der Weltrevolution die mitreißenden Losungen revolutionären Massenkampfes ausgaben, hier, wo nicht einmal die Sozialfaschisten der SPD zu sprechen wagen, hier soll der Oberbandit von Berlin provozieren dürfen?"

233 Hier mussten sich Arbeitslose regelmäßig melden, um ihre Arbeitskarten gestempelt zu bekommen. Das war Voraussetzung für die Auszahlung der Unterstützung.

zum Zerspringen vor Ungeduld und Erwartung. Schon beim Durchfahren der Müllerstraße merkten wir, dass es heute Abend nicht mit guten Dingen zuging. An allen Straßenecken lungerten Gruppen von Bassermannschen Gestalten[234] herum. Man hatte es offenbar darauf angelegt, unseren Parteigenossen schon eine blutige Lektion zu erteilen, bevor sie den Versammlungsraum überhaupt betraten.

Vor den Pharus-Sälen standen schwarze Menschenmassen, die in lauten und frechen Drohungen ihrer Wut und ihrem Hass Luft machten. Der Führer der Schutzstaffel bahnte sich einen Weg zu uns und meldete mit knappen Worten, dass der Saal bereits seit sieben Uhr polizeilich gesperrt und zu zwei Drittel mit roten Frontkämpfern[235] besetzt sei. Das war das, was wir wollten. Hier musste die Entscheidung fallen. So oder so. Und wir waren bereit, dafür das Letzte einzusetzen. Beim Betreten des Saales schlug uns ein heißer, atemberaubender Qualm von Bierdunst und Tabak entgegen. Die Luft war heiß zum Zerspringen. Ein tolles, johlendes Stimmengewirr durchtobte den Raum. Die Menschen saßen aneinander und ineinander gepfercht, und nur mit Mühe konnte man sich einen Weg zum Podium bahnen.

Kaum war ich erkannt, da dröhnte mir ein vielhundertstimmiges Rache- und Wutgeheul in die Ohren. „Bluthund!" „Arbeitermörder!" Das waren noch die mildesten Koseworte, die man mir nachschrie. Aber voll zitternder Leidenschaft antworteten darauf die Begrüßungsstürme der eigenen Parteigenossen und SA-Männer. Von der Tribüne herunter klangen mitreißende Kampfrufe. Ich erkannte sofort: Hier sind wir zwar eine Minderheit, aber diese Minderheit ist entschlossen zu kämpfen, und sie wird deshalb die Entscheidung bestehen.[236]

Es war damals bei uns noch Brauch, dass alle öffentlichen Versammlungen der Partei vom SA-Führer[237] geleitet wurden. So auch hier. Baumlang stand er in seiner ganzen Größe vorne

234 Metaphorisch für „zerlumpte Gestalten". Nach einem düsteren Bericht des liberalen Abgeordneten Friedrich Daniel Bassermann vor der Nationalversammlung in der Frankfurter Paulskirche am 18. November 1848 über die Zustände in Berlin.

235 Freie Erfindung. Säle wurden von den Veranstaltern geöffnet, die auch für die Einlasskontrolle zuständig waren. Hätte die Berliner Polizei den Saal gesperrt, hätte die Versammlung nicht stattfinden können.

236 Die NSDAP-Anhänger bildeten die deutliche Mehrheit der Anwesenden; darauf hatte der frühzeitig aufgezogene Saalschutz von SA und SS geachtet.

237 Gemeint: Kurt Daluege.

an der Rampe aufgebaut und gebot mit erhobenem Arm Ruhe. Das war aber leichter gesagt als durchgeführt. Ein höhnisches Gelächter war die Antwort. Die Schimpfworte flogen nur so aus allen Ecken des Saales zur Bühne herauf. Man grölte und schrie und brüllte; unter den einzelnen Gruppen saßen angesäuselte Weltrevolutionäre, die sich für diesen Abend den nötigen Mut offenbar angetrunken hatten. Es war ganz unmöglich, diesen Saal zur Ruhe zu bringen. Das klassenbewusste Proletariat war ja nicht gekommen, um zu diskutieren, sondern um zu schlagen, um zu sprengen, um dem Faschistenspuk mit schwieligen Arbeiterfäusten ein Ende zu machen.

Wir befanden uns keinen Augenblick darüber im Unklaren. Aber wir wussten auch, dass, wenn es uns diesmal gelang, uns durchzusetzen, und wenn der Gegner nicht dazu kam, aus uns, wie er gedroht hatte, Hackepeter zu machen, der weitere Siegeslauf der Bewegung in Berlin unaufhaltsam sein würde.

Vor der Bühne standen etwa 15 bis 20 SA- und SS-Leute, verwegen, in Uniform und mit Armbinde, für jeden roten Klassenkämpfer eine freche und dreiste Provokation. Hinter mir auf der Bühne stand ein auserlesener Trupp von zuverlässigen Leuten, in jedem Augenblick der kritischen Situation bereit, den anstürmenden roten Mob in Verteidigung des eigenen Lebens, wenn nötig, mit Brachialgewalt zurück zu schlagen. Die Kommunisten hatten in ihrer Taktik offenbar einen Fehler gemacht. Sie hatten verstreute Gruppen nur einzeln durch den ganzen Saal dirigiert und hielten im Übrigen, zu einem dicken Klumpen zusammengeballt, den rechten hinteren Teil der Versammlung besetzt. Hier war – das erkannte ich sofort – das Zentrum des Unruheherdes, und hier musste deshalb – wenn überhaupt – zuerst und rücksichtslos eingegriffen werden. Jedes Mal, wenn der Versammlungsleiter zur Eröffnung der Versammlung ansetzte, erhob sich dort ein finsteres Individuum auf einen Stuhl und schrie stereotyp mit kreischender Stimme: „Zur Geschäftsordnung!" Und das wurde dann vielhundertfach im Sprechchor nachgebrüllt und nachgejohlt. Nimmt man der Masse ihren Führer oder auch ihren Verführer, dann ist sie herrenlos und kann mit Leichtigkeit überwunden werden. Unsere Taktik musste also darauf hinausgehen, diesen feigen Hetzer, der sich da im Rücken seiner Genossen sicher und ungefährdet wähnte, unter allen Umständen zum Schweigen zu bringen. Wir machten diesen Versuch ein paarmal in Güte. Der Versammlungsleiter schrie mit schon heiserer Stimme in den wachsenden Lärm hinein: „Diskussionsgelegenheit gibt es nach dem Referat! Aber die Geschäftsordnung bestimmen wir!“[238] Doch das war alles nur ein untauglicher Versuch am untauglichen Objekt. Der Schreier wollte durch seine ewig wiederholten Zwischenrufe die Versammlung nur in Unruhe und am Ende in racherfüllte Siedehitze versetzen. Dann kam der gewaltsame Sprengungsversuch ganz spontan und ohne Kommando. Als alle unsere Maßnahmen, die Versammlung in Güte zur Ruhe zu bringen, sich als erfolglos erwiesen, rief ich den Führer der Schutzstaffel beiseite, und gleich darauf gingen seine Leute in verteilten Gruppen mitten in die tobende Kommunistenmasse hinein; und ehe die aufs äußerste erstaunten und betroffenen Rotfrontsoldaten sich dessen überhaupt bewusst wurden, hatten unsere Kameraden den Hetzer vom Stuhl heruntergeholt und mitten durch den tobenden Janhagel[239] auf die Bühne gebracht. Das war bisher noch nicht dagewesen; und was ich erwartet hatte, trat denn auch prompt ein: ein Bierglas flog in die Höhe und fiel klirrend zu Boden. Und damit war das Signal zur ersten großen Saalschlacht gegeben. Stühle zerkrachten, von den Tischen wurden die Beine ausgerissen, aufgesammelte Gläser- und Flaschenbatterien waren in Sekunden geschützartig auf den Tischen aufgeprotzt, und dann ging‘s los. An die zehn Minuten wogte die Schlacht hin und her. Gläser, Flaschen, Tisch- und Stuhlbeine sausten wahl- und ziellos durch die Luft. Ein ohrenbetäubendes Gebrüll stieg hoch; die rote Bestie war losgelassen und wollte nun ihre Opfer haben.

Zuerst schien es, als wären wir allesamt verloren. Der kommunistische Angriff hatte so spontan und explosiv eingesetzt, dass er uns, obschon wir darauf vorbereitet waren, vollkommen unerwartet kam.[240] Aber kaum hatten sich die im ganzen Saal verteilten und in der Hauptsache vor der Bühne massierten SA- und SS-Trupps aus der ersten verwunderten Bestürzung erholt, da setzten sie mit verwegener Kühnheit zum Gegenangriff an; und dabei allerdings zeigte es sich, dass die kommunistische Partei zwar Massen hinter sich stehen hat, dass aber diese Mas-

238 Zutreffend. Die Tagungsordnung war Sache der einladenden Partei.
239 Norddeutscher Ausdruck für Pöbel.
240 Nachträgliche Stilisierung Goebbels'.

sen in dem Augenblick, in dem sie auf eine fest disziplinierte und eingeschworene Gegnerschaft stoßen, feige werden und das Hasenpanier[241] ergreifen. In kürzester Frist war der rote Janhagel, der da gekommen war, um unsere Versammlung auf den Leisten zu schlagen, aus dem Saal geprügelt und die Ruhe, die mit gütlichen Mitteln nicht hergestellt werden konnte, nun durch Brachialgewalt erzwungen. [...]

Erst als der rote Mob heulend, grölend und fluchend das Feld geräumt hatte, konnte man feststellen, wie schwer und verlustreich diese Auseinandersetzung gewesen war. Auf der Bühne lagen zehn in ihrem Blut; meistens mit Stirn- und Kopfwunden und zwei mit schwerer Gehirnerschütterung. Der Tisch und die Treppe, die zur Bühne führte, waren mit großen Blutlachen bedeckt. Der ganze Saal glich einem einzigen Trümmerfeld. Und in dieser blut- und scherbenübersäten Wüste steht mit einem Male unser baumlanger SA-Führer wieder an seinem Platz und erklärt in steinerner Ruhe: „Die Versammlung wird fortgesetzt. Das Wort hat der Referent." Ich habe nie vorher und nie wieder nachher unter solchen erregenden Begleitumständen gesprochen. Hinter mir, stöhnend in Blut und Schmerzen, die schwerverletzten SA-Kameraden. Rings um mich Scherben, zerbrochene Stuhlbeine, zersplitterte Biergläser und Blut. Die ganze Versammlung in eisiger Stille erstarrt. [...]

31

DIE SCHLACHT AUF DEM BAHNHOF LICHTERFELDE-OST

Auszug aus dem Goebbels-Tagebuch v. 21. März 1927. Zit. n. Fröhlich (Hrsg.): Die Tagebücher von Joseph Goebbels, Teil 1, Bd. 1/II, S. 198f.

[...] Nein, es ist nicht gut gegangen! Gestern Abend in Lichterfelde-Ost schwere Zusammenstöße mit den Roten. Wir drei, die 18 Schwerverletzte. Doch der Reihe nach! Samstagabend!

241 Gemeint: die Flucht.

Abfahrt nach Anhalter Bahnhof. Alles abmarschbereit. Dann los! Wir im Wagen. 23 Uhr Ankunft Trebbin. Bei einer Mühle großes Freudenfeuer. Daluege und ich reden. Es ist unter klingendem Mondschein eine friedliche Stille. In der Nacht erzähl ich mit Schweitzer[242] Räuber- und Spukgeschichten. Sonntagmorgen! Kundgebung Trebbin Marktplatz. Gute Beteiligung. Nachmittags Abfahrt. 20 Uhr Lichterfelde-Ost. Feuergefecht. Wir siegen! [...]

Spezialbericht Reinhold Muchows über die Ereignisse auf dem Bahnhof Berlin-Lichterfelde-Ost am 20. März 1927. Zit. n. Broszat (Hrsg.): Die Anfänge der Berliner NSDAP 1926/27, S. 116f.
[...] Dicht gedrängt stehen die SA-Mannschaften auf dem Bahnsteig in Trebbin. Sie warten auf den fahrplanmäßigen Personenzug Nr. 851, von Luckenwalde kommend, der sie wieder nach Berlin zurückführen soll. Um 18.25 Uhr läuft er ein. Plötzlich bemerken einige SA-Kameraden in den vorderen Abteilen einige „Rot-Front"-Gesichter.[243] Diese strecken die Faust, ihren Bundes-„Gruß", empor und lächeln. Wir empfinden das als eine Provokation und verschiedene Leute von uns versuchen in das Abteil einzudringen. In diesem Augenblick ziehen die Kommunisten Revolver aus den Taschen und richten sie auf uns. Die augenblickliche Erregung ist ungeheuerlich. Wir wenden uns sofort an die acht Landjäger[244] von Trebbin, die auf dem Bahnsteig stehen, und fordern von ihnen Entwaffnung der im Zuge befindlichen Kommunisten. Aber niemand rührt sich. Ehe wir noch etwas gegen die Bewaffneten unternehmen konnten, setzt sich der Zug in Bewegung. Alles steigt noch während der Fahrt ein, und die Ereignisse nehmen jetzt ihren Lauf. Für die SA war es klar, dass diese Provokation gezüchtigt werden musste, zumal die vielen Einzel-Überfälle in letzter Zeit auf uns genügend Zündstoff angesammelt hatten. Während der Fahrt steigt ein Neuköllner SA-Kamerad auf das Dach des von den Kommunisten besetzten Abteils, welches von der 23 Mann starken Kapelle der 7. Abteilung (Charlottenburg) des RFB, darunter dem kommunistischen Landtagsabgeord-

242 Hans Herbert Schweitzer (1901-1980), Grafiker. Seit 1926 NSDAP, Mitbegründer und antisemitischer Zeichner des *Angriff* (unter dem Pseudonym „Mjölnir"). 1933 bis 1945 Kulturfunktionär. Nach 1945 bedeutungslos.

243 Es handelte sich um etwa 25 Mitglieder einer kommunistischen Kapelle.

244 Lokale Polizeibeamte.

neten Paul Hoffmann[245], dicht gefüllt war. Die Kapelle kam von Jüterbog, wo eine Märzgefallenen-Feier der KPD stattgefunden hatte und hatte dort bereits eine Stahlhelm-Gruppe[246] überfallen. Dies erfuhren wir erst später. Die dauernde Bedrohung mit den Schusswaffen zwang uns zur Gegenwehr. Noch fiel kein Schuss. Auf den einzelnen Stationen eröffneten wir ein Steinbombardement auf den kommunistischen Wagen. Jeder Stein traf, da der 4. Klasse-Wagen keine Seitenteilung aufwies und die Insassen eng gedrängt standen. Im Nu war jede Scheibe zertrümmert. Auf den Trittbrettern versuchten wir während der Fahrt in die Abteile einzudringen. Vom Dach her stießen wir mit einer Fahnenstange in die Fenster und schafften Verwundete. Da taucht der Bahnhof-Lichterfelde-Ost auf. Hier musste die SA aussteigen. Der Höhepunkt war erreicht.

Der erste Schuss: Der Zug hält. Die Abteile öffnen sich. Die SA betritt den Bahnsteig. Keine Polizei ist weit und breit zu sehen. Nur zwei Schupobeamte eilen die Treppe hinauf. Plötzlich kracht ein Schuss aus dem Wagen der Kommunisten.[247] Er trifft unseren Standartenführer I, Pg Geyer[248], der sich dem Wagen mit der Absicht genähert hatte, die Kommunisten nach ihrer Entwaffnung der Bahnpolizei zu übergeben. Der Zug kann nicht mehr weiter fahren. Alle Notbremsen sind von uns gezogen worden. Als Pg Geyer mit einem Bauchschuss fällt, gibt es für die SA kein Zurück mehr.

Das Steinbombardement: Ein ununterbrochener Steinhagel saust gegen den Wagen, niemand zeigt sich am Fenster, aber fortwährend knallen ca. 60 bis 100 Schüsse[249] heraus. Ein Teil der SA versucht von der anderen Seite in den Wagen zu gelangen. Auch hier schießen die roten Verbrecher aus dem Fenster. Ein Steinhagel ist auch hier die Antwort. Der Neuköllner SA-Kamerad Wer-

245 Paul Hoffmann (1867-1945). Maurer, Gastwirt. Seit 1913 für die SPD im Preußischen Abgeordnetenhaus. Im Ersten Weltkrieg Übertritt zur USPD, seit Ende 1920 KPD. 1921 bis 1933 Mitglied des Preußischen Landtages. 1933 bis 1945 wiederholt und längere Zeit inhaftiert. Starb im Juni 1945.

246 Dieser Überfall ist nicht nachgewiesen. Es ist unwahrscheinlich, aber nicht auszuschließen, dass eine KPD-Kapelle Stahlhelm-Anhänger angriff.

247 Es ist gut möglich, dass ein Kommunist schoss. In jedem Fall wäre das aber angesichts der zahlenmäßigen Überlegenheit der SA gegenüber den Kommunisten von etwa zehn zu eins ein Schuss in Notwehr gewesen.

248 Waldemar Geyer (1882-1947), Architekt, Frontsoldat und Finanzbeamter. 1926 Mitbegründer Berliner SA. Bis 1933 mehrfach inhaftiert. MdR 1933 bis 1945.

249 Extrem unwahrscheinlich. Um mit Handfeuerwaffen in kurzer Zeit so viele Schüsse abzufeuern, hätte mindestens ein Dutzend Männer aus dem Abteil der KPD-Kapelle Dauerfeuer geben und gefüllte Magazine parat haben müssen. Mit Revolver ist eine solche Feuergeschwindigkeit gar nicht zu erreichen. Vermutlich frei erfunden.

ner Teichert[250] will mit kühnem Griff die Abteiltür aufreißen, um den Kampf ein schnelles Ende zu bereiten. Da erhält er einen Streifschuss am Kopf, sinkt zurück, um im selben Augenblick erneut aufzuspringen und versucht ein zweites Mal in das Innere des Wagens einzudringen. Ein zweiter Schuss trifft ihn besser, die Kugel sitzt einen Zentimeter von der Schläfe entfernt im Kopf. Die umstehenden Kameraden tragen den Gefallenen zurück. Noch lebt er.[251] Wilde Verwünschungen hallen gegen den Wagen.

Panik: Die wilde Schießerei von 60–100 Schüssen hat im Nu den Zug von Fahrgästen entvölkert. Sie flüchten über die Geleise und Garagen. Ein daherkommender D-Zug wird unmittelbar vor dem Bahnhof zum Stehen gebracht. Der Wagen der Kommunisten bietet äußerlich einen wüsten Anblick. Alle Scheiben sind zertrümmert. Die Bahnbeamten sind verschwunden.

Das Ende des Kampfes: Jetzt erscheint ein Überfallkommando der Schupo von sechs Mann. Machtlos. Das Schießen aus dem Wagen ist verstummt. Als die Abteiltüren von uns und der Schupo geöffnet werden, bietet sich ein Bild schlimmster Art. Sämtliche Kommunisten sind durch die Steinwürfe fast alle schwer verletzt worden, die Musikinstrumente, die einen Wert von 2500 Reichsmark besaßen, sind zerbeult. Im ganzen Wagen liegen Glasscherben, Blutlachen, Holzsplitter und über 200 Steine. Als erster wird ein Zivilist herausgezogen: der kommunistische Landtagsabgeordnete Paul Hoffmann. Sein Gesicht ist eine unförmige blutige Masse. Einer von den eigentlichen Drahtziehern, die man sonst nicht fassen kann. Er hat seinen Lohn empfangen. Die übrigen Revolverhelden überfallen bei Lebzeiten keinen Nationalsozialisten mehr. Die Musikinstrumente werden zertreten. Unsere beiden SA-Kameraden werden sofort in das Lichterfelder Vincent-Krankenhaus überführt. Die SA verlässt den Bahnhof. [...]

Zeitungsartikel über die Zusammenstöße auf dem Bahnhof Lichterfelde-Ost. In: Berliner Tageblatt *v. 21. bis 23. März 1927.*
[...] Auf dem Bahnhof Lichterfelde-Ost wollten die Stahlhelmleute[252] kurz nach 19 Uhr den Zug verlassen und forderten von

250 Näheres unbekannt. Nicht identisch mit einem gleichnamigen SS-Obersturmführer, der 1960 in Darmstadt wegen Kriegsverbrechen angeklagt wurde.

251 Teichert überlebte den angeblichen Kopfsteckschuss. Es dürfte sich also eher um einen Streifschuss gehandelt haben.

252 Irrtümliche Identifikation von SA und Stahlhelm, einem Veteranen- und Wehrverband, der politisch der DNVP nahestand.

dem Bahnhofsvorsteher die Feststellung mehrerer Anhänger des Roten Frontkämpferbundes. Dazu kam es jedoch nicht mehr, da eine wüste Schlägerei zwischen den Stahlhelmleuten, die ihren Gegner an Zahl erheblich überlegen waren, und den Roten Frontkämpfern ausbrach. Durch mehrmaliges Ziehen der Notbremse wurde ein Weiterfahren des Zuges verhindert. Ein Hagel von Schottersteinen wurde gegen die Abteile geworfen, in denen sich die Roten Frontkämpfer aufhielten. Von vier Eisenbahnwaggons wurden sämtliche Scheiben zertrümmert. Gleichzeitig fielen auf beiden Seiten zahlreiche Schüsse, so dass unter den unbeteiligten Reisenden im Zuge eine Panik ausbrach. Die Aufsichtsbeamten der Eisenbahn sorgten dafür, dass sämtliche Fahrgäste den Zug verließen und sich in Sicherheit brachten. Im Ganzen wurden über fünfzig Schüsse abgegeben, durch die eine Anzahl von Kämpfern schwere Verletzungen erlitten. Mit Hilfe des Überfallkommandos gelang es schließlich, die Gegner auseinander zu bringen. Die Bahnsteige und auch der Zugang des Zuges mussten von der Polizei geräumt werden. 18 Verletzte wurde nach dem Vinzenz-Krankenhaus[253] nach Lichterfelde-Ost gebracht. [...]

Wenig wahrscheinlich klingt es auch, dass in dem Eisenbahnzuge und auf dem Bahnhof Lichterfelde-Ost 24 Kommunisten die 600 Stahlhelm-Burschen und Hakenkreuzler angegriffen haben sollten. Wenn sie 600 gegen 24 sind oder wenn sie unbewaffnete Personen überfallen können, dann haben diese „nationalen" Helden einen Riesenmut. Sobald sie sehen, dass sie sich in der Mehrzahl befinden, lassen sie ihren Instinkten freien Lauf. [...]

Zeitungsartikel über die Zusammenstöße auf dem Bahnhof Lichterfelde-Ost. In: Vossische Zeitung *v. 21. bis 23. März 1927.*
[...] Die Nationalsozialisten haben angefangen. [...] Die Vorgänge vom Sonntag zeigen wieder einmal, dass die Hakenkreuzler ungestraft Berlin zum Tummelplatz ihrer Gewalttaten machen dürfen. [...] Mit erfreulicher Energie hat der Polizeipräsident von Berlin[254] durch schnelles Eingreifen bewiesen, dass er nicht gewillt ist, die Übergriffe wild gewordener Hakenkreuz-Horden zu dulden. [...]

253 In der Wilhelmstraße.

254 Karl Zörgiebel (1878-1961), Gewerkschafter und SPD-Politiker. 1922-1926 Polizeipräsident von Köln, 1926-1930 von Berlin, 1931 bis 1933 von Dortmund. 1933/34 inhaftiert, seit 1937 von der Gestapo überwacht. Nach 1945 beim Wiederaufbau der Polizei tätig.

Zeitungsartikel über die Zusammenstöße auf dem Bahnhof Lichterfelde-Ost. In: Berliner Morgenpost *v. 22. März 1927.*

[...] Zu einem schweren Zusammenstoß zwischen Nationalsozialisten und Kommunisten kam es am Sonntag Abend kurz nach 19 Uhr auf dem Bahnhof Lichterfelde-Ost. Mehr als 250 Angehörige der Nationalsozialistischen Partei kamen in einem Fernzuge aus Trebbin. In diesem Zuge saßen auch 23 Angehörige des Roten-Frontkämpfer-Bundes, Musikanten, die an einer Märzgefallenen-Gedächtnis-Feier in Jüterbog teilgenommen hatten. Schon während der Fahrt entstand zwischen den Parteien eine Reiberei, wobei mehrere Fenster des Zuges zertrümmert wurden.

Auf dem Bahnhof Lichterfelde-Ost stiegen die Rechtsradikalen aus. Als ihr Führer von dem Stationsbeamten die Feststellung der Kommunisten forderte, da diese im Besitz von Waffen seien, entstand plötzlich auf dem Bahnhof ein Handgemenge, wobei mehrere Schüsse fielen. Das war das Signal zu einem regelrechten Feuergefecht und einem Steinbombardement. Erst der Polizei gelang es, die Kämpfenden auseinanderzubringen. Sechs Schwerverletzte und zehn Leichtverletzte waren die Opfer dieser Ausschreitung. Zahlreiche Sistierungen[255] wurden vorgenommen, und die Festgestellten dann nach dem Berliner Polizeipräsidium gebracht. [...] Ohne Zweifel haben die Nationalsozialisten den Zwischenfall auf dem Bahnhof Lichterfelde-Ost provoziert. [...]

Goebbels' rückblickende Darstellung [1932]. Zit. n. Goebbels: Kampf um Berlin, S. 100-102.

[...] Im Laufe des März sollte nun der erste Einmarsch in die Reichshauptstadt gewagt werden. Die SA wurde an einem Sonnabendabend in Trebbin zu ihrem ersten großen Märkertag zusammengezogen. In der Nähe einer Mühle wurde ein Riesenholzstoß entzündet, und unter dem hängenden, sternenübersäten Nachthimmel legte die Berliner SA den Schwur ab, nicht von der gemeinsamen Sache zu lassen, sie weiter zu verfechten, wie schwer und drohend auch die Gefahren seien. Der Sonntag war ausgefüllt mit großen Kundgebungen der SA in Trebbin selbst, und dann fuhren die Verbände in Eisenbahn-

255 Vorläufige Festnahme nach Polizeirecht zur Feststellung der Personalien.

sonderwagen bis zum Bahnhof Lichterfelde-Ost, von wo aus in den Abendstunden der Marsch nach dem Berliner Westen angetreten werden sollte.

Niemand von uns ahnte auch nur, dass es im Verlauf dieser Kundgebung zu so schwerem und verhängnisvollem Blutvergießen kommen sollte. Ein blinder Zufall wollte, dass in demselben Zug, der die SA von Trebbin nach Lichterfelde-Ost transportieren sollte, größere Kommandos des Roten-Frontkämpfer-Bundes saßen, die von einer politischen Kundgebung in Leuna zurückkehrten. Die I/A[256], die sonst immer so hurtig bei der Hand ist, wenn es gilt, Nationalsozialisten zu überwachen oder eine unserer politischen Reden nach Gesetzesverletzungen hin zu überprüfen, hatte sich der sträflichen Fahrlässigkeit schuldig gemacht, die extremsten politischen Gegner für eine nahezu einstündige Fahrt in einen gemeinsamen Zug hineinpferchen zu lassen. Damit waren blutige Zusammenstöße bei der Hochspannung der politischen Atmosphäre in Berlin unvermeidlich geworden. Schon beim Besteigen des Zuges in Trebbin war die SA von den Roten Frontkämpfern aus feigem Hinterhalt beschossen worden; und während der Fahrt entbrannte nun von Abteil zu Abteil ein verhängnisvoller Kleinkrieg, der auf dem Bahnhof Lichterfelde-Ost zu einem offenen Feuergefecht wurde.

Ich war mit einigen Kameraden ohne jede Ahnung dieser Vorgänge und überhaupt ihrer Möglichkeit von Trebbin aus mit dem Auto vorgefahren, um den reibungslosen Abtransport der SA vom Bahnhof Lichterfelde-Ost mit vorzubereiten. Vor dem Bahnhof standen schon schwarze Menschenmassen, die die anrollende SA erwarteten, um sie auf ihrem Marsch in den Berliner Westen an den Bürgersteigen zu flankieren und zu begleiten. Kurz vor Einrollen des Zuges erreichte die Spandauer SA, die den Aufmarsch in Trebbin auf Lastautos mitgemacht hatte, den Bahnhofsvorplatz und stellte sich in der Nähe zum Abmarsch auf. Der Zug rollte in die Bahnhofshalle, und während die draußen harrenden Gesinnungsfreunde noch die einmarschierende SA erwarteten, entwickelte sich auf dem Bahnsteig selbst ein lebhaftes Pistolenfeuer, das wir mit Erstaunen und ohne Ahnung, was seine eigentliche Ursache sein konnte,

256 Gemeint: die Abteilung I/A des Berliner Polizeipräsidiums, die Politische Polizei (heute Polizeilicher Staatsschutz).

von draußen vernahmen. Gleich darauf schon wird ein schwerverwundeter SA-Kamerad aus dem Bahnhof herausgetragen, und die entsetzten Menschenmassen erfahren, dass die SA in dem Augenblick, in dem der Zug sich wieder in Bewegung setzte, von den Roten Frontkämpfern, die bis zum Anhalter Bahnhof weiterfuhren und sich offenbar in ihren Abteilen absolut sicher wähnten, auf das Schwerste beschossen worden ist. Im selben Augenblick springt ein beherzter SA-Mann in ein Abteil des abfahrenden Zuges, zieht die Notbremse und bringt den Zug zum Halten. Ein SA-Führer[257] liegt mit schwerem Bauchschuss auf dem Bahnsteigpflaster, andere haben Becken- und Beinschüsse. Die SA-Verbände selbst sind bis zur Siedehitze empört und nehmen an den feigen Attentätern eine zwar kurze, aber umso wirksameren Rache. Das Schicksal will es, dass mitten unter den Kommunisten einer ihrer Landtagsabgeordneten sitzt. Damit werden diesmal nicht nur die Verführten, sondern auch einer der feigen Verführer vom Strafgericht der Verfolgten mitbetroffen. Es kostet Mühe, die tobende Masse davon abzuhalten, sich zu Unbesonnenheiten hinreißen zu lassen. [...]

32

DIE SA MARSCHIERT ZUM WITTENBERGPLATZ

Spezialbericht über die Vorgänge auf dem Bahnhof Berlin-Lichterfelde-Ost am 20. März 1927. Zit. n. Broszat (Hrsg.): Die Anfänge der Berliner NSDAP 1926/27, S. 116f.

[...] Unten auf dem Bahnhofsplatz hatten sich über 1000 Pgg in Zivil eingefunden, die den geplanten Demonstrationszug durch den Westen der Stadt mitmachen wollten. Als die Kunde von der Schießerei nach unten gelangte und auch der Schall der Schüsse gehört wurde, bemächtigte sich eine ungeheure Erregung dieser Masse. Im selben Augenblick traf die Gauleitung [...] im Kraftwagen von Trebbin kommend ein. Stürmische Heilrufe

257 Gemeint: Waldemar Geyer.

erschallten. Alle umliegenden Straßen waren von den Nationalsozialisten beherrscht. Der Demonstrationszug: Gegen 20 Uhr formierte sich der Zug von über 800 uniformierten SA's und über tausend Pgg in Zivil, die den Zug begleiteten. Durch die Stadtteile Steglitz und Friedenau gingen die Kolonnen. Frech gewordene Juden wurden kurzerhand verprügelt. Auf dem Wittenbergplatz fand die Demonstration ihr Ende. In kurzer Zeit haben unsere 1800 Pgg auf diesem Platz etwa 8000 bis 10.000 Personen auf die Beine gebracht. Pg Dr. Goebbels hielt eine zündende Ansprache. Mit dem Kampfruf der SA „Deutschland – erwache!" im Sprechchor wurde die Kundgebung geschlossen. Der 20. März war bis jetzt die größte Schlacht und der geschlossendste Umzug, den die NSDAP in Berlin erlebt hat. [...]

Auszug aus dem Goebbels-Tagebuch v. 21. März 1927. Zit. n. Fröhlich (Hrsg.): Die Tagebücher von Joseph Goebbels, Teil 1, Bd. 1/II, S. 198f.
[...] Zug durch die Stadt. Jede Provokation wird auf das Strengste sofort geahndet. Einen Juden holen unsere tapferen Jungens vom Autobus herunter. Wie lieb hab ich diese Jungens! Wir setzen ganz Berlin in Aufregung. Die Straßen schwarz voll Menschen. Alles jubelt uns zu.[258] Es ist ein langer Zug des Stolzes. Das neue Deutschland demonstriert. Auf dem Wittenbergplatz rede ich vor 10.000 Menschen. Mit einem Bombenerfolg. Es ist geradezu wundervoll. Dann heiser! Heim! Telefon: Befinden unserer Verwundeten zufriedenstellend. Heute ewige Hetzjagd. I/A Vernehmung: Man schiebt uns die Schuld zu. Krankenbesuch. Zufrieden! [...]

Zeitungsartikel über Ausschreitungen der SA im Berliner Westen. Zit. n. Berliner Tageblatt *v. 21. bis 23. März 1927.*
[...] Im Anschluss an die blutige Schlägerei zogen die Nationalsozialisten im geschlossenen Zuge unter Vorantritt einer Musikkapelle durch Lichterfelde und Steglitz, über die Kaiserallee[259] nach der Tauentzienstraße. An der Kaiser-Wilhelm-Gedächtniskirche wurden zwei Herren und eine Dame von den Raufbolden mit den Rufen: „Raus mit dem farbigen Pack aus Deutschland, schlagt die Judenlümmel tot" zu Boden ge-

258 Freie Erfindung von Goebbels.
259 Heute Bundesallee.

schlagen und schwer misshandelt, so dass die drei Personen die Hilfe der Rettungswache 7 am Zoo in Anspruch nehmen mussten. Von einem Augenzeugen wird uns hierzu gemeldet, dass der unglaubliche Vorfall hätte verhindert werden können, wenn rechtzeitig Polizeibeamte zur Stelle gewesen wären. Da die völkischen Helden mit Stöcken und Schlagringen bewaffnet waren, wagte keiner der zahlreichen Passanten, den Beteiligten zu Hilfe zu eilen. Von den Demonstranten desselben Zuges wurden dann kurz darauf am Nürnberger Platz ebenfalls zwei Herren mit Stöcken geschlagen. Die Angegriffenen flüchteten durch die Nürnberger Straße, wurden aber auch hier von Radfahrern der Demonstranten verfolgt und weiter misshandelt. Als dann kurze Zeit darauf die Überfallenen auf dem zuständigen Revier in der Marburger Straße Anzeige von dem Überfall erstatten wollten, wurden sie von den Beamten nach der Revierwache in der Bayreuther Straße verwiesen. Auch hier hielt man es nicht für nötig, den Vorfall zu Protokoll zu nehmen. [...]

Ein Herr wurde in der Kaiserallee, kurz hinter der Güntzelstraße, ohne dass er irgendwelche Veranlassung dazu gegeben hatte, von jungen Hakenkreuz-tragenden Burschen überfallen, die mit Stöcken auf ihn einschlugen, bis ihm Bäche von Blut das Gesicht herunterliefen. Aus der Menschenmenge, die sich ansammelte, wagte niemand, gegen die völkischen Rowdies aufzutreten, die unter Rufen wie: „Schlagt die Juden tot" immer weiter auf ihr Opfer einhieben. Zwei Schupo-Beamte [...] nahmen keinerlei Feststellungen vor, sondern fragten den Blutüberströmten nur, wer ihn denn geschlagen hätte. Als er keine Angaben darüber machen konnte, weil ihm das Blut in die Augen gelaufen war, setzte man ihn in ein Automobil und brachte ihn zur nächsten Rettungswache; den Hakenkreuzlern wurde von der Polizei kein Haar gekrümmt. [...] [Bericht eines Augenzeugen:] Ich kam gegen 22.30 Uhr mit meiner Frau an der Kaiser-Wilhelm-Gedächtniskirche vorbei und war im Begriff, zum Café am Zoo hinüberzugehen. In diesem Augenblick kam ein Zug von Hakenkreuzlern vorbei, so dass wir uns beeilen mussten, um den Fahrdamm noch rechtzeitig überschreiten zu können. Kaum waren wir über den Damm hinweg, als vor unseren Augen ein etwa 50-jähriger, jüdisch aussehender Herr von zwölf Hakenkreuzlern mit Fäusten und Stöcken zu Boden geschlagen wurde. Der Getroffene taumelte und schlug mit dem Kopf auf die Bordschwelle direkt zu unseren Füßen auf. Ich bemühte mich, den Mann aufzuheben, während sich meine Frau den Angreifern gegenüberstellte, die noch auf den Wehrlosen einzuschlagen versuchten. Meine Frau rief den Hakenkreuzlern zu: „Schämt ihr euch nicht, ihr Feiglinge, diesen armen Menschen noch weiter hinterrücks zu schlagen?" Die Antwort blieb nicht aus, im nächsten Augenblick fielen die Tapferen wie Bestien über meine Frau her und schlugen sie ebenfalls mit Fäusten und Stöcken zu Boden. Ebenso erging es einem anderen Passanten, der einen Schupo-Beamten, der in unmittelbarer Nähe von dem Tatort sich befand, herbeiholen wollte. Der Beamte kam der Aufforderung, Hilfe zu leisten, nicht nach, da er nach seiner Ansicht dringender auf der anderen Straßenseite benötigt wurde, wo ebenfalls eine Schlägerei entstanden war. So kam es, dass die Rowdies ungehindert verschwinden und sich der Feststellung entziehen konnten. Wir mussten dann mit den anderen Geschlagenen gemeinsam die Rettungswache am Zoo aufsuchen, wo uns die erste Hilfe zuteil wurde. [...]

Während jeder kommunistische Demonstrationszug von Lastautos mit Polizei begleitet wird, konnte der Zug der Hakenkreuzler-Rowdies von Lichterfelde bis zur Gedächtniskirche gelangen, ohne dass die Polizei sich im mindesten um ihn und um den Schutz des anständigen Publikums kümmerte. Sollte sich in den Kreisen dieser Wegelagerer die Meinung verbreiten, dass unter dem neuen polizeilichen Regime ihnen weniger energisch als früher entgegengetreten werde, so wird Berlin wohl noch häufiger durch solche Skandalszenen beschmutzt werden. [...]

Alle Zuschriften an uns bestätigen, dass das Auftreten der hakenkreuzlerischen Rowdies an Frechheit und Gemeinheit selbst ihre schlimmsten früheren Heldentaten weit übertroffen hat, und dass diese Burschen sich einfach als Herren der Straße fühlten. Die Schilderungen zeigen, mit welch viehischer Brutalität die Bande von ihren Knüppeln, Schlagringen usw. Gebrauch machte. Hier ist übrigens gleich einer der Punkte, die ganz besonders der Aufklärung bedürfen. Wenn wir uns recht erinnern, besteht doch wohl noch jene Verfügung, wonach Teilnehmer von Demonstrationszügen nicht einmal Spazierstöcke, geschweige denn Waffen bei sich haben dürften. War den diensttuenden Polizeibeamten dieses „Stockverbot" nicht mehr bekannt? [...] Stattdessen sehen wir, dass die Organe des öffentlichen Polizeidienstes, sobald energisches Zufassen nötig wäre, völlig versagen und vor den hakenkreuzlerischen Straßenhelden das Feld räumen. [...] Diese Stahlrutenrowdies pflegen immer zu behaupten, sie seien die Angegriffenen, und ihre Presse – denn es gibt einen sogenannten Journalismus, der mit ihnen zusammenhält – verteidigt sie gern mit diesem Argument. [...] Neuerdings sind ihre Tapferkeit und ihr Betätigungsdrang anscheinend in der Zunahme begriffen, weil sie überzeugt sind, dass die Polizei ihnen jetzt nicht mit der richtigen Energie entgegentritt. Würde man ihnen kräftig beweisen, dass sie sich in diesem Punkte irren, so würden sie sehr bald wieder von der Straße verschwinden und sogar auf das Wagnis verzichten, friedfertige Bürger und Bürgerinnen mit Knüppeln und anderen Waffen anzugreifen. [...]

Der neue Betätigungsdrang der Nationalsozialisten ist offenbar auf die Tätigkeit eines gewissen Göbels[260] zurückzuführen, der, aus dem Ruhrgebiet kommend, die Aufgabe hat, die absterbende nationalsozialistische Bewegung durch rohe Ausschreitungen neu zu beleben, und mit dessen Persönlichkeit sich die Polizei vermutlich noch beschäftigen wird. Dass auf dem Bahnhof Lichterfelde die 400 Nationalsozialisten die Angreifer, die 23 Kommunisten die Überfallenen waren, unterliegt keinem Zweifel. Die Waffen der Kommunisten waren bekanntlich in der Hauptsache – Musikinstrumente. [...] Von den Nationalsozialisten befinden sich vierzehn in Haft. Die Kommunisten, die im Anschluss an die Vorgänge in Lichterfelde-Ost festgenommen waren, sind auf freien Fuß gesetzt. [...]

Goebbels' rückblickende Darstellung [1932]. Zit. n. Goebbels: Kampf um Berlin, S. 102-104.

[...] Von Aufschreien der Wut und Empörung begleitet, verlassen die Kommunisten unter Polizeischutz den Bahnhof. In wenigen Augenblicken kommt wieder Ordnung in die SA-Glieder hinein, der Zug sammelt sich zum Abmarsch, und ein paar Minuten später zieht er schweigend und verbissen durch den dunklen Stadtteil, dem Berliner Westen zu. Das war das

260 Erste nachweisliche Nennung von Goebbels' Namen im *Berliner Tageblatt*.

erste Mal, dass das Pflaster der Reichshauptstadt vom Marschtritt der SA-Bataillone[261] erklang; die SA war sich der Größe dieses Augenblicks vollauf bewusst. Quer durch Lichterfelde, Steglitz, Wilmersdorf erreicht der Zug das Zentrum des Westens und mündet zur Hauptverkehrsstunde[262] mitten in die Judenmetropole, auf den Wittenbergplatz, ein. Es wurden zu später Abendstunde noch ein paar freche Hebräer, die ihr ungewaschenes Maul offenbar nicht im Zaume halten konnten, mit ein paar derben Ohrfeigen bedacht. Und das gab dann am anderen Tag der jüdischen Presse willkommenen Anlass zu einer hemmungslosen und widerwärtigen Hetzkampagne. Die Journaille überschlug sich geradezu in Wut und toller Verleumdung. Das *Berliner Tageblatt* redete bereits von einem Pogrom. Damals tauchte zum ersten Mal in den Spalten der Börsenpresse[263] der „harmlose Passant jüdischen Aussehens" auf. Jener harmlose Passant, von dem man glauben machen wollte, dass er, nur weil er jüdisch aussah, von rohen Strolchen blutig niedergeschlagen wurde.[264] Wehleidige Augenzeugenberichte füllten die Spalten der aufgeregten Judenpresse. Man rief zum Selbstschutz auf, man schrie, drohte und randalierte, man appellierte an Polizei und Staat und verlangte stürmisch, dass dem schamlosen Treiben der Hakenkreuzler ein Ende bereitet werde. Man erklärte, die Reichshauptstadt sei nicht München, man müsse den Anfängen Widerstand leisten; was sich hier auf den Straßen breitmache, sei keine Politik mehr, das sei organisiertes Verbrechertum, und Verbrecher müssten die Strenge des Gesetzes zu spüren bekommen. Die *Rote Fahne* war mit Mosse[265] und Ullstein[266] ein Herz und eine Seele. Die jüdischen Belange waren bedroht, und dann schwinden immer die ohnehin nur künstlich aufgestellten parteipolitischen Unterschiede; ganz Israel erhob in bebender Entrüstung die Forderung: Bis hierher und nicht weiter! Verbot! Verbot! [...]

261 In Wirklichkeit hatte Goebbels schon mehrfach SA-Kolonnen durch Berlin marschieren lassen, worauf er auch an anderen Stellen seines Buches hinwies. Vgl. Goebbels: Kampf um Berlin, S. 40, S. 42f., S. 46, S. 72 u. S. 77f.

262 Der Einmarsch auf dem Wittenbergplatz fand an einem Sonntagabend gegen 22 Uhr statt. Es waren kaum mehr Anwohner und erst recht keine Kunden mehr auf den Straßen. Vgl.

263 Goebbels' Schmähwort für wirtschaftsliberale Blätter wie die *Vossische Zeitung*.

264 Tatsächlich verprügelten SA-Leute wahllos männliche Passanten, nur weil sie ihnen „jüdisch" vorkamen. Das war bereits seit 1924 immer wieder vorgekommen.

265 Mosse-Verlag, synonym verwendet für seine wichtigste Zeitung, das *Berliner Tageblatt*.

266 Ullstein-Verlag, synonym verwendet für seine Blätter *Vossische Zeitung*, *BZ am Mittag* und *Berliner Morgenpost*.

33

SCHLÄGEREI IN DER STADTVERORDNETENVERSAMMLUNG

Zeitungsbericht über eine parlamentarische Aussprache. In: Berliner Tageblatt *v. 25. März 1927.*

[...] Die Stadtverordnetenversammlung hatte gestern einen ihrer schwärzesten Tage. Man munkelte schon vor Beginn der Sitzung von heftigen Debatten, ohne die es bei der Erörterung der Hakenkreuzler-Unruhen der letzten Tage nicht abgehen werde, aber der Verlauf der Sitzung übertraf die schlimmsten Befürchtungen. Bei der Erörterung des demokratischen Antrages ging es noch durchaus ruhig her. Hitzig wurde es erst, als der Kommunist Lange[267] eine Brandrede gegen rechts hielt, und die Erregung erreichte ihren Siedepunkt, als Dr. Faltz[268] von der Deutschen Volkspartei das Wort ergriff und eine von seinen ihrer Maßlosigkeit und Verhetzung wegen bekannten Reden vom Stapel ließ. Die Zwischenrufe steigerten sich zu Beleidigungen, das Rednerpult war dicht umdrängt von Stadtverordneten, und als sich der Redner eine besonders scharfe Äußerung leistete, stürmten die Kommunisten die Rednertribüne, es kam zu einem heftigen Handgemenge, in dem Tintenfässer und -löscher flogen und der volksparteiliche Redner über zugerichtet und die Stufen, die zur Tribüne führen, hinuntergeschleudert wurde. Der Vorsteher verließ, als er keine Möglichkeit mehr sah, den Dingen einen anderen Lauf zu geben, seinen Platz, die Sitzung war unterbrochen, aber das Getümmel ging weiter. Erst nach geraumer Zeit [...] konnte sich der Vorsteher Hass[269] für ein paar kurze Worte verständlich machen, mit denen er die Sitzung schloss. [...]

267 Fritz Lange (1898-1981), Lehrer, seit 1920 KPD-Mitglied, seit 1926 Stadtverordneter, Fraktionsvorsitzender der KPD. 1933/34 im KZ, danach Betreiber eines Tabakladen. 1942-1945 wieder in Haft. Nach 1945 Funktionär der SED, u.a. Volksbildungsminister.

268 Richard Faltz. Näheres unbekannt.

269 Johannes Hass (1873-1945), Lithograf, SPD-Politiker, 1920-1933 Mitglied und 1924-1933 Vorsteher der Stadtverordnetenversammlung. Nach 1933 mehrfach verhaftet.

34

HITLERS VORSTELLUNG VOM „JÜDISCHEN BERLIN“ 1927

Zeitungsbericht über Rede Hitlers vor NSDAP-Anhängern in München am 6. April 1927 In: Völkischer Beobachter *v. 8. April 1927.*

Adolf Hitler, bei seinem Erscheinen wieder stürmisch begrüßt, teilte zunächst mit, dass soeben die Nachricht eingetroffen sei, dass Herr Grzesinski[270] die Ortsgruppe Köln und Umgebung der NSDAP verboten habe. (Lebhafte Pfuirufe.) Herr Severing habe in Preußen schon die ganze Bewegung verboten.[271] Es wird uns nicht umbringen, wenn man zeitweise wieder einmal eine Ortsgruppe verbietet [...] Der Redner bringt Beispiele des Rasseninstinktes im Ausland, der so weit geht, dass in kritischen Augenblicken gleiche Menschen immer das gleiche denken und zu gleichen Entschlüssen kommen, weil in der letzten Entscheidung plötzlich die Sprache des Blutes zum Durchbruch kommt. Ein solches plötzliches Aufflammen hat man einmal bei uns 1914[272] erlebt, wo 67 Millionen der gleichen Überzeugung waren. Das hielt bei uns nicht an, weil die blutsmäßige Zersetzung zu weit fortgeschritten war, als dass sie den stärksten Belastungsproben hätte standhalten können. Hitler erinnert an die hemmungslose Einwanderung der Zehntausenden von Ostjuden[273] nach Berlin, wo sie sofort das

270 Albert Grzesinski (1879-1947), Sozialdemokrat, Gewerkschaftsfunktionär. 1925/26 Polizeipräsident von Berlin, danach bis 1930 preußischer Innenminister, 1930-1932 erneut Polizeipräsident. Grzesinski floh im März 1933 nach Frankreich und 1937 weiter in die USA.

271 Gemeint: das Verbot der NSDAP und ihrer Tarnorganisationen aufgrund des Republikschutzgesetzes 1922/23.

272 Gemeint: der „Geist von 1914“, die angeblich umfassende Begeisterung fast aller Deutschen für den Krieg. Dabei handelte es sich um eine Propagandaerfindung. Zwar gab es tatsächlich in nationalen Kreisen und vor allem bei jungen Männern tatsächlich überwiegend enthusiastische Reaktionen auf die Kriegserklärung. Doch in vielen anderen Milieus hielt sich die Kriegsbegeisterung in Grenzen. Vgl. Hirschfeld / Krumeich / Renz (Hrsg.): Enzyklopädie Erster Weltkrieg, S. 257-360.

273 Zwischen 1910 und 1925 nahm die Zahl der Juden in Berlin um etwa 28.000 zu, etwas mehr als doppelt so sehr wie die Bevölkerung insgesamt. Ihr prozentualer Anteil stieg von 3,9 auf 4,3 Prozent. Unter den Zuwanderern waren tatsächliche viele Juden vor allem aus vormals preußischen Provinzen, die nun zum wiedererstandenen Polen gehörten. Die wenigsten von ihnen bekamen allerdings die deutsche Staatsangehörigkeit. Vgl. Alexander: Die Entwicklung der jüdischen Bevölkerung, S. 291f.

deutsche Staatsbürgerrecht bekommen und planmäßig unsere deutschen Mädchen[274] vergiften. Das Ergebnis sind Bastarde, die uns wesensfremd sind.

35

NEUER STREIT IN DER BERLINER NSDAP

Auszüge aus dem Goebbels-Tagebuch v. 8. bis 27. April 1927 Zit. n. Fröhlich (Hrsg.): Die Tagebücher von Joseph Goebbels, Teil 1, Bd. 1/II, S. 207-213.

[...] Heute morgen war Koch-Elberfeld[275] da. Prolet! Viel Stunk und Tratsch mit Dr. Straßer. Das ist ein Hund! [...] Mordskrach mit Dr. Straßer. Es widerstrebt mir, das alles hinzuschreiben. Er ist der Zerstörer von Anfang. [...] Dr. Straßer hat einen unverschämten Brief geschrieben. Dem werd' ich schon! [...] Dr. Straßer macht Rückzieher. Wird schon kommen. Heute Ärger über Ärger. Es ist eine Qual. [...] Gestern lange Unterredung mit Daluege. Vollkommenes Einverständnis. Dr. Straßer ist untragbar. Darum weg mit ihm! Je eher, desto besser. Wenn Hitler kommt, werden wir die Sache mit ihm bekakeln. [...] Abends sehr schönes Zusammensein bei Bechsteins. Thema: Straßer. Sie hassen alle diesen plumpen Usurpator. Dienstag: viel Arbeit und Sorge. Straßer fängt an, mir fürchterlich zu werden. [...] Nachmittags! Alle sind schon da! Auch die Straßers. Die Schweine haben zwei gemeine Aufsätze gegen mich in ihrem Revolverblatt[276] veröffentlicht. Ich werde mir die Hunde schon kaufen. [...] Nachmittags im Hotel. Hitler lässt mich heraufholen. Ich führe Beschwerde über Straßer. Er ist ganz meiner Meinung. Er hasst Dr. Straßer. Nun wird die Sache in Berlin zur Entscheidung kommen. [...]

274 Antisemitisches Stereotyp.

275 Erich Koch (1896-1986), Frontsoldat und Freikorpskämpfer. 1922 Mitglied der NSDAP, 1928 bis 1945 Gauleiter der NSDAP in Ostpreußen. 1945 bis 1949 untergetaucht, 1950 an Polen ausgeliefert, 1959 zum Tode verurteilt und zu lebenslänglich begnadigt. Koch starb in Haft.

276 Gemeint: die *Berliner Arbeiter-Zeitung* des Kampf-Verlages, der überwiegend Gregor und Otto Straßer gehörte und in dem auch andere Publikationen wie „Der Nationale Sozialist" erschienen.

Brief von Erich Koch an Joseph Goebbels v. 26. April 1927. Zit. n. Heiber (Hrsg.): Das Tagebuch von Joseph Goebbels 1925/26, S. 120f.

[...] Sehr geehrter Herr Dr. Goebbels!

Wie ich erfahre, haben Sie in meinem in Nr. 17 des Nationalen Sozialisten veröffentlichten Artikel „Folgen der Rassenvermischung“ einen Angriff auf Ihre Person erblickt und sich infolgedessen klageführend gegenüber einigen Pg und insbesondere auch gegenüber Herrn Hitler geäußert.[277] Ich muss gestehen, dass ich darüber außerordentlich erstaunt bin, da der Artikel doch gar nichts anders ist, als eine praktisch-historische Darstellung des von unserer Bewegung vertretenen Rassegedankens, die in völliger Objektivität eine kleine rassische Geschichtsbetrachtung gibt.[278] Ich erkläre darüber hinaus auch ausdrücklich, dass mir jeder persönliche Angriff gegen Sie völlig fern gelegen hat, und bin überzeugt, dass jeder objektive Leser auch nicht mit einem Gedanken auf eine derartige Interpretation gekommen ist.[279] Noch merkwürdiger berührt mich auch, dass Sie verschiedenen Parteigenossen und Parteigenossinnen gegenüber den Verdacht geäußert haben, als stamme der Artikel aus der Feder des Herrn Dr. Straßer.[280] Ich erkläre, um all diesen Gerüchten die Spitze zu brechen, ehrenwörtlich, dass dies nicht der Fall ist, und ersuche Sie, von dieser Erklärung, ebenso wie von der genannten Darstellung dieses Briefes allen von Ihnen informierten Pg, insbesondere auch Herrn Adolf Hitler Kenntnis zu geben. Es wäre mir am liebsten, wenn Sie mir Abschrift Ihres diesbezüglichen Schreibens an Herrn Hitler zur Kenntnisnahme einschicken würden, nachdem Herr

277 In dem Artikel hieß es unter anderem: „Es ist bekannt, dass Rassenvermischung eine Disharmonie des Geistes zur Folge hat. Man denke nur an die Charaktereigenschaften der Mestizen, Mulaken usw. Und wenn wir den Geist als das primäre und alles Beherrschende erkannt haben, muss sich geistige Disharmonie stets auf das Körperliche auswirken. Die körperliche Harmonie wird gestört, sei es nun durch Krankheiten oder durch Missgestaltungen, Unförmigkeiten einzelner Körperteile. Ich möchte in diesem Zusammenhange nur auf das niedersächsische Wort hinweisen: Hüte dich vor dem Gezeichneten!“ Außerdem führte der Artikel ausdrücklich als Kennzeichen „rassenvermanschter Gestalten“ beispielsweise Hinken, einen Klumpfuß und einen „kretinhafter Einschlag“ an. Da Goebbels seit Kindheit rechts einen gelähmten Fuß hatte, deshalb hinkte und mit seiner kleinen und schmächtigen Statur von seinen Gegnern als Kretin verspottet wurde, musste er diese Schilderungen auf sich beziehen. Zit. n. Heiber (Hrsg.): Das Tagebuch von Joseph Goebbels 1925/26, S. 120.

278 Tatsächlich sind in dem Artikel Karl der Große, Richard III. von England und Ludwig XIII. von Frankreich als Beispiele für angebliche „Rassenvermischung“ erwähnt.

279 Für Kenner der völkischen Krise Berlins war klar, dass die Bemerkungen auf Goebbels zielen mussten.

280 Gemeint: Otto Straßer.

Hitler meinen Gauführer, Herrn Karl Kaufmann, gegenüber diese Angelegenheit in der Darstellung Ihrer irrigen Auffassung offiziell mitgeteilt hat. [...]

Brief[281] *von Goebbels an Hitler v. 5. Juni 1927. Zit. n. Heiber (Hrsg.): Das Tagebuch von Joseph Goebbels 1925/26, S. 121-123.*
[...] Sehr verehrter lieber Herr Hitler!
Sie erinnern sich, dass gelegentlich des Essener Parteitages[282] am 23. April in der Berliner Arbeiter-Zeitung ein Aufsatz erschien unter dem Titel: „Folgen der Rassenvermischung", der in den Kreisen der eingeweihten Parteigenossen berechtigtes Aufsehen erregte. Ich wurde von den mich begleitenden Berliner Parteigenossen auf die Durchsichtigkeit der in diesem Aufsatz vertretenen Tendenz aufmerksam gemacht, und ich nahm dann, wie Sie sich erinnern werden, am gleichen Nachmittag noch Gelegenheit, mit Ihnen über diesen Aufsatz zu sprechen. Als Sie den Aufsatz gelesen hatten, war auch bei Ihnen das Gefühl einer tiefgehenden Empörung vorherrschend. Sie sagten damals, dass die Veröffentlichung dieses Aufsatzes im Zusammenhang mit den sonstigen Aversionen des Kampfverlages gegen meine Person eine niederträchtige Handlung sei, und versprachen mir damals, in dieser Angelegenheit mit den Gebrüdern Straßer Rücksprache zu nehmen. Ich habe dann weiterhin von dieser Sache nichts gehört, nur dass kurz darauf der Unterzeichner des Aufsatzes, Pg Erich Koch aus Elberfeld, mir schrieb und sich gegen meine Mutmaßung verwahrte, er sei vielleicht nicht selbst der Verfasser, sondern der Aufsatz stamme aus einer anderen Feder, und mir ehrenwörtlich versicherte, dass er den Aufsatz selbst geschrieben habe, und zwar ohne jegliche Tendenz. Sie selbst waren damals auch von der beabsichtigten gemeinen Tendenz des in Frage stehenden Aufsatzes gegen meine Person überzeugt.

Ich habe daraufhin nichts mehr von dem Aufsatz und seinem Verfasser gehört und war auch gewillt, die ganze Sache im Dunkel des schweigenden Verstehens zu begraben. Nunmehr hatte ich durch einen Zufall gestern eine Unterhaltung

281 Zu diesem Brief vermerkte Goebbels am 7. Juni 1927 in seinem Tagebuch: „Gleich geht ein Brief an Hitler ab. Dr. Straßer muss heraus. Entweder der oder ich. Eine andere Lösung kenne ich nicht!" Einen Tag später schrieb er: „Der Brief an Hitler ist weg. Nun kommt eine Entscheidung: so oder so!" Zit. n. Fröhlich (Hrsg.): Die Tagebücher von Joseph Goebbels, Teil 1, Bd. 1/II, S. 230f.

282 Gemeint: Versammlung des Gaus Ruhr der NSDAP am 23./24. April 1927.

mit dem Pg Dr. med. Steintel[283], Arzt der Homöopathie und Biochemie, Berlin N. 24, Oranienburgerstr. 37. Herr Dr. med. Steintel machte mir im Laufe dieser Unterhaltung eine Mitteilung, die die ganze Angelegenheit doch in einem etwas fragwürdigen Licht erscheinen lässt. Drei Tage vor Veröffentlichung des Aufsatzes trafen die Pg Dr. med. Kern[284], Berlin-Schöneberg, Wexstraße 61, und F. I. Wehrmann[285], Berlin W. 57, Großgörschenstr. 31, mit dem erwähnten Pg Dr. med. Steintel zusammen und machten ihm folgende Mitteilung: Sie hätten im Einverständnis und mit voller Kenntnis des Pg Dr. Otto Straßer den in Frage stehenden Aufsatz verfasst, und zwar mit der bestimmten Tendenz, meine Autorität in Berlin zu unterhöhlen und zu vernichten. Sie hätten schon einen Strohmann gefunden in der Person des Bezirksführers Erich Koch aus Elberfeld, der gewillt sei, den Aufsatz verantwortlich zu zeichnen, und zwar verspreche man sich deshalb sehr viel davon, als immerhin dieser Aufsatz nunmehr als eine Stimme aus dem von mir ehemals bearbeiteten Ruhrgebiet gelten würde. Der Aufsatz erschien dann auch drei Tage später und erzielte vollauf die beabsichtigte Wirkung. Pg Dr. Steintel ist bereit, diese seine Aussage, die er freiwillig und ohne jede Anregung von meiner Seite machte, vor jedem Untersuchungsausschuss und vor jedem ordentlichen Gericht zu beeiden.

Ich muss es mir versagen, zu dieser Angelegenheit überhaupt einen Kommentar zu geben. Eine derart schurkische Tat, begangen in feiger und wissender Berechnung, und zwar zu dem einzigen Zweck, mich in der Bewegung zu vernichten, ist mir in meiner ganzen bisherigen politischen Praxis noch nicht vorgekommen. Ich gestehe offen, auf eine derart infame und niederträchtige Weise bin ich bisher selbst nicht von Juden und Marxisten bekämpft worden. Handelte es sich um meine Person allein, so kennte ich nur eine Antwort auf eine derartige Kampfesweise: schweigende Verachtung. Aber hier handelt es sich nicht um mich, sondern um den Gauleiter von Berlin. Der muss vernichtet werden, weil er dem Privatunternehmen des Kampfverlages unbequem ist. Es handelt sich weiterhin um

283 Reinhard Steintel. Lebensdaten unbekannt.

284 Näheres unbekannt.

285 Näheres unbekannt.

den Gauleiter von Berlin, der seit der Bamberger Tagung[286] eine eindeutige Schwenkung von dem Straßer-Kreis vorgenommen hat, und zwar zu dem Chef der Partei selbst hin.[287]

Wenn Sie damals gelegentlich des Essener Parteitages mir in dieser Angelegenheit Ihre volle Genugtuung versprachen, so kann ich schon verstehen, dass Sie angesichts der kritischen Lage innerhalb der Partei vorläufig von einer endgültigen Klärung dieser Sache absahen. Das aber, was mir jetzt eindeutig bewiesen worden ist, spottet doch so jeglichen Anstandsgefühls, jeglicher Kameradschaft unter Parteigenossen, dass ich es persönlich mit meiner Ehre nicht mehr vereinbaren kann, hier länger zu schweigen. Vielleicht liegen diese Dinge doch tiefer als man gemeinhin annimmt. Ich bin der festen Überzeugung, dass die Methode, die jetzt gegen mich angewandt wird, genau dieselbe ist, mit der man einmal den alten Staat[288] zersetzte und unterhöhlte: Unter dem Deckmantel der vollsten hundertprozentigen Loyalität zersetzt und vergiftet man eine bestehende oder doch werdende Organisation. Die Träger dieser Organisation schweigen dazu im Zeichen des Burgfriedens und bemerken dann plötzlich, wie sie vor dem wankenden, zusammenbrechenden Bau ihres Werkes stehen. Nicht umsonst hat Dr. Straßer diese Methode in seiner marxistischen Werdezeit kennen gelernt. Ich für meine Person lehne es ab, mit der gleichen Methode zu kämpfen, und angesichts dieses infamen, feigen Überfalls muss ich schon gestehen, dass es hier für mich nur ein Entweder-Oder gibt. Ich kann niemals an der Nationalsozialistischen Deutschen Arbeiterpartei und noch viel weniger an dem Chef dieser Partei irre werden. Aber es könnte einmal der Augenblick eintreten, wo ich mich meiner Neben- und Hintermänner im Kampf um die deutsche Freiheit zu schämen hätte, und von diesem Augenblick sind wir nicht mehr allzu weit entfernt. Ich bin der Meinung, das Werk der deutschen Freiheit wird von Männern vollzogen, die in sich den überragenden Charakter mit dem überragenden Können vereinigen. Man kann im Einzelfall eher auf das Können als auf den

286 Besprechung der NSDAP-Führung in Bamberg am 14. Februar 1926. Hitler setzte sich gegen den mehr sozialistisch geprägten Straßer-Flügel durch.

287 Handschriftliche Anmerkung von NSDAP-Reichsorganisationsleiter Bruno Heinemann: „Doch wohl erst später!" Tatsächlich wandte sich Goebbels nicht schon im Februar, sondern erst im Juni 1926 von Gregor Straßer ab und Hitler zu. Vgl. Reuth: Goebbels, S. 98-107.

288 Gemeint: das Deutsche Kaiserreich.

Charakter verzichten. Sagt man nunmehr zu diesem Verhalten eines Parteigenossen[289], der bisher durch nichts anderes seine Fähigkeit innerhalb der NSDAP bewiesen hat, als dass er gegen bewährte Männer intrigierte, sie verleumdete, sie mit Schmutz bewarf, ihnen die Ehre abschnitt, sie in feiger Berechnung in einem mit Mitteln der Partei aufgebauten Presseorgan vernichtete, Ja und Amen, dann sehe ich für die Zukunft dieser Bewegung sehr schwarz, und ich glaube nicht, dass sie vor Ausmerzung solcher Persönlichkeiten irgendwie Erfolg bringend das Werk der deutschen Freiheit einleiten kann. [...]

Können Sie es länger dulden, dass solche Methoden von Parteigenossen gegen Parteigenossen angewandt werden? Wollen Sie mir anraten, dass ich auch zu diesem neuen Schurkenstreich schweige und Ja und Amen sage? Wenn ja, dann bin ich selbstverständlich bereit, absolute Parteidisziplin zu wahren. Von dem ganzen Vorgang[290] wissen bisher nur ganz wenige vertraute Parteigenossen, und ich habe auch die zu absolutem Stillschweigen verpflichtet. In dem Fall jedoch, dass ich aus Parteidisziplin zu diesem schweigen müsste, bitte ich darum, mich meines Postens als Gauführer von Berlin-Brandenburg zu entheben.[291] Ich werde dann in vorläufigem Abwarten verharren und hoffe zuversichtlich zu der inneren Kraft der Bewegung und zu Ihrem Weitblick in der Behandlung auch persönlicher Angelegenheiten, dass sehr bald der Augenblick eintreten wird, wo auch über meine Person hinaus die Kenntnis über diese so genannten Parteigenossen Platz greift und aus der Personenkrise der Bewegung die NSDAP neu und gestärkt wieder hervorgehen wird. Ich bin selbstverständlich bereit, in allernächster Zeit diese Dinge noch einmal mit Ihnen mündlich zu besprechen. Ich spreche am Dienstag, den 21. Juli in Coburg auf einer Sonnwendfeier. Es wäre mir möglich, am Montag, den 20. Juli morgens in München einzutreffen.

Unterdes bin ich mit herzlichen Heilgrüßen wie immer

Ihr Goebbels [...]

289 Gemeint: Otto Straßer.

290 Gemeint: Steintels angebliches oder tatsächliches Geständnis.

291 Damit stellte Goebbels Hitler kaum verdeckt ein Ultimatum. Der NSDAP-Chef konnte seinen neu ernannten Gauleiter von Berlin nicht ersetzen, ohne dass die Berliner NSDAP zerbrochen wäre.

Brief von Joseph Goebbels an Rudolf Hess[292] *v. 9. Juni 1927. Zit. n. Heiber (Hrsg.): Das Tagebuch von Joseph Goebbels 1925/26, S. 124*

[...] Lieber Herr Hess!

Die Judenpresse, vor allem das *Berliner Tageblatt*[293], die *Vossische Zeitung*[294] und die *Welt am Abend*[295] berichten von ernsten Zerwürfnissen zwischen dem Chef und mir. Vor allem wird da behauptet, dass der Chef sich gegen meine Arbeitsmethoden verschiedentlich ausgesprochen habe und dass er Gelegenheit genommen habe, mir bei unserer letzten Zusammenkunft[296] den Kopf zu waschen. An und für sich ist ja diese Angelegenheit furchtbar albern. Aber da mir im Augenblick die Möglichkeit fehlt, zur gesamten Parteigenossenschaft zu sprechen[297] und immerhin der eine oder der andere dadurch in seinen Anschauungen irre werden könnte, bitte ich Sie herzlich, den Chef zu veranlassen, sofort eine Erklärung im *Völkischen Beobachter* zu erlassen, in der diese Schwindelnachrichten unzweideutig dementiert werden. Ich brauche wohl nicht besonders zu betonen, dass ich nicht für meine Person, sondern im Interesse der Bewegung selbst darum bitte. [...]

Auszug aus dem Goebbels-Tagebuch v. 11. Juni 1927. Zit. n. Fröhlich (Hrsg.): Die Tagebücher von Joseph Goebbels, Teil 1, Bd. 1/II, S. 231f.

[...] Gestern[298] Fall Straßer. Helle Empörung. Nun bekommen wir den Hund heraus. Für so dumm hatte ich ihn nicht gehalten. Alle[299] einhellig auf meiner Seite. [...]

292 Rudolf Hess (1894-1987), Kriegsfreiwilliger und seit 1920 Mitglied der NSDAP. Privatsekretär Hitlers, erledigte die Verwaltungsarbeit des Parteichefs. Ab 1933 „Stellvertreter des Führers", allerdings nur in NSDAP-Fragen. Hess flog 1941 auf eigene Initiative nach Großbritannien, um einen Frieden auszuhandeln. Danach bis zu seinem Tod durch Selbstmord inhaftiert.

293 *Berliner Tageblatt*, 4. Juni 1927

294 Wahrscheinlich Irrtum. In der *Vossischen Zeitung* erschien kein entsprechender Text.

295 *Welt am Abend*, 4. Juni 1927

296 Am 1. Juni 1927 in München. Vgl. Fröhlich (Hrsg.): Die Tagebücher von Joseph Goebbels, Teil 1, Bd. 1/II, S. 227f.

297 Anspielung auf das Redeverbot für Goebbels seit dem 5. Mai 1927.

298 10. Juni 1927.

299 Gemeint: die führenden Funktionäre der Berliner NSDAP. Unter den 16 Teilnehmern der Besprechung waren die stellvertretenden Gauleiter Kurt Daluege und Emil Holtz, Kassenwart Rudolf Rehm, Gaugeschäftsführer Dagobert Dürr und der Berliner SA-Geschäftsführer Eberhard Aßmann. Vgl. Heiber (Hrsg.): Das Tagebuch von Joseph Goebbels 1925/26, S. 127.

Brief von Gregor Straßer an Rudolf Hess, 15. Juni 1927. Zit. n. Heiber (Hrsg.): Das Tagebuch von Joseph Goebbels 1925/26, S. 124f.

[...] Sehr geehrter Herr Hess!

Zunächst bitte ich Sie Herrn Hitler meinen besten Dank für die liebenswürdige Überlassung des Autos zu übermitteln. Durch den schönen Tag war die Fahrt neben dem praktischen Transport mit außerordentlichem Genuss. [...] Damit nie die Sorgen ausgehen, habe ich heute von einer am Freitag, den 10. ds. Mts. stattgefundenen Funktionärssitzung der Berliner einen Bericht erhalten, der fast unglaublich klingt, durch zwei Zeugen aber erhärtet ist. Herr Dr. Goebbels hat durch unerhörte Behauptungen dort gegen mich gekämpft. „Abstammung von Juden", „abhängig vom Großkapital" usw. sind solche dort geäußerten Vorwürfe. Ich werde gezwungen sein, die Entscheidung Herrn Hitlers anzurufen, sei es durch eine Unterredung im Beisein der Berliner Zeugen, sei es durch Übergabe an den Untersuchungs- und Schlichtungsausschuss. Einstweilen habe ich, wie der eingelegte Durchschlag zeigt, Herrn Dr. Goebbels gebeten, dem von mehreren Anwesenden geäußerten Willen Rechnung zu tragen und mir Gelegenheit zu geben, vor den gleichen Leuten die Vorwürfe richtig zu stellen. Über den Verlauf werde ich fortgesetzt berichten. Dass die Bewegung keinen Schaden nehmen darf, ist allererste Voraussetzung und für mich suprema lex. [...]

Schriftliche Erklärung von Erich Koch v. 17. Juni 1927. Zit. n. Heiber (Hrsg.): Das Tagebuch von Joseph Goebbels 1925/26, S. 125.

[...] Herr Erich Koch aus Elberfeld, Dietelbeckerstr. 1d erklärte am 17. Juni 1927 Adolf Hitler unter Handschlag und auf Ehrenwort in Anwesenheit von Exzellenz Heinemann und Hess.

1. Der in allen Zeitungen des Kampfverlages erschienene Artikel „Folgen der Rassenvermischung" ist von mir selbst verfasst worden. Ich bin dabei nicht vorgeschobener Strohmann irgendwelcher Persönlichkeiten.

2. Angeregt wurde ich zu diesem Aufsatz durch eine Unterhaltung am Biertisch mit den Pg Kaufmann und Dr. Otto Straßer, u. a. über die Rassenfrage.

3. Ich bin von keiner Seite beauftragt worden, den Artikel zu schreiben, noch fand eine Besprechung statt mit dem Endziel der Abfassung des Artikels.

4. Dass der Aufsatz sich nicht gegen Dr. Goebbels richtet, habe ich bereits in meinem Brief v. 26. April 1927 an Herrn Dr. Goebbels ausführlich dargelegt. [...]

Brief von Emil Holtz[300] an Adolf Hitler, 17. Juni 1927. Zit. n. Heiber (Hrsg.): Das Tagebuch von Joseph Goebbels 1925/26, S. 135f.

[...] Sehr geehrter Herr Hitler!

Die Berliner Verhältnisse haben sich in letzter Zeit derartig gestaltet, dass mir Ihre sofortige Anwesenheit dringend notwendig erscheint. Es besteht sonst die Gefahr der Vernichtung der Berliner Bewegung. Es handelt sich um den Gegensatz Straßer – Goebbels. Hier muss sehr schnell eine Entscheidung getroffen werden. Dr. Goebbels hat das Verdienst, dass er es verstanden hat, die Berliner zu Höchstleistungen anzuspornen; er hat die Bewegung bekannt gemacht; aber es fehlt die innere Festigung und die Anleitung zu intensiver Kleinarbeit, die bes. jetzt notwendig ist. [...] Das ist aber nur eine Sorge. Es kommt noch sehr viel anderes hinzu, das sich nur mündlich vortragen lässt. Ich bitte Sie, verehrter Herr Hitler, deshalb dringend, sich die Berliner Verhältnisse anzusehen u. zu regeln. [...]

Brief von Gregor Straßer an Rudolf Hess, 18. Juni 1927. Zit. n. Heiber (Hrsg.): Das Tagebuch von Joseph Goebbels 1925/26, S. 126.

[...] Sehr geehrter Herr Hess!

Es tut mir leid, dass ich Ihre Zeit und vor allen Dingen die Zeit des Chefs in Anspruch nehmen muss. Die Verschärfung des Verhältnisses zwischen Dr. Goebbels und mir, von denen ich in meinem letzten Brief an Sie berichtete, kann ich mir ohne Gegenwehr nicht gefallen lassen, andererseits muss sie selbstverständlich aus der Welt geschafft werden, d. h. es muss Herr Dr. Goebbels veranlasst werden nicht zu fernstehenden derartige die Ehre eines anderen Pg. schädigenden Behauptungen zu machen. [...] Ich denke mir nun die Erledigung der Angelegenheit so, dass entweder Herr Hitler oder der Untersuchungs-

300 Emil Holtz (geboren 1873, Todesdatum unbekannt), Lehrer, 1920 Vorsitzender der Deutschsozialistischen Partei, 1925 Eintritt in die NSDAP und stellvertretender Gauleiter für Brandenburg, ab 1928 Gauleiter des Gaues Brandenburg, 1930 wegen eines Sittlichkeitsverbrechen zu sechs Monaten Haft verurteilt. Holtz legte seinen Posten nieder und trat aus der NSDAP aus.

und Schlichtungsausschuss München durch Einvernahme der jeweils genannten Zeugen die Sache zur Erledigung bringt. Ein weiterer vielleicht der beste Weg wäre, wenn Herr Dr. Frick als objektiver Jurist mit der Erledigung der Aufgabe betraut würde, ich habe nicht einen Funken irgend welcher rachsüchtigen Gefühle gegen Herrn Dr. Goebbels, aber ich muss verlangen, dass in irgend einer Form die zu 16 prominenten Pg. gemachten unwahren Äußerungen in irgend einer Weise aus der Welt geschafft werden.

Ich wiederhole noch einmal, dass es mir leid tut Sie mit derartigem Zeug belästigen zu müssen, aber vielleicht ist es am besten, wenn Herr Hitler von Anfang an einen modus vivendi schafft, damit nicht diese so unerquickliche Geschichte noch weiter geht. [...]

Aktenvermerk von Bruno Heinemann, Reichsorganisationsleiter der NSDAP, 21. Juni 1927. Zit. n. Heiber (Hrsg.): Das Tagebuch von Joseph Goebbels 1925/26, S. 137

[...] Am 20. und 21. Juni 1927 fanden längere Aussprachen statt zwischen Herrn Hitler und Dr. Goebbels. Anwesend dabei: Heinemann u. Hess.

Ergebnis: Herr Hitler wird persönlich in möglichst großem Kreise aller Beteiligten in Berlin einen Abschluss der ganzen Sache herbeiführen, womit alle Ansprüche Einzelner auf Genugtuung irgendwelcher Art erledigt sein sollen. Alsbaldige Erklärung Hitlers im *Völkischen Beobachter* als Dementi der Schwindelnachrichten in marxistischen Blättern über ein Zerwürfnis zwischen Hitler und Dr. Goebbels. [...]

Auszug aus dem Goebbels-Tagebuch v. 22. Juni 1927. Zit. n. Fröhlich (Hrsg.): Die Tagebücher von Joseph Goebbels, Teil 1, Bd. 1/II, S. 235

[...] München. Viel Tratsch. Hitler vermittelt. Ich kann mich seinen Gründen kaum verschließen. Er kommt nach Berlin und will alles regeln. Meinetwegen. [...] Dienstagmorgen noch Aussprache mit dem Chef. Er ist innerlich auf meiner Seite. Aber die Taktik! [...] Heute Berlin Beratungen. Ich bremse überall ab. Ein Rattenschwanz von Intrigen und Verleumdungen. Man kennt sich in all dem Schmutz nicht mehr aus. [...]

Erklärung von Adolf Hitler, abgedruckt im Völkischen Beobachter *v. 25. Juni 1927*

[...] *Berliner Tageblatt, Vossische Zeitung, Welt am Abend* und andere „deutsche“ Blätter wussten neuerdings zu berichten von einem „Bruderzwist im Hause Hitler“, von „feindlichen Brüdern“, dass in der NSDAP ein „Zwietracht Hitler contra Goebbels“ ausgebrochen sei, dass ich Dr. Goebbels tüchtig den „Kopf gewaschen“ hätte und dass ich einem oft genannten Führer der nationalen Bewegung gegenüber geäußert hätte, ich „sei mit den Agitationsmethoden Dr. Goebbels' nicht einverstanden“.

Ich erkläre hierzu: Alle obigen Behauptungen sind von der jüdischen Journaille zu durchsichtigen Zwecken frei erfunden. In meinem Verhältnis zur Herrn Dr. Goebbels hat sich nicht das Geringste geändert, er genießt nach wie vor mein vollstes Vertrauen. [...]

36

HITLERS ERSTE REDE VOR MASSENPUBLIKUM IN BERLIN

Auszüge des Abdrucks. In: Völkischer Beobachter, *5. Mai 1927. Zit. n. Hitler – Reden, Schriften, Anordnungen, Bd. 2, S. 287-290.*

[...] Sie werden von mir nicht erwarten, dass ich mich mit jenen sogenannten Tagesfragen beschäftige, die besonders von den Leitern unserer derzeitigen Politik mit Vorliebe in den Vordergrund geschoben werden, weil im Rahmen der Behandlung dieser Tagesfragen die gesamte Aufmerksamkeit des Volkes nur zu leicht von den wirklich großen Problemen seines Daseinskampfes abgelenkt werden kann. Wir haben nicht die Absicht, uns mit den Tagesfragen zu beschäftigen, weil wir wissen, dass diese Dinge jetzt, morgen, übermorgen, in einem Jahr oder auch in zehn Jahren ihre Erledigung finden werden, sondern weil wir wissen, dass die Erledigung eine um so bessere sein kann, je mehr Kraft eines Volkes, wirklich große Probleme zu lösen, vorhanden sein wird. Als ohnmächtiges Volk wird das deutsche Volk nach aller Voraussicht in absehbarer Zeit seine Stellung restlos verlieren, wird dieses Volk unter der Erdoberfläche verschwinden, vergehen.[301] Und diese Schicksalsfrage ist der Ausgangspunkt unserer nationalsozialistischen Auffassung, unsere Weltanschauung und auch unsere nationalsozialistische Lehre. Wir müssen versuchen, die wirklichen, einzigen und ehernen Grundlagen des Lebens eines Volkes herauszuschälen, und da stoßen wir bei der Untersuchung auf eine einzige Frage, nämlich: In welchem Verhältnis steht die Zahl eines Volkes zu dem Boden, auf dem es sich befindet?[302]

Ist der Boden, auf dem sich ein Volk befindet, in der Lage, die Gesamtzahl eines Volkes nicht nur zur Zeit zu erhalten, sondern auch eine weitere Vermehrung dieses Volkes zu gestatten, oder ist das Verhältnis zwischen dem Boden und der Volkszahl ein unmögliches und ist auf Grund dieses Verhältnisses mit mathematischer Sicherheit vorauszusagen, dass entweder schon heute oder zum mindesten in Zukunft dieses Volk sein Dasein auf diesem Boden nicht mehr wird erhalten können? Dieses Problem ist von ungeheurer Wichtigkeit. Keine Partei, keine Regierung, keine Regierungsform, aber auch keine weltanschauliche Bildung kann darüber hinwegkommen. Man kann unter Umständen mit dogmatischen Fragen und Theorien die Aufmerksamkeit eines Volkes teil weise ablenken, aber hinter all dem steht doch die große Schicksalsfrage, nämlich: Könnt ihr euch ernähren? Und trotz aller Parteidogmen und Parteigrundsätze wird die Göttin der Not kommen und an die Tür eines Volkes pochen, das diese Not immer mehr zu spüren bekommen wird. Ein Volk geht langsam an der Nichtbefriedigung dieses Schreies zugrunde, oder es wird versuchen müssen, die Ursache zu beseitigen, die zu diesem Schrei geführt hat.

Eins ist für das deutsche Volk unter diesem Gesichtspunkte die Voraussetzung, nämlich, dass auf dieser Welt die Volkszahl das Veränderliche ist; der Grund und Boden ist bis zuletzt das

301 Kernmotiv vieler Hitler-Reden.

302 Hitlers Formulierung für den Gedanken, das deutsche Volk sei ein „Volk ohne Raum", dem der Schriftsteller Hans Grimm in seinem gleichnamigen Roman 1926 Ausdruck verliehen hatte. Die Idee verselbstständigte sich und wurde zu einem wesentlichen Motiv rechtsextremer Propaganda in der Weimarer Republik. Danach sei Deutschland überbevölkert und brauche mehr „Lebensraum", um sich selbst autark zu versorgen. Grundlage dieser Vorstellung war eine radikale Ablehnung globalen Denkens zugunsten einer primitiven Version isolationistischer Floskeln.

Gleichbleibende, d. h. in der Gegenwart ist der Grund und Boden dieser Welt begrenzt. Deutschland ist das Vaterland von 62 Millionen Menschen, die vereinigt auf einem Boden von 450.000 Quadratkilometer leben, eine lächerliche Zahl im Verhältnis zu der Größe der anderen Nationen, die heute auf der Welt sind. Man merkt dies ganz besonders, wenn man den Globus der Welt betrachtet, auf dem Deutschland vollständig verschwindet. Leider aber hat die große Masse unseres deutschen Volkes nicht die logische Einsicht, um daraus die notwendigen Schlüsse zu ziehen. Es zieht statt dessen vor, gewissen Phantomen nachzujagen. Dabei kann in kurzer Zeit diese Volkszahl steigen, sie kann vielleicht 68 Millionen, 70 Millionen betragen, die Grundfläche bleibt trotzdem die gleiche. Das Ergebnis dieses Prozesses muss sein, eine Verminderung der Menschen, oder eine Erhöhung bzw. Vermehrung der Grundfläche. Letzteres muss man heute herausstreichen. Aber auch das erstere wird vollkommen aufgesaugt von der natürlichen Steigerung des Bedarfs des einzelnen Menschen. Die Menschen bleiben gleich in ihren Bedürfnissen, ja, die Bedürfnisse werden sogar steigen, so dass auch das Doppelte des ertragreichen Bodens eines Tages nicht ausreicht, um für die große Volkszahl die Bedürfnisse befriedigen zu können. Ein Volk kann dann nur versuchen, einen Ausweg zu schaffen zwischen seiner Grundfläche oder seinem Ernährungsreservoir und seiner Volkszahl. Der erste Weg ist der vielleicht am leichtesten erscheinende. Wenn wir den Boden nicht vermehren können, dann vermindern wir die Volkszahl. Diesen Weg wollen auch einige Parteien Deutschlands, die diese Anpassung der Volkszahl, in Wirklichkeit aber das Fehlen der Grundfläche dadurch durchführen wollen, dass sie die Vermehrung des Volkes langsam zum Stillstand bringen, [...] andererseits wollen sie diese überschüssigen Menschen aber auch abschieben, also eine vermehrte Auswanderung einleiten. Erst vor wenigen Wochen hat die ‚deutsche' Presse[303] triumphierend gemeldet, dass wir jetzt die Erlaubnis bekommen hätten, auch nach Kanada wieder Deutsche herausschicken zu dürfen, und dass tatsächlich bereits die erste Quote erreicht

303 Hitlers verächtliche Formulierung weist darauf hin, dass er die gemeinten Zeitungen für „jüdisch" hielt. Gemeint sind wahrscheinlich liberale Blätter wie die *Vossische Zeitung*, das *Berliner Tageblatt* und die *Frankfurter Zeitung*.

wäre. Man sagte, das sei ein großer sichtbarer Erfolg unserer Außenpolitik. Also bestehen die Erfolge der deutschen Außenpolitik darin, dass unser bestes Menschenmaterial aus Deutschland herausgejagt wird.

Der andere Weg besteht darin, den Boden – und wenn es sein muss unter Kampf – der Volkszahl anzupassen. Es ist dies der natürliche Weg, den auch die Vorsehung vorgeschrieben hat, die den Menschen die Welt gegeben hat, nicht damit sie dort im Pazifismus verkommen, sondern damit im ewigen Ringen miteinander die Kräfte geschützt werden, damit dereinst dem tatkräftigsten und mächtigsten Volke die größte Freiheit zu eigen wird. – Einige Male ist das deutsche Volk diesen Weg gegangen, als es versuchte, den Boden zu erweitern und der Volkszahl anzupassen, das Gebiet südöstlich des Rheines besetzte und dann nordöstlich des Rheines dem deutschen Volk einiges Gebiet erwarb. Wäre einstmals diese Politik nicht befolgt worden, dann wäre heute unser Volk ein lächerlicher Kleinstaat mit lächerlicher Volkszahl.

Die heutigen Führer mögen die Tagesfragen wälzen, so viel sie wollen, sie werden immer vor der riesenhaften Schicksalsfrage stehen: Wie löst ihr das Verhältnis zwischen Volk und Boden, wie erneuert ihr das deutsche Volk? Man tut es heute einfach dadurch, indem man das Volk einteilt in die einen, die arbeiten, und die anderen, die stempeln. Die Verantwortlichen aber sind froh, wenn sie im nächsten Monat wieder in die Regierung kommen, was aber in den nächsten 30 Jahren ist, das kümmert sie nicht.

Wir werden nicht eher wieder in unser Schicksal eingreifen können, bis das deutsche Volk wieder einen Machtfaktor darstellt. Wenn wir uns mit der Frage beschäftigen, worin liegt die Macht eines Volkes, so müssen wir drei Dinge festhalten, die alle Macht bedeuten, erstens die Macht eines Volkes, die in der Militärkraft beruht; zweitens, wenn ein Volk großen Boden besitzt, liegt auch darin, vom militärischen Standpunkt gesehen, eine Macht, eine bestimmte Kraft; doch auch das trifft bei uns nicht zu. Es ist jämmerlich, wenn man bedenkt, dass man heute Deutschland in kaum 60 Stunden durchfahren kann, im Flugzeug in kaum vier bis fünf Stunden von einer Grenze zur anderen fliegen kann. Schließlich gibt es noch ein Drittes, das nicht die Volkszahl, nicht der Grund und Boden, sondern die innere Stärke eines Volkes, die Energie, die stählerne Kraft ausmacht. Diese Volkskraft wird in erster Linie repräsentiert durch die Einheit eines Volkes im Denken und Handeln. Aber die innere Einheit des Wollens und des Handelns ist leider im deutschen Volk jetzt überhaupt nicht vorhanden.

Heute ist unser Volk in zwei Hälften zerrissen, auf der einen Seite das Bürgertum, auf der anderen Seite die Arbeiterschaft.[304] Das politische Leben spielt sich eigentlich nur innerhalb dieser beiden Gruppen ab, den sogenannten National-Eingestellten und den International-Eingestellten. Irgendeine Beziehung verknüpft die beiden Gruppen nicht mehr. Sie verschieben sich dauernd nur noch innerhalb ihrer verschiedenen Schichtungen. Aber die beiden Gruppen selbst entfernen sich immer mehr voneinander. Die ganze Nation ist im Begriff, sich vollständig aufzulösen in zwei Teile, von denen der eine auf dem Standpunkt steht, dass, gleichgültig welcher rassischen Herkunft, welcher Sprache, welcher Volkszugehörigkeit, welcher Staatsangehörigkeit, alle Menschen gleicher Gruppen Brüder sind, während die Mitglieder der anderen Seite, obwohl gleicher Abstammung, als Feinde betrachtet werden. Während die eine Gruppe im wesentlichen die Handarbeiter umfasst, sind die andern die geistigen, intellektuellen Kopfarbeiter. Und doch müssen sich diese beiden Gruppen verstehen, denn die eine ist nicht möglich ohne die andere.

Aber das deutsche Bürgertum hat keinen Eroberungsgedanken mehr, es glaubt selbst nicht mehr ernstlich an einen Sieg für die Zukunft. Das Schicksal eines Volkes ist das Schicksal jedes einzelnen.[305] Was wir also in erster Linie fordern, ist die Beseitigung aller Tagesfragen. Das ist uns die höchste Tagesfrage. Wir wollen unserm Volk eine neue Weltanschauung geben, auf die jeder sich einstellen kann. Wenn wir erst gemeinsam den Weg gehen, dann wird die Politik der Tagesfragen ein Ende nehmen, und durch Deutschland wird ein Schrei nach Freiheit gehen. Wir wollen nicht Bürger, nicht Proletarier, sondern Deutsche sein im Mutterland Germania und so zum Siege eilen. [...]

304 Häufiges Motiv in nationalistischer und rechtsextremer Propaganda seit dem Aufstieg der SPD zur Massenpartei im ausgehenden 19. Jahrhundert. Die NSDAP verstand sich selbst als Brücke zwischen nationaler Arbeiterschaft und Bürgertum.

305 Regelmäßiges Motiv in Hitler-Reden.

Auszug aus dem Goebbels-Tagebuch v. 2. Mai 1927. Zit. n. Fröhlich (Hrsg.): Die Tagebücher von Joseph Goebbels, Teil 1, Bd. 1/II, S. 216.

[...] Hitler ist da. Er hielt gestern vor überfülltem Hause eine seiner ganz großen Reden. Raum und Volk. So sah und hörte ich ihn selten. Er ist der Führer! Mir kamen manchmal die Tränen, und ich schämte mich ihrer nicht. [...]

Rückblickende Beschreibung des Hitler-Auftritts am 1. Mai 1927. Zit. n. Goebbels: Kampf um Berlin, S. 142f.

[...] Am 1. Mai sprach Adolf Hitler zum ersten Mal in großer Versammlung in Berlin. Damals war noch im ganzen Reich ein Redeverbot über ihn verhängt, und deshalb mussten wir die Versammlung, in der er sprach, als Mitgliederversammlung einberufen. Sie fand im „Clou"[306] statt, einem alten Vergnügungslokal im Berliner Zentrum. Wir hatten diesen Saal gewählt, um gerade am 1. Mai allen Provokationsversuchen der Kommunisten aus dem Wege zu gehen; denn unsere Absicht war es nicht, diese Veranstaltung als Kampfversammlung aufzuziehen, vielmehr durch ein erstes Auftreten des Führers der nationalsozialistischen Bewegung der Partei in der Reichshauptstadt selbst einen neuen großen Impuls zu verleihen und der Öffentlichkeit ein vorläufiges Bild ihrer augenblicklichen Stärke zu geben.

Die Versammlung verlief über Erwarten erfolgreich. Die weiten Räume des „Clou" waren bis zum letzten Platz besetzt von eingeschriebenen Parteigenossen, und die Rede Adolf Hitlers schlug in ihrer agitatorischen Schärfe und programmatischen Tiefe bei allen Zuhörern, von denen die meisten Adolf Hitler noch nie gesehen und gehört hatten, wie eine Bombe ein. [...]

306 Das „Clou" lag im Hof der Häuser Zimmerstraße 88-91 in Mitte. Es handelte sich um eine umgebaute alte Markthalle.

37

DAS SELBSTVERSTÄNDNIS DER SA VOR DEM VERBOT

Rückblickende Beschreibung Horst Wessels. Zit. n. Wessel: Politika, fol.58-61.

[...] Dr. Göbbels allein ist eigentlich allein das Verdienst zuzuschreiben, dass die Bewegung sich so schnell in der Berliner Öffentlichkeit durchsetzte. Was dieser Mann an Rednergabe und Organisationstalent aufwies, ist einzigartig. Es gab nichts, dem er sich nicht gewachsen zeigte. Die Parteigenossen hingen an ihm mit großer Liebe. Die SA hätte sich für ihn in Stücke schlagen lassen. Göbbels, das war wie Hitler selbst. Göbbels, das war eben unser Göbbels, um den uns mancher Gau beneidete. Vom Gegner gefürchtet und gehasst, wegen der beispiellosen Frechheit und Kühnheit, mit der er Zustände kritisierte und geißelte, ohne dass er dafür zu belangen gewesen wäre.[307] Niemals hat er gebremst, sondern immer alle aufgespeicherte Kraft sich explosiv entladen lassen.[308] Und das war es vor allem, was ihm die SA dankte. Für die Verwundeten sorgte er redlich, kurzum, er war ein Führer großen Formats, ein wirklicher Führer.

Es soll hier nicht die Geschichte der Bewegung aufgezeigt werden. Vielmehr sollen meine eigenen Erlebnisse und Gedanken hier zu Papier gebracht werden. Allein einiges muss doch kurz erwähnt werden, ohne dass die Rolle, die ich dabei spielte, besonders erwähnt werden soll. Durchmarsch durch Neukölln. 800 gegen 10.000. Ja, 800 gegen alle.[309] Wir haben es geschafft! Das ist die Hauptsache. Als erste, wir haben es geschafft. Schlacht in den Pharussälen. 400 schlagen 3000. Zehn Schwerverletzte, aber Sieg. Feuergefecht auf dem Bahnhof

307 Bis Mai 1927 hielt sich die Berliner Polizei tatsächlich zurück – dann freilich folgte das Auftritts- und Parteiverbot.

308 In Wirklichkeit schürte Goebbels sogar den Eifer seiner Anhänger und trieb sie zusätzlich zu Gewalt an.

309 Gemeint: der erste Marsch der SA durch Neuköllner Arbeiterviertel am 14. November 1926. Die Zahlen sind allerdings deutlich übertrieben.

Lichterfelde-Ost. Drei Schwerverletzte, aber Sieg. Sieg überall, wo SA ins Gefecht ging.[310] Für die Bewegung alles! Wenn man die Opferfreudigkeit der Parteigenossen sah, dann bekam man in all der Trostlosigkeit dieser Tage wieder und wieder neuen Mut, wieder Glauben an die Zukunft. Wir standen nur auf uns, ganz allein auf uns. Und das war unsere Stärke. Wer nicht offen für uns ist, der ist gegen uns. Nieder mit der Reaktion, nieder mit dem Marxismus. Was keine Bewegung in Deutschland fertig brachte, nämlich das ganze Volk zu einen, das haben wir erreicht: Gegen uns waren alle einig, selten unerhört einig. Nationalbolschewiken, Radau-Antisemiten schimpft die Reaktion, Faschistenhunde, Hakenkreuzbanditen die rote Front.[311]

Vor allem die Polizei hatte uns im Magen. Nachdem wir in Cottbus sechs Schupo-Leute krankenhausreif geschlagen hatten, in Pasewalk einen zusammengeschossen und mehrere verwundet hatten, wurde die Polizei gegen uns mobil gemacht.[312] Politische Polizei und blaue Polizei überboten sich in den Schikanen. So mancher wurde grundlos verhaftet und 24 Stunden auf dem Präsidium behalten.[313] Nach dem Gefecht von Pasewalk erlebte ich diesen Prüfstein des Nationalsozialisten selbst zum ersten Male. Allerdings mit ungeheurer Freiheit und viel Humor. Später noch öfter.

38

DAS ZWEITE VERBOT DER NSDAP IN BERLIN

Goebbels' rückblickende Darstellung [1932]. Zit. n. Goebbels: Kampf um Berlin, S. 142.

[...] Schon nach dem blutigen und folgenschweren Zusammenstoß auf dem Bahnhof-Lichterfelde-Ost wurde ich zum

310 „Siege" errangen NSDAP und SA nur, wo sie mit deutlicher Übermacht antraten, etwa auf dem Bahnhof Lichterfelde-Ost. Wessel behauptet das Gegenteil, was eine Folge seiner Selbststilisierung ist.

311 Zutreffende Beschreibung der Fremdwahrnehmung der SA

312 Vgl. Broszat (Hrsg.): Die Anfänge der Berliner NSDAP 1926/27, S. 109

313 Grundlos festgenommen wurden SA-Männer so gut wie nie. Praktisch immer hatten sie sich durch Aggression und Übergriffen die zeitweilige Festsetzung nach Polizeirecht verdient.

Polizeipräsidium zitiert und mir dort in ziemlich unverblümter Weise die Eröffnung gemacht, dass die Bewegung in Berlin nunmehr auf das Höchste verbotsreif sei, und dass der geringste Anlass genügen könnte, ihr auch tatsächlich ein praktisches Verbot[314] einzubringen. Damit war der Kampf zwischen NSDAP und Polizeipräsidium auf seinem vorläufigen Höhepunkt angelangt, und was nun noch folgte, war lediglich zwangsläufiger Natur. [...]

Auszug aus dem Goebbels-Tagebuch v. 5. Mai 1927. Zit. n. Fröhlich (Hrsg.): Die Tagebücher von Joseph Goebbels, Teil 1, Bd. 1/II, S. 218.

[...] Kriegervereinshaus überfüllt. Ich habe mit der Presse abgerechnet. Das war eine Mordsgaudi. Ein frecher Zwischenrufer wurde an die frische Luft befördert. Am Schluss wurden die 3000 bis 4000 Menschen von zwei Kompanien Schupo nach Waffen untersucht. Man stelle sich diesen Irrsinn vor. Ich hatte alle Mühe, die Leute vor Unbedachtheiten zu bewahren. Meine Abfahrt war ein Triumphzug. Heute schmieren die Gazetten das verlogenste Zeug zusammen. So infam ist noch selten gegen uns geschwindelt worden. Schon schreit der Jude: Verbot! Auflösung! Und der deutsche Michel brüllt mit. Soll man nicht verzweifeln? Nein, nein, nein! Arbeiten! Kämpfen! Auf den Tag!

Zeitungsartikel über die Goebbels-Rede am 4. Mai 1927. In: Berliner Tageblatt *v. 5 Mai 1927.*

[...] Gestern Abend fand im Kriegervereinshaus eine Versammlung der Nationalsozialistischen Arbeiterpartei statt, in der der neue Gauleiter der Nationalsozialistischen Arbeiterpartei, Dr. Goebbels, eine außerordentlich heftige Rede über das Thema hielt: „Volk in Not? Wer rettet uns? – Jakob Goldschmidt!"[315] Der Redner beschäftigte sich zunächst mit

314 In der Weimarer Republik galten Parteien als normale Vereine, so dass sie nach Polizeirecht lokal oder regional verboten werden konnten. Für ein lokales Verbot etwa in der Reichshauptstadt war der Polizeipräsident zuständig, für ein regionales Verbot in einem Land des Reiches der entsprechende Innenminister.

315 Jakob Goldschmidt (1882-1955), Bankier, 1909 Mitgründer und Teilhaber des Bankhauses Schwarz, Goldschmidt & Co., amtierte seit 1922 bis zur Verstaatlichung im Zuge der deutschen Bankenkrise 1931 als persönlich haftender Gesellschafter der Darmstädter und Nationalbank (Darmat-Bank). Zeitweise hielt 123 Mandate in Aufsichtsräten und galt als einflussreichster Unternehmer Deutschlands. Er war ein Lieblingsziel antisemitischer Propaganda. 1933 emigrierte er und verbrachte den Rest seines Lebens in den USA.

der Kritik, die Hitlers erstes Auftreten[316] in der Berliner Presse gefunden hat. Als ersten Journalisten, der das Missfallen der Nationalsozialisten erregt hatte, nannte er einen Mitarbeiter der Hugenberg-Presse[317], gab seine Adresse bekannt und sagte: „Ich will nicht sagen, dass meine Parteifreunde diesem Herrn eine Kopfwaschung verabreichen sollen; aber sie sollen ihn wohl im Auge behalten." Der *Deutschen Zeitung* warf er vor, dass sie die Resolution der nationalsozialistischen Versammlung im Clou verfälscht habe. Auch bezüglich der Vertreter der Germania und des Montag-Morgen sprach Dr. Goebbels die Erwartung aus, dass die Nationalsozialisten diese Berichterstatter feststellen und aufs Korn nehmen würden. Diese wiederholten Aufforderungen zur Gewalttätigkeit trugen sofort Früchte. Der Vertreter des *Lokal-Anzeigers*, Hennig, wurde erkannt, mit Bierseideln traktiert und aus dem Saale geworfen. Der evangelische Pfarrer des Bezirks Wedding, Stucke[318], machte einen Zwischenruf, wurde sofort von den Sportabteilungen[319] gefasst und geschlagen. Die Polizei konnte Pfarrer Stucke erst schützen, als er blutüberströmt zusammenbrach. Die Täter sind bis auf einen bereits fixiert[320].

Die Aufreizung zur Gewalttätigkeit gab der Polizei Veranlassung, die Besucher auf Waffenbesitz zu durchsuchen. Als die Polizei unter Führung des zuständigen Polizeimajors in den Saal eindrang, entstand ein schreckliches Tohuwabohu. Aber sichtlich machte auf die Mehrzahl der Besucher der feste Zugriff der Polizei stärkeren Eindruck als die Beruhigungsworte der nationalsozialistischen Führer. Flehentliches Bitten um Durchlass setzte ein. [...]

Unmittelbar nach Ende der Versammlung unternahm die Polizei eine Waffensuche bei den anwesenden Teilnehmern, zu der die brutalen Misshandlungen Anlass gegeben haben. 30 Nationalsozialisten sind sistiert[321] worden. Man fand in ihrem Besitze zahlreiche Waffen. So wurden zwölf Schlagringe

316 Gemeint: Hitlers erste Rede vor einer größeren Zahl von Anhängern am 1. Mai 1927.

317 Gemeint: Der zum Hugenberg-Konzern zählende Scherl-Verlag mit dem *Berliner Lokal-Anzeiger* als wichtigstem Blatt.

318 Fritz Stucke (geboren 1874, Todesdatum unbekannt), Pfarrer der freien evangelischen Reformgemeinde. Nicht identisch mit dem gleichnamigen KPD-Mitglied und Moskau-Emigranten Fritz Stucke (1895-1937).

319 Gemeint: der Saalschutz der SA.

320 Gemeint: festgenommen.

321 Zur Feststellung der Personalien festgenommen und auf ein Polizeirevier gebracht worden.

gefunden, ferner Knüppel, Totschläger, sechs bis acht Dolche feststehende Messer und vier Pistolen. [...] Die Vorgänge können nicht ohne weitreichende Folgen für die Behandlung der Nationalsozialistischen Partei in Preußen bleiben. Das preußische Ministerium des Inneren erwägt, ebenso wie der Berliner Polizeipräsident, weitere Maßnahmen gegen die Nationalsozialisten. Es ist voraussichtlich mit der Auflösung der Berliner Ortsgruppe und der Sportabteilungen auf Grund des Paragrafen 2 des Reichsvereinsgesetzes zu rechnen. Das Einschreiten der Staatsanwaltschaft steht unmittelbar bevor. Es wird auf Grund der Delikte der Aufreizung zum Klassenhass und der Körperverletzung wie der Anstiftung zur Körperverletzung aufgebaut sein. [...]

Ein Akt besonderer Brutalität und Gemeinheit war die Misshandlung des Pfarrers Fritz Stucke. Pfarrer Stucke war über die widerwärtige Hetze des Goebbels besonders empört, der zum Beispiel von dem Führer des Jungdeutschen Ordens[322] Mahraun[323] sagte: „Wir hoffen, dass Mahraun zu der nächsten Versammlung herkommt. Dann Gnade ihm Gott. Vielleicht aber kommt er nicht, dann ist die Gnade Gottes noch mehr mit ihm." Diese und ähnliche Bemerkungen sowie der wiederholte Ausdruck „Judensau" erregten Pfarrer Stucke so, dass er schließlich Goebbels, der nichts „Arisches" in seinem Aussehen hat, zurief: „Sie sehen ja auch aus wie ein germanischer Jüngling!" Darauf gab Goebbels seinen Leuten ein Zeichen, und in demselben Augenblick wurde dem Pfarrer ein Bierseidel mit voller Wucht über den Schädel geschlagen. Darauf fiel die ganze Horde mit Biergläsern, Stöcken und schweren Gegenständen über den Pfarrer her, der aufrecht, aber blutüberströmt den Saal verließ.

Verbot der Berliner NSDAP durch Polizeipräsident Karl Zörgiebel. Zit. n. Berliner Morgenpost *v. 6. Mai 1927*

[...] Aufgrund des Artikels 124 der Reichsverfassung, des Paragrafen 2 des Reichsvereinsgesetzes und des Paragrafen 10 des

322 Aus einem Freikorps hervorgegangener Veteranenverband. Politisch nationalliberal eingestellt. 1933 verboten und aufgelöst.

323 Arthur Mahraun (1890-1950), Berufsoffizier, Frontsoldat, Kommandeur eines nationalliberalen Freikorps und Gründer des Jungdeutschen Ordens. Der Schriftsteller galt als Gegner der NSDAP. 1933 wurde er festgenommen und schwer misshandelt. Fortan lebte Mahraun als Schafhirte bei Magdeburg.

Allgemeinen Landrechtes habe ich den Gau Berlin-Brandenburg der NSDAP mit ihren Unterorganisationen, Sportabteilung, „Schutzstaffel“, Nationalsozialistischer Freiheitsbund, Nationalsozialistischer Deutscher Studentenbund (Ortsgruppe Berlin) und Deutsche Arbeiterjugend Berlin („Hitler-Jugend“) aufgelöst, weil die Zwecke dieser Organisationen den Strafgesetzen zuwiderlaufen. Die Verordnung tritt sofort in Kraft. Demgemäß ist den Mitgliedern der aufgelösten Organisationen jede vereinsmäßige Betätigung, insbesondere die Abhaltung von Versammlungen und Zusammenkünften aller Art in geschlossenen Räumen sowohl wie unter freiem Himmel und die Veranstaltung öffentlicher Aufzüge und Demonstrationen verboten. [...]

Zeitungsbericht über das Verbot der NSDAP. In: Berliner Tageblatt *v. 6. Mai 1927*
[...] Auf das Konto der Goebbels'schen Gewaltpolitik sind zu setzen: Der blutige Zusammenstoß der Nationalsozialisten mit dem Roten Frontkämpferbund in Lichterfelde und die sich anschließenden Attacken auf harmlose Passanten in der Gegend der Kaiser-Wilhelm-Gedächtniskirche. Die feigen und brutalen Überfälle auf zwei harmlose Teilnehmer[324] an der nationalsozialistischen Versammlung kommen jetzt noch hinzu. Die nationalsozialistischen SA (Sportabteilungen) überfielen die beiden Versammlungsbesucher, bildeten eine Kette und schleiften die beiden Gegner unter ständigen Misshandlungen hinaus. Goebbels hat nach den bisherigen Feststellungen zu dieser Handlung durch Wort und Geste aufgefordert. [...] Die Nationalsozialisten spielen sich als Erben des Sozialismus auf. Die Arbeitslosigkeit ist ihr beliebtestes Propagandamittel. Selbstverständlich fehlt der Antisemitismus nicht. Im übrigen äffen sie fremde Vorbilder nach. Ihr Parteigruß – die ausgestreckte und erhobene rechte Hand – ist der italienische Faschistengruß. [...] Mehrere deutschnationale Blätter halten es angesichts der Pöbelszenen und Gewaltakte, die am Mittwoch in der nationalsozialistischen Versammlung unter Leitung des Dr. Goebbels verübt wurden, für geraten, scharf von diesen Banden abzurücken. Sie fühlen sich um so mehr dazu veranlasst, da, wie die Linkspresse auch sie selber und ihre Journalisten von dem Dr. Goebbels und sei-

324 Gemeint: Pfarrer Stucke und ein Reporter des *Berliner Lokal-Anzeigers*.

ner Kohorte bedroht worden sind, und sodann, weil sie sich ganz richtig sagen, dass ihrem Stahlhelmtag[325] durch ein derartiges Vorspiel nicht gerade genützt werden kann. Die *Kreuzzeitung* spricht ihr „tiefstes Bedauern" aus und erklärt, sie wende sich mit Entrüstung von dieser Kampfesweise ab. Die *Deutsche Tageszeitung* schreibt: „Man wird dem Herrn Goebbels, auch abseits von dem amtlichen Lauf der Dinge, mit allem Nachdruck bedeuten müssen, dass die deutsche Öffentlichkeit sich derartige wüste Ausschreitungen und einen derartigen Versuchen, den Terror an die Stelle der Überzeugungskraft der Ideen zu setzen, nicht gefallen lassen wird." Der *Jungdeutsche* sagt: „Wir wenden uns mit Entrüstung von einer politischen Kampfesweise ab, die in persönlichen Verunglimpfungen und tätlichen Misshandlungen ihre Waffen sieht. Wer eine Idee mit solchen Methoden verfechten zu müssen glaubt, richtet sich selbst." Die Hugenberg-Blätter haben einen ganzen Tag gebraucht, ehe sie die Kraft gewannen, eine selbstständige Meinung zu dem Ereignis zu äußern. Sie schwiegen morgens und nachmittags, obwohl die Versammlung ihrer mit kräftigen Drohungen gedacht und ihr eigener Berichterstatter misshandelt worden war. Diese Tatsache wird auch später ängstlich verschwiegen. In der *Nachtausgabe*[326] aber war doch endlich das Gefühl traditioneller Sympathie überwunden, so dass die Redaktion von der „Gesellschaft von üblen Störenfrieden" abrücken konnte, die sich „außerhalb jeder staatlichen und politischen Gemeinschaft" gestellt habe. [...]

Auszug aus dem Goebbels-Tagebuch v. 5. Mai 1927. Zit. n. Fröhlich (Hrsg.): Die Tagebücher von Joseph Goebbels, Teil 1, Bd. 1/II, S. 218f.

[...] Aufgelöst! Ein Beweis, dass wir auf dem rechten Wege sind. Gut so! Die Asphaltpresse[327] schreit wie toll! Gestern eben der Verhaftung entgangen. Mit Hitler lange Unterredung. Er ist siegesgewiss. Am Abend bis in die Nacht Arbeit, Arbeit, Arbeit. Heute morgen Geschäftsstelle. Alles in heller Auflösung. Schupo-Aufgebot. Massenhaft. So knüppelt man die Freiheit nieder.[328] Sei's drum! Ich bleibe stark. Ich weiche nicht. Heute

325 Der deutschnationale Veteranen- und Kampfverband Stahlhelm hatte für den 8. Mai 1927 ein großes Treffen in Berlin angesetzt.

326 Abendausgabe des *Berliner Lokal-Anzeigers*.

327 Gemeint: die vermeintlich „jüdischen" Berliner Zeitungen.

328 Selbststilisierung.

Abend weg! Wenn's noch gelingt! Wohin! Irgendwohin! Wer weiß, was die nächsten Tage bringen! Die Judenschaft fordert meine Verhaftung! Alles schreit und tobt auf mich ein. Unsere Leute stehen Gewehr bei Fuß. Faust in der Tasche! Draußen ist heller, warmer Maientag! Lebe gefährlich! Auf den Tag! [...]

Rückblickende Beschreibung des NSDAP-Verbotes am 5. Mai 1927. Zit. n. Goebbels: Kampf um Berlin, S. 152

[...] Es kam nun, was kommen musste. Schlag auf Schlag. Mittags schon schrieben die jüdischen Zeitungen[329], dass das Verbot unabwendbar sei. Es gelang uns noch, im letzten Augenblick das Postscheckkonto der Partei zu retten, die wichtigsten Akten wurden in Sicherheit gebracht, und dann harrten wir der Dinge, die da kommen sollten. Abends gegen 19 Uhr erschien auf der Geschäftsstelle ein Abgesandter des Polizeipräsidiums, um einen Brief gegen Quittung abzugeben. Es war nicht schwer zu erraten, dass dieser Brief das Verbot der Partei enthielt, und es schien mir deshalb eine leichte Geste, seine Annahme einfach zu verweigern. Der Beamte musste, ohne zum Ziel gekommen zu sein, den Rückzug antreten und heftete den Brief an die Türe des Parteibüros. Es war ja nun doch alles verloren, und so suchten wir wenigstens propagandistisch zu retten, was noch zu retten war. Der Brief wurde einem SA-Mann in die Hand gedrückt; der warf sich ein letztes Mal in volle Uniform, fuhr zum Polizeipräsidium, und es gelang ihm tatsächlich, bis zum Zimmer des Polizeipräsidenten vorzudringen. Dort riss er barsch und frech die Türe auf, warf den Brief ins Zimmer hinein und schrie: „Wir Nationalsozialisten weigern uns, das Verbot anzuerkennen."[330] Die Presse schloss daraus am anderen Tage nur noch mehr auf unsere eigensinnige Verstocktheit und ruchlose Verachtung der Gesetze. Es erschien dann in aller Morgenfrühe ein großes Schupo-Aufgebot auf der Geschäftsstelle und besetzte das Haus bis zum Dach. Alle Schränke, Schreibtische und Regale wurden versiegelt, und damit war das Verbot praktisch durchgeführt. [...]

329 Tatsächlich forderten Kommentatoren des *Berliner Tageblatts*, der *Morgenpost* und der *Vossischen Zeitung* am 5. Mai 1927 ein Verbot der NSDAP.

330 Diese Schilderung entspricht offenbar den tatsächlichen Ereignissen; vgl. *Vossische Zeitung* v. 6. Mai 1927.

39

EIN NEUER GEGNER: BERNHARD „ISIDOR" WEIß

Rückblickende Beschreibung. Zit. n. Goebbels: Kampf um Berlin, S. 140-142

[...] Man schickte amtliche Spione, im Berliner Jargon Achtgroschen-Jungens genannt, als Mitglieder in die Organisation hinein, in der Hoffnung, sich auf diese Weise das notwendige Material zu verschaffen, um im Ernstfall der Bewegung mit einem amtlichen Verbot zu Leibe rücken zu können. Die Seele dieses ganzen Unternehmens war nach unserer Überzeugung der Vizepolizeipräsident Dr. Bernhard Weiß[331] selbst. Und so, wie die Sozialdemokratie vor dem Kriege nicht nur ein System, das ihr feindlich war, bekämpfte, sondern auch seine sichtbaren, exponierten Vertreter, so mussten auch wir, ob wir das wollten oder nicht, unsere Taktik darauf abstellen, nicht nur den Alexanderplatz als Sache, sondern auch den Polizeipräsidenten als Person[332] in unsere politischen Angriffe mit einzubeziehen. So ist es zu erklären, dass unser Kampf gegen die Methoden, die das Polizeipräsidium gegen uns anwandte, und die wir sehr bald in peinlichster Weise am eigenen Leibe zu verspüren bekommen sollten, sich mehr und mehr auf die Person des Vizepolizeipräsidenten Dr. Weiß zuspitzte. In ihm hatten wir eine Zielscheibe unserer Kritik gefunden, wie wir sie uns besser gar nicht denken konnten.

Dr. Weiß bringt zu seinem Amt vieles mit, was nicht dazu gehört und wenig, was nach normalen Begriffen dazu gehören

331 Bernhard Weiß (1880-1951), Jurist, Reserveoffizier und hochdekorierter Kriegsteilnehmer. 1918 Eintritt in die Kriminalpolizei Berlin, 1920 Chef der politischen Polizei Abteilung I A des Polizeipräsidiums, 1925 Leiter der Kriminalpolizei und ab 1927 als Vizepräsident der eigentliche Chef der Berliner Polizei. 1932 im Rahmen des „Preußenschlages" genannten Putsches der reaktionären Reichsregierung von Papen gegen die sozialdemokratische Regierung Preußens abgesetzt. Im März 1933 Flucht aus Berlin, im August offiziell ausgebürgert. 1951 im Londoner Exil verstorben.

332 Polizeipräsident war 1927 Karl Zörgiebel. Gemeint ist hier aber der Polizeipräsident als Behörde, dessen Vizechef und eigentliche starke Mann der erfahrene Ermittler Bernhard Weiß war.

musste. Er ist weder aktiver Polizeimann[333] noch ausgesprochener Politiker.[334] Er ist Angehöriger der jüdischen Rasse, und das musste ihn in unseren Augen von vornherein verdächtig machen. Der Himmel mag wissen, wie er an den Vornamen „Isidor" gekommen ist.[335] Wir haben uns späterhin davon überzeugen müssen, dass ihm dieser Name angehängt worden war, und dass er in Wirklichkeit den unverfänglicheren [Namen] Bernhard trägt. [...] Er ging darunter in die zeitgenössische Geschichte ein, und unsere massiven Angriffe gegen ihn bewirkten am Ende, dass er bald zu den populärsten Personen des antisemitischen Kampfes der nationalsozialistischen Bewegung wurde.

Dr. Weiß! Das war nun bald ein zündendes Schlagwort. Jeder Nationalsozialist kannte ihn, jeder Anhänger hatte sich seine Physiognomie aus Tausenden von Witzblättern, Fotografien und Karikaturen auf das Lebhafteste und Deutlichste eingeprägt.[336] In ihm sah man die Seele des Abwehrkampfes gegen unsere Bewegung, soweit er von Seiten des Polizeipräsidiums geführt wurde.[337] Er wurde für alles verantwortlich gemacht, was der Alexanderplatz uns an Unrecht antat; und da Herr Dr. Weiß im Gegensatz zu vielen anderen Größen des Systems von einer geradezu mimosenhaften Empfindlichkeit[338] ist, versteifte sich die nationalsozialistische Agitation mehr und mehr darauf, ihn zu einer komischen Figur zu machen, ohne ihn als politischen Gegner ernst zu nehmen, ihn in der Hauptsache karikaturistisch wiederzugeben, und zwar in Situationen, die für ihn wenig schmeichelhaft waren, die aber dem natürlichen Bedürfnis des Berliner Publikums nach Witz, Laune, Spott und lächelnder Überlegenheit weitestgehend entgegenkam.

333 Falsche Behauptung von Goebbels. Bernhard Weiß war Jurist mit Schwerpunkt Strafrecht, auch wenn er seine Dissertation 1906 zu einem staatsrechtlichen Thema verfasst hatte („Inwieweit ist der deutsche Reichstag Herr seiner Geschäftsordnung? Die Rechte des deutschen Reichstages in Bezug auf Ergänzung, Auslegung und Abänderung der Geschäftsordnung.") Ab 1918 leitete er neun Jahre lang als Polizeibeamter des höheren Dienstes verschiedene Dienststellen und war aktiv an der Verbrechensbekämpfung beteiligt.

334 Weiß war aktives Mitglied der DDP, allerdings nicht Mandatsträger.

335 Vermeintlich hebräischer, in Wirklichkeit altgriechischer Name, wörtlich übersetzt: „Geschenk der Isis", einer ägyptisch-hellenistischen Göttin. Erstmals verwendete die *Rote Fahne* diesen Schmähnamen für Bernhard Weiß im Jahr 1923, der damals die Politische Polizei Berlins leitete und scharf gegen putschwillige Kommunisten vorging.

336 Tatsächlich tauchte eine Figur, die offensichtlich Bernhard Weiß darstellte, ab 1927 in zahllosen nationalsozialistischen Zeitungen, Broschüren und Büchern auf.

337 Zutreffende Beschreibung. Bernhard Weiß war als überzeugter Demokrat und Anhänger eines wehrhaften Rechtsstaates tatsächlich der wichtigste Verteidiger von Recht und Ordnung gegen Extremisten von links und rechts.

338 Bevor er das erste Mal gegen Goebbels klagte, ließ er zahlreiche Beleidigungen über sich ergehen. „Mimosenhaft" war Weiß sicher nicht.

Fast in jeder Woche hatten wir mit Dr. Weiß irgendeinen Strauß auszufechten. Er war das beliebteste Objekt unserer mitleidlosen Angriffe. Wir zogen ihn aus der Anonymität eines schattenhaften, aber umso einflussreicheren Daseins heraus, stellten ihn in das helle Licht der Öffentlichkeit[339] und führten unsere Schläge gegen ihn mit einem so bitteren agitatorischen Sarkasmus, dass Freund und Feind daran seinen Gefallen finden musste.

Strafantrag von Polizeipräsident Karl Zörgiebel gegen Alfred Rosenberg[340]*, den Chefredakteur des* Völkischen Beobachters, *und gegen Wilhelm Weiß*[341]*, verantwortlicher Redakteur für die Sondernummer von Mai 1927. Zit. n. Dietz Bering: Von der Notwendigkeit politischer Beleidigungsprozesse. Der beginn der Auseinandersetzungen zwischen Polizeivizepräsident Bernhard Weiß und der NSDAP. In: Berlin in Geschichte und Gegenwart. Jahrbuch des Landesarchivs Berlin 1983. Hrsg. von Hans J. Reichardt. Berlin 1983, S. 87–112, S. 101f.*

[...] Abgesehen davon, dass das Bild[342] eine besonders gehässige Karikatur darstellt, ist hier unzweifelhaft beabsichtigt, das Verbot der Berliner Ortsgruppe der NSDAP als eine auf „jüdische Machinationen" erfolgte Maßnahme hinzustellen und so den Eindruck zu erwecken, als ob der Polizeivizepräsident Dr. Bernhard Weiß nicht unparteiisch gehandelt habe, sondern sich lediglich habe leiten lassen von dem Wunsch nach einer Wiedervergeltung gegen von der NSDAP besonders zum Programm gemachten Antisemitismus. Das Bild des Polizeivizepräsidenten Dr. Weiß soll offenbar dazu dienen, den beleidigen Inhalt der angezogenen Worte besonders zu verstärken und außerdem zu verhindern, dass die beleidigen Worte nicht die beabsichtige Wirkung finden. [...] Besonders sind die wiederholten Worte

339 Als führender Kopf der seinerzeit modernsten Großstadtpolizei der Welt stand Bernhard Weiß auch unabhängig von Goebbels' Angriffen im Licht der regionalen Öffentlichkeit.

340 Alfred Rosenberg (1893-1946), Schriftsteller und Ideologe der NSDAP, ab 1923 Chefredakteur des *Völkischen Beobachters*. Nach 1933 u.a. Reichsminister für die besetzten Ostgebiete. 1945/46 im Nürnberger Hauptkriegsverbrecherprozess angeklagt, zum Tode verurteilt und hingerichtet.

341 Wilhelm Weiß (1892-1950), Berufsoffizier, im Ersten Weltkrieg schwer versehrt, 1922 Mitglied der NSDAP, Teilnehmer am Hitler-Putsch, danach Parteifunktionär. Anfang 1927 Chef vom Dienst, 1933 stv. Chefredakteur und 1938 Chefredakteur des *Völkischen Beobachters*. Nach 1945 interniert, kurz nach dem Schuldspruch der Münchner Spruchkammer gestorben.

342 Gemeint: die Karikatur von Bernhard Weiß auf der Titelseite der Sondernummer des *Völkischen Beobachters* zum Verbot der NSDAP in Berlin. Es handelt sich tatsächlich um eine üble antisemitische Zeichnung.

„Isidor Weiß“ und die Worte „unerhört und entehrend“ sowie die Worte „Würde und Schönheit der Novemberdemokratie“ und „Man sehe sich das Bild des Dr. Weiß an, um zu wissen, was für eine Sorte Mensch das ist“ zu beachten. [...]

Auszüge aus dem Goebbels-Tagebuch v. 30. August, 9 Dezember 1927, 6. Januar, 17. Februar, . Zit. n. Fröhlich (Hrsg.): Die Tagebücher von Joseph Goebbels, Teil 1, Bd. 1/II, S. 263, S. 299, S. 311, S. 327

[...]Wir haben große Pläne. Isidor Weiß muss gestürzt werden. Ich glaube auch, dass uns das gelingen wird [...] Die Post kommt. Isidor klagt. Gottseidank! [...] Ich arbeite am „Buch Isidor“.[343] Heute mit Schweitzer[344] die ganze Arbeit durchgesprochen. Er ist auch restlos begeistert. Nun geht er ans Zeichnen. [...] Unser „Buch Isidor“ kommt noch bis Ostern heraus. [...] Gestern Nachmittag mit Schweitzer Schlussredaktion. „Das Buch Isidor“ ist fertig und heute an den Verlag Eher abgesandt. Ich bin froh, dass ich diese Arbeit aus den Füßen habe. [...]

40

BERLINER NAZIS NACH DEM VERBOT

Rückblickende Beschreibung Horst Wessels. Zit. n. Wessel: Politika, fol. 58-61

[...] Dann kam der Reichsparteitag 1927 in Nürnberg.[345] In Berlin waren die Nazis durch die republikanische Polizei schon geraume Zeit verboten. Aber die Devise lautete: Trotz Verbot – nicht tot! Über tausend Mann[346] Berliner fanden sich zum Par-

343 Gemeint: die Hetzschrift „Das Buch Isidor. Ein Zeitbild voll Lachen und Hass“, die 1928 in erster und bis 1931 schon in fünfter Auflage unter den Namen von Goebbels und „Mjölnir“, dem Pseudonym von Hans Herbert Schweitzer erschien. Der Band enthält zahlreiche Karikaturen, die durchweg antisemitisch sind.

344 Gemeint: Hans Herbert Schweitzer.

345 Der Reichsparteitag der NSDAP 1927 war das erste derartige Treffen, das in Nürnberg stattfand, vom 19. bis 21. August 1927.

346 Auf der Rückfahrt von Nürnberg wurden einige hundert uniformierte SA-Leute in Teltow von der Polizei aus ihren Zügen geholt und zur Feststellung der Personalien ins Polizeipräsidium am Alexanderplatz gebracht. Vgl. Fröhlich (Hrsg.): Die Tagebücher von Joseph Goebbels, Teil 1, Bd. 1/II, S. 259: „Hiobspost. Die Berliner – 800 an der Zahl – sind in Teltow verhaftet worden.“ Am folgenden Tag kamen sie wieder frei. Wie viele Berliner NSDAP-Mitglieder tatsächlich in Nürnberg waren, ist unbekannt.

teitag ein. Was soll ich vom Parteitag berichten. Fahnen, Begeisterung, Hitler, ganz Nürnberg ein braunes Heerlager. Das war der größte Eindruck. Und der andere: Das Erlebnis des einheitlichen Wollens von Nord und Süd, von Ost und West. Das Erlebnis deutscher Kameradschaft. Das sichtbare Erstarken der Gesamtbewegung. Nürnberg vergisst so leicht keiner, der dabei war. Der Öffentlichkeit war Nürnberg ein Signal: Achtung, wir sind erwacht! Wir marschieren schon! Es wurde auch demgemäß verstanden. Die kleineren Einzelerlebnisse gerieten im Trubel der Festtage ins Vergessen. Geblieben ist nur der Gesamteindruck. Und der ist nachhaltig und tief. Was machte es nach einem solchen Reichstreffen den Berlinern aus, dass sie zurück mussten in eine Stadt, in der ihr Wirken verboten war. Der Bewegung hat das Verbot keinen Abbruch getan: Die Idee war zu übermächtig dazu. [...]

41

GOEBBELS STARTET DEN *ANGRIFF*

Rückblickende Beschreibung. Zit. n. Goebbels: Kampf um Berlin, S. 187-196

[...] Die Herausgabe einer eigenen Zeitung war für die verbotene Partei in Berlin zu einer unabweisbaren Notwendigkeit geworden. Da das Polizeipräsidium jede öffentliche Wirksamkeit der Bewegung durch Versammlungen, Plakate und Demonstrationen unterbunden hatte, blieb uns nichts anderes mehr übrig, als durch das Mittel der publizistischen Massenbeeinflussung neuen Boden zu gewinnen.

Schon in der Zeit, da die Partei noch erlaubt war, hatten wir uns mit dem Gedanken getragen, ein eigenes Organ für die Berliner Bewegung zu gründen. Aber die Durchführung dieses Planes war immer an den vielfältigsten Hindernissen gescheitert. Es fehlte uns einmal das Geld, um ein der jetzigen Bedeutung der Bewegung entsprechendes Zeitungsunternehmen aufzuziehen. Dann standen unserem Projekt eine Reihe von organisatorischen und parteimäßig bedingten Schwierigkeiten im Wege; und nicht zuletzt waren wir auch durch die

Propagandatätigkeit der Partei in Versammlungen und Demonstrationen so im Übermaß in Anspruch genommen, dass uns schon die Zeit fehlte, das Projekt wirksam und erfolgreich zur Durchführung zu bringen.

Nun aber war die Partei verboten. Versammlungen waren untersagt, von Demonstrationen auf der Straße konnte gar keine Rede mehr sein. Nachdem der erste Pressesturm verebbt war, herrschte über uns in der Journaille ein allgemeines Schweigen. Man hoffte dort, man könne die Bewegung, die man mit brutaler Gewalt organisatorisch niedergeschlagen hatte, durch Stillhalten überwinden. Dem Übelstand wollten wir durch unsere Zeitung abhelfen. Sie sollte ein Organ für die Öffentlichkeit werden. Wir wollten mitreden, mitbestimmen; wir wollten auch ein Stück öffentliche Meinung sein; unser Ziel war, jenes Band zwischen Führung und Parteigenossenschaft wieder anzuknüpfen, das durch die drakonische Verbotspraxis des Berliner Polizeipräsidiums rau und mitleidlos durchschnitten worden war. [...]

Es war nicht der Zweck dieser Zeitung, die Bewegung zu verteidigen. Wir hatten nichts mehr, was wir verteidigen konnten, denn man hatte uns alles genommen. Die Bewegung musste aus der Defensive in die Offensive geführt werden. Sie musste kämpferisch und aggressiv vorgehen; kurz und gut, sie musste angreifen. Darum kam als Titel ausschließlich *Der Angriff* in Frage. Wir wollten mit dem Mittel der Publizistik die Propagandamethoden fortsetzen, die uns im frei gesprochenen Wort verboten waren. Es lag nicht in unserer Absicht, ein Informationsblatt zu gründen, das für unsere Anhänger gewissermaßen das tägliche Journal ersetzen sollte. Unsere Zeitung entstand aus der Tendenz heraus und sollte auch in der Tendenz und für die Tendenz geschrieben werden. Unser Ziel war nicht, zu informieren, sondern anzuspornen, anzufeuern, anzutreiben. Das Organ, das wir gründeten, sollte gewissermaßen wie eine Peitsche wirken, die die säumigen Schläfer aus ihrem Schlummer aufweckt und sie zu rastlosem Handeln vorwärts hetzt. [...]

Aber schon der Name war ein Schuss ins Schwarze. Die für die Zeitung einsetzende Propaganda tat ein Übriges, wenigstens die Anfänge des jungen Unternehmens verheißungsvoll zu gestalten. In der letzten Juniwoche erschienen an den Plakatsäulen in Berlin mysteriöse Anschläge, über die sich manch einer den Kopf zerbrach. Wir hatten unseren Plan so geheim wie möglich gehalten, und es war uns in der Tat gelungen, ihn den Augen der Öffentlichkeit gänzlich zu entziehen. Ein großes Erstaunen ging durch Berlin, als eines Morgens an den Litfaßsäulen auf blutroten Plakaten in lakonischer Kürze zu lesen stand: *Der Angriff*! Man war betroffen, als ein paar Tage später ein zweites Plakat erschien, auf dem die mysteriöse Andeutung des ersten zwar erweitert wurde, ohne aber dem Uneingeweihten die Möglichkeit zu geben, sich restlos Klarheit zu verschaffen. Dieses Plakat lautete: „*Der Angriff* erfolgt am 4. Juli". Ein glücklicher Zufall wollte, dass an demselben Tag von Seiten der Roten Hilfe ein Plakat angeschlagen wurde, auf dem in drohenden roten Lettern zu lesen stand, bei Unglücksfällen und Verwundungen solle man sich sofort an die zuständige Sanitätsstelle dieser kommunistischen Hilfsorganisationen wenden. Damit war nun für die Öffentlichkeit das ruchlose Geheimnis, das sich hinter diesen mysteriösen Andeutungen verbarg, aufgedeckt. Es war offenbar, dass mit dem Angriff ein kommunistischer Putsch gemeint war. Dieser Putsch sollte am 4. Juli in Berlin beginnen, und, wie die Ankündigung der Roten Hilfe bewies, sorgte die kommunistische Partei bereits für sachgemäße Pflege und Betreuung der zu erwartenden Schwerverwundeten. Dieses Gerücht ging wie ein Lauffeuer durch die Reichshauptstadt. Es wurde von der Presse aufgegriffen, die ein großes Rätselraten begann. [...]

Auszüge aus dem Goebbels-Tagebuch v. 27. Juni, 29. Juni, 4. Juli, 9. Juli, 19. Juli, 6. August, 10. August, 27. August, 30. August, 27. September, 22. Oktober u. 12. Dezember 1927. Zit. n. Fröhlich (Hrsg.): Die Tagebücher von Joseph Goebbels, Teil 1, Bd. 1/II, S. 238, S. 238f., S. 241, S. 242f., S. 253, S. 254, S. 261, S. 263, S. 274, S. 282 u. S. 301.

[...] Die ganze Reichshauptstadt ist in heller Aufregung. An den Plakatsäulen kleben unsere Plakate. „*Der Angriff* erfolgt am 4. Juli." Die Presse fürchtet einen kommunistischen Aufstand. Danke für die Reklame! Eine Anfrage im Landtag fordert Aufklärung. Merci, messieurs! [...] In Berlin erwarten mich wieder Haufen von Arbeit. Ich schreibe, schreibe, schreibe. *Der Angriff* wird erstklassig werden. [...]Berlin! Sorge über Sorge.

Der Angriff ist in erster Nummer erschienen. Noch viel auszusetzen. Aber die zweite Nummer soll mustergültig werden. [...] Ich finde die ausgezeichnete Nr. 2 vom *Angriff* vor. [...] Heute viel Arbeit, wie immer. *Der Angriff* findet viel Kritik. Aber auch viel Anerkennung. Ich gehe meinen Weg, sicher und unbeirrt. Ich werde schon mein Ziel erreichen! [...] Heute bekomme ich einen Brief von Dr. Lippert. Beim *Angriff* ist so halberlei alles im Lot. [...] Die letzte Nummer vom *Angriff* ist miserabel. Ich werde mit den Herrschaften nach meiner Rückkehr schon ein Wörtlein reden. [...] Heute den ganzen Tag für den *Angriff* geschrieben. Die nächste Nummer wird saftig. [...] Ich bin fleißig bei der Arbeit, und vor allem, die Arbeit macht mir Freude! Die nächste Nummer vom *Angriff* schreibe ich sozusagen ganz allein. [...]Gestern den ganzen Tag schwer gearbeitet. Konferenzen, Unterhandlungen, Beschlüsse. Leitaufsätze geschrieben. Nun ist der *Angriff* finanziell ganz gesichert. Gottseidank! [...] Heute neuer *Angriff*. Eine saftige Nummer. Hoffentlich wird sie nicht verboten. Ich habe jedes Mal Angst darum. [...] Gestern Abend noch mit dem Chef im „Rheingold“.[347] Wir sind nun in allem einig. Der Kampfverlag wird wohl nach Essen übersiedeln müssen. Berlin gehört dann dem *Angriff*. Das wäre die klassische Lösung. Auch sonst war der Chef guter Dinge. Die Sache marschiert allenthalben.

42

DIE BERLINER NSDAP WÄHREND DES VERBOTES

Zeitungsartikel der C.V. Zeitung[348]*, 20. Januar 1928. Zit. n. Friedrich: Die missbrauchte Hauptstadt, S. 183*

[...] Das Groß-Berliner Vereins- und Versammlungswesen wird gegenwärtig von tausend nationalsozialistischen Versammlungsbesuchern beherrscht. Wer Gelegenheit hat, die-

347 Oper von Richard Wagner, erster Teil des Rings der Nibelungen.

348 Wochenzeitung des Centralvereins deutscher Staatsbürger jüdischen Glaubens, erschien 1922 bis 1938. Zeitweise auflagenstärkstes politisches Blatt im deutschen Judentum.

se mit großem Tamtam angekündigten Veranstaltungen des Herrn Goebbels, den man in Berlin den „Hitler in der Westentasche“ nennt, zu besuchen, sieht im Norden wie im Süden dieselben 400 Braunjacken, dieselben 400 berufsmäßigen Versammlungsbesucher. Dazu kommen abwechselnd einige hundert verbitterte Kleinrentner, Arbeitslose, fanatische Studenten, unreife Gymnasiasten sowie vor allem schwankende Gestalten aus der Arbeiterschaft, die heute den Kommunisten zujubeln und morgen auf Hitler schwören. Wir überschätzen die nationalsozialistische Gefahr sicher nicht. [...] Wenn wir trotzdem unsere warnende Stimme erheben, [...] so geschieht das unter dem Eindruck der ganzen Art und Weise, wie Herr Goebbels und seine Anhänger es wagen, in der Berliner Öffentlichkeit aufzutreten. [...] Wer so in Versammlungen und in der Presse sprechen und schreiben darf, der muss in harmlosen Lesern und Zuhörern den Eindruck erwecken, als sei er bereits der Hitler in Berlin, der über unumschränkte Gewalt verfügt und auf Gesetz und Ordnung pfeift. [...]

43

DIE REICHSTAGSWAHL 1928

Auszüge aus dem Goebbels-Tagebuch v. 31. März, 1. April, 19. April, 30. April, 5. Mai, 16. Mai, 19. Mai, 21. Mai u. 22. Mai 1928. Zit. n. Fröhlich (Hrsg.): Die Tagebücher von Joseph Goebbels, Teil 1, Bd. 1/II, S. 347, S. 348, S. 357, S. 360, S. 363, S. 365, S. 370, S. 372f.

[...] Heute: das Verbot[349] ist aufgehoben! Hitler darf wieder in Preußen reden.[350] Ich weiß mich gar nicht mehr zu fassen vor Freude. Triumph! Ich habe gesiegt. Ich hatte die stärksten Nerven. Heute Abend große Siegesfeier. Ich bin restlos glücklich. [...] Nein, es ist kein Aprilscherz. Die Partei ist erlaubt,

349 Um der NSDAP „die ungehinderte Möglichkeit zur Wahlvorbereitung zu geben“, hob Polizeipräsident Karl Zörgiebel das Verbot der Berliner NSDAP am 31. März 1928 auf. Dazu gab es keine Alternative. Zugleich wurde das Redeverbot für Hitler in Preußen aufgehoben. Vgl. Reuth: Goebbels, S. 133

350 Irrtum von Goebbels. Das Aufhebung des Verbotes bezog sich auf die Berliner Parteiorganisation der NSDAP. Das Verbot für Hitler, öffentlich zu reden, blieb bis zum 28. September 1928 in Kraft.

wir sind frei. Gestern Abend saßen wir zum ersten Male wieder als Parteigenossen[351] zusammen und waren alle glücklich. In den Augen strahlte eine Freude, die eben nur bei den Menschen Einkehr zu halten pflegt, die ihre Pflicht getan haben. Heute noch ist es mir wie im Traume. Wir sind schon wieder mitten in rasender Arbeit. Der Reichstag ist aufgelöst. Neuwahl am 20. Mai. Dann werde ich hoffentlich immun.[352] [...] Unsere Aussichten für die Wahl sind gut. [...] Berlin! Arbeit! Tempo! Rasend in Energien! Geschäftsstelle! Heim! Heute Abend rede ich in Friedenau! Ich bin so müde! Rücken- und Kopfschmerzen! Die Nerven! Dass die Wahlzeit zu Ende wäre! [...] Gestern durch die Werdersche Baumblüte. Ein herrliches Naturschauspiel. Leider sehr getrübt durch diesen Massenanstrom von Berlin und diese Legion von Betrunkenen, die schon vor Potsdam die Straßengräben bevölkern. Das ist also das Volk, das seit 1918 mündig ist und am 20. Mai selbst sein Los bestimmt. [...] Unsere Wahlpropaganda wirkt fabelhaft. Ich bin sehr abgespannt und kaum noch ein Mensch. Wie froh bin ich, dass das Theater am 20. Mai zu Ende geht. Hoffentlich halte ich bis dahin aus! [...] Hochbetrieb; Wahlzeit. Unsere Aussichten sind im Ganzen gut! Hoffentlich kommt nun nicht in den letzten Tagen noch eine unerwartete Katastrophe. [...] Gestern Abend noch zwei letzte große Massenversammlungen im Friedrichshain. Alles ist nun bis zum Letzten aufgemöbelt. Ich habe meine Pflicht getan. Morgen fällt eine Entscheidung. Ich glaube, dass wir gut abschneiden werden. Heute fährt unsere SA in Lastautos durch Berlin. Morgen ist Wahltag. Ich bin vollkommen erledigt. Die Wahlarbeit ist zu Ende. Die Sonne kommt heraus. [...] Das war ein Wahltag! Den ganzen Tag bis in die tiefe Nacht strömender Regen. Wir haben auf der Geschäftsstelle gesessen und gesungen. Abends! Im Viktoriagarten brechende Fülle. Erste Resultate sehr schlecht für uns. Dann aber kommt's besser. Zuletzt fantastische Zahlen, die gar nicht stimmen können. Die Leute sind wie verrückt. Alles schreit, lacht, jubelt und singt. 80 Neuaufnahmen. Im vorigen Monat über 500. Man trägt mich mit Triumphgeheul durch den Saal. Um ein Uhr Schluss. Wir sitzen noch bis vier Uhr und

351 Während des Verbotes hatten sich die Berliner NSDAP-Mitglieder und Anhänger getarnt und ohne Uniformen sowie Hakenkreuzfahnen getroffen. Dagegen hatte die Polizei Handhabe.

352 Gewählte Reichstagsabgeordnete genossen Immunität.

horchen Resultate ab. Es wird für uns ungünstiger. Kommunisten und Sozialdemokraten haben einen beispiellosen Erfolg errungen. Die Deutschnationalen haben direkt katastrophale Verluste. Eine Übersicht ist noch nicht möglich. Von Berlin nur Teilergebnisse. Heute morgen klart's sich für uns etwas auf. Ich denke, wir bekommen eine Fraktion im Reichstag zusammen. Abwarten! Heute Abend hat man einen Überblick. [...] Es ist abends gegen zehn Uhr. Jetzt kann man die ganze Sache überschauen: In Preußen haben wir 8 Abgeordnete: [...] Im Reich haben wir 12 Abgeordnete. Darunter auch ich. Die Namen stehen noch nicht fest. [...] Ein schöner Erfolg, aber den haben wir auch durch unsere Arbeit verdient. Wir brauchen dafür nicht Dankeschön zu sagen. Aber sonst: trostlos. [...] Ich bin also MdR. Immun, das ist die Hauptsache. [...]

44

DER ERSTE STREIT MIT DER SA

Auszüge aus dem Goebbels-Tagebuch v. 12. Dezember 1927, 3. April, 5. April, 14. April, 17. Juni, 7. August, 12. August, 13. August, 13. September 1928. Zit. n. Fröhlich (Hrsg.): Die Tagebücher von Joseph Goebbels, Teil 1, Bd. 1/II, S. 301, S. 349, S. 350 u. S. 355 sowie Bd. 1/III, S. 38, S. 64, S. 68 u. S. 82.

[...] Hauptmann Stennes[353] ist ein guter, tapferer Mitarbeiter. Er wird der SA ein brauchbarer Führer sein. Wir werden schon auskommen. Kadett. Preußisch. [...] Lange noch mit Hauptmann Stennes zusammengesessen. Er ist ein tadelloser Kerl. Wie aus dem Ei gepellt. [...] Gestern Abend Gründung der SA.[354] Alles in Ordnung. Nachher erregte Debatte mit Stennes über Kandidatenfragen. Aber er musste kapitulieren. [...] Hauptmann Stennes und sein Kreis machen mir ernste Sorgen. Das alte

353 Walther Stennes (1895-1989), Berufsoffizier, Führer eines Freikorps und Mitglied illegaler Wehrverbände. Seit Mai 1927 Mitglied der NSDAP, dann Oberbefehlshaber der SA in Ostdeutschland einschließlich Berlins sowie zweiter Mann der Gesamt-SA. 1928 erster, 1930 zweiter zeitweiliger Austritt aus der NSDAP und SA. 1931 endgültiger Bruch. Danach prominenter Hitler-Gegner. 1933 für vier Monate verhaftet, danach Exil in China. 1949 Rückkehr nach Deutschland. Sein Antrag auf Anerkennung als NS-Verfolgter wurde letztinstanzlich abgelehnt. Stennes lebte bis zu seinem Tod zurückgezogen.

354 Gemeint: Neugründung nach dem Verbot.

Lied: Konflikt zwischen Militär und Politik. Diese Jungen, die bei uns noch nicht warm geworden sind, mischen sich zu viel in die Interna der politischen Leitung hinein, versuchen die Kandidatenliste zu beeinflussen und mehr. Aber ich werde mich schon durchsetzen. [...] Gestern viele Unterredungen für den heutigen Gautag. Aber nun sind wir in allem zu Rande gekommen. Nur die SA macht mir noch Sorge. [...] Gestern morgen Unterredung mit Eggerding.[355] Er machte den Harmlosen. Ich lauschte ein Gespräch zwischen ihm und Stennes ab. Jetzt weiß ich, woran ich bin. [...] Gleich schon unangenehme Post von Berlin. Stennes ist mit seiner Rotte Korah[356] ausgetreten. Na, in Gottes Namen, wenn ihn das tröstet. Der Mann hat uns nur Ärger gebracht. In drei Teufels Namen glauben diese Herren Offiziere vielleicht, sie könnten uns zwingen. [...] Die SA in großer Krise. Stennes ausgetreten. Dazu viele Standartenführer. Wehrbundskrise, wie ich sie lange schon vorausgesagt hatte, ist nun eingetreten. Und jetzt muss endlich geschieden werden: Partei oder Wehrverband, Revolution oder Reaktion. [...] Abends Unterredung mit Stennes. Ein Ausweg: Hitler redet zweimal in Berlin.[357] Ich nehme 3000 Reichsmark auf Kredit. Große Erlösung. Gespräch mit München. Gut! Ansprache vor den SA-Führern. Alles zufrieden. Die Krise ist gelöst. [...] Zum Chef. Lange Unterredung. Ich muss ihn sehr beknieen. Manchmal gegen meine Überzeugung. Er hält Pfeffer[358] und Stennes für Freischärler. Wahrscheinlich mit Recht. Aber jetzt können wir keine Krise gebrauchen. Alle Parteien haben ihre Krisen. [...] Da müssen wir Frieden halten. Ich überzeuge den Chef gegen meine Überzeugung. Aber so musste ich handeln, um die Partei zu retten. [...] Gleich Unterredung mit Hauptmann Stennes. Ich vertrage mich jetzt ganz gut mit ihm. Der ganze Streit war nur eine Geldfrage. [...]

355 Gemeint: Hubert Eggerding (Lebensdaten unbekannt).

356 Ausdruck aus dem Alten Testament (4. Buch Mose 16f.). Korah (oder Korach) war ein Verräter, der die Israeliten gegen Moses aufrührte. Gott strafte seine Anhänger und ihn, indem er sie in eine Erdspalte stürzen ließ.

357 Zu diesen Ansprachen ist es offensichtlich nicht gekommen – in diesem Sommer ist nur eine Hitler-Rede in Berlin überliefert, am 13. Juli 1928.

358 Franz Pfeffer von Salomon (1888-1968), Jurist und Berufsoffizier. Kriegsteilnehmer. Mitglied der NSDAP, seit 1926 Oberster SA-Führer. 1930 im Streit mit Hitler aus diesem Amt geschieden, dennoch weiterhin NSDAP-Mitglied. Pfeffer von Salomon wurde MdR 1932-1941, dann wegen seiner Verbindung zu Rudolf Hess aus der NSDAP ausgeschlossen. 1944 kurzzeitig in Haft.

45

BASISARBEIT DER NSDAP IN BERLIN

Rückblickende Beschreibung Horst Wessels. Zit. n. Wessel: Politika, fol. 65-68

[...] Nach der Ruhe im SA-Betrieb in Wien[359] kam ich im Hochsommer [1928] nach Berlin zurück. Für mich kam in Berlin eine Beteiligung bei der Hitlerjugend nicht in Betracht. Die Jugend war sehr wenig ausgebaut, und ohne besondere Vollmachten ließ sich eine Umstellung zur Massenorganisation nicht vollziehen. So wandte ich mich sogleich in verstärktem Maße der Parteiarbeit zu. Der Sommer war besonders zur völligen Durchorganisierung der Partei bestimmt. Bei meiner Stammsektion Alexanderplatz übernahm ich die Funktion eines Straßenzellenleiters, dem alle organisatorischen Fragen der Ortsgruppe unterstehen. Im Rahmen eines Funktionärskursus leistete ich durch Schulung der Zellenführer die nötigen Vorarbeiten für den Winterkampf. Das ist das Wohltuende bei der Berliner Arbeit: Alles geschieht planmäßig! Das verschafft uns auch die Achtung des Gegners, dass wir unsere Organisation aus dem Nichts heraus geschaffen haben. Der Sommer diente aber auch propagandistischen Zwecken, zumindest auf dem flachen Lande: In Prenzlau fand unter Beteiligung einiger Berliner Standarten der Uckermärkertag[360] mit gutem Erfolg statt. Auf diese Lastautofahrt, die erste für mich seit langer Zeit, hatte ich mich noch in Wien schon gefreut. Zum ersten Male war auch mein Bruder als SA-Mann mit dabei.[361] Störend war lediglich die tropische Hitze, die zur Folge hatte, dass ich die ganze freie Zeit am Sonntag im Wasser verbrachte. Und das war nicht wenig. Eine Rarität hatte diese Fahrt noch für mich, nämlich dass sie ohne Störung verlief, von einigen unbedeutenden Zwischen-

359 Von Januar bis Juni 1928 war Wessel in Wien, eigentlich auf einem Auslandssemester, tatsächlich aber eher bei einer Art Praktikum, um dort die Parteiorganisation der NSDAP kennenzulernen. Ob er dazu tatsächlich einen Auftrag von Goebbels hatte, ist unklar. Vgl. Siemens: Horst Wessel, S. 62-65.

360 Das SA-Treffen in Prenzlau fand am 14./15. Juli 1928 statt.

361 Gemeint: Werner Wessel (1910-1929). Der jüngere Bruder von Horst Wessel verirrte sich im Dezember 1929 bei einem Skiausflug im Riesengebirge und erfror.

fällen in Prenzlau mit der Polizei und in Groß-Schönebeck mit Kommunisten abgesehen. Im August sprach dann noch Adolf Hitler in Berlin.[362] Der Saalbau unter polizeilicher Kontrolle, da man dem Chef das Reden in Preußen noch immer verbietet.[363] Trotz der sogenannten „Sauren-Gurkenzeit“ war der Riesensaal völlig überfüllt. Wer macht uns das im Hochsommer nach? Nur die Kommunisten haben anlässlich der Rückkehr von Max Hoelz[364] aus dem Zuchthause ähnliche Massen, und noch etwas darüber, auf die Beine bringen können. Jedenfalls, die Hitler-Rede war ein voller Erfolg, der auch als solcher in der Presse seine verdiente Würdigung fand. Was mir vor allen Dingen an der Hitler-Versammlung auffiel, das war einerseits das starke Anwachsen der Mitgliederzahl, und somit, auf die SA bezogen, die Fülle unbekannter Gesichter. Die Maiwahlen haben sich sehr schnell schon erfreulich ausgewirkt.[365] Die Aussichten für den Herbst- und Winterkampf sind also nicht ungünstig. Die Neuorganisierung des Gau Berlin-Brandenburg ist auch ganz auf eine starke Mitgliederzunahme eingestellt. Aus meiner Tätigkeit als Straßenzellenleiter wurde ich allerdings sehr schnell wieder herausgerissen, da ich den Herbst über in Thüringen beruflich tätig war. [...]

362 Gemeint: Hitlers außenpolitische Rede vor einer geschlossenen Mitglieder-Versammlung im Saalbau Friedrichshain am 13. Juli 1928. Vgl. *Berliner Lokal-Anzeiger* v. 14. Juli 1928 und *Völkischer Beobachter* v. 18. Juli 1928. Goebbels notierte: „Am Abend sprach der Chef. Übervoller Saal. Tolle Begeisterung. 37 Grad Hitze. In zwei Teilen von halb neun bis kurz vor zwölf. Außenpolitik. Die bekannte These. In meisterhafter Darstellung. Eine pompöse Versammlung. Die ganze Berliner Presse war da. Ich bin gespannt auf die Kritik.“ Zit. n. Fröhlich (Hrsg.): Die Tagebücher von Joseph Goebbels, Teil 1, Bd. 1/III, S. 53

363 Das Redeverbot für Hitler in Preußen wurde erst am 28. September 1928 wieder aufgehoben.

364 Max Hoelz (1889-1933), Vermessungstechniker, Frontsoldat. Seit 1918 Mitglied der USPD, ab 1919 der KPD. Hoelz führte 1920 einen Arbeiteraufstand an und wurde fälschlicherweise wegen Mordes zu lebenslangem Zuchthaus verurteilt. Am 18. Juli 1928 nach Protesten zahlreicher Intellektueller aus der Haft entlassen. 1929 emigrierte er nach Morddrohungen durch Nazis in die Sowjetunion, wo er 1933 unter nie aufgeklärten Umständen zu Tode kam.

365 In Wirklichkeit erhielt die NSDAP bei der Reichstagswahl am 20. Mai 1928 gerade einmal 1,5 Prozent der Stimmen in der Reichshauptstadt, wesentlich weniger noch als die auch nur 2,6 Prozent im Reichsdurchschnitt.

46

HITLERS LOB FÜR GOEBBELS

Auszug aus dem Goebbels-Tagebuch v. 15. Juli 1928. Zit. n. Fröhlich (Hrsg.): Die Tagebücher von Joseph Goebbels, Teil 1, Bd. 1/III, S. 53f.

[...] Gestern war der Chef auf der Geschäftsstelle. Er war ehrlich begeistert. Er gab mir in Allem recht. „Alles das hätte ich auch so gemacht." Auf der Geschäftsstelle blitzte jedes Zimmer vor Ordnung und Sauberkeit. Wir haben einen guten Eindruck gemacht. Lange persönliche Aussprache. Er ging scharf gegen Dr. Straßer[366] vor. Meine Methode war richtig. Das hat der Chef ungefragt zugestanden. Er war voll des Lobes für unsere Arbeit. Von einem Abdanken kann bei mir also keine Rede mehr sein. Ich bleibe. Der Chef ist hundertprozentig auf meiner Seite. Gregor Straßer war gestern bei ihm. Geknickt und verzweifelt. Nun soll der Kampfverlag liquidiert werden. Wie, das wissen die Götter. Jetzt schwebt nur noch die SA-Frage. Die werde ich gleich noch mit Pfeffer bereinigen. [...]

47

HITLERS ERSTE ÖFFENTLICHE REDE IN BERLIN

Auszug aus dem Abdruck der Rede. In: Völkischer Beobachter *v. 21. November 1928*

[...] National ist, kann nur sein, wer zu seinem Volke steht, und Sozialist kann nur sein, wer für das Recht seines Volkes auch nach außen eintritt. Damit ist die NSDAP nicht mehr nationalistisch oder sozialistisch allein, nicht mehr bürgerlich oder proletarisch, sondern sieht vor sich Menschen, die ehrlich die

366 Gemeint: Otto Straßer.

Volksgemeinschaft aufbauen wollen, Klassenstolz und Dünkel ablegen, um gemeinsam zu kämpfen. Damit ist die Partei eine Bewegung, die sich mit Stolz Arbeiterpartei nennen kann, denn niemand ist in ihr, der nicht schafft und arbeitet am Leben des Volkes. Jetzt steht schon der Prolet neben dem Bürgerlichen, eine einzige Armee der Stirn und der Faust, zusammengeschweißt für ein Ziel. Das[367] sind unsere Siegeszeichen, denn wir sind Deutsche.

Damit beginnt die Bewegung einen gigantischen Kampf gegen den Internationalismus mit allen seinen Auswirkungen, gegen links wie rechts. Allen Völkern der Erde stehen wir gleichgültig gegenüber, aber zu einem stehen wir mit heißer Liebe, zu unserem Volke. Erst wenn das gedeiht, interessieren uns die anderen.

Wir bekämpfen den Gedanken der Zahl und des Massenwahnsinns, wir wollen dem Besten die Zügel der Regierung in die Hand legen. Hunderttausend stehen bei uns, für die gilt keine Abstimmung, sondern die Autorität des Führers, und diese Hunderttausende wissen, dass Demokratie an sich ein Irrtum ist. Die Bewegung hat in sich ein Vorbild geschaffen von dem, was werden soll. Sie ist deutsch, reinblütig und bewusst aristokratisch aufgebaut, sie will gar nicht objektiv sein, sondern subjektiv deutsch. Sie kämpft gegen die heutige Welt und wird eine neue Welt einleiten. Nicht Versöhnung mit allen oder Gemeinsamkeit mit allen, wohl aber Hand dem Guten und Tod, legal, dem Schlechten.

Damit betritt sie den Weg großer Auseinandersetzungen. Kampf allen Klassen. Wenn Parteien sich noch stolz als proletarisch bezeichnen, so müssen sie wissen, dass die Macht wächst, die einmal alle Klassen zerschlägt, die den Marxismus überwindet: nicht damit das Bürgertum siegt, sondern damit das deutsche Volk leben bleibt. Wir wollen Raum und Brot schaffen, denn jetzt sind wir Sklaven der Weltwirtschaft, Sklaven auf eigenem Grund und Boden. Wir bekennen, dass es unsere Absicht ist, dem Volk wieder Boden zu geben. [...]

367 An dieser Stelle zeigte Hitler auf die Saal aufgehängten Hakenkreuzflaggen.

Auszüge aus dem Goebbels-Tagebuch v. 16. November, 17. November u. 18. November 1928. Zit. n. Fröhlich (Hrsg.): Die Tagebücher von Joseph Goebbels, Teil 1, Bd. 1/III, S. 124-126

[...] Eben im Sportpalast. Der Saal war halb sieben Uhr schon gut gefüllt. [...] Um acht Uhr wird der Sportpalast polizeilich gesperrt. 16.000 Menschen. Eine Überfülle. 20.20 Uhr kommt Hitler. Unendlicher Jubel. Musik. Die Fahnen marschieren ein. Dann spricht Hitler. Anderthalb Stunden. Eine seiner besten Reden. Immer wieder von Beifallsstürmen unterbrochen. Zum Schluss ein Orkan. Alle stehen auf. Deutschland über alles. Nach Hause. Draußen acht Hundertschaften Schupo. Großer Tag. Wir sitzen bis tief in die Nacht noch alle zusammen, der Chef, Epp[368], von Mücke[369], Heß, seine Frau, die Geli[370] und ich. Der Chef ist ganz glücklich. Er lacht mich immer wieder an, und dann beglückwünschen wir uns. Der größte Erfolg in meiner bisherigen Arbeit. [...] Unser Pg. Kütemeyer[371] ist die Nacht von Marxisten niedergeschlagen und in den Landwehrkanal geworfen worden. Dort ist er ertrunken. Wir sind alle in tiefer Trauer um diesen treuen Kameraden. „Des Lebens ungemischte Freude ward keinem Irdischen zuteil.“ Schon ist die Nemesis da. Ich war heute bei Hitler. Er war tief erschüttert. [...]

368 Franz Xaver Ritter von Epp (1868-1947), Berufsoffizier, u.a. bei den deutschen Kolonialtruppen. Frontsoldat, danach Gründer und Kommandeur des „Freikorps Epp“, das er bei der Niederschlagung der Münchner Räterepublik befehligte. 1923 Abschied aus der Reichswehr, Mitglied der NSDAP. Seit 1928 MdR. 1933 Reichskommissar in Bayern, ab 1936 Leiter des Reichskolonialbundes. In Internierung gestorben.

369 Hellmuth von Mücke (1881-1957), Marineoffizier, Kriegsteilnehmer. Seit 1919 Mitglied der NSDAP, seit 1926 Mitglied des Sächsischen Landtages. 1929 Austritt aus der NSDAP, lebte danach zurückgezogen.

370 Gemeint: Angela „Geli“ Raubal (1908-1931), Nicht und Mündel von Adolf Hitler. Geli lebte seit 1929 in Hitlers Wohnung in München und nahm sich 1931 mit seiner Waffe das Leben. Trotz zahlreicher Spekulationen, sie könnte Hitlers Geliebte gewesen sein, gibt es für eine sexuelle Beziehung der beiden keinerlei Indiz.

371 Hans Georg Kütemeyer (1895-1928), Kaufmann, SA-Scharführer. Nach der Hitler-Rede im Sportpalast war es zu einer Schlägerei zwischen Nationalsozialisten und Straßenarbeitern gekommen, in die Kütemeyer verwickelt war. Am nächsten Morgen wurde er ertrunken im Landwehrkanal gefunden. Das Schöffengericht Schöneberg verurteilte am 19. Juni 1929 mehrere Angeklagte wegen gefährlicher Körperverletzung, schloss aber aufgrund des Obduktionsbefundes einen direkten Zusammenhang zwischen der Schlägerei und dem Tod Kütemeyers aus. Vgl. *Berliner Tageblatt* v. 17. November 1928 u. v. 19. Juni sowie 20. Juni 1929. Goebbels' Kommentar war entsprechend. Fröhlich (Hrsg.): Die Tagebücher von Joseph Goebbels, Teil 1, Bd. 1/III, S. 271: „Prozess Kütemeyer. Die Mörder bekommen zwei und vier Monate Gefängnis, Bewährungsfrist und 100 Reichsmark Geldbuße. Drei Juden als Richter. Hass, Rache, Vergeltung gegen dieses System.“

48

KONKURRENZ ZWISCHEN WESSEL UND GOEBBELS

Rückblickende Beschreibung Horst Wessels. Zit. n. Wessel: Politika, fol. 73-74

[...] Nach meiner Rückkehr nach Berlin einige Zeit noch Organisationsfunktionär. Dann ab Januar [1929] Referent des Gaues Berlin, später auch Brandenburgs. Dabei hatte ich recht gute Erfolge, die sich in Zeitungsartikeln und Wiederanforderungen der betreffenden Ortsgruppen bemerkbar machten. Zwischendurch finden immer noch Ausmärsche statt. Die Polizei hat Anfang 1929 wieder mal in Berlin Aufmärsche verboten, also müssen wir die Provinz beglücken, bei dem strengen Winter (35 Grad Kälte!) keine Kleinigkeit. Meine Referententätigkeit lässt mich indessen einen Teil dieser Aufmärsche versäumen. Dem gewöhnlichen Sektionsbetrieb und SA-Dienste wird man durch dauernde Beanspruchung entzogen. Schließlich wird, nach einem durch mich erfolgreich gestalteten Werbeabend, der Staf. IV[372] auf mich aufmerksam. Man bietet mir die vakante Stelle des Sturmführers 17 an. Indessen lehne ich ab. Plötzlich, ohne meine Einwilligung, bin ich Truppführer beim Sturm 1. Ich lehne auch hier ab. Eine Weile schwebten Verhandlungen zwischen mir und Sturm 2, mit negativem Erfolg. Dann wurde mir der Trupp 34, Bezirk Friedrichshain, angeboten. Ich sagte zu. Am 1. Mai [1929] übernahm ich den Trupp mit rund 30 Mann. In einem Monat 70 Neuaufnahmen. Blendendes Menschenmaterial, viel gediente Leute. [...]

Auszüge aus dem Goebbels-Tagebuch v. 16. Januar, 15. März, 5. April, 28. April u. 29. September 1929. Zit. n. Fröhlich (Hrsg.): Die Tagebücher von Joseph Goebbels, Teil 1, Bd. 1/III, S. 165, S. 204, S. 220, S. 236 u. S. 338.

[...] Friedenau. Ich höre die Rede des Pg. Wessel gegen die Reaktion. Ein braver Junge, der mit einem fabelhaften Idea-

372 Gemeint: Hans Breuer, der Führer der SA-Standarte IV, zuständig für Weißensee, Pankow, Prenzlauer Berg, Mitte, Wedding, Reinickendorf. Mehr ist über ihn nicht bekannt.

lismus spricht. Nachher noch Besprechung mit ihm. Er bedauert den Mangel an Aktivismus in der SA. Ich sitze in der Zwickmühle. Werden wir in Berlin aktivistisch, dann schlagen unsere Leute alles kurz und klein. Und dann wird Isidor uns lächelnd verbieten. Wir müssen vorläufig Macht sammeln. [...] Lange Unterredung mit dem Studenten Horst Wessel über Reaktion, Revolution und Taktik. Die Dinge werden mir immer klarer. Ich habe jetzt in allem den festen Pol. [...] Unterredung mit dem Studenten Wessel: Stahlhelm und wir. Eine immer ernster werdende Angelegenheit. [...] Unterredung mit Wessel bezüglich Stahlhelm. Ich werde nun aggressiv werden gegen diese Dilettanten. [...] Heimfahrt mit SA-Mann Wessel. Ein tapferer Junge, Student, Redner, S.A. Führer, wohnt auf dem Fischerkiez und muss sich jeden Abend gegen den Terror der Roten durchpauken. [...]

Rückblickende Darstellung der Schwester. Zit. n. Ingeborg Wessel: Mein Bruder Horst, S. 93

[...] Im *Völkischen Beobachter* vom 25. Februar 1929 findet sich ein Bericht über die Tätigkeit der Standarte IV im Monat Januar mit der bezeichnenden Überschrift: „Dienst – Dienst –Dienst". Und in diesem Bericht folgender Satz: „SA-Mann Wessel vom Sturm 1 spricht in der Versammlung feurig und begeisternd für unsere Idee." Erfolg: Neuaufnahmen, Marxisten schwer eingeschüchtert.

In insgesamt 56 Versammlungen hat Horst im Laufe des Jahres 1929 gesprochen, d.h. durchschnittlich in jeder Woche einmal. Damit war er nach Dr. Goebbels der am stärksten beanspruchte Redner des Gaues Groß-Berlin.[373] Wie oft Horst als Diskussionsredner in gegnerischen Versammlungen aufgetreten ist, lässt sich zahlenmäßig nicht belegen. Die Zahl ist auch absolut nebensächlich. Es genügt, die Tatsache als solche zu verzeichnen. Meistens war er dabei von zwei oder drei Kameraden begleitet. Für alle Fälle. Häufig erschien er aber auch ohne Begleitung. So beispielsweise in Wien, wo er, ohne

373 Das scheint zutreffend zu sein. Laut einem Bericht der Abteilung I A des Polizeipräsidiums trat Goebbels von Januar bis Mitte November 1929 mit 93 Reden und Vorträgen am häufigsten für die NSDAP in Berlin öffentlich auf. An dritter Stelle stand ein Studienrat und Stadtverordneter aus Steglitz mit 46 Auftritten. Offenbar kannte der Berichterstatter der Polizei den Namen des am zweithäufigsten tätigen NSDAP-Redners nicht – eben Horst Wessel. Vgl. Siemens: Horst Wessel, S. 295f.

Wissen seiner Korpsbrüder, einige Male in marxistischen Versammlungen gesprochen hat. Über Großdeutschland und den österreichischen Deutschen Adolf Hitler.

Horst konnte reden. Es war das Erbteil seines Vaters, der nicht nur Pfarrer, sondern auch ein Prediger war. Die harte Schule, die Horst sich selbst auferlegt hatte, indem er, ohne Zwang, als Arbeiter der Faust seit Brot verdiente, gab ihm [...] das Recht und die Fähigkeit, sich trotz seiner Jugend als Prediger für seine, für unsere Idee vor die Massen zu stellen. Hunderte und aber Hunderte hat er so zu Nationalsozialisten gemacht. [...]

49

ERFOLG BEI DER KOMMUNALWAHL 1929

Auszüge aus dem Goebbels-Tagebuch v. 17. November, 18. November, 19. November 1929. Zit. n. Fröhlich (Hrsg.): Die Tagebücher von Joseph Goebbels, Teil 1, Bd. 1/III, S. 165, S. 204, S. 374, S. 236 u. S. 338.

[...] Gestern letzter Tag vor der Wahl. Noch viel zu tun gehabt. Den ganzen Tag durch. Die ersten 3000 Reichsmark für die Tageszeitung[374] habe ich schon in bar. Eine Dame überreichte mir sie und wünschte mir dabei viel Glück. Deutschland hat doch noch opferfreudige Menschen! [...] Heute ist Sonntag. Die Entscheidung fällt. Ich erwarte sie nun mit einer tiefen Ruhe, genieße den herrlichen Morgen und freue mich auf das Ergebnis. Es gibt kein schöneres Gefühl als dies: ich habe meine Pflicht getan! [...] Es ist doch so gekommen, wie wir hoffen und glauben durften: ein überwältigender Aufstieg im ganzen Lande und vor allem in Berlin. Wir sind gestiegen von 39.000

374 Goebbels träumte schon bald nach dem ersten Erscheinen des *Angriff* als Wochenzeitung von einer eigenen Tageszeitung. Vgl. Fröhlich (Hrsg.): Die Tagebücher von Joseph Goebbels, Teil 1, Bd. 1/III, S. 135, S. 239, S. 251, S. 268, S. 281, S. 325, S. 333, S. 343, S. 353f., S. 365. Allerdings musste er dafür 5000 bis 10 000 Abonnenten garantieren und dem NSDAP-Parteiverlag Franz Eher Nachfolger 40 000 Reichsmark Eigenkapital zahlen. Tatsächlich stellte *Der Angriff* am 1. Oktober 1929 zu zweimaligem Erscheinen pro Woche um und ab 1. November 1930 zur täglichen Abendzeitung.

[Stimmen in Berlin bei der Reichstagswahl] Mai 1928 auf 132.000 [Stimmen] gestern. Das habe ich in meinen kühnsten Träumen nicht erwartet. So hat uns also das Schicksal belohnt für all die Mühe und Arbeit. Gestern früh gewählt, mittags Geschäftsstelle, nachmittags zu Hause mit Xenia[375] geplaudert, gelacht und ihr vormusiziert, und dann abends zur Geschäftsstelle zum Entgegennehmen der Resultate. Qualvolles Warten. Ewiges Rechnen. Gegen vier Uhr nachts halbwegs eine Übersicht. Ich telefoniere zweimal mit dem Chef. Er ist wie ich ganz glücklich und direkt ausgelassen vor Freude. Dann gehe ich müde und selig heim. Und liege noch bis sieben Uhr wach. Zwei Stunden Schlaf und schon wieder an die Arbeit. Jetzt macht das alles eine herrliche Freude. Man weiß, dass man nicht umsonst arbeitet. [...] Gestern der Tag der Glückwünsche. Aus Berlin und aus dem Reich kommen sie in rauen Mengen. Ich freue mich darüber. Das ganze Reich schaut mit Bewunderung nach Berlin. Morgens Arbeit. Wahlstatistik. Wir haben vor allem in proletarischen Gegenden starken Zuwachs. Dem Gesamtmarxismus jagten wir 70.000 Stimmen[376] ab. Das ist das erfreulichste Zeichen. Gestern Interviews, Aufsätze, Stellungnahmen und was weiß ich. Sobald man etwas Macht in die Finger bekommt, melden sich die Konjunkturisten. [...]

Zeitungsartikel. In: Der Angriff, *21. November 1929. Zit. n. Friedrich: Die missbrauchte Hauptstadt, S. 226*
[...] Wir wollen [...] nicht verhehlen, das die Wählermasse für uns nur einen Resonanzboden darstellt, der freilich noch weiter nach Kräften verbreitert werden muss. Die letzte Entscheidung fällt niemals durch die Wählermasse, sondern durch eine ganz straff organisierte und richtig eingesetzte Minderheit, die freilich ihrerseits eben dieses Resonanzbodens bedarf, um etwas erreichen zu können. [...]

Rückblickende Darstellung. In: Engelbrechten / Volz: Wir wandern durch das nationalsozialistische Berlin, S. 12f.
[...] Den besten Gradmesser für die erfolgreiche politische Tätigkeit der Bewegung in der Reichshauptstadt bilden die

375 Xenia von Engelhardt (Lebensdaten unbekannt), 1929/30 eine von mehreren Geliebten von Goebbels.

376 Belastbare Analysen von Wählerwanderungen gab es 1929 noch nicht. Hier handelt es sich um eine schlichte Mutmaßung Goebbels'.

Wahlresultate. Stand die nationalsozialistische Partei bei der Reichstags- und preußischen Landtagswahl vom 20. Mai 1928 mit 39.052 Stimmen (1,5 Prozent; im Reich: 2,6 Prozent) in Berlin erst an achter Stelle – bei dieser Wahl wurde der Berliner Gauleiter Dr. Goebbels erstmalig Reichstagsabgeordneter – so konnte die NSDAP anderthalb Jahre später bei der Stadtverordnetenwahl vom 17. November 1929 bereits die Wirtschaftspartei und das Zentrum überflügeln, indem sie 132.097 Stimmen (5,7 Prozent) und damit 13 (bisher keinen) von 225 Sitzen im Berliner Stadtparlament errang. Unter Führung von Dr. Goebbels hielten in das Berliner Rathaus jetzt unter anderem Dr. Julius Lippert[377] und der Betriebsrat Johannes Engel[378] ihren Einzug. Auf die SPD entfielen 64, auf die KPD 43 Sitze. [...] Wie schwierig es für die NSDAP zunächst war, in den ausgesprochen roten Stadtteilen Berlins Fuß zu fassen, zeigt die bereits erwähnte Stadtverordnetenwahl vom 17. November 1929. In den roten Bezirken Wedding, Prenzlauer Berg, Friedrichshain (jetzt: Horst Wessel[379]), Neukölln, Treptow, Köpenick, Lichtenberg, Weißensee und Pankow konnte kein Nationalsozialist ein Mandat für die Stadtverordnetenversammlung erringen. Um in stärkerem Maße als bisher den Fabrikarbeiter durch ihre politische Propaganda und Aufklärungsarbeit zu erfassen, wurde zuerst hier in Berlin durch die Partei die Nationalsozialistische Betriebszellenorganisation[380] aufgebaut. [...]

377 Julius Lippert (1895-1956), Kriegsteilnehmer, promovierter Staatswissenschaftler und Journalist. Lippert trat im April 1927 der NSDAP bei und wurde wenige Monate später Chefredakteur des *Angriff*. 1933 Staatskommissar für Berlin, 1937 bis 1940 Oberbürgermeister der Reichshauptstadt, bis Albert Speer ihn von Hitler absetzen ließ. Im Zweiten Weltkrieg untergeordnete Funktionen im besetzten Jugoslawien und in Belgien. 1945 interniert und bis 1952 inhaftiert, im Entnazifizierungsverfahren als Hauptschuldiger eingestuft.

378 Johannes Engel (1984-1973), Bergmann, Frontsoldat. 1927 Mitglied der NSDAP und Gründer der Nationalsozialistischen Betriebszellenorganisationen. Seit 1929 Stadtverordneter, seit 1933 MdR. Im Dritten Reich verschiedene Leitungsfunktionen im Verkehrswesen, SS-Brigadeführer, seit 1944 stv. Gauleiter von Berlin. Lebte nach 1945 zurückgezogen in Berlin.

379 Der Bezirk Friedrichshain wurde am 27. September 1933 in „Bezirk Horst Wessel" umbenannt, gelegentlich fälschlich auch „Horst-Wessel-Stadt" genannt. Der Name setzte sich nie durch.

380 Die Nationalsozialistische Betriebszellenorganisation (NSBO) war eine Unterorganisation der NSDAP, die betriebsweise arbeitete. Ab 1927 schlossen sich auf Anregung Johannes Engels vornehmlich in Berliner Großbetrieben NSDAP-Mitglieder zu Betriebsgruppen zusammen, nach dem Vorbild der „Revolutionären Gewerkschafts-Opposition" der KPD. Die NSBO entstand 1928 und zählte ab dem 15. Januar 1931 zu den wichtigsten Unterorganisationen der NSDAP.

50

DER TOD VON HORST WESSEL

Journal des SA-Oberarztes Ost Dr. Leonardo Conti[381]*. Zit. n. Engelbrechten/Volz: Wir wandern durch das nationalsozialistische Berlin, S. 12f.*

[...] Dienstag, den 14. Januar 1930, abends zehn Uhr, Mordüberfall in der Frankfurter Str. 62 (bei Salm[382]). Drei Mann klingeln an der Wohnungstür vom Hauptmieter, verlangen Wessel zu sprechen, gehen zu seiner Tür, beim Öffnen feuert einer[383] sofort einen Schuss dem Wessel (der auf dem Sofa lag[384]) ins Gesicht, unter Bedrohung der beiden anwesenden Frauen[385] verlassen sie die Wohnung und das Haus, unten sollen vier Mann[386] Schmiere gestanden haben. Horst Wessel, Sturm 5, Schuss in den Mund gegen den Oberkiefer etwas nach links, Nebenader der linken Halsschlagader zerrissen. Wo Kugel steckt, noch unbekannt, anscheinend am Halswirbel und nicht im Gehirn, Zunge dreiviertel, Zäpfchen ganz fortgerissen, schlimme Verwüstung des Gaumens, obere Vorderzähne (ein oder zwei!) weggeschossen. Durch Rettungswagen nach Krankenhaus Friedrichshain gebracht gegen 22.35 Uhr. Operation von etwa 23.15 bis 0.45 Uhr im Operationshaus 6,

381 Leonardo Conti (1900-1945), deutsch-schweizerischer Mediziner, wuchs in Berlin auf. Völkischer Aktivist, Teilnehmer des Kapp-Putsches. 1927 Mitglied der NSDAP, offiziell Oberarzt der SA in Berlin. Seit 1930 Mitglied der SS. Ab 1933 in verschiedenen Funktionen, ab 1939 Reichsärzteführer. Conti war in den Massenmord an kranken und behinderten Patienten („Euthanasie") verwickelt und an weiteren NS-Verbrechen beteiligt. Er nahm sich 1945 in Haft das Leben.

382 Elisabeth Salm (1900-1945), Witwe eines Kommunisten, Hauptmieterin der Wohnung Große Frankfurter Straße 62 in Friedrichshain, in die Horst Wessel im Herbst 1929 zog. Salm überließ ihrem Untermieter Ende 1929 die gesamte Wohnung zur Nutzung, der daraufhin seine Freundin Erna Jaenichen einziehen ließ. Darüber kam es zum Streit zwischen Untermieter und Hauptmieterin, die ihn polizeilich aus der Wohnung entfernen lassen wollte. Als die Polizei das verweigerte, bat Elisabeth Salm Bekannte ihres verstorbenen Mannes um Hilfe. Salm wurde im ersten Prozess verurteilt, saß 1931 bis 1933 im Gefängnis, nach vier Wochen in Freiheit dann bis 1937 im KZ. 1941 bis 1945 erneut im KZ, diesmal wegen Wehrkraftzersetzung. Unter ungeklärten Umständen in Bergen-Belsen gestorben.

383 Albrecht „Ali" Höhler (1898-1933), Tischler, Kleinkrimineller, Zuhälter. Seit 1924 Mitglied der KPD und der Rotfrontkämpfer-Bundes. Nach dem Schuss auf Wessel flüchtete er und tauchte unter, wurde aber verraten. Verurteilt zu sechs Jahren Haft wegen Totschlags, wurde Höhler im Herbst 1933 von SA-Leuten während eines Gefangenentranportes entführt und ermordet.

384 Unzutreffende Darstellung. In Wirklichkeit ging Wessel zur Tür seines Zimmers, um zu sehen, wer sein Besuch sei, und wurde unmittelbar nach Öffnen seiner Tür niedergeschossen.

385 Außer Erna Jaenichen von Klara Rehfeld, die Freundin eines anderen SA-Mannes.

386 Zutreffend.

danach auf Station 7 gelegt. [...] SA-Oberarzt Ost fährt ab[387] 22.25 Uhr, ist in der Frankfurter Straße um 22.40 Uhr. Wessel vor fünf Minuten zum Krankenhaus Friedrichshain gebracht durch Rettungswagen. Oberarzt im Friedrichshain um 22.50 Uhr, kommt hinzu, als Wessel eben in den Aufnahmeraum von Station 7 gebracht worden ist. Zur selben Zeit kommt auch erst der Stationsarzt. Beide Ärzte treten zugleich zu Wessel. Wessel erkennt SA-Oberarzt, verlangt (durch Gesten) Bleistift und Papier, ist aber zu schwach, noch zu schreiben, wird sofort zum Operationshaus 6 gefahren. SA-Oberarzt Ost ist bei der Operation von Anfang an zugegen. Unaufhörliche Blutung! Zwei Meter Tamponade, schließlich operative Abknebelung der linken Halsschlagader (Operation selbstverständlich ohne Narkose[388]). Blutung endlich mit Gewalt zum vorläufigen Stillstand gebracht. [...]

Fahndungsplakat der Berliner Kriminalpolizei v. 17. Januar 1930
[...] 500 Mark Belohnung. Am Dienstag, dem 14. Januar 1930, wurde auf den der Nationalsozialistischen Deutschen Arbeiter-Partei angehörenden Studenten Horst Wessel in seiner Wohnung, Große Frankfurter Straße 62, gegen 22 Uhr abends ein planmäßig vorbereiteter Überfall von Angehörigen der Kommunistischen Partei verübt. Der Haupttäter, der Wessel durch einen Pistolenschuss lebensgefährlich verletzte, ist als der oben abgebildete arbeitslose Tischer Albrecht Höhler, 30. April 1898 zu Mainz geboren, Berlin, Mulackstraße 13 wohnhaft, festgestellt worden. Höhler ist in Dirnen- und Zuhälterkreisen der Münz- und Mulackstraße[389] unter dem Namen „Ali“ bekannt. Seit dem 15. Januar ist er nicht mehr in seine Wohnung zurückgekehrt und hält sich verborgen. Höhler ist 1,77 Meter groß, schlank, aber breitschultrig, hat als besonderes Kennzeichen auf der linken Wange eine fünf Zentimeter lange Narbe. Er trägt einen blauen zweireihigen Anzug, hat dunkelblondes Haar und graue Augen. Obige Belohnung ist unter Ausschluss des Rechtsweges für Personen aus dem Publikum bestimmt,

387 Die SA-Führung Berlin und die NSDAP-Geschäftstselle wurden gegen 22.15 Uhr telefonisch informiert.

388 Es ist extrem unwahrscheinlich, dass eine so schwere Kopf-OP in einem der modernsten Berliner Krankenhäuser 1930 ohne Narkose vorgenommen wurde. Wahrscheinlich handelt es um eine nachträgliche Manipulation Contis, um Wessels Leiden herauszustreichen.

389 Teil des Berliner Prostituierten-Milieus um 1930.

die Angaben machen können, welche zur Auffindung des Höhler und seiner Komplizen führen können. Alle Mitteilungen zweckdienlicher Art, welche auf Wunsch vertraulich behandelt werden, sind zu richten an Kriminalkommissar Teichmann, Polizeipräsidium, Abteilung I A. [...]

Auszüge aus dem Goebbels-Tagebuch v. 15. Januar, 19. Januar, 10. Februar u. 23. Februar 1930. Zit. n. Fröhlich (Hrsg.): Die Tagebücher von Joseph Goebbels, Teil 1, Bd. 2/I, S. 64, S. 66, S. 84 u. S. 94.

[...] Gestern Abend noch lange gearbeitet. Spät in der Nacht erhalte ich die Nachricht, dass Kommunisten unseren Sturmführer Horst Wessel in seiner Wohnung niedergeknallt haben. Er liegt schwerverwundet im Krankenhaus Friedrichshain. Die arme Mutter! Jetzt gleich[390] nach ihrem Sohn Werner! Aber nun müssen wir bald mit dem Aufräumen beginnen. So kann das nicht weitergehen! Der Endkampf rückt näher und näher! [...] Mittags bei Frau Wessel. Eine schwere Stunde. Diese edle Mutter hat alles verloren. Ich konnte sie kaum trösten: zwei Söhne auf einmal: Das ist zu viel. Und dann erzählt sie mir das Leben von Horst Wessel. Wie aus einem Roman von Dostojewski: der Idiot, die Arbeiter, die Dirne, die bürgerliche Familie, ewige Gewissenspein, ewige Qual. Das ist das Leben dieses 22-jährigen idealistischen Fantasten. Ich fahre zum Krankenhaus und sehe ihn auf eine Minute. Das ganze Gesicht zerschossen, entstellt. Er schaut mich ganz starr an, dann füllen sich seine Augen mit Tränen und dann lallt er: „Man muss aushalten! – Ich freue mich!“[391] Ich bin dem Weinen nahe. Zur Geschäftsstelle. Arbeit. Arbeit. Die roten Zeitungen beschimpfen diesen reinen Jungen als Zuhälter.[392] Dabei ist sein Mörder das. Was soll man sagen? Macht sammeln! Zu Brei zertrampeln! [...] Nachmittags bei Wessel im Krankenhaus. Es geht ihm sehr schlecht. Hat seit drei Tagen 39,5 Grad Fieber und

390 Werner Wessel war drei Wochen zuvor auf einer Skiwanderung im Riesengebirge erfroren.

391 Unwahrscheinlich. Laut seinen Ärzten war der verletzte Wessel zu keinem Zeitpunkt im Krankenhaus „vernehmungsfähig“.

392 Kommunistische Ablenkungstaktik. Die KPD hatte unmittelbar nach der Tat die Devise ausgegeben, den Schuss auf Wessel als Auseinandersetzung im Zuhälter-Milieu auszugeben. Tatsächlich hatte sich Wessels Freundin Erna Jaenichen zu einem früheren Zeitpunkt offenbar prostituiert. Mit dem Überfall hatte das aber nichts zu tun.

isst nichts.[393] Er sieht aus wie ein Gerippe. Ich habe große Sorge, ob wir ihn durchbekommen.[394] Ich habe zwei Stunden an seinem Bett gestanden und ihm erzählt. Geistig ist er noch ganz frisch.[395] Gott möge ihn erhalten. Draußen stand seine Mutter und wartete auf mich. Die arme, bedauernswerte Frau! [...] Soeben kommt die Nachricht: Horst Wessel ist heute früh gestorben. Ein neuer Märtyrer für das dritte Reich. Wie sein Bruder ein Wanderer zwischen zwei Welten. Ich bin voll von Schmerz und Gram. Ich fahre sofort zum Krankenhaus. Seine arme trostlose Mutter! [...]

51

DAS BEGRÄBNIS VON HORST WESSEL

Auszüge aus dem Goebbels-Tagebuch v. 24. Februar, 25. Februar, 26. Februar, 1930. Zit. n. Fröhlich (Hrsg.): Die Tagebücher von Joseph Goebbels, Teil 1, Bd. 2/I, S. 95, S. 96, S. 97

[...] Schwere Fahrt zum Krankenhaus: Horst Wessel liegt in schmalem Bett, gelb, verfallen, mit halboffenen, starren Augen. Die Hände dünn und schneeweiß. Leb wohl, Du tapferer Junge. Du lebst mit uns weiter und wirst mit uns siegen. Ich lege ihm ein paar Blumen auf sein Bett und muss dann gehen. Seine Mutter ist untröstlich. [...] Morgens Beratungen über Wessels Begräbnis und Gautrauerfeier. Der Gau hält 14 Tage lang große Trauer. Am Sonnabend wahrscheinlich Begräbnis. Hoffentlich erlaubt es die Polizei. [...] Wessels Begräbnis ist für Sonnabend erlaubt. Hitler kommt wahrscheinlich auch. [...] Begräbnis Wessel von der Polizei verboten.[396] Wir verhandeln weiter. Ich bin sehr skeptisch, ob wir Erfolg haben. [...] Eine schwere Stunde zu Frau Wessel. Es ist erschütternd, und ich kann gar keinen Trost spenden. Ich stehe am Sarge Horst Wes-

393 Wessel wurde künstlich ernährt, doch sein Körper nahm die Flüssignahrung offenbar nicht mehr an.

394 Goebbels hatte kein Interesse, Wessel „durchzubekommen". Er wusste, dass der junge charismatische SA-Mann, sollte er wieder genesen, ein Konkurrent für ihn werden konnte – und dass ein Märtyrer ihm viel mehr nutzen würde.

395 Unwahrscheinlich.

396 Nach Polizeirecht verbot das Polizeipräsidium öffentliche Aufmärsche oder Kundgebungen am 1. März 1930.

sels und tue einen verpflichtenden Schwur. Das Begräbnis ist verboten. Wir dürfen uns nur auf dem Friedhof versammeln. Eine viehische Gemeinheit! [...] Heute Nachmittag tragen wir Horst Wessel zu Grabe. Jede Ansammlung auf der Straße ist verboten. Die Polizei geht mit zynischer Offenheit gegen uns vor. Die KPD ruft zu Gegendemonstrationen auf. Es sieht also danach aus, als würde es heute ernst. Die SA versammelt sich auf dem Friedhof. Hitler kommt nicht. Ich habe ihm die Lage telefonisch durchsagen lassen – und er sagte tatsächlich ab. Na, ja![397] [...] Nachmittags Begräbnis. Totenfeier im Hause. Feierlich und ernst. Die Polizei hat alle Straßen abgesperrt. Man nimmt vom Sarg selbst das Fahnentuch. Dem Leichenwagen dürfen nur zehn Autos folgen. Ich darf nur voraus fahren. So geht der Trauerzug durch die schweigend grüßenden Menschenmassen, dicht gestaffelt stehen sie an den Straßenrändern, wohl an 20.000 bis 30.000. Manchmal, so am Bülowplatz[398] brandet Widerstand auf. Die Internationale ertönt. Die KPD hat an den Friedhof in großen weißen Lettern anmalen lassen: „Dem Zuhälter Wessel ein letztes Heil Hitler!" Man schluckt die Wut herunter. Ruhe halten! Der Friedhof überfüllt. Kopf an Kopf. Ernst und feierlich. Zwei Studenten, Breuer[399], Osaf[400] und ich sprechen. Sein Lied klingt auf: „Die Fahne hoch!"[401] Man möchte weinen. Leb wohl, Horst Wessel! Draußen rast der Pöbel. Er rast und wir gewinnen. Berge von Kranzen. Volksgemeinschaft! Der noch gesund empfindende Arbeiter wendet sich mit Abscheu von dieser zynischen Rohheit. Nachher gibt's draußen noch Überfälle und Polizeiattakken. Aber sonst geht alles gut. [...]

397 Laut Ernst Hanfstaengl riet vor allem Hermann Göring dem NSDAP-Chef, nicht zu Wessels Beerdigung zu kommen: „Kein Mensch – auch Sie nicht, Dr. Goebbels – kann für die Sicherheit und für das Leben Hitlers garantieren. (...) Ich glaube, der Gewinn einer herausfordernden Geste an die Adresse der Kommune wiegt bei weitem nicht die Gefahr auf, der wir den Führer bei dieser Gelegenheit ausgerechnet in der rötesten Ecke von Berlin aussetzen." Zit. n. Hanfstaengl: Zwischen Weißem und Braunem Haus, S. 204.

398 Am Bülowplatz lag das Karl-Liebknecht-Haus, seit 1926 Parteizentrale der KPD.

399 Gemeint: Wessels Vorgesetzter SA-Standartenführer Hans Breuer.

400 Gemeint: Franz Pfeffer von Salomon

401 Liedtext, den Horst Wessel auf die Melodie eines Gassenhauers gedichtet hatte. Erstmals gedruckt am 23. September 1929 im *Angriff*, doch erst nach Wessels Tod als „Horst-Wessel Lied" in den Rang einer SA-Hymne erhoben.

Rückblickende Darstellung aus Sicht der SA. Zit. n. Engelbrechten/Volz: Wir wandern durch das nationalsozialistische Berlin, S. 81f. u.95f.

[...] Konnte Werner Wessel von den 300 Kameraden der SA-Standarte IV mit wehenden Fahnen und klingendem Spiel zur letzten Ruhe[402] geleitet werden, so verbot die Polizei bei Horst Wessels Beerdigung jede Begleitung außer zehn Wagen mit den Angehörigen. Auch durfte der Sarg nicht mit der Hakenkreuzfahne bedeckt werden. [...] Bei der Beerdigung spielten sich wüste Szenen ab. Die Kommune versuchte, da die Polizei der SA das Ehrengeleit verboten hatte, den Leichenwagen, den nur zehn Wagen mit Angehörigen begleiten durften, umzustürzen; sie vollführte ferner während der Beerdigung draußen vor dem Friedhof ein Pfeifkonzert, johlte und grölte und warf Sand und Steine über die von ihr mit Inschriften besudelte Friedhofsmauer. Noch wochenlang musste die SA Tag und Nacht eine Wache am Grab aufstellen, um es vor der durch Kommunisten immer wieder versuchten Schändung zu bewahren. [...]

52

DIE TRENNUNG VON OTTO STRASSER

Auszüge aus dem Goebbels-Tagebuch v. 16. März, 28. März 1. April, 5. April, 13. April, 28. April u. 2. Mai 1930. Zit. n. Fröhlich (Hrsg.): Die Tagebücher von Joseph Goebbels, Teil 1, Bd. 2/I, S. 111, S. 119, S. 122, S. 125, S. 131, S. 143 u. S. 148.

[...] Die Straßer-Zeitungen[403] nehmen überhand, wir[404] und Beobachter[405] werden ganz an die Wand gedrückt. [...] Aber ich kann mich auch schlecht zum Handeln entschließen, da dabei die ganze Bewegung aufs Spiel gesetzt wird. München, incl. Chef, hat bei mir allen Kredit verloren. Ich glaube ihnen nichts mehr. Hitler hat mir – aus welchen Gründen, das ist egal –

402 Werner Wessel war am 29. Dezember 1929 beerdigt worden.
403 Gemeint vor allem: *Der Nationale Sozialist* und die *Nationalsozialistischen Briefe*.
404 Gemeint: *Der Angriff*.
405 Gemeint: der *Völkische Beobachter*.

fünfmal das Wort gebrochen. Das ist eine bittere Erkenntnis, und ich ziehe daraus innerlich meine Schlüsse. Hitler verbirgt sich, er fasst keine Entschlüsse, er führt nicht mehr, sondern er lässt die Dinge treiben. Ich war bis zum Ausbluten loyal. Aber man kann nicht von mir verlangen, dass ich mir durch Straßer[406] meinen Gau stehlen lasse. [...] Die Straßers graben uns unsere Erfolge ab. Und München bindet mir die Hände fest. Hitler hat in dieser Sache allein schon viermal sein Wort gebrochen. Ich glaube ihm gar nichts mehr. Er traut sich nicht, gegen Straßer[407] vorzugehen. Wie sollte das später einmal werden, wenn er in Deutschland den Diktator spielen muss? [...] Tageszeitung: ich habe dem Chef alle Bedenken vorgetragen. Er hat eine Sauwut auf die beiden Straßers. Gregor habe ich die Biedermannsmaske vom Gesicht gerissen. Dem Chef seine ganze Säumigkeit vorgeworfen. Er war sehr betroffen, und das machte auf ihn einen sichtlich tiefen Eindruck. Ich glaube, er wird auf die Dauer zum Handeln zu überreden sein. „Zwischen mir und Straßer[408] ist ein Vorhang niedergegangen", sagte er. Hoffentlich handelt er bald danach. [...] Die Straßersche Tageszeitung muss vernichtet werden. Hitler beachtet jetzt gegen Straßer keinerlei Loyalität mehr. [...] Der NS[409] Straßers veröffentlicht entgegen dem Befehl Hitlers den Austritt aus dem Reichsausschuss[410] in großer Aufmachung. Hitler ist in einer Sauwut. [...] Unterredung mit Hitler in Sachen Presse: er will nicht mehr mit Straßer[411] verhandeln. Er nennt ihn „seine größte Enttäuschung" und ist nun bereit, gegen diese Literatenrichtung vorzugehen, da sie auch ihn selbst bedroht. Ich werde nun nicht mehr locker lassen, bis er handelt. [...] Am Nachmittag hat Feder[412] eine fürchterliche Abreibung vom Chef bekommen. Bravo! Hitler beginnt wieder zu führen. Bravissimo! Straßer[413] ist in einer Unterredung unter vier Augen

406 Gemeint: Otto Straßer.

407 Gemeint: Gregor Straßer.

408 Gemeint: Otto Straßer.

409 Gemeint: *Der Nationale Sozialist.*

410 Gemeint: Reichsausschuss für das Volksbegehren gegen den Young-Plan. Die NSDAP trat am 3. April 1930 formell aus diesem Gremium aus.

411 Gemeint wahrscheinlich: Otto Straßer.

412 Gottfried Feder (1883-1941), Diplomingenieur und Wirtschaftstheoretiker. Feder gehörte Anfang 1919 zu den Gründungsmitgliedern der DAP, aus der 1920 die NSDAP wurde. Teilnehmer am Hitler-Putsch, seit 1924 MdR. Wichtigster Wirtschaftsexperte der NSDAP, vertrat eine gleichermaßen antikapitalistische wie antisemitische Linie.

413 Gemeint: Gregor Straßer.

gestäupt worden. Ultimatum: entweder aus dem NS[414] oder aus der Organisationsabteilung. Hitler scheint in Form. [...] So muss es kommen und ich behalte am Ende auch hier vollkommen Recht. Ich habe nun seit vier Jahren gegen Dr. Straßer[415] gekämpft. Ich halte Gregor Straßer auch für verschlagen und unehrlich. Nun bekommt der Chef die Quittung für seine Langmut. [...]

Zeitungsartikel zu innerparteilichen Spannungen. In: Münchner Telegramm Zeitung *v. 5. Mai 1930. Zit. n. Hitler – Reden, Schriften, Anordnungen, Bd. 3, S. 179, Anm. 1*
[...] Die Auseinandersetzungen innerhalb der Nationalsozialistischen Partei anlässlich der Anwesenheit Hitlers in Berlin[416] waren sehr stürmisch. Hitler wandte sich scharf gegen die preußischen Einflüsse in seiner Partei und erwiderte die Angriffe, die Graf Reventlow gegen ihn gerichtet hatte. Der Nationalsozialist Straßer[417] erklärte, jedes Budget müsse durch Überbewilligungen ruiniert werden, um das gesamte Staatsgefüge zu zerstören.[418] In der Partei wird der ganze Zwiespalt für einen Gegensatz in „nördliche" und „südliche" Parteigruppen erklärt, der sich in den Namen Hitler und Straßer verkörpert. [...]

Erklärung Adolf Hitlers. In: Völkischer Beobachter, *7. Mai 1930. Zit. n. Hitler – Reden, Schriften, Anordnungen, Bd. 3, S. 179, Anm. 1*
[...] Die durch die *Münchner Telegramm Zeitung* unter der Überschrift „Riss im Hakenkreuz – Hitler contra Straßer" verbreitete Meldung aus Berlin ist von Anfang bis Ende frei erfunden. Weder besteht in der NSDAP ein Riss, noch ein Gegensatz zwischen dem Abgeordneten Straßer[419] und mir. Ebenso steht Graf Reventlow in voller Loyalität zu meiner Person. Anlässlich meiner Anwesenheit in Berlin haben überhaupt keine Auseinandersetzungen stattgefunden. Ich habe mich niemals gegen „preußische Einflüsse" in meiner Partei gewandt, da in ihr nur deutsche Einflüsse vorhanden sind. [...]

414 Gemeint: *Der Nationale Sozialist*, dessen Herausgeber Gregor Straßer bis 1930 war.
415 Gemeint: Otto Straßer.
416 Hitler sprach am 2. Mai 1930 im Sportpalast. Nach 1933 verlor er an Einfluss.
417 Gemeint: Gregor Straßer.
418 Verweis auf eine Rede von Gregor Straßer im Reichstag.
419 Gemeint: Gregor Straßer.

Offener Brief Adolf Hitlers an Joseph Goebbels v. 30. Juni 1930. Zit. n. Hitler – Reden, Schriften, Anordnungen, Bd. 3, S. 249f.

[...] Seit Monaten verfolge ich als verantwortlicher Leiter der NSDAP Versuche, in die Reihen der Bewegung Uneinigkeit, Verwirrung und Disziplinlosigkeit hineinzutragen. Die Unmöglichkeit, die nationalsozialistische Bewegung von außen zu brechen, wird heute offen zugegeben und ebenso offen angeraten, die verhasste Feindin des heutigen Systems durch innere Aushöhlung zum Zusammenbruch zu bringen. Leider haben sich einzelne Parteigenossen, ob bewusst oder unbewusst ist gleich, in den Dienst dieser Absichten gestellt. Unter der Maske, für den Sozialismus kämpfen zu müssen, wird eine Politik zu vertreten versucht, die vollkommen der Politik unserer jüdisch-liberal-marxistischen Gegner entspricht. [...]

Den Wesensinhalt unserer Bewegung haben wir geformt und bestimmt, die wir diese Bewegung gründeten und die wir für sie kämpften, für sie in den Gefängnissen litten, und die wir sie aus dem Zusammenbruch auch wieder zur heutigen Höhe emporgeführt haben. Wem dieser von uns und in erster Linie von mir der Bewegung zugrunde gelegte Wesensinhalt nicht passt, soll in die Bewegung nicht kommen oder hat sie wieder zu verlassen. Die Nationalsozialistische Partei wird, solange ich sie führe, kein Debattierklub wurzelloser Literaten oder chaotischer Salon-Bolschewisten werden, sondern sie wird bleiben, was sie heute ist: eine Organisation der Disziplin, die nicht für doktrinäre Narreteien politischer Wandervögel geschaffen wurde, sondern zum Kampf für eine Zukunft Deutschlands, in der die Klassenbegriffe zerbrochen sein werden und ein neues deutsches Volk sich selbst sein Schicksal bestimmt!

Ich habe Sie, lieber Herr Dr. Goebbels, vor Jahren auf den schwersten Platz des Reiches gestellt in der Hoffnung, dass es Ihrer Energie und Tatkraft gelingen wird, aus dem Durcheinander nationalsozialistischer Bestrebungen in Berlin eine einheitliche, straffe Organisation zu bilden. Sie haben diese Aufgabe in einer Weise gelöst, dass Ihnen der Dank der Bewegung und vor allem meine eigene höchste Anerkennung sicher ist. Ich muss Sie nun heute bitten, in Verfolgung dieser einst gestellten Aufgabe die rücksichtslose Säuberung der Partei von allen jenen Elementen in Berlin durchzuführen, deren

Auffassungen im wesentlichen den Ansichten unserer Gegner entsprechen und die nun versuchen wollen, diesen ihren Ansichten unter Bruch der Partei-Disziplin Gehör zu verschaffen. Ich habe den Reichsuntersuchungsausschuß angewiesen, Sie in dieser Aufgabe mit allen Mitteln zu unterstützen. Greifen Sie rücksichtslos und scharf zu. Ich spreche Ihnen schon im vornherein meinen Dank und meine Anerkennung für die Durchführung dieser Arbeit aus. Sie haben hinter sich die gesamte Organisation der Bewegung, den gesamten Führerstab, die gesamte SA und SS, alle Vertreter der Partei in den öffentlichen Korporationen und gegen sich ein halbes Dutzend berufsmäßiger Querulanten und Literaten! Also handeln Sie! Die Reichsparteileitung wird ihrerseits alles tun, was nötig erscheint, um Ihren Willen durchzusetzen und Ihren Anordnungen Befolgung zu verschaffen. [...]

Erklärung Adolf Hitlers, 4. Juli 1930. Zit. n. Hitler – Reden, Schriften, Anordnungen, Bd. 3, S. 264f.

[...] Nachdem Pg. Gregor Straßer Montag, den 30. Juni, seine Herausgeberschaft der Blätter des Kampf-Verlages[420] niedergelegt[421] hat, sind sämtliche Beziehungen der Partei zu diesem Verlag gelöst. Die Nationalsozialistische Deutsche Arbeiterpartei hat auf die Blätter des Kampf-Verlages nicht nur keinen Einfluss mehr, sondern wird seit Dienstag, den 1. Juli, von ihnen direkt und indirekt bekämpft. Und damit sind von jetzt ab die Blätter des Kampf-Verlages als gegnerische Organe zu betrachten und demgemäß zu behandeln. Die Gauleitungen von Berlin, Sachsen und Brandenburg haben von sich aus bereits die notwendigen Maßnahmen getroffen. [...]

420 Gemeint vor allem: *Der Nationale Sozialist* und die *Nationalsozialistischen Briefe*.

421 Gemeint: Erklärung von Gregor Straßer, abgedruckt im *Völkischen Beobachter* v. 3. Juli 1930: „Die außerordentliche Zunahme der Partei bedingt für mich eine im gleichen Maße steigende Vermehrung meiner Arbeit als Reichsorganisationsleiter und stellvertretender Fraktionsvorsitzender im Reichstag, so dass mir für verantwortlich zeichnende journalistische Arbeit ohne Vernachlässigung der wichtigsten organisatorischen Funktionen nicht mehr genügend Zeit bleibt. Dazu kommt, dass die notwendige organisatorische Arbeit nicht gefährdet oder gar unterbrochen werden darf durch Prozesse usw., mit denen das feindliche System in steigendem Maße gegen mich vorgegangen ist und noch vorgeht. Aus diesen Gründen lege ich nach jahrelanger im Dienste der Bewegung getätigter Aufbauarbeit die verantwortliche Herausgeberschaft der Kampfverlag-Zeitungen nieder." Zit. n. Hitler – Reden, Schriften, Anordnungen, Bd. 3, S. 264, Anm. 3.

Aufruf von Otto Straßer und weiteren ausgetretenen NSDAP-Mitgliedern v. 4. Juli 1930. Zit. n. Kühnl (Hrsg.): Der deutsche Faschismus, S. 122ff

[...] Durch einen Brief Adolf Hitlers vom 30. Juni wurde der Berliner Gauleiter der NSDAP aufgefordert, eine „rücksichtslose Säuberung" der Partei von allen „Salon-Bolschewisten" durchzuführen. Im Zusammenhang mit dieser Aufforderung wurde gegen die als sozialistisch-revolutionär bekannten unterzeichneten Parteigenossen der Ausschluss angedroht bzw. verfügt. Damit war die Trennung der NSDAP von der Zielen und Forderungen der deutschen Revolution und den sozialistischen Punkten des Programms seitens der Parteileitung offen ausgesprochen.

Als aufrechte, unbeugsame Bekenner des Nationalsozialismus, als glühende Kämpfer der deutschen Revolution lehnen wir jede Verfälschung des revolutionären Charakters, des sozialistischen Wollens und der nationalistischen Grundsätze des Nationalsozialismus ab und werden nunmehr außerhalb der ministeriell gewordenen NSDAP das bleiben, was wir immer waren: Revolutionäre Nationalsozialisten. [...]

53

DER ZWEITE STREIT MIT DER SA

Auszüge aus dem Goebbels-Tagebuch v. 24. August, 30. August u. 1. September 1930. Zit. n. Fröhlich (Hrsg.): Die Tagebücher von Joseph Goebbels, Teil 1, Bd. 2/I, S. 226, S. 228 u. S. 230.

[...] Abends noch mit Göring zum Essen. Ernste Unterredung über die SA. Da muss nach der Wahl[422] einiges geändert werden. Sie wird unter Pfeffer und Stennes zu selbständig. Und direkt feindlich gegen die Politik. Ich traue vor allem dem Stennes nicht. Also aufpassen! [...] Unterredung mit Stennes. Er stellt unverfroren seine Bedingungen: Drei Mandate, Geld, politische Macht.[423] Eine Frechheit ohnegleichen. Setzt uns die Pistole auf

422 Gemeint: die vorgezogene Reichstagswahl am 14. September 1930.

423 Dem gewachsenen Selbstbewusstsein der SA entsprach es, dass Stennes für seine Organisation lukrative Reichstagsmandate forderte sowie mehr Geld für die SA-Mitglieder und gesteigerten politischen Einfluss.

die Brust. Sonst wird morgen im Sportpalast[424] gesprengt. [...] Um zwei Uhr Telegramm[425] aus Berlin: SA hat Geschäftsstelle gestürmt und demoliert.[426] SS bei der Verteidigung zwei Verletzte. Ich verliere eine Sekunde die Nerven. Dann rasche Entschlüsse. Das Weitere rollt wie ein Film ab. Nach Berlin. Hitler angerufen in Bayreuth. Er selbst fährt auch sofort nach Berlin.[427] Um drei Uhr Abfahrt. Voll grauer Sorgen. Verzweiflung. Soll so mein vierjähriges Werk zerbrechen? Niemals! Ich bin wieder ganz auf der Höhe. Es wird Tag. Furchtbare Einsamkeit um mich. Meine Begleiter sind vollkommen gebrochen. Anruf unterwegs. Berlin treibt weiter. Zur Revolte? Zwölf Uhr Ankunft. Bei Wilke ist alles zusammen. Gleich danach kommt Hitler, dann Göring. Nun fallen die Entschlüsse. Abends zuerst in die SA-Lokale.[428] Hitler wird mit Begeisterung empfangen. Überall eine dumpfe Stimmung. Ist Stennes ein Verräter oder nur ein größenwahnsinniger Offizier? Um zehn Uhr fallen die Berliner SA-Führer bei mir zu Hause ein – Hitler redet zu ihnen. Er ist schlecht in Form. Pöbelhaft das Benehmen dieser Leute. Sie geigen ihm auf. In manchem haben sie nicht so Unrecht. Draußen übt der Pöbel Sprechchöre. Stennes hat die Auflehnung glänzend organisiert. [...] Um vier Uhr Entschluss. Hitler setzt Pfeffer ab, übernimmt selbst den Osaf. SA wird durch Beitragserhöhungen sichergestellt. Brief an Stennes. Annahme oder Ablehnung? Ich lege mich eine Stunde hin. Als ich aufwache, ist die Entscheidung da: SA-Führer bei Hitler. Alles angenommen, Revolution findet im Saale statt. Stennes hat sich unterworfen. Noch laufen die tollsten Gerüchte. [...] Mit Hitler zur SS, die treu geblieben ist. Die Garde muss nun wieder zurück. Rebellion ist unterdrückt. Kriegervereinshaus. Überfüllt von SA. Die eben noch sprengen wollte, sitzt jetzt voll Entsetzen und weint. Hitler redet. Ergreifend Litzmann.[429] Dann Treueschwur. Ich rede. Alles in Butter.

424 Am 1. September 1930 fand eine Großveranstaltung der NSDAP im Berliner Sportpalast statt.

425 Goebbels war nach Dessau gefahren, um Hitler zu treffen.

426 In der Nacht vom 30. auf den 31. August 1930 ließ Stennes die neue NSDAP-Gaugeschäftsstelle in der Hedemannstraße 10 von SA-Leuten besetzen. Die anwesende SS-Wache weigerte sich, die Geschäftsstelle der SA zu übergeben. Daraufhin schlugen die SA-Männer die Tür ein und drängten die SS-Männer bis in Goebbels' Zimmer zurück, wo sie verprügelt wurden. Die Polizei musste die Situation klären.

427 Hitler sagte Wahlkampfauftritte in Dessau und Braunschweig kurzfristig ab.

428 Laut *Berliner Tageblatt* v. 2. September 1930 ließ sich Hitler bei seiner Tour durch SA-Sturmlokale von einer bewaffneten SS-Truppe eskortieren.

429 Karl Litzmann (1850-1936), Berufsoffizier, Generalmajor, im Ersten Weltkrieg erfolgreicher Heerführer. Seit 1930 Mitglied der NSDAP, unterstützte er Goebbels durch Reden. Ab 1932 MdR. Ihm zu Ehren wurde 1939 das besetzte polnische Lodz in „Litzmannstadt" umbenannt.

Das ist das Ende des Stennes-Putsches. Die Konsequenzen werden nach dem 14. September gezogen. [...]

Zusammenfassung der Hitler-Rede beim SA-Treffen am 1. September 1930. In: Schreiben des Polizeipräsidenten von Berlin an die Polizeidirektion München v. 16. September 1930. Zit. n. Hitler – Reden, Schriften, Anordnungen, Bd. 3, S. 378f.

[...] Hitler gab eingangs seiner Ansprache bekannt, dass er mit dem 1. September 1930 die Führung sämtlicher SS und SA übernehme.[430] Die Mitteilung löste großen Jubel aus. Sodann gab er einen geschichtlichen Rückblick über die Entwicklung der Partei seit ihrer Gründung vor elf Jahren. Er betonte immer wieder, dass die heutige Größe und Bedeutung der Partei nur oder zumindest zum weitaus größten Teil das Verdienst der SA sei. [...] Dafür, dass er, Hitler, diesen Kampf nicht allein führe, dass dieser Kampf auch zum sicheren siegreichen Ende geführt werde, dafür spreche er heute zu seiner SA – zu seiner SA, als deren Führer er nunmehr keinen Stellvertreter[431] brauche, für die er zu jeder Stunde, mag ihn die Stunde treffen, wo immer er weile, zu haben sein werde. Seine an sich überanstrengte Stimme zum fast hysterischen Schreien steigernd, appellierte er an die Treue seiner SA und endete theatralisch: „Wir wollen in dieser Stunde geloben, dass nichts uns trennen kann, so wahr uns Gott helfen kann gegen alle Teufel! Unser allmächtiger Herrgott segne unseren Kampf!" Die einsetzenden Heil-Rufe wurden abgewinkt, weil Hitler mit gefalteten Händen, wie im Gebet versunken, seinen eigenen Worten nachlauschte.

Inzwischen war mit Unterstützung einiger Begleiter der General a. D. Litzmann auf der Bühne erschienen, und es wiederholte sich die aus dem *Völkischen Beobachter* und der Veranstaltung im Sportpalast bekannte Szene des Treugelöbnisses des alten Heerführers an den jungen Parteiführer! Litzmann beglückwünschte die SA zu ihrem Führer und den Führer zu seiner SA. Er verstieg sich sogar dazu, Hitler den SA-Leuten als ihren nunmehrigen Obersten Kriegsherrn[432] zu bezeichnen.

430 Franz Pfeffer von Salomon trat formell mit Wirkung vom 29. August 1930 zurück, wohl nicht freiwillig.

431 In Wirklichkeit ernannte Hitler schon am 3. September den erst ein Jahr zuvor der NSDAP beigetreten Otto Wagener (1888-1971) zum kommissarischen SA-Stabschef.

432 Kaiser Wilhelm II. hatte sich im Ersten Weltkrieg oft als „Oberster Kriegsherr" bezeichnet.

Nachdem Hitler nochmals kurz dem General gedankt und das Gelöbnis der wiederhergestellten Einigkeit entgegengenommen hatte, verließ er ohne die Berliner Führerschaft den Saal. [...] Auch Goebbels war bereits zum Weggehen angezogen. Er wartete aber anscheinend nur darauf, dass einige Rufer ihn zum Reden aufforderten. Das geschah auch. Seine Ausführungen streiften die Vorgänge der letzten Tage, ohne bestimmte Angaben über die Art der entstandenen Zwischenfälle zu machen. Er unterließ es wohl in der Annahme, dass den Anwesenden diese Dinge bekannt waren. Er gab die Versicherung ab, dass er niemals die SA und ihre Bedeutung für die Bewegung verkannt oder geleugnet hätte. [...] Stennes, der nach Goebbels sprach, beschränkte sich auf die Bekanntgabe eines Befehls, den Hitler „An die gesamte SA und SS" herausgegeben hat.[433] [...] Dieser Befehl, den Stennes trocken und mit einer gewissen Überlegenheit verlas, löste ungeheuren Jubel aus. Der Befehl, so führte Stennes aus, bedeute die Wiederherstellung des Vorranges der SA innerhalb der NSDAP. Stennes bedankte sich dann noch für die ihm bewiesene Treue und erklärte, dass er sich Maßnahmen für die ‚Weichgewordenen'[434] noch vorbehalte. [...]

54

ERDRUTSCHSIEG DER NSDAP 1930

Goebbels-Leitartikel zur Reichstagwahl. In: Der Angriff *v. 21. September 1930. Zit. n. Goebbels:* Der Angriff, *S. 94-96*

Einhundertsieben: Das ist eine runde, nette, ansehnliche und gewichtige Zahl. Viele unter uns erinnern sich noch der Zeit, da wir sie auf eine Mitgliedskarte schrieben und damit dokumentierten, dass die Ziffer unserer Parteigenossen schon fast ins zweite Hundert marschierte. Auszudenken, dass das

433 Der Befehl lautete: „Hauptmann a. D. v. Pfeffer ist zurückgetreten. Ich übernehme mit dem heutigen Tage die oberste Führung der gesamten einst von mir gegründeten SA und SS. Ich erwarte von allen SA- und SS-Führern und -Männern Treue und Gehorsam. Ich spreche an dieser Stelle dem auf eigenen Wunsch scheidenden bisherigen Oberster SA-Führer, Hauptmann v. Pfeffer, für seine außerordentlich großen Verdienste meinen und der Bewegung Dank aus. Seine Kraft wird der Bewegung künftighin an anderer Stelle wiedergegeben werden. Adolf Hitler" Zit. n. Hitler – Reden, Schriften, Anordnungen, Bd. 3, S. 380.

434 Stennes meinte wohl die SA-Standarte V, die trotz seiner Anweisung zum Boykott von NSDAP-Arbeit Ende August ihren normalen Parteidienst geleistet hatte.

nun die Zahl unserer Reichstagsabgeordneten ausmacht, dass wir damit die zweitstärkste Partei des Reichstags überhaupt und die stärkste aller nichtmarxistischen Parteien geworden sind, das scheint vorerst noch kaum möglich.[435] Wir müssen uns zuvor einmal in die neue Rolle, die uns damit übertragen wurde, hineinfinden. Über Nacht ist aus dem verachteten und verlästerten kleinen Häuflein eine Massenpartei allergrößten Stils geworden, und der Sieg, den sie am 14. September an ihre Fahnen heften konnte, steht ohne Beispiel da in der gesamten Parteigeschichte.[436] Man erlebte es bisher, dass eine Partei sich bei einer Wahl verdoppelte und feierte das als unerhört und triumphal. Die Sozialdemokratie hat jahrzehntelang gekämpft, um das erste Zwanzig zu erreichen. Dass eine Partei sich im Laufe von knapp zwei Jahren verzehnfacht[437], überall im ganzen Lande in einem hinreißenden Siegesmarsch Bastion um Bastion und Festung um Festung des Gegners nimmt, rücksichtslos alles, was sich ihr in den Weg stellt, Lüge, Verleumdung, Terror und Verbot niedertrampelt, in kürzester Frist eine festgefügte Organisation aus dem Boden stampft, ein halbes Hundert Zeitungen[438] auf die Beine stellt, ein Bataillon der besten politischen Redner[439] in Bewegung bringt und dabei übersprudelt von Plänen und Ideen, mit einer Überfülle von Orga-

435 Die SPD errang 143 Mandate, zehn weniger als 1928; damit strafte die Wählerschaft die realistische Regierungspolitik unter dem sozialdemokratischen Reichskanzler Heinrich Müller ab. Die KPD, die im Wahlkampf scharf gegen alle anderen Parteien einschließlich der SPD gehetzt hatte und revolutionäre Umwälzungen versprach, zog mit 77 Abgeordneten in den neuen Reichstag ein – 23 mehr als 1928. SPD und KPD als „marxistische Parteien“ zusammen zu fassen, war angesichts der Unterschiede absurd.

436 Zutreffend. In der deutschen Parteigeschichte konnte nie zuvor und nie danach eine Partei ihre Stimmen innerhalb von zwei Jahren mehr als versiebenfachen und den Aufstieg zur zweitstärksten Fraktion im Parlament schaffen.

437 Die NSDAP errang einen gewaltigen Zuwachs, allerdings keine Verzehnfachung.

438 Die Zeitungen der NSDAP erreichten hohe Auflagengewinne und es wurden zahlreiche regionale Ausgaben gegründet. Ein „halbes Hundert“ Zeitungen jedoch hatte die NSDAP 1930 noch längst nicht, sondern maximal die Hälfte, wenn man alle Regionalausgaben mit eigener Lokalredaktion separat zählt.

439 Seit Anfang 1929 bildete die NSDAP systematisch Redner aus; verantwortlich dafür war Fritz Reinhardt (1895-1969). Hitler hatte in der Weihnachtsausgabe des *Völkischen Beobachters* dazu aufgerufen: „Ungeheuer ist die Propagandaarbeit, die von unserer Bewegung geleistet wird. Ungeheuer sind die Schwierigkeiten, die überwunden werden müssen, denn ungeheuer ist auch das Ziel, das uns vor Augen schwebt. Je mehr die nationalsozialistische Bewegung die rednerisch bedeutendsten Köpfe der deutschen Nation in ihren Reihen vereint, desto notwendiger ist die einheitliche Schulung aller dieser einzelnen Führer und Unterführer, die nur zum Teil früher keinem politischen Lager angehörten. So erwächst die Aufgabe, die Menschen, die eine innere Gewissensstimme zu uns kommen lässt, durch eine andauernde Erziehungsarbeit für immer zusammenzuschmieden, auf dass sie selbst fähig sein können, die Gedanken unserer Bewegung anderen zu vermitteln. Die Masse unseres Volkes wird durch die Macht der Rede gewonnen werden, die Schulung der Redner selbst aber erfolgt durch unsere Presse und unser Schrifttum.“ Zit. n. *Völkischer Beobachter* v. 25. Dezember 1928.

nisatoren und geistigen Köpfen, alles das ist gar nicht mehr mit natürlichen Gründen zu erklären, das ist politische Mystik. So etwas wie ein Wunder.[440]

Unsere Pflicht aber ist es nun, aus der Mystik des politischen Wunders eine Realität des Tages zu formen. Die breitesten Volksmassen, die in unserer Bewegung zum Aufbruch gekommen sind, haben damit ein eindeutiges und unmissverständliches Bekenntnis gegen das Deutschland von heute und für das von morgen abgelegt. Sie wollen, dass mit dem bisherigen Regierungskurs innen- und außenpolitisch, wirtschafts- und kulturpolitisch radikal gebrochen wird.[441] Es war eine Manifestation gegen das System, wie sie drohender und fordernder gar nicht gedacht werden kann. In ihr kam zum Ausdruck, dass der Wille, der in Deutschland mit den Parteien und ihren Ideen aufräumen will, in unaufhaltsamem Wachstum begriffen ist, dass sich zu ihm nicht mehr nur eine engbegrenzte Partei, sondern ein ganzes erwachendes Volk bekennt. Diesem Willen haben wir das erlösende Wort gegeben in unserer Propaganda. Wir werden und müssen ihm auch das erlösende Wort in der Tat geben.

Man täusche sich im Lager der Mitte nicht über unsere Absichten: die nationalsozialistische Bewegung hat keineswegs den Ehrgeiz, sich vor den bürgerlichen Parteikarren spannen zu lassen. Wir denken nicht daran, uns vor der Verantwortung zu drücken, wenn sie an uns herantritt. Wir sind nicht jene Phraseure des Pathos, als die die Journaille uns darzustellen beliebt. Wir werden aber nur Verantwortung übernehmen, wenn wir das vor Volk und Nation auch verantworten können. Was die sogenannte Republik als unantastbar ansieht, das ist für uns nicht heilig und anbetenswert.[442] Die nationalsozialistische Bewegung will eine Umwälzung des Bestehenden, und sie ist nicht gekommen, um Fallendes zu halten, sondern es noch zu stoßen.

440 Die NSDAP „sprudelte“ niemals über vor Plänen und Ideen, im Gegenteil: Sie legte zu keinem Zeitpunkt irgendein realistisches Programm vor, um die politischen Probleme Deutschlands zu lösen.

441 Zutreffend. Knapp ein Fünftel der Wähler sprach sich für einen radikalen Bruch zugunsten Hitlers aus, gut ein Achtel für eine kommunistische Revolution. Die staatstragenden Parteien SPD, Zentrum und DVP sowie die Splitterparteien der politischen Mitte kamen 1930 trotzdem noch auf eine knappe Mehrheit der Stimmen und der Mandate. Sie hatten aber nicht mehr die Kraft, eine parlamentarische Regierung zu bilden und die dazu notwendigen Kompromisse auszuhandeln.

442 Zutreffend. Goebbels kündigte in diesem Leitartikel wie in vielen anderen kaum verhüllt an, dass die NSDAP, einmal an der Macht, sich bedenkenlos über Recht und Gesetz hinwegsetzen würde.

Die Bedingungen, unter denen wir uns bereit finden lassen könnten, die Macht, die wir heute schon besitzen, auch praktisch einzusetzen, sind festgelegt. Sie erscheinen jedermann, der uns in unserer Wesenheit kennt, klar, gerecht und präzise. Bei ihnen ist keinerlei Parteiinteresse maßgebend, sondern lediglich das Wohl des deutschen Volkes.[443] Die Millionen, die uns gewählt haben, wollen, dass der Nationalsozialismus bestimmenden Einfluss auf die Geschichte des Reiches nimmt. Sie haben kein Interesse an parlamentarischen Kuhhändeln und wollen noch viel weniger, dass unsere Stärke dazu dienen soll, einem fallenden System die letzte Krücke zu bieten. Wer mit uns regieren will, muss sich schon darauf gefasst machen, dass die Zeit, wo man mit dem Wohl des werktätigen Volkes ungestraft Schindluder treiben konnte, endgültig vorbei ist. Auch lehnen wir jederlei Handel um Parteivorteile von vornherein und grundsätzlich ab. Die Vorteile unserer Partei wahren wir selbst. Die Regierung aber soll die Vorteile des Volkes wahren.

Wir haben uns in der vergangenen Woche von der ersten Überraschung über den triumphalen und von niemandem erwarteten Wahlsieg bereits vollkommen erholt. Unsere Herzen sind wieder heiß und unsere Köpfe kalt. Nicht umgekehrt. Wir stehen unserer so plötzlichen Macht mit nüchternem Verstand gegenüber, jeden Augenblick bereit, sie zu benutzen. Wir können regieren, wir können Opposition treiben. Aber beides können wir nur im nationalsozialistischen Geist.[444] Wir passen ebenso gut auf Ministersessel, wie wir auf die Tribünen der Volksversammlungen passen. Wir sind überall in der deutschen Politik zu Hause. Aber wo wir gehen und wo wir stehen, da werden wir unermüdlich dem Volk und seinem Wohl dienen. Wir geloben das noch einmal feierlich in dieser Stunde, da das Schicksal nach so viel Sorgen, Opfer und Blut nun seinen Segen über uns ausgießt: Wir bleiben beim Volk, wir fechten für Deutschland: Wir wollen nichts für uns, aber alles für die Nation![445] Wir werden mit allen Kräften dem Gemeinwohl dienen, dem Vaterlande Ehre und Brot zurückerobern und mit dem deutschen Schicksal stehen und fallen: Die Fahne hoch! [...]

443 Der NSDAP ging es nie um das Wohl des deutschen Volkes, sondern immer nur um die totale Macht.

444 Selbststilisierung.

445 Nie gab es in der deutschen Geschichte mehr Korruption, Vorteilsnahme, Amtsmissbrauch und staatlich sanktionierten Raub als zwischen 1933 und 1945.

Rückblickende Darstellung aus Sicht der SA. Zit. n. Engelbrechten/Volz: Wir wandern durch das nationalsozialistische Berlin, S.12f.

[...] Die Reichstagswahl vom 14. September 1930, bei der die NSDAP 107 Mandate erringen und von neunter auf die zweite Stelle aufrücken konnte, war die Durchbruchsschlacht des Nationalsozialismus. Jetzt begann der Endkampf um die Macht im Staate.[446] Besonders in Berlin verstärkte sich der marxistische Blutterror ständig. Die Gegner, Reichsbannerleute, Sozialdemokraten und vor allem Kommunisten, verübten nicht nur unzählige nächtliche Überfälle auf alleingehende Nationalsozialisten, sondern in weiten Gegenden war es sogar gänzlich unmöglich, am hellen Tage in Uniform oder auch nur mit dem Partei-, SA-, SS- oder HJ-Abzeichen die Straße zu betreten.[447] Der marxistische Terror gegen Nationalsozialisten war in vielen Betrieben unerträglich. Wer sich zu Adolf Hitler bekannte, musste damit rechnen, Arbeit und Brot zu verlieren, um sich dann in das große Heer der Arbeitslosen[448] einzureihen. Schwere Zusammenstöße ereigneten sich vor allem auf den Stempelstellen, und oft genügte es schon, dass jemand als Parteigenosse, als SA- oder SS-Mann oder als Hitlerjunge bekannt war – und er war vogelfrei.[449] [...]

55

DER BRUCH MIT WALTHER STENNES

Auszüge aus dem Goebbels-Tagebuch v. 4. März, 25. März, 28. März, 29. März, 31. März, 2. April u. 1. September 1930. Zit. n. Fröhlich (Hrsg.): Die Tagebücher von Joseph Goebbels, Teil 1, Bd. 2/I, S. 357, S. 370f., S. 373, S. 374, S. 375f, u. S. 376f.

[...] Starke Missstimmung in der SA gegen München. Taktik und Legalität, das waren die Themen. Sie werden uns wohl

446 Selbststilisierung.

447 Tatsächlich lieferten sich Kommunisten und Nazis ab Herbst 1930 zunehmend brutale Auseinandersetzungen. In der Mehrzahl aller Fälle ging die Gewalt jedoch von SA-Leuten aus.

448 Seit Herbst 1930 schlug die Weltwirtschaftskrise voll auf die deutsche Wirtschaft durch. Die Zahl der Arbeitslosen stieg stark an. Mit politischen Bekenntnissen hatten Entlassungen in aller Regel nichts zu tun.

449 Selbststilisierung.

noch oft beschäftigen. Die S.A. überschätzt ihre Kraft. Da muss man rechtzeitig bremsen. [...] Unterredung mit Röhm über SS und SA. Zersetzung in der SA: Stennes. Er ist sehr vernünftig. Stennes sehr zugetan. Stennes hat eine scharfe Denkschrift gegen die Neuorganisation der SA[450] verfasst. Im meisten muss ich ihm zustimmen. Röhm sieht das Richtige, aber Hitler ist schwer gegen die SS zu kriegen. Sein Steckenpferd. Die Leibgarde! Ich werde meine Hauptaufgabe in die Vermittlung setzen. Die fabelhaften Menschen müssen sich verstehen lernen. Ich werde Stennes in den berechtigten Forderungen der SA unterstützen. Dagegen allen Putschismus gegen die Partei oder Hitler schärfstens bekämpfen. [...] Zuerst lange Unterredung mit Röhm. Er hat eine Sauwut auf Stennes, der ihm auch sehr dumm gekommen ist. Hat schon alles fertig, ihn abzusetzen, Chef dazu kommend rät dagegen. Ich auch. Wir haben Mühe, R. herüberzukriegen. In München hat man keine Ahnung von der Stimmung im Lande. Das Braune Haus nimmt alle Arbeit und Kraft.[451] [...] In der SA stinkt es wieder. Stennes gibt keine Ruhe. Aber München macht auch kapitale Fehler. Das Parteihaus bricht uns noch einmal den Hals. [...] Mit Forster[452] Aussprache. Er ist sehr kindlich und von einem hemmungslosen Optimismus. Hat wieder Stunk in der SA. Stennes steht da überall im Hintergrunde. Er arbeitet zielbewusst, die Indolenz des Braunen Hauses[453] treibt ihm Wasser auf die Mühlen. [...] SA macht mir viele Sorgen. Stennes lässt keine Ruhe. Das ist die schwerste Krise, die die Partei einmal durchmachen muss. [...] Nun ist der Kladderadatsch da. Aber ich will chronologisch registrieren: Dienstag[454] Anruf von München: Ich soll zu Hitler nach Weimar kommen. Ich reise zuerst nach Dresden, rede mit Erfolg in zwei überfüllten Sälen, fahre gleich darauf in der Nacht mit dem Auto nach

450 Ernst Röhm als neuer Stabschef ordnete auf direkte Weisung Hitler die SA neu, um jede Eigenständigkeit zu unterbinden. Dazu gehörte auch größere Selbstständigkeit für die SS unter Heinrich Himmler, die zwar noch Teil der SA blieb, aber eigene Strukturen aufbauen durfte.

451 Am 26. Mai 1930 hatte die NSDAP für die enorme Summe von mehr als 800.000 Goldmark das Palais Barlow in der Brienner Straße in München als neue Parteizentrale gekauft. Im Frühjahr 1931 war die neue, enorm aufwändige Innenausstattung der nun „Braunes Haus“ genannten Villa fertig gestellt. Der Luxus, mit dem sich Hitler umgab, sorgte für Unverständnis und Neid bei vielen armen, arbeitslosen SA-Männern.

452 Albert Forster (1902-1952), Bankangestellter, seit 1923 NSDAP-Mitglied, seit 1926 Mitglied der SS, seit 1930 MdR und Gauleiter von Danzig. In Polen zum Tode verurteilt und hingerichtet.

453 Wörtlich: Schmerzlosigkeit, gemeint: Ignoranz gegenüber den Forderungen der SA.

454 Gemeint: 31. März 1931.

Weimar, wo ich früh um fünf Uhr eintreffe. Gleich ins Bett. Ahnungslos! Mittwoch: Ich treffe den Chef auf dem Flur. Er ist sehr ernst. Röhm gibt mir Aufschluss: Stennes ist abgesetzt, er hat offen rebelliert, seine Stellung München gegenüber unhaltbar geworden. Anscheinend ist die Absetzung zu früh an die Presse gegangen.[455] Nun fängt der Tanz an. Es bleibt mir nichts anderes übrig, als mich den Tatsachen zu beugen. Telefon von Berlin: *Angriff* und Geschäftsstelle von SA besetzt.[456] [...] Für mich gibt es jetzt keine Frage mehr: Ich stehe treu zu Hitler. Auch bei aller Kritik. Ich will keine Mainlinie. Die Bewegung geht über alles. Die S. muss gehorchen. Stennes will sich eben nicht einfügen. Gut. Dann muss eben gekämpft werden, und wenn das ein halbes Jahr dauert. Ich bleibe bei Hitler. [...] Stennes arbeitet: Gau und *Angriff* besetzt. Nur ruhig Blut, das ist alles Chamade. Man will mich nach Berlin haben. Ich denke nicht daran. Ich werde mit Hitler nach München fahren und dort in Ruhe meine Gegenmaßnahmen treffen. Daluege ist in Weimar. Stramm für den Chef. [...] Eine großangelegte Intrige. Unsere SA werden wir hinter uns bekommen! Die größte, aber vielleicht auch die letzte Krise der Partei. Die muss durchgepaukt werden. [...]

Hitler erteilt Goebbels am 2. April 1931 Generalvollmacht zur Niederschlagung der parteiinternen Auseinandersetzungen in Berlin. Zit. n. Völkischer Beobachter *v. 3. April 1931*

[...] Im November 1926 habe ich Sie, lieber Herr Doktor, gebeten, die Führung der damals vollständig darniederliegenden Ortsgruppe Berlin zu übernehmen. Ich sah mich veranlasst, Ihnen zur Durchführung Ihrer Aufgabe außerordentlich erweiterte Vollmachten zur Verfügung zu stellen.[457] Es ist Ihnen gelungen, unter teilweise schwierigen Umständen in die völlig verfahrenen Verhältnisse der Ortsgruppe Ordnung zu bringen und in unermüdlicher vorbildlicher Arbeit aus Berlin zu machen, was wir im Verlaufe der letzten Wahlen[458] ersehen und miterleben durften. Ebenso groß wie Ihre Arbeitsleistung war

455 Zutreffend. Bereits bevor die Parteiorganisation und die Hitler-treuen SA-Führer informiert waren, verbreiteten u.a. der *Berliner Lokal-Anzeiger* die Nachricht von Stennes' Absetzung.

456 Stennes gegenüber treue SA-Leute besetzten am 1. April 1931 morgens die Redaktionsräume von Goebbels Zeitung *Der Angriff* und die Geschäftstelle der Berliner NSDAP.

457 Vgl. o. Dokument 25

458 Gemeint: die Reichstagswahlen im September 1930.

aber auch in dieser ganzen langen Zeit Ihre unerschütterliche Treue zur Bewegung und zu mir als Person und Führer.

Gewissenlose Kräfte versuchen seit Monaten immer wieder, die geleistete Arbeit zu unterhöhlen und zu zerstören, in einzelne Formationen der Bewegung den Geist des Unfriedens, nörgelnder Kritiksucht, ja sogar der Untreue, hineinzubringen, um sie dadurch zu zersetzen. Angesichts der nunmehr erlassenen Notverordnung[459] besteht die große Gefahr, dass die Absicht dieser inneren Feinde, die Bewegung durch Aufreizung zu illegalen Handlungen hinzureißen, verwirklicht und damit den Feinden des deutschen Freiheitskampfes endlich die Möglichkeit geliefert wird zu einer Unterdrückung und Auflösung der Bewegung.

Ich habe mich deshalb entschlossen, gegen diesen Versuch der Zerstörung der nationalsozialistischen Bewegung den Kampf mit allen Mitteln und aller Entschlossenheit aufzunehmen. Ohne Rücksicht auf irgendwelche Folgen werde ich die Partei nunmehr von ihren zersetzenden Elementen säubern, ganz gleich in welcher Stellung und in welchem Parteiamt sie sich befinden mögen. Ich werde die Hoffnung jener Feinde unseres Volkes, gegen die ich seit elf Jahren fechte, auf ein Zerfressen der nationalsozialistischen Bewegung von innen heraus zuschanden machen.

Ich weiß, dass niemand mehr die Notwendigkeit dieses unabänderlichen Entschlusses verstehen und begreifen wird als Sie selbst, lieber Doktor, der Sie mehr als jeder andere unter dem Wirken solcher Elemente zu leiden hatten, die in unserer Bewegung nur ein Instrument für ihre eigenen, teils wahnsinnigen, teils ehrgeizigen, teils aber auch undurchsichtigen Ziele sehen wollten.

Herr Dr. Goebbels, ich beauftrage Sie, nunmehr erneut die Säuberung der Bewegung mit aller Entschlossenheit in die Hand zu nehmen und durchzuführen, und ich erneuere zu dem Zweck die Ihnen im November 1926 erteilte Generalvollmacht! Handeln Sie rücksichtslos und lassen Sie sich durch keinerlei Bedenken über irgendwelche Folgen in diesem Entschlusse beeinträchtigen; denn es wäre immer noch besser,

459 Gemeint: die „Notverordnung zur Bekämpfung politischer Ausschreitungen" v. 28. März 1931. Sie schränkte das Versammlungsrecht und die Pressefreiheit deutlich ein und richtete sich gleichermaßen gegen die NSDAP wie gegen die KPD.

dass es überhaupt keine nationalsozialistische Bewegung gäbe, als eine Partei der Undisziplin, der Zerfahrenheit und des Ungehorsams.

Nur eine in eiserner Geschlossenheit dastehende Bewegung wird das erfüllen können, was wir seit elf Jahren dem deutschen Volke als Ziel unserer Arbeit und damit als die Aufgabe unseres Kampfes versichert und versprochen haben. Wenn die Partei dieser Aufgabe nicht gerecht werden könnte, dann wären wir selbst als anständige Menschen verpflichtet, eher noch die Bewegung zu vernichten, als sie zwecklos weitervegetieren zu lassen. Indem ich Ihnen noch einmal für Ihre ganze geleistete Arbeit und bewiesene Treue danke, hege ich die felsenfeste Überzeugung, dass Sie auch diese neue Aufgabe, so schwer sie sein mag, lösen werden. Was immer Sie in ihrer Erfüllung aber tun mögen: Ich decke Sie.

Hitler

Auszüge aus Artikeln im Berliner Tageblatt *v. 2. April 1931*

[...] Zurzeit ist die Lage im Berliner nationalsozialistischen Lager vollkommen verworren. Der Konflikt hat seine eigentlichen Ursachen[460] in der letzten Verfügung Hitlers, in der er unbedingten Gehorsam gegenüber der Brüningschen Notverordnung[461] forderte.[462] Gegen diese „legale" Politik Hitlers richtete sich vor allem der Berliner SA-Führer Stennes, der in einem scharfen Schreiben an Hitler erklärte, durch diesen Erlass würde der revolutionäre Charakter der Partei völlig verschwinden. Hitler, dem die Sturmtrupps schon längst im Wege waren, weil sie für seine „legalen Ziele" nicht tragbar waren, hat die Gelegenheit, die sich durch die Auflehnung von Stennes ihm bot, wahrgenommen und Stennes einfach abgesetzt. Es hat den Anschein, als ob Hitler die Trennung der Partei von den Sturmtrupps gar nicht so ungern sieht. Er will jetzt entweder eine Unterwerfung der SA-Leute unter seine Politik oder aber eine Loslösung von der Partei. Hitler ist dabei, das weiß er

460 Unzutreffend. Die Notverordnung hatte nichts mit der Rebellion von Walther Stennes zu tun. Es handelte sich um eine zufällige zeitliche Übereinstimmung.

461 Reichskanzler Heinrich Brüning regierte mit Notverordnungen des Reichspräsidenten, weil er keine Mehrheit im Reichstag hatte.

462 Hitler hatte am 30. März 1931 u.a. angeordnet: „Jeder Parteigenosse wird ohne Rücksicht auf seine Parteistellung sofort aus der Partei ausgeschlossen, der es sich beikommen lassen sollte, entweder bewusst oder unbewusst gegen die Bestimmungen der Notverordnung zu verstoßen oder solche Verstöße zu dulden bzw. zu billigen." Zit. n. *Völkischer Beobachter* v. 1. April 1931.

ganz genau, dadurch im Vorteil, dass er genügend Geldmittel besitzt, um seinen Willen durchzusetzen, während die revoltierenden SA-Leute, da größtenteils arbeitslos, arm wie Kirchenmäuse sind.[463] Über Hitlers politische Pläne unterrichtet übrigens ein vertrauliches Schreiben an die Mitglieder des Reichsausschusses der NSDAP, in dem Hitler erklärt, es werde in der nächsten Zeit dir letzte Gelegenheit für ihn kommen, auf legal-parlamentarischem Wege zur Macht zu gelangen. Würde diese Gelegenheit verpasst, dann wisse man nicht, ob die Stunde für die NSDAP überhaupt noch einmal schlagen würde.[464] Um aber das von ihm angestrebte Ziel einer bürgerlichen Rechtskoalition zu erreichen, müsse er um jeden Preis als Partei entrevolutionieren und entsozialisieren.[465]

Das Haus in der Hedemannstrasse[466] ist noch immer von den Stennes ergebenen SA-Leuten besetzt. Und es heißt, dass sich auch der Chefredakteur des „Angriffs", Dr. Lippert, für Stennes und gegen Hitler erklärt habe.[467] Das Blatt will in seiner heutigen Abendausgabe nochmals einen letzten Vermittlungsversuch im Konflikt Hitler-Stennes machen, offenbar auf Weisung von Goebbels, aber man hat wenige Hoffnung, da die Dinge schon zu weit gediehen sind. Die Herrschaft der SA-Leute in der Hedemannstrasse dürfte im übrigen nicht allzu lange dauern, da sich Hitler und Goebbels, denen der „Angriff" gehört, jederzeit mit Hilfe des Gerichtes in den rechtmäßigen Besitz der Zeitung setzen können. [...]

Die Ereignisse um den bisherigen Führer der Berliner SA, Polizeihauptmann a. D. Stennes, gehen viel tiefer, als man nach den bisherigen Meldungen zu glauben geneigt ist. Es scheint zur offenen Rebellion der SA-Leute gegen Hitler zu kommen. Der Sachverhalt ist gegenwärtig der, dass nicht nur Stennes abgesetzt worden ist – wenn er es auch nicht anerkennen will – sondern dass sowohl seine Dienststelle, der sogenannte Osaf

463 Zutreffend. Der NSDAP-Reichsschatzmeister Franz Xaver Schwarz (1875-1947) steuerte im Auftrag Hitlers sämtliche Geldflüsse. Mit der Zuweisung von Geld wurde Loyalität belohnt, mit dem Entzug von Mitteln Eigenständigkeit sanktioniert.

464 Solche internen Ankündigungen, mündlich oder schriftlich, machte Hitler immer wieder.

465 Hitler strebte nie die Beteiligung an einer Rechtskoalition an, sondern immer nur die Reichskanzlerschaft für sich und die Eroberung der vollständigen Macht. Einen solchen Kurs ernsthaft zu verfolgen aber konnten sich die Redakteure des linksliberalen *Berliner Tageblattes* nicht vorstellen.

466 Gemeint: die Berliner Zentrale der SA in der Hedemannstraße 10.

467 Unzutreffend. In der *Angriff*-Redaktion unterstützte Ludwig Weißauer, der Geschäftsführer, Stennes und die rebellierende SA. Er wurde noch im April 1931 abgesetzt.

Ost (Oberster SA-Führer Gruppe Ost), als auch das Kommando von Osaf Süd von Hitler für aufgelöst erklärt worden sind. Die Auflösungserklärung und die Absetzung von Stennes wird weder von dem Gemaßregelten anerkannt noch auch von seinen Unterführern oder den Berliner SA-Leuten. Die gesamten Berliner SAs stehen nach wie vor zu Stennes. Noch in der Nacht zu gestern hat Stennes seine sämtlichen Unterführer aus den ihm unterstellten Provinzbezirken telegrafisch nach Berlin berufen; hier wurde gestern Nachmittag eine Führerbesprechung unter dem Vorsitz von Stennes abgehalten, die volle Übereinstimmung zwischen den Provinzleitern und dem abgesetzten Führer ergab. Der Gausturm 15 hielt gestern vom Mittag an das Parteigebäude in der Hedemannstrasse besetzt mit der Weisung, weder den neuen Osaf-Ost, Feme-Oberleutnant Schulz[468], noch seinen Adjutanten, Leutnant Heines[469], ins Haus zu lassen. Schulz weilt gegenwärtig noch nicht in Berlin: ob er den Berliner Posten überhaupt wird antreten können, ist nach dem bisherigen Gang der Ereignisse fraglich.

Die ganze Aktion Hitlers gegen die SA sollte ursprünglich der Auftakt zur völligen Auflösung[470] dieser nationalsozialistischen Schutztruppe bilden; durch den unerwartet hartnäckigen Widerstand der Berliner SA ist nicht nur der weitere Verlauf der Auflösungsaktion in Frage gestellt, sondern es ist auch im Augenblick noch gänzlich unklar, ob Hitler auch nur in Berlin mit seinen Maßnahmen wird durchdringen können. Bisher standen die Partei und die SA unter getrennter Leitung, wenn auch ein enges Zusammenarbeiten zwischen den beiden Münchener Hauptquartieren gewährleistet war. Der Sinn des Hitler'schen Handstreiches war der, die gesamte SA der Partei einzugliedern, um der bei der SA besonders stark zum Aus-

468 Paul Schulz (1898-1963), Berufsunteroffizier und Frontsoldat, 1918 zum Offizier befördert. Mitglied und Organisator der Schwarzen Reichswehr, verantwortlich für mehrere Mordaufträge im Rahmen der Feme gegen echte oder angebliche Verräter. 1925 zum Tode verurteilt, jedoch begnadigt. Seit 1930 Mitglied der NSDAP, am 1. April 1931 als Nachfolger von Walther Stennes Oberster SA-Führer Ost und Reorganisator der Berliner SA. Als enger Freund von Gregor Straßer gehörte Schulz bis Ende 1932 zum innersten Führungszirkel der NSDAP. Ab 1933 politisch einflusslos. 1934 versuchten Gestapo-Männer, Schulz zu ermorden, doch er entkam verletzt und emigrierte mit Billigung Hitlers in die Schweiz. Nach 1945 als Unternehmer tätig.

469 Edmund Heines (1897-1934), Frontsoldat, Freikorpskämpfer und seit 1922 NSDAP-Mitglied. Teilnehmer am Hitler-Putsch, dafür verurteilt. 1926 SA.-Standartenführer, 1928/29 wegen Beteiligung an einem Fememord in Haft. Seit 1930 MdR, im April und Mai 1931 zeitweilig bei der Berliner SA. Danach verschiedene Funktionen in SA und NSDAP, 1933 Polizeipräsident von Breslau. 1934 zusammen mit SA-Stabschef Röhm erschossen.

470 Hitler wollte die SA nicht auflösen, sondern seiner Herrschaft unterwerfen. Er wusste, dass er die Braunhemden weiter brauchen würde.

druck gekommenen sozialistischen Tendenz[471] endgültig Herr zu werden. [...]

Vor dem Hauptquartier der Berliner SA in der Hedemannstraße 10 herrschte gestern Nachmittag Hochbetrieb. Eine größere Anzahl halbwüchsiger Burschen stand vor dem Eingang oder vor dem Schaufenster der im gleichen Haus befindlichen Buchhandlung. Jeder, der ins Haus hinein wollte, wurde unten sofort festgehalten und nach seinen Wünschen gefragt. Aus einer blauen Limousine entsteigen vier SA-Leute. Schon nach wenigen Minuten kamen sie mit großen Aktenbündeln von oben herunter, eine große Holzkiste, anscheinend eine Kartothek, wurde herangeschleift und ins Auto verladen. Dauernd kamen und gingen Ordonnanzen, die mit Kraftwagen eiligst noch den verschiedensten Richtungen verschwanden. Man merkte in dem ganzen Betrieb, der dort herrschte, dass etwas Außerordentliches vorging. [...]

Auszüge aus Artikeln im Berliner Lokal-Anzeiger *v. 2. April 1931*
[...] In der Berliner Linkspresse findet sich begreiflicherweise heute früh eine Fülle von teils falschen, teils unbeglaubigten Nachrichten über den Konflikt, der innerhalb der nationalsozialistischen Partei, und zwar zwischen dem bisherigen „Osaf-Ost“, d. h. dem Oberleiter der nationalsozialistischen SA-Abteilungen des Ostens, dem bekannten Hauptmann a. D. und früheren Polizeioffizier Stennes, und Adolf Hitler ausgebrochen ist. Wir haben gestern früh[472] die erste Nachricht über die „Absetzung“ von Stennes durch den Oberführer der SA, Hauptmann a. D. Röhm in München, gebracht und gestern Abend unsere Leser über den Stand der Dinge unterrichtet. Neue Tatsachen liegen erst jetzt wieder vor: ein Brief von Hitler an Goebbels[473] und eine Erklärung von Stennes. [...] Die Redaktion der hiesigen nationalsozialistischen Zeitung[474], deren Herausgeber der zur Zeit nicht in Berlin weilende Dr. Goebbels ist, und die, wie sich aus dem nachstehenden ergibt, zur Zeit nicht Dr. Goebbels und der Parteiführung zugängig

471 Der gemeinsame Kurs von Hitler und Goebbels war es, mit der SA eine bürgerkriegsähnliche Situation in Deutschland herbei zu führen, in der sich die NSDAP als Ordnungsmacht profilieren konnte. Dabei waren sozialistische Tendenzen in der Tat unerwünscht.

472 Zutreffend: Der *Lokal-Anzeiger* brachte diese Information als erste Berliner Zeitung.

473 Vgl. das vorige Dokument.

474 Gemeint: der *Angriff*.

ist, übermittelt eine Erklärung des Hauptmanns Stennes, als des Gruppenführers Ost, die gleichzeitig von den Führern folgender Gaustürme der SA unterzeichnet ist: Berlin, Brandenburg-Ostmark, Mecklenburg, Pommern und Schlesien. Die Erklärung geht von der Enthebung von Stennes aus. Ein gegen den Willen seiner Umgebung von ihm eingeleiteter Vermittlungsversuch sei von Hitler brüsk zurückgewiesen worden; damit sei dessen „Treubruch", den er noch gestern für unmöglich gehalten habe, Tatsache geworden. Das habe grundsätzliche Bedeutung. Es gehe nicht um die Person, es gehe um die Sache. „Getragen von dem Vertrauen der mir unterstellten SA-Verbände", heißt es weiter, „habe ich die Übernahme der Führung der Pommern, Brandenburg-Ostmark, Schlesien und in der Reichshauptstadt durch die SA angeordnet." Denn die politische Leitung der Partei in München habe sich von den Idealen abgewandt, für die Tausende der besten SA-Leute ihr Leben eingesetzt hätten. Darum wolle man weiter zur alten Fahne stehen. Die Erklärung besagt weiter, die revolutionäre Schwungkraft der SA wäre durch die Parteileitung mit bürgerlich-liberalistischen Tendenzen durchsetzt worden. Damit habe die politische Leitung das Volk um die Erwartung betrogen, dass die Bewegung das soziale Elend des deutschen Volkes beheben würde, indem jene politische Leitung versuchte, aus der nationalsozialistischen Kampfbewegung eine Partei zu machen, die sich in nichts von anderen Parteien unterschiede. Schon die Errichtung des Braunen Hauses (des Hauptquartiers der NSDAP in München) sei ein „typisches Merkmal für die Verantwortungslosigkeit, die bereits Platz gegriffen habe. Parlamentarische Bräuche und Sitten wären heute Selbstverständlichkeiten für die politischen Leiter geworden. Verwässerung und Verweichlichung der Partei, Abwanderung der aktivistischen Kämpfer wären weitere Folgen solcher unverständlichen Haltung. Wer Kompromisse schließt, kompromittiere sich selbst. [...] Das Büro des von der Partei kommissarisch mit der Stellung des Osaf Ost betrauten und zur Zeit für die Partei in Berlin verantwortlichen, bekannten Oberleutnants a. D. Schulz teilt mit, es würden juristische Schritte eingeleitet, um das bisherige Blatt des Gaues Berlin von der „Terrorisierung" durch die Stennes-Anhänger zu befreien. Im übrigen habe sich bereits jetzt fast die gesamte Parteigenossenschaft zu Hitler bekannt, und auch der überwiegende Teil der SA-Leute verwerfe die Handlungsweise von Stennes, hinter dem vornehmlich nur seine Stäbe stünden. [...] Vor dem Hause der Gauleitung der NSDAP in der Hedemannstraße standen heute Vormittag etwa hundert SA-Leute in Zivil, die auf die weitere Entwicklung der Angelegenheit warteten. Die Polizei hatte die sonst übliche Streife von zwei Mann um das Mehrfache verstärkt. Auch im Vorraum des Treppenhauses halten sich SA-Leute auf. Niemand wird in die Parteibüros gelassen, Auskünfte werden nicht erteilt, vielmehr erklärt, kein Vertreter der Gauleitung oder der Geschäftsleitung wäre anwesend, der Informationen erteilen könnte. Vor dem Parteihaus hatte sich um die Mittagszeit eine große Menschenmenge angesammelt, die vergeblich auf das Eintreffen von Hitler wartete, der angeblich das Berliner Parteihaus besuchen wollte. Tatsächlich ist Hitler in München.

Auszüge aus Artikeln der Berliner Morgenpost *v. 3. April 1931*
[...] Nach der Revolte der Stennes-Gruppe der offene Bruch zwischen Stennes und Hitler, zwischen den norddeutschen Sturmabteilungen und der in München residierenden nationalsozialistischen Parteileitung – das ist der augenblickliche Stand der Dinge. Was wird es morgen geben? Hauptmann Stennes hat den Bruch mit einem scharfen Ausruf vollzogen, in dem Hitler nicht mehr und nicht weniger als Treuebruch vorgeworfen wird. Hitlers Antwort war, das er Stennes aus der Partei ausschloss. Die streitenden Brüder bombardieren sich nun mit Erklärungen und Gegenerklärungen, man zankt sich herum um den Besitz der Berliner Parteigebäudes in der Hedemannstraße, man macht sich gegenseitig den Besitz der nationalsozialistischen Berliner Zeitung streitig, in der gestern die wilden Ausrufe der Parteien friedlich nebeneinander standen. Das Wort von Treuebruch Hitlers war allerdings sorgfältig gestrichen. Das ganze wüste Durcheinander ist eine Angelegenheit, die zunächst nur Herrn Hitler und seine Leute angeht, die aber darüber hinaus auch das stärkste Interesse der Öffentlichkeit beanspruchen darf, denn allmählich müssen doch diejenigen, die Hitler am 14. September[475] unbesehen

475 Gemeint: bei der Reichstagswahl 1930.

ihre Stimme gegeben haben, merken, daß in dieser Partei, die sich anmaßt, Deutschland erneuern zu wollen, alles drunter und drüber geht.

Die Erklärung, mit der Stennes Hitler den Gehorsam aufkündigt, wird unterstützt von den SA-Führern für Berlin, Brandenburg-Ostmark, Mecklenburg, Pommern und Schlesien. Nicht nur Treuebruch wird Hitler vorgeworfen. Die SA-Führer sagen auch, die SA solle „nur dem Streben der politischen Leitung nach Ministersesseln geopfert werden". Die SA-Führer reden von der revolutionären Schwungkraft" der SA, die durch die politische Leitung „mit bürgerlich-liberalistischen Tendenzen durchsetzt worden sei". Es wird gesagt, die Partei sei verweichlicht und sie unterscheide sich in nichts von den anderen Parteien. Insbesondere wird Hitler auch angegriffen wegen der Errichtung des prunkvollen Braunen Hauses in München, das „ein typisches Merkmal für die Verantwortungslosigkeit" sei. In diesem Stil geht es fort.

Stennes, dem am Tag zuvor per Eilbrief mitgeteilt worden war, daß er abgesetzt worden sei, hatte sich noch einmal bei Hitler erkundigt, ob denn die Absetzungsverfügung zu Recht bestehe. Das Antworttelegramm Hitlers lautete: „Sie haben keine Fragen zu stellen. Sie haben einen gegebenen Dienstbefehl auszuführen und mit den SA-Führern hierher nach Weimar zu kommen." In Weimar wollte nämlich Hitler seine Leute zusammenreißen durch eine schwülstige Rede, zu der er sich durch den Sturz Fricks[476] verpflichtet fühlte. In Weimar habe sich beim Sturz Fricks, so sagte Hitler, jetzt wieder die schlimmste Seite des deutschen Charakters offenbart: die Gesinnungslosigkeit. Also, wenn die andern Parteien von Herrn Frick genug hatten, glaubt Hitler, berechtigt zu sein, ihnen Gesinnungslosigkeit vorzuwerfen. Wie armselig ist eine solche Gesinnung! Hitler, der ganz die Allüren Wilhelms II.[477] angenommen hat, droht, er werde jetzt alles aus der Partei hinausbefördern, was nicht blind der von ihm vorgeschriebenen Marschroute folge. Eine große Reinigungsaktion soll jetzt kommen, und der Besen, den er dazu braucht, ist – Herr Goe-

476 Am 1. April 1931 hatte das Misstrauensvotum der thüringischen SPD gegen Wilhelm Frick, den ersten NSDAP-Minister in einer Landesregierung, Erfolg. Er musste seine Funktion räumen. Das war ein schwerer Rückschlag für Hitlers Politik der pseudolegalen Machtübernahme.

477 Anspielung auf das „persönliche Regiment" des letzten deutschen Kaisers, das sich nicht um Zuständigkeiten und Befugnisse bestimmter Funktionen kümmerte.

bbels, Hitlers schärfster Konkurrent, der sich aber unter den gegenwärtigen Umständen klugerweise zu Hitler hält und ihn seiner unverbrüchlichen Treue versichert.[478] [...]

Hitlers Erklärung zur Rebellion der Berliner SA. Auszüge aus einem Artikel des Völkischen Beobachters *v. 4. April 1931*
[...] Nationalsozialisten! Parteigenossen! S.A.-Männer! Hauptmann Stennes, der vom Stabs-Chef Röhm seiner Stellung enthoben worden war und nunmehr zur längst geplanten Meuterei schritt, wurde von mir aus der Nationalsozialistischen Partei ausgeschlossen. Die Gründe, die zu diesen von mir selbst nie gewünschten Entscheidungen drängten, waren so zwingende, daß ich als Parteiführer bei ihrer Missachtung pflichtwidrig gehandelt und die schwerste Schuld für den Bestand der nationalsozialistischen Bewegung auf mich geladen haben würde. [...]

Hauptmann Stennes wurde im Winter 1927 und 1928 als Führer in die SA berufen und trat, um diese Anstellung zu ermöglichen, am 20. Dezember 1927 in die Partei ein. Hauptmann Stennes war selbst nicht im Kampf um die nationalsozialistische Bewegung groß geworden. Er hatte aber die Verpflichtung übernommen, die Parteigenossen der SA zu nationalsozialistischen Kämpfern auszubilden und dementsprechend zu führen. Der SA-Mann der NSDAP ist ein politischer Kämpfer. Seine Aufgabe ist es, der Führung der Bewegung den Schutz der Propaganda zu ermöglichen. Für den Nationalsozialismus ist und bleibt die Propaganda die Angriffsartillerie. SA und SS sind die Deckung dieser Waffe.[479] Die Organisation bezieht die eroberte Stellung und baut sie aus. Es gibt keinen wirklich tüchtigen SA-Mann, der nicht politischer Nationalsozialist ist, und es gibt keinen wahren Nationalsozialisten, der sich nicht selbst als SA-Mann fühlt und betrachtet. [...]

Ich mache nun dem Hauptmann Stennes den Vorwurf, dass er ebenso klug wie geschickt es langsam fertigbrachte, zwischen Euch und mir Missverstehen, ja am Ende Misstrauen zu säen. Während in der gesamten übrigen Partei[480] das Verhältnis zwischen SA und mir einem bedingungslosen, gegenseiti-

478 Unzutreffend. Goebbels war niemals Hitlers schärfster Konkurrent.

479 Zutreffende Beschreibung.

480 Unzutreffend. Auch in Hanau besetzten SA-Leute das NSDAP-Büro, schon am 1. Februar 1931, und an vielen anderen Orten gab es Anfang 1931 harte Auseinandersetzungen zwischen meist arbeitslosen SA-Männern und durch gut dotierte Mandate versorgte Parteifunktionäre.

gen Treugelöbnis gleicht, war es im Bereiche des ehemaligen Polizeihauptmanns Stennes dauernd bedroht und gefährdet. Statt dass ich nun in der Führung einen Verteidiger dieses Verhältnisses gefunden hätte, war es die Führung selbst, die von oben herunter planmäßig gegen die Parteileitung Misstrauen ausstreute, zum Teil unter Begleiterscheinungen und Formen, die einfach unerhört waren. Herr Stennes verstand es langsam, eine Reihe von Begriffen in die SA hineinzutragen, die genau so zu den dauernden Zersetzungsrequisiten der Kommunisten gehören. Wie kommt Herr Stennes dazu, von einer Verbonzung der Partei zu reden? Was hat bisher Herr Stennes persönlich an Opfern für die nationalsozialistische Bewegung gebracht? Wer reibt sich mehr für die Bewegung auf? Der Redner unserer Partei, der tagaus tagein durch Deutschland fährt und sich die Kehle wund und heiser schreit, oder Herr Stennes, der in Berlin sitzt, Besprechungen führt oder Paraden abhält? Herr Stennes hat meines Wissens noch nie im Gefängnis gesessen.[481] Allein, trotzdem ist er der „Kämpfer". Gregor Straßer aber, den die Polizei mit seiner gebrochenen Wirbelsäule[482] am liebsten vom Brett heruntergeschnallt hätte, um ihn, wenn möglich, in das Gefängnis zu werfen, ist ein „Bonze".

Pg. Dr. Goebbels, der von einem Prozess in den anderen gehetzt wird, ist ein „Bonze".[483] Wo ist der politische Führer – wo ist der Redner unserer Bewegung, hinter dem nicht dauernd die Staatsanwälte her sind? Mehr als ein halbes Tausend Prozesse lasten auf unseren politischen Kämpfern, aber trotzdem sind sie „Bonzen", nur Herr Stennes, der noch nie in seinem Leben mit dem Gefängnis Bekanntschaft gemacht hat, gegen den kein einziger Prozess schwebt, ist ein „Kämpfer". Wie kommt Herr Stennes dazu, diese Beschimpfungen der Partei zu dulden, ja selbst zu fördern? Und was das Allerschlimmste ist, gar noch selbst zu predigen? [...]

SA-Männer! Ihr habt damit jetzt zu wählen, wem Ihr Euch zur Treue verpflichtet fühlt. Dem Polizeihauptmann a. D. Sten-

481 Zutreffend. Zwar hatte die Polizei wiederholt seine Wohnung und sein Büro durchsucht, ihm jedoch nie eine Straftat nachweisen können. Stennes war jedoch in verschiedene Fememorde verwickelt.

482 Gregor Straßer, härtester innerparteilicher Konkurrent Hitlers, war Anfang 1931 beim Skilaufen verunglückt und musste sich einer langen Rekonvaleszenz unterziehen. Als MdR war er allerdings vor Polizei-Zugriff geschützt.

483 Gemeint: die Verleumdungsprozesse u.a. gegen Bernhard Weiß, in die Goebbels freilich nicht „gehetzt" wurde, sondern die er bewusst provozierte.

nes oder dem Begründer der nationalsozialistischen Bewegung und Obersten Führer Eurer SA Adolf Hitler. Wer nicht mit mir gehen will, der mag meine Kokarde und meine Fahne ablegen, das Braunhemd ausziehen und zu dem Polizeihauptmann a. D. gehen. Wer aber Nationalsozialist sein möchte, der gehört zu mir, und von dem verlange ich, dass er, solange ich nichts Ungesetzliches von ihm fordere, sich meiner Führung fügt. [...]

Vermerk des Staatssekretärs Meissner über den Empfang des Reichstagsabgeordneten Hermann Göring beim Reichspräsidenten am 11. Dezember 1931. Zit. n. Akten der Reichskanzlei. Die Kabinette Brüning I / II. Bd. 3, S. 2091f.

[...] Der Herr Reichspräsident empfing gestern Nachmittag fünf Uhr den Abgeordneten Hauptmann a. D. Göring auf dessen Wunsch zu einer Besprechung, die etwa eine Stunde dauerte. Göring gab dem Herrn Reichspräsidenten zugleich im Auftrage von Adolf Hitler die bestimmte Versicherung ab, das die NSDAP sich nur legal betätige und ihre Ziele nur auf legalem Wege verfolge. Diese Legalitätsversicherung gelte auch für den Fall, das die Nationalsozialisten in der Regierung säßen, und auch dann, wenn sie etwa allein die Regierung in Händen hätten. Auch dann würden sie unter Beobachtung der Gesetze und der Verfassung legal arbeiten. Das schließe nicht aus, dass sie Gesetze und – mit der verfassungsmäßigen Mehrheit – auch die Verfassung in manchen Bestimmungen ändern würden. Auf die Frage des Herrn Reichspräsidenten, ob sie ihre Massen auch in der Hand hätten, erwiderte Göring, die Disziplin sei bei ihnen im allgemeinen gut; natürlich gäbe es in der großen Mitgliederzahl und Anhängerschaft der Nationalsozialisten auch wilde Elemente, temperamentvolle Draufgänger usw., so dass sie für jedes einzelne Wort und jeden einzelnen Mann natürlich nicht garantieren könnten. Die Führung sei aber bestrebt, diese Elemente zurückzuhalten und rücksichtslos gegen jede Äußerung einzuschreiten, die im Widerspruch mit den Legalitätserklärungen Hitlers sei. Es sind in letzter Zeit scharfe Anweisungen in dieser Richtung ergangen, ebenso ist auch ein Verbot erlassen, dass sich Unterführer mit etwaigen Eventualitäten beschäftigen und hierauf gestützt, Anordnungen und Befehle vorsorglich ausarbeiten (wie im

Falle Best[484]). Auch gegen Best wird eingeschritten werden; die Führung ist bestrebt, alle unzuverlässigen Elemente aus der Partei auszuschließen. Sie hat das im Falle Stennes durchgeführt und ist stark genug, alle Leute, die illegale Absichten haben, zu eliminieren. [...]

56

HITLERS SCHWUR AUF DIE LEGALITÄT

Aussage Adolf Hitlers vor dem Kriminalgericht Moabit.[485] *Auszüge aus einem Zeitungsbericht im* Berliner Tageblatt *v. 8. Mai 1931*

Vorsitzender: Es ist seitens des Vertreters der Nebenkläger[486] die Behauptung aufgestellt worden, dass der Sturm 33, dem die vier Angeklagten angehören, ein Rollkommando gewesen sei. Es sei dieses Rollkommando planmäßig angeordnet worden, mit dem Ziele, auch Menschen zu töten, und dieser Plan sei von der Parteileitung gebilligt und auch der Parteileitung bekannt gewesen. Wissen Sie etwas Näheres?

Hitler: Nein, ich halte es für gänzlich ausgeschlossen, dass irgendein Sturm in Berlin sich in dieser Weise mit einer Aufgabe betraut gefühlt hätte, die nach den Grundsätzen der Partei vollkommen ausgeschlossen wäre. Die Partei lehnt Gewaltmethoden auf das Schärfste ab. Die SA-Gruppen sind gebildet worden mit der Aufgabe, die Partei gegen den Terror von links zu schützen und propagandistisch aufzutreten. Die SA war die große Organisation, die im großen Umfange das Recht der Propaganda vertreten sollte. Ich halte die Bildung eines Sturms für solche Zwecke, wie sie von unseren Gegnern behauptet werden, für gänzlich ausgeschlossen. Ich darf dar-

484 Werner Best (1903-1989), Jurist und NSDAP-Aktivist. Er verfasste 1931 die „Boxheimer Dokumente", eine Art Plan für eine Machtübernahme der NSDAP. Ihre Veröffentlichung stellte Hitlers Legalitätskurs bloß. Ab 1933 in hohe Funktionen bei der SS berufen, u.a. zweiter Mann der Gestapo und Statthalter im besetzten Dänemark. 1945 bis 1951 in Haft, danach Unternehmer und Verfechter einer Generalamnestie für NS-Verbrecher.

485 Hintergrund war der Überfall von SA-Leuten auf das kommunistische Lokal Eden-Palast am 22. November 1930. Vgl. Teil II, Nr. 3. Vier Täter wurden angeklagt. Bedeutung erhielt dieses Verfahren durch die Aussage Hitlers.

486 Gemeint: Hans Litten (1903-1938), Rechtsanwalt u.a. für die Rote Hilfe. Seit 1933 in Haft, 1938 im KZ Dachau zu Tode gequält.

auf hinweisen, dass die nationalsozialistische Bewegung nach Prinzipien und Grundsätzen gebildet ist, die ich als legal bezeichne. Die Legalität der Partei ist die tatsächliche Realität. Jeder Versuch, unter Umgehung der Weimarer Verfassung zur Macht zu kommen, ist schlecht und bedeutet Blutvergießen. Ich habe zwar die Weimarer Verfassung nicht geschaffen, halte sie auch für falsch, aber ich gehe den absolut legalen Weg aus innerster Überzeugung der Notwendigkeit der Legalität. [...]

Der Begriff „Rollkommando" hat hier eine ganz lächerliche Bedeutung bekommen. Was waren denn die Rollkommandos früher? Eine Gruppe von etwa zehn Mann, die gegen ein Vielfaches in heroischer Weise, ohne Opfer zu scheuen, vorging. Die SA hatte das absolute Verbot, gewaltsam vorzugehen oder zu provozieren. Aber in der Notwehr lässt es sich schwer entscheiden, wo die Grenze zwischen Notwehr und Angriff ist. Wenn ein SA-Mann monatelang von roten Mördern...

Der Vorsitzende, Landgerichtsdirektor Ohnesorge[487], den Zeugen unterbrechend: Ich bitte diesen Ausdruck zu unterlassen.

Hitler: Wenn ein SA-Mann monatelang verfolgt wird, so kann ich mir vorstellen, dass er in der Not den Augenblick der Notwehr verkennt. Nicht ein einziges Mal hat die Parteiführung die Parole ausgegeben: Schlagt die Sozialdemokraten oder Kommunisten! Aber wenn ein SA-Mann die Grenze der Notwehr wirklich überschreitet, so kann man einen Menschen dafür nicht verantwortlich machen.

Vorsitzender: Sie wollen also die Bezeichnung „Rollkommando" nicht in der Weise angewandt wissen, wie sie von den Nebenklägern ausgelegt wird und ganz besonders nicht auf den Sturm 33.

Hitler: Ich kenne den Sturm 33 nicht.

Vorsitzender: Sie wissen auch nicht, ob irgendwelcher Plan, wie er hier von den Nebenklägern behauptet wird, beim Sturm 33 bestanden hat?

Hitler: Das halte ich für gänzlich ausgeschlossen. [...]

Rechtsanwalt Dr. Litten: Sie sagten, dass von Seiten der Nationalsozialistischen Partei keine Gewalttaten unternom-

487 Kurt Ohnesorge (1878 bis 1961). Richter am Schwurgericht Berlin-Moabit. Nach einem dem Staatssekretär im Justizministerium Roland Freisler zu milden Urteil 1934 kaltgestellt, aber nicht verfolgt.

men werden. Hat nicht Goebbels die Parole ausgegeben: Man müsse die Gegner zu Brei zerstampfen?[488]

Hitler: Das ist so aufzufassen, dass man die gegnerischen Organisationen erledigen und vernichten muss. Die gegnerische Ideenwelt als Idee und Organisation muss beseitigt werden. Aber damit ist doch nicht gesagt, dass man die Gegner überfällt und ermordet.

Rechtsanwalt Litten: Sie sagen, es sei einem Führer einer großen Bewegung unmöglich, seine Bewegung bis in die letzten Einzelheiten zu überwachen. Wenn die Unterführer „Rollkommandos" gebildet hätten, würde die Parteileitung davon Kenntnis erhalten?

Hitler: Es würde nicht nur die Parteileitung, sondern auch die Ortsbehörde Kenntnis erhalten, in deren Bezirk sich ein derartiges Kommando bilde. Es ist in Deutschland gänzlich unmöglich, dass ein Sturm von 200 Mann, ein „Rollkommando" mit solchen Zielen, wie sie hier unterschoben werden, sich bildet und dass ein solches Rollkommando geheim bleiben könnte. Wir wissen, dass in allen unseren Organisationen Spitzel sitzen. Sollen sie! Aber ich kann mir denken, dass sich ein solches schwerbezahltes Subjekt in die Partei einschleicht und Organisationen bildet, die die Partei schwer belasten. Ich als Führer kann nicht mehr tun, als scharfe Anweisungen zu geben, und ich betone nochmals, dass ich es für gänzlich ausgeschlossen halte, dass der Sturm 33 andere Aufgaben hatte als die, die ihm die Partei vorschreibt. Ich habe in Deutschland Stürme oder Hundertschaften, die bisher nie einen Kampf zu bestehen hatten, weil sie von keinem Gegner bedroht oder überfallen werden. In anderen Teilen Deutschlands, z. B. im Ruhrgebiet, gibt es Stürme, die nicht aus dem Kampf herauskommen, deren sämtliche Mitglieder verwundet sind. Aber wenn es irgendeinen Sturm gäbe, der heute in ein Lokal eindringt und harmlose Menschen misshandelt, so müsste das der Parteileitung bekannt werden, und sofort würden von uns aus Untersuchungskommissionen und die SA-Inspektion kommen, und wir würden vor nichts zurückschrecken, um diese unsere Leute zu dispensieren. [...]

Verteidiger Rechtsanwalt Becker: Die Öffentlichkeit meint, die Legalität der Nationalsozialisten sei eine getarnte Legali-

488 Nach dem Anschlag auf Horst Wessel hatte Goebbels im *Angriff* v. 23. Januar 1930 gefordert, man müsse die KPD jetzt „zu Brei und Brühe schlagen".

tät, sie sei keine echte Legalität.[489] Daher muss dem Zeugen Hitler Gelegenheit gegeben werden, die Legalität an einzelnen Beispielen zu zeigen.

Hitler: Der Weg der Partei ist notwendig ein legaler. Die SA ist nicht bewaffnet. Ich greife ein, wo ich von einer Waffe höre. Wo ist die Partei, die grundsätzlich den Parteimann, der eine Waffe hat, ausschließt? Nicht die kommunistische, nicht die sozialdemokratische Partei. Die Organisation ist tatsächlich unbewaffnet. Würde ich hören, dass irgendwo Waffen sind, ich würde sie der Behörde ausliefern. [...]

Hitler: Es ist ein dauernder Verschmelzungsprozess in unserer Bewegung, in die Leute aus allen Lagern, von den Kommunisten bis zu den Deutschnationalen, kommen. Ich darf darauf hinweisen, dass jede Partei nicht gemessen werden kann an Äußerungen eines einzelnen Mitgliedes, sondern nur an den parteiamtlichen Richtlinien. Man muss uns nach den Grundsätzen messen, dass wir absolut granitfest auf dem Boden der Legalität stehen aus der Überzeugung heraus, dass es eben keinen anderen Weg gibt. Selbst schwere Kämpfe wird die Nationalsozialistische Arbeiterpartei nicht scheuen, und sie ist bereit, jeden zu rügen und aus ihren Reihen auszuschließen, der einen anderen Standpunkt einnimmt.

Rechtsanwalt Litten: Muss es an dem Beispiel Goebbels[490] gemessen nicht in der Partei die Auffassung erwecken, dass es mit dem Programm der Legalität nicht weit her ist, wenn Sie einen Mann wie Goebbels nicht rügten oder ausschlossen, sondern gerade zum Reichspropagandaleiter machten?

Hitler: Die ganze Partei steht auf legalem Boden, und Goebbels steht ebenfalls auf diesem Boden. Er ist in Berlin und kann jederzeit hergerufen werden. [...]

Auszüge aus dem Goebbels-Tagebuch v. 9. Mai 1931. Zit. n. Fröhlich (Hrsg.): Die Tagebücher von Joseph Goebbels, Teil 1, Bd. 2/I, S. 226, S. 228 u. S. 230.

[...] Aufregender Tag gestern. Ich habe den ganzen Tag mit klopfendem Herzen auf den Ausgang der Zeugenschaft Hitler

489 Gemeint: eine vorgeschobene Legalität.

490 Goebbels hatte in der ersten Auflage seiner Broschüre „Der Nazi-Sozi" (Elberfeld 1927) geschrieben: „Dann marschieren wir gegen diesen Staat, dann wagen wir den letzten großen Streich um Deutschland, aus Revolutionären des Wortes werden dann Revolutionäre der Tat. Dann machen wir Revolution." In der zweiten Auflage war dieser Satz gestrichen.

gewartet. Es hat geklappt. [...] Eine Bruchstelle bei Hitler: mein Nazi-Sozi: Da steht ein verfänglicher Satz drin. Abends sitzen wir im Kaiserhof und da fällt mir ein, dass dieser Satz in der zweiten gereinigten Ausgabe gestrichen ist. Das gibt einen Jubel. Hitler tanzt förmlich vor Freude. Damit sind wir gerechtfertigt. Hitler und ich werden einen gesalzenen Brief ans Gericht schreiben. [...] Erst sehr spät trennen wir uns. Der Tag, der so düster begann, ist hell und gut ausgeklungen. Schwein muss der Mensch haben. [...] Ich werde gleich auch noch wegen des Nazi-Sozi ans Gericht schreiben. Die Legalität ist wieder mal leidlich erhärtet. Wer's nun nicht glaubt [...]

57

PREUSSEN GEGEN DIE NSDAP

Auszüge aus einer Aufzeichnung Hermann Pünders[491], Staatssekretär der Reichskanzlei, Reichskanzlei, v. 14. Dezember 1931. Zit. n. Akten der Reichskanzlei, Kabinette Brüning I/II, S. 2088f.
[...] Am vergangenen Freitag, den 11. Dezember, rief mich gegen neun Uhr morgens der Herr Preußische Innenminister Severing sehr dringlich in folgender Angelegenheit an: Er teilte mir mit, dass nach verbürgten Nachrichten Adolf Hitler für den Nachmittag im „Kaiserhof" die Veranstaltung eines neuen Interviews vor der ausländischen Presse plane. Er (der Minister) beabsichtigte nunmehr mit polizeilichen Maßnahmen die Veranstaltung dieser Pressekonferenz zu verhindern, wozu ihm der Paragraph 14 des neuen preußischen Polizeiverwaltungsgesetzes[492] eine gesetzliche Handhabe biete. Er teilte dies hiermit der Reichsregierung mit, könne im Übrigen aber die Äußerung von Bedenken gegen sein Vorgehen nicht entgegennehmen. Er werde unter allen Umständen das von ihm geplante Vorgehen durchführen. [...] Um 11.45 vormittags wurde ich darauf er-

491 Hermann Pünder (1888-1976), Jurist und Politiker. 1926-1932 Staatssekretär der Reichskanzlei. Nach 1945 Vorsitzender des Wirtschaftsrates der Bizone, des Vorläufers der Bundesregierung.

492 Paragraf 14 des Preußischen Polizeiverwaltungsgesetzes vom 1. Juni 1931 lautete: „Die Polizeibehörden haben im Rahmen der geltenden Gesetze die nach pflichtmäßigem Ermessen notwendigen Maßnahmen zu treffen, um von der Allgemeinheit oder den einzelnen Gefahren abzuwehren, durch die die öffentliche Sicherheit oder Ordnung bedroht wird."

neut von Herrn Minister Severing angerufen, der inzwischen mit Herrn Ministerpräsidenten Braun gesprochen hatte. Der Herr Ministerpräsident sei mit ihm folgender Auffassung: Die Verhinderung des Hitler'schen Interviews[493] durch Polizeigewalt sei nur eine halbe Maßnahme. Vielleicht könne sogar die Presse in ihrer Gesamtheit der Auffassung sein, dass man ihr unberechtigterweise das Interview Hitlers, mit dem sie sich sehr gern journalistisch auseinandergesetzt hätte, vorenthalten hätte, eine Auffassung, der ich durchaus beitrat. Diese halbe Maßnahme werde daher nur zu einer ganzen Maßnahme und nur dann wirksam, wenn gleichzeitig die Ausweisung Hitlers aus dem preußischen Staatsgebiet erfolge. Letzteres könne er aber nur mit ausdrücklicher Zustimmung der Reichsregierung tun. Da er aber nach den von mir im Laufe des Tages gemachten Äußerungen mit aller Bestimmtheit annehme, dass die Reichsregierung hiergegen Bedenken haben würde, werde die Preußische Staatsregierung mit einem solchen Auftrag überhaupt nicht an die Reichsregierung herantreten. Infolgedessen werde die Preußische Staatsregierung beide Maßnahmen unterlassen. Ich unterließ nicht, Herrn Minister Severing zu erklären, dass nach meiner Auffassung diese letztere Entschließung durchaus zutreffend sei. Herr Minister Severing fügte noch hinzu, dass der gegenwärtige Zustand aber auf die Dauer nicht zu halten sei, dass von nationalsozialistischer Seite offensichtlich versucht werde, der Reichskanzlei gegenüber im Kaiserhof „einen neuen Laden aufzumachen“ [...]

Auszüge aus einem Brief des preußischen Ministerpräsidenten Otto Braun an Reichskanzler Heinrich Brüning v. 4. März 1932. Zit. n. Akten der Reichskanzlei, Kabinette Brüning I/II, S. 2354f.

[...] Die gerade in den letzten Wochen und Monaten in zahlreichen nationalsozialistischen Versammlungen betriebene Hetze, die sich dabei den Verbotsmöglichkeiten aufgrund der Notverordnungen meist geschickt zu entziehen weiß, ferner die häufigen unverhüllten Drohungen der nationalsozialistischen Führer, die an Schärfe kaum mehr zu überbietende Sprache der nationalsozialistischen Presse, die sich fast täglich auch in unwahren Behauptungen über angebliche Ermordung von

493 Das geplante Pressegespräch mit britischen und amerikanischen Journalisten am 11. Dezember 1931 sagte die NSDAP selbst ab, nachdem sie von Severings Überlegungen erfahren hatte.

Parteiangehörigen durch politische Gegner ergeht und dabei auf die Entfesselung niedrigster Racheinstinkte der großen Masse abzielt, haben eine bedenkliche Atmosphäre geschaffen, in der die politischen Spannungen täglich wachsen. Diese Zuspitzung erscheint mit um deswillen besonders bedrohlich, weil sich die NSDAP in den sogenannten SA und SS (Sturmabteilungen und Schutzstaffeln) ein Machtinstrument geschaffen hat, das nach der kürzlichen Erklärung des Parteiführers Hitler jetzt auf 400.000 Köpfe[494] angewachsen ist. Zweck und Aufgabe dieser SA und SS sind nach eigenen Angaben innerpolitischer Natur und können deshalb, wie bei nüchterner politischer Beurteilung nicht zweifelhaft sein kann, nur staatsfeindlichen Charakter tragen. [...] Wie bei alledem den Legalitätsversicherungen der Partei noch Glauben geschenkt und die Erklärung hingenommen werden kann, dass die SA lediglich dazu da sei, um den Versammlungsschutz gegen den angeblichen Terror politisch Andersdenkender zu gewährleisten, ist mir unverständlich. In den allerletzten Tagen hat der Herr Preußische Minister des Innern überdies noch beweiskräftige Unterlagen dafür erhalten, dass die oberste SA-Führung – offenbar zur Vorbereitung innerpolitischer gewaltsamer Auseinandersetzungen – sogenannte mobile Stäbe einrichtet, um die Kampfeinheiten der Sturmabteilungen und Schutzstaffeln an strategisch besonders geeigneten Punkten sammeln und von dort aus einsetzen zu können. Befehle und Pläne für den hierzu einzurichtenden besonderen Nachrichtendienst sind in seiner Hand. [...]

58

HITLERS SICHT DER BERLINER SA

Auszug aus einer Rede Adolf Hitlers vor der Berliner SA im Sportpalast am 9. Februar 1932. Zit. n. Hitler: Reden, Schriften,. Anordnungen, Bd. 4, S. 120f.

[...] Auch die Bewegung hier in Berlin musste vier Stadien überwinden. Das erste war die Periode des Totschweigens

494 Vgl. u.

durch unsere Gegner. Dann begann man die ihnen verhasste Organisation lächerlich zu machen, wie es vielleicht am meisten die SA hat erleben müssen. Aber das Lachen, meine Kameraden, ist den Herrschaften jetzt schon gründlich vergangen. Sie mussten dann zu anderen Waffen greifen, zur Lüge und Verleumdung. Damit setzte die zweite große Kampfepoche besonders wieder gegen die SA ein, wie Sie es hier vor allem im Zentrum dieses Kampfes erlebt haben. Lügen und Verleumdungen, so dass man nur staunen muss über das geduldige Papier. Was hat man hier zusammengelogen! Vor einem Jahr noch, da hieß es, die Partei sei im Zerfall, die SA im Zerfall. Da hieß es weiter, die SA meutert und umgekehrt, der Führer löst die SA auf.[495] Man ging sogar dazu über, einen Kampf zwischen der Führung, zwischen dem Stabschef und dem Führer, zwischen der SA-Führung und der politischen Leitung zu konstruieren.

Und die Antwort, Kameraden! In einem Jahr haben wir, ich und mein Stabschef[496], die Organisation hergestellt, so wie sie nun dasteht. Allen diesen Lügnern als Antwort! Sie werden natürlich das Lügen damit nicht aufgeben. Aber wir geben auch die Arbeit nicht auf! Und was ist nun das Ergebnis? Die Organisation ist härter und selbstbewusster als jemals zuvor. Sie ist durch ein ununterbrochenes Fegefeuer von Angriffen und Lügen gegangen, dass sie heute überhaupt nicht mehr angreifbar ist. Und dann kam die vierte Periode des Kampfes, den die SA am schwersten auf sich nehmen musste. Die Epoche des Terrors. Sie wissen gerade in dieser Stadt, wie der Terror sich ausbreitete.[497] Sie kennen die Blutzeugen dieses Terrors in unserer Bewegung, und wieder können wir sagen: Es ist vergeblich gewesen. Sie haben uns viele Dutzende von rückwärts erstochen, erschossen und erschlagen und haben viele Tausende verletzt.[498] Aber aus 70.000 Mann vor einem Jahr sind heute nahezu 300.000[499] geworden. Das ist der Erfolg und das Ergebnis. […]

495 Gemeint: die Revolte von Walther Stennes und seinen Anhängern.

496 Gemeint: Ernst Röhm.

497 Kommunisten und NSDAP waren zu ungefähr gleichen Teilen verantwortlich für die Eskalation der Gewalt in Berlin.

498 Diese Angaben sind aller Brutalität des Straßenkampfes 1931/32 zum Trotz weit übertrieben. Das Innenministerium Preußens kam bei einer Untersuchung zum Ergebnis, dass ungefähr die Hälfte der von der NSDAP reklamierten Angriffe tatsächlich stattgefunden hatte, wobei in vielen Fällen die SA der Angreifer gewesen sei.

499 Ende Januar 1932 hatte die SA nach eigenen Angaben 297 000 Mitglieder im Deutschen Reich.

59

HITLERS KANDIDATUR GEGEN HINDENBURG

Auszug aus einem Brief Adolf Hitlers an Reichskanzler Heinrich Brüning v. 12. Januar 1932. Zit. n. Akten der Reichskanzlei, Kabinette Brüning I/II, S. 2155

[...] Sehr geehrter Herr Reichskanzler! Am 6. Januar 1932 teilte mir Reichsinnenminister General Groener mit, es bestünde die Absicht, die Präsidentschaft des Generalfeldmarschalls von Hindenburg auf parlamentarischem Wege zu verlängern, bzw. den Reichspräsidenten durch eine Zweidrittelmehrheit des Reichstags neu wählen zu lassen.[500] Reichsinnenminister Groener bat mich um Stellungnahme der Partei zu diesem Vorhaben. Ich beehre mich, Ihnen, sehr geehrter Herr Reichskanzler, mitzuteilen, dass die NSDAP bei aller Verehrung für die Person des Herrn Reichspräsidenten nicht in der Lage ist, diesen Vorschlag zu unterstützen. Ich lehne daher namens der nationalsozialistischen Bewegung unsere Zustimmung ab. Die verfassungsrechtlichen, außen- und innenpolitischen, sowie moralischen Gründe, die uns zu dieser Stellungnahme bewegen, werde ich Ihnen, sehr geehrter Herr Reichskanzler, in einer eingehenden Darlegung umgehend zustellen. [...]

Auszüge aus Brünings Antwort an Hitler v. 22. Januar 1932. Zit. n. Akten der Reichskanzlei, Kabinette Brüning I/II, S. 2215-2217

[...] Sehr geehrter Herr Hitler! In Ihrem Auftrage überreichte mir am 16. ds. Mts. der Reichstagsabgeordnete Göring Ihre Denkschrift, in der Sie Ihre Ablehnung meiner Anregung eines verfassungsändernden Reichsgesetzes, betreffend die Verlängerung der Amtszeit des Herrn Reichspräsidenten, darlegen. Da Sie aus Gründen, mit denen ich nichts zu tun habe, Ihre Denkschrift veröffentlichten, sehe ich mich genötigt, meine Antwort gleichfalls der Allgemeinheit zugänglich zu machen. Sie begründen

500 Im April 1932 lief die siebenjährige Amtszeit Paul von Hindenburgs aus.

Ihre Haltung mit verfassungsrechtlichen und mit politischen Bedenken. Ihre verfassungsrechtlichen Bedenken sind unbegründet. Sie gehen von nicht zutreffenden Voraussetzungen aus. [...] Ihre politischen Argumente muss ich als unsachlich zurückweisen. Während meine Anregung in der Präsidentschaftsfrage ausschließlich von nationalen, überparteilichen Gesichtspunkten diktiert war, halten Sie mir eine ausschließlich von Ihrem parteipolitischen nationalsozialistischen Gesichtspunkt gesehene, in allgemeinen Wendungen sich ergehende Darstellung der deutschen Nachkriegsentwicklung entgegen. Diese Darstellung geht an den wichtigsten Vorgängen dieser Zeit vorbei. Ich bedauere dieses Nachspiel unserer einer großen nationalen Aufgabe gewidmeten Aussprache, muss aber Ihren Theorien durch den Hinweis auf die Tatsachen entgegentreten. Sie behaupten, meine Anregung in der Präsidentschaftsfrage habe letzten Endes die Erhaltung des „heutigen Systems" bezweckt. Dieses „System" habe in dreizehnjähriger planmäßiger Zerstörungsarbeit Deutschland zum Ruin geführt. Nur die Überwindung dieses „Systems" verspreche innere Gesundung und außenpolitische Erfolge. Deshalb müssten Sie sich meiner Anregung versagen. Ich muss es ablehnen, mit Ihnen in eine Diskussion über Schlagwort-Begriffe einzutreten. Wer den Ernst einer schweren Aufgabe völlig erkennt, wird niemals Zuflucht zu einem Schlagwort nehmen. Vom vaterländischen Standpunkt aus muss ich es auffällig finden, dass Sie die Hauptursache der deutschen Not auf parteipolitische Verhältnisse zurückführen. Nach fast allgemeiner Auffassung ist ein außenpolitischer Tatbestand, der Versailler Vertrag mit seiner politischen und wirtschaftlich-finanziellen Ungerechtigkeit und Unvernunft, der entscheidende Grund unserer deutschen Not und zum großen Teil auch der Weltnöte.[501] Die Bestimmungen und die Handhabung dieses Vertrages in den ersten fünf Jahren seiner Geltung haben alle deutschen Wiederaufbauversuche immer wieder zerstört, die deutsche Währung erschüttert und schließlich die Einheit des Reiches selbst bedroht. Wenn das Reich gerettet wurde, so ist das nur geschehen durch das Zusammenstehen aller Volksgenossen ohne Unterschied der Parteien. [...] Ich muss Sie deshalb davor

501 Der Vertrag von Versailles, 1919 der ersten demokratischen Regierung oktroyiert, war zwar tatsächlich ein unvernünftig harter Frieden. Aber er war bei weitem nicht so hart wie etwa der von Deutschland der Sowjetunion nur ein Jahr zuvor oktroyierte Friedensvertrag von Brest-Litowsk.

warnen, diese Dinge ausschließlich von Ihrem parteipolitischen Gesichtspunkt aus darzustellen. Auch eine Reichsregierung, die eine Ihrer Auffassung entsprechende Zusammensetzung hätte, stünde vor den genannten wirtschaftlichen Tatsachen und müsste auf dem Wege weiterschreiten, der der von mir geleiteten Regierung durch eben diese Tatsachen aufgenötigt worden ist. Wenn Sie im übrigen meine Anregung in der Präsidentschaftsfrage als ein Produkt der Angst des „Systems" vor der politischen Auseinandersetzung mit dem Nationalsozialismus bezeichnen, so können Sie damit meine Mitarbeiter und mich nicht treffen. Durch das Vertrauen des Herrn Reichspräsidenten auf unseren Posten gestellt, tun wir nach besten Kräften unsere Pflicht. Wir kennen nur ein Ziel: Rettung des Vaterlandes aus seiner großen Not. Über unsere Erfolge steht jedem das Urteil frei. Unser gutes Gewissen aber lassen wir uns von niemand bestreiten. Es gibt uns die Kraft, ohne Furcht den Weg zu gehen, den es uns vorschreibt. Wir scheuen daher auch das Urteil des deutschen Volkes über unsere Maßnahmen nicht. [...]

Auszüge aus dem Goebbels-Tagebuch v. 20. Januar, 28. Januar u. 23. Februar 1932. Zit. n. Fröhlich (Hrsg.): Die Tagebücher von Joseph Goebbels, Teil 1, Bd. 2/II, S. 199f., S. 205f., S. 224f.

[...] Bei Hitler zu Mittag. Es ist alles sehr einsam dort. Er ist zu Magda und mir wie ein Vater. Nach dem Essen Reichspräsidentenfrage durchgesprochen. Ich berichte über Kriegsheim. Er ist noch unschlüssig. Ich plädiere für seine Kandidatur. Er allein schlägt Hindenburg aus dem Felde. Wir machen Berechnungen mit Zahlen. Aber Zahlen täuschen. Hitler muss Reichspräsident werden. So allein geht es. Das ist die Parole.

Er entscheidet sich noch nicht. Ich werde weiter bohren. [...] Berlin: Hindenburg-Ausschuss[502] gegründet. Man ist uns wieder einmal zuvorgekommen. Nun aber heraus mit unserer Kandidatur. Hitler wartet zulange. Brüning setzt ihn am Ende noch schachmatt. [...] Wann spricht Hitler in der Präsidentschaftsfrage? Er kommt allein nur gegen Hindenburg in Frage. Also los! [...] Zum Sportpalast. Generalmitgliederversammlung der Bezirke Westen, Osten, Norden. Über-überfüllt. Gleich beim

502 Berlins Oberbürgermeister Heinrich Sahm bildete in den letzten Januar-Tagen eine Initiative, die Unterschriften sammelte, um Hindenburg zu einer erneuten Kandidatur als Reichspräsident zu bewegen. Unterstützt wurde der Hindenburgausschuss von allen demokratischen Parteien. Die NSDAP schickte Hitler, die KPD ihren Vorsitzenden Ernst Thälmann in den Wahlkampf.

Auftreten stürmische Ovationen. Ich bin fabelhaft in Form. Als ich nach einer Stunde die Kandidatur Hitlers proklamiere, zehn Minuten Begeisterung, Ovationen, die Leute stehen auf und jubeln mir zu. Die Decken drohen zu brechen. Es ist fantastisch. So werden wir siegen. Taumel über Taumel. [...]

60

DOPPELTE NIEDERLAGE FÜR HITLER

Auszüge aus dem Goebbels-Tagebuch v. 14. März u. 11. April 1932. Zit. n. Fröhlich (Hrsg.): Die Tagebücher von Joseph Goebbels, Teil 1, Bd. 2/II, S. 241f. u. S. 259

[...]Abends kommt große Gesellschaft. Alles ist da. Und dann Radio. Langsam tropfen die Meldungen ein.[503] Es steht faul. Gegen 22 Uhr kann man übersehen: Wir sind geschlagen. Furchtbare Aussichten! Hitler etwas über 11 Millionen. Hindenburg über 18 Millionen. Es fehlen nur etwas über 100.000 an der absoluten Mehrheit. KPD hat vollkommen versagt.[504] SPD ist der Parteiparole gefolgt. Wir haben 86 Prozent[505] seit Sept. 1930 zugenommen. Aber was nutzt das alles. Unsere Parteigenossenschaft ist deprimiert und mutlos. Jetzt muss ein großer Wurf gemacht werden. Telefon mit Hitler. Er ist maßlos überrascht durch das Resultat. Wir hatten unsere Ziele zu hoch gesteckt. Alle haben wir Fehler gemacht. Aber wir wollen neu an die Arbeit gehen. Hitler fasst gleich den Entschluss dazu. Darin ist er groß. Gibt uns allen neuen Mut. [...] Dann kommen die Resultate.[506] Bald stellt sich heraus: wir haben mächtig zugenommen. Zwar langt's nicht, um Hindenburg aus dem Felde zu schlagen, aber das Ende: Hitler 13,4 Millionen und Hindenburg 19,3 Millionen, Thälmann 3,7 Millionen. Für uns ein überwältigender Sieg. Über zwei Millionen gewonnen. In

503 Gemeint: des ersten Wahlgangs zur Reichspräsidentenwahl

504 Die KPD erzielte im ersten Wahlgang für ihren Kandidaten Ernst Thälmann 4,98 Millionen Stimmen und damit fast eine halbe Million Stimmen mehr als bei der vorangegangenen Reichstagswahl.

505 In Wirklichkeit betrug der Stimmenzuwachs der NSDAP gegenüber der Reichstagswahl 1930 etwa 76 Prozent.

506 Gemeint: des zweiten Wahlgangs der Reichspräsidentenwahl.

Berlin allein 200.000 auf über 800.000 Stimmen. Fantastische Ziffern. Hitler ist ganz glücklich. Jetzt haben wir das Sprungbrett zu den Preußenwahlen.[507] […]

61

TRIUMPH IN PREUSSEN

Auszug aus dem Goebbels-Tagebuch v. 25. April 1932. Zit. n. Fröhlich (Hrsg.): Die Tagebücher von Joseph Goebbels, Teil 1, Bd. 2/II, S. 267f.

[…] Die Resultate kommen. Bald heraus: phänomenaler Sieg für uns. Am Ende 160 Mandate.[508] Weitaus die stärkste Partei. Über acht Millionen Stimmen. DNVP sehr schwach mit 31.[509] Splitter vernichtet. Zentrum gehalten, SPD schwer lädiert. KPD nur ganz schwach gegen uns.[510] Koalition in hoffnungsloser Minderheit.[511] Aber die „Rechte" hat neun Mandate zu wenig.[512] Was nun? Es muss etwas geschehen. Wir müssen Macht bekommen. Sonst siegen wir uns tot. […]

Auszug aus der Rede Hitlers vor der NSDAP-Fraktion im Preußischen Landtag am 19. Mai 1932. Zit. n. Völkischer Beobachter *v. 21. Mai 1932*

[…] Auf das Stürmischste begrüßt von den 162 neugewählten preußischen Abgeordneten der nationalsozialistischen Bewegung, nahm der Führer sofort nach seinem Eintreffen das Wort, um in einstündiger Rede die großen politischen Richtlinien für den Preußenkampf der Fraktion bekanntzugeben und festzulegen. Adolf Hitler ging auf die aktuellen Fragen der Innen- und Außenpolitik ein und führte dann aus, die nationalsozialistische Bewegung, die heute Deutschland sei und die Zukunft

507 Gemeint: die Wahlen zum Preußischen Landtag am 24. April 1932.

508 Tatsächlich errang die NSDAP sogar 162 von insgesamt 423 Mandaten.

509 Die DNVP verlor gegenüber 1928 fast die Hälfte ihrer Wähler.

510 Die KPD legte etwa um eine halbe Million Stimmen zu.

511 Gemeint: die „Weimarer Koalition" von Ministerpräsident Otto Braun (SPD), der zusammen mit Zentrum und DDP Preußen seit 1920 mit einer Unterbrechung 1924 regiert hatte.

512 Bezogen auf die vorläufigen Ergebnisse. Nach dem endgültigen Wahlausgang hatten NSDAP und DNVP zusammen mit der nationalliberalen DVP nur 200 von 423 Stimmen gehabt. Es fehlten also zwölf Stimmen an der knappsten möglichen absoluten Mehrheit.

der Nation in Händen halte, wisse, was jeder der deutschen Geschichte schuldig sei, insbesondere auch Preußen, das einst so viel Jahrzehnte der Träger der deutschen Geschichte und der Gründer des Deutschen Reiches war. Die nationalsozialistische Bewegung habe nicht 13 Jahre gekämpft, um die Politik des heutigen Deutschlands in irgendwelchen Koalitionen fortzusetzen. Sie sei sich der Verantwortung vor ihren 13 Millionen Wählern[513] bewusst, deren Wille es sei, dass es anders werde. Der Kampf werde nicht geführt, um Ministerposten zu besetzen oder um jeden Preis in eine Regierung einzutreten. Gegenüber den „guten" Ratschlägen unserer parteipolitischen Gegner erklärte Adolf Hitler, dass wir eine Instanz zur Prüfung unserer Regierungswürdigkeit in Deutschland außer uns selbst nicht anerkennen. Wir hätten in Preußen heute die stärkste Position inne, die jemals eine Partei gehabt habe.[514] Es könne in Preußen keine Regierung geben, die wir nicht wollten. Unsere Preußenfraktion sei im Augenblick eines der stärksten Instrumente der Bewegung, sie sei die Truppe, mit der die Endschlacht geschlagen werden könne. Die Hoffnung unserer Gegner, dass wir die Nerven verlieren würden, sei trügerisch. Die NSDAP werde ihre Politik nur von eiskalten Überlegungen leiten lassen. [...]

62

NEUE TAKTIK DER NSDAP

Auszüge aus dem Goebbels-Tagebuch v. 1. August, 5. August, 6. August u. 9. August 1932. Zit. n. Fröhlich (Hrsg.): Die Tagebücher von Joseph Goebbels, Teil 1, Bd. 2/II, S. 330, S. 333, S. 333f., S. 335f.

[...] Wahlergebnis: Wir haben eine kleine Kleinigkeit gewonnen.[515] Der Marxismus sehr.[516] Wir 230 Mandate. In Berlin

513 Bezogen auf den zweiten Wahlgang der Reichspräsidentenwahl.

514 Zutreffend. Mehr als acht Millionen Wählerstimmen hatte nie zuvor eine Partei in Preußen gewinnen können.

515 Die NSDAP gewann gegenüber dem zweiten Wahlgang der Reichspräsidentenwahl rund 300 000 Stimmen zu, ein Plus von knapp drei Prozent.

516 Die KPD erzielte 721 983 Stimmen und damit etwa ein Fünftel mehr Stimmen als im zweiten Wahlgang der Reichspräsidentenwahl.

etwas unter der Lügenkampagne[517] verloren.[518] Resultat: Jetzt müssen wir an die Macht und den Marxismus ausrotten. So oder so! Etwas muss geschehen. Die Zeit der Opposition ist zu Ende. Jetzt Taten! Hitler ist auch der Meinung. Nun müssen sich die Ergebnisse abklären und dann sind Entschlüsse zu fassen. Zur absoluten Mehrheit kommen wir so nicht.[519] Also anderen Weg einschlagen. Wir stehen vor schweren Folgerungen. [...] Hoffentlich hat Hitler heute eine glückliche Hand. Ich warte mit Spannung. Der Terror steigt. Erlösung!!! [...] Von Berlin noch keine Nachricht. Hoffentlich! Es wird nämlich Zeit. Die Terrorwelle steigt. Das gibt sonst im Reiche Mord und Totschlag. Es muss etwas geschehen. Und zwar etwas Ganzes. Halbe Lösungen kommen nicht mehr in Frage. Neue Männer, neue Ideen, neuer Kurs. Und dann die Reaktion rücksichtslos abschütteln. Das ist die Hauptsache. [...] Hanke ruft von Berlin an. Kommt gleich nach Berchtesgaden. SA macht Dummheiten. Abends erstattet er Bericht: Helldorf hat große Pläne entwickelt. Da muss entgegengewirkt werden. Wir halten Hitler Vortrag. Hanke muss hierbleiben. Morgen wird Röhm instruiert. Ich sitze mit Hitler bis vier Uhr nachts. Probleme der Machtergreifung werden durchgesprochen. Wir müssen jetzt sehr klug sein. Und einmal doch alles auf eine Karte setzen. Die ganze Frage der Volkserziehung durchberaten. Ich bekomme Schule, Universität, Film, Rundfunk, Theater, Propaganda. Ein Riesengebiet. Ein ganzes Leben ausgefüllt. Geschichtliche Aufgabe. Ich freue mich. Stimme in allem Wesentlichen mit Hitler überein. Das ist die Hauptsache. Die nationale Erziehung des deutschen Volkes wird in meine Hand gelegt. Ich werde sie meistern. [...]

Auszüge aus dem Protokoll der Kabinettssitzung v. 9. August 1932. Zit. n. Akten der Reichskanzlei, Kabinett Papen, S. 374f.

[...] Der Reichskanzler führte aus, dass die Verordnung des Reichspräsidenten zur Sicherung des inneren Friedens vom

517 Im Reichstagswahlkampf 1932 mobilisierte die Ende 1931 als Zusammenschluss aus dem SPD-nahen Reichsbanner Schwarz-Rot-Gold und mehreren Gewerkschaften gegründete Eiserne Front mit zahlreichen Massenversammlungen gegen die NSDAP. Liberale und sozialdemokratische Zeitungen unterstützten diese Kampagne.

518 In Wirklichkeit hielten sich die Berliner Ergebnisse auf demselben Niveau wie beim zweiten Wahlgang der Reichspräsidentenwahl.

519 Goebbels hatte gehofft, auf regulärem parlamentarischen Weg an die Macht zu kommen. Jetzt wurde ihm klar, dass dies nicht gelingen würde.

29. Juli 1932[520] leider nicht den gewünschten Erfolg gehabt habe. Die erhoffte politische Beruhigung sei nach den Wahlen nicht eingetreten.[521] Offenbar versuche man von bestimmter Seite, durch Beunruhigung der Öffentlichkeit das Ergebnis zu erzwingen, dass Hitler die Führung der Regierung in die Hand nehmen müsse. Es würde aber Selbstmord der Reichsregierung bedeuten, wenn diese angesichts dieses Tatbestandes untätig bleiben wollte. Die Lage könne nur durch drakonische Mittel gemildert werden. Die Öffentlichkeit müsse ferner sehen, dass hinter den Entschlüssen der Reichsregierung auch ein fester Wille stehe, sich durchzusetzen. In zunächst unverbindlichen Vorbesprechungen zwischen dem Reichsministerium des Innern, dem Reichsjustizministerium und dem Reichswehrministerium sei der erste Entwurf einer dem Herrn Reichspräsidenten vorzuschlagenden Verordnung gegen den politischen Terror erörtert worden. Dieser Entwurf liege nunmehr vor. Er bitte, ihn möglichst beschleunigt zu erörtern und zu verabschieden. Der Reichsminister des Innern berichtete, dass er am Vortage in Ostpreußen gewesen sei, wo ja im gegenwärtigen Augenblick der Hauptunruheherd sei. Auf Grund seiner Feststellungen an Ort und Stelle habe er den Eindruck gewonnen, dass die Unruhestifter hauptsächlich aus den Kreisen stammen, die politisch zwischen den Kommunisten und den Nationalsozialisten hinüberzuwechseln pflegen. Die Polizeibehörden seien angewiesen, bei Ermittlungen von Tätern in Zukunft genau die politische Vergangenheit des Täters festzustellen, um ein Bild darüber zu gewinnen, welcher politischen Gruppe der Täter letzten Endes wirklich angehöre. Ferner habe er feststellen müssen, dass in vielen Fällen die preußischen Gerichte bei der Verfolgung der politischen Unruhen versagt hätten. Dieses Versagen sei zum Teil auch darauf zurückzuführen, dass eine falsche Amnestiepolitik getrieben sei. Durch die allzu häufigen Amnestien der letzten Zeit[522] sei der Wille der Gerichte, durchzugreifen, sehr gehemmt worden. Schließlich komme noch hinzu, dass die Presse bisher straflos

520 Vor allem waren für die zehn Tage nach der Reichstagswahl alle öffentlichen Kundgebungen und Versammlungen verboten. Vgl. RGBl. I 1932, S. 389.

521 Überall in Deutschland kam es in den ersten August-Tagen zu Gewalttaten. In Berlin wurde der SS-Mann Fritz Schulz erschossen. In vielen Fällen ging die Gewalt von NSDAP und SA aus, im Übrigen waren überwiegend Kommunisten verantwortlich.

522 Es gab nicht nur pauschale Amnestien für politische Straftäter, etwa 1925 und 1928 sowie 1930, sondern auch zahlreiche Begnadigungen im Einzelfall.

eine Verhetzung der öffentlichen Meinung habe betreiben dürfen. Der Erlass einer Verordnung gegen den politischen Terror könne unmöglich länger hinausgezögert werden.[523] Ferner sei die sofortige Einsetzung von Sondergerichten dringend geboten.[524] [...]

63

HINDENBURGS ANGEBOT AN HITLER

Aufzeichnung von Staatssekretär Otto Meißner über die Besprechung Hindenburg-Hitler in der Reichskanzlei[525] am 13. August 1932. Zit. n. Akten der Reichskanzlei, Kabinett Papen, S. 391f.

[...] Der Herr Reichspräsident eröffnete die Besprechung damit, dass er Herrn Hitler erklärte, er sei bereit, die nationalsozialistische Partei und ihren Führer Hitler an der Reichsregierung zu beteiligen, und würde ihre Mitarbeit willkommen heißen. Er richtete nunmehr an Herrn Hitler die Frage, ob er bereit sei, sich an der gegenwärtigen Regierung von Papen zu beteiligen. Herr Hitler erklärte, aus den Gründen, die er heute Vormittag bereits dem Herrn Reichskanzler ausführlich dargelegt habe, käme für ihn eine Beteiligung und Mitarbeit an der bestehenden Regierung nicht in Frage. Bei der Bedeutung der nationalsozialistischen Bewegung müsse er die Führung einer Regierung und die Staatsführung in vollem Umfange für sich und seine Partei verlangen. Der Herr Reichspräsident erklärte hierauf mit Bestimmtheit, auf diese Forderung müsse er mit einem klaren, bestimmten „Nein" antworten. Er könne es vor Gott, seinem Gewissen und dem Vaterlande nicht verantworten, einer Partei die gesamte Regierungsgewalt zu übertragen, noch dazu einer Partei, die einseitig gegen Andersdenkende

523 Die Verordnung trat am 9. August 1932 in Kraft und verschärfte in Fällen politisch motivierter Gewalt den Strafrahmen erheblich. Mildernde Umstände durften nicht mehr eingeräumt werden. Vgl. RGBl. I 1932, S. 403f.

524 Die Verordnung über die Einsetzung von Sondergerichten trat ebenfalls am 9. August 1932 in Kraft. Sie sollte die schnelle Aburteilung politisch motivierter Verbrechen ermöglichen. Vgl. RGBl. I 1932, S. 404f.

525 Da das Reichspräsidentenpalais in der Wilhelmstraße 73 seit Frühjahr 1932 renoviert wurde, amtierte der Reichspräsident ersatzweise in der Reichskanzlei Wilhelmstraße 77. Der Reichskanzler selbst arbeitete in deren Erweiterungsbau in der Wilhelmstraße 78.

eingestellt wäre. Es sprächen hiergegen auch eine Reihe anderer Gründe, die er nicht einzeln ausführen wolle, wie die Besorgnis vor größeren Unruhen, die Wirkung für das Ausland usw. Herr Hitler wiederholte, dass für ihn jede andere Lösung ausgeschlossen wäre. Der Herr Reichspräsident bemerkte hierauf: Sie werden also dann in Opposition gehen? Hitler: Es bleibt mir jetzt nichts anderes übrig. Der Herr Reichspräsident: Dann richte ich an Sie noch die Mahnung, diese Opposition ritterlich zu führen und sich Ihrer Verantwortung und Ihrer Pflicht vor dem Vaterlande bewusst zu bleiben. Ich habe keine Zweifel an Ihrer Vaterlandsliebe gehabt. Gegen etwaige Terror- und Gewaltakte, wie sie leider auch von Mitgliedern der SA-Abteilungen verübt worden sind, werde ich mit aller Schärfe einschreiten. Wir sind ja beide alte Kameraden[526] und wollen es bleiben, da später uns der Weg doch wieder zusammenführen kann. So will ich Ihnen dann auch jetzt kameradschaftlich die Hand reichen. [...]

Aufzeichnung der NSDAP über die Besprechung Hindenburg-Hitler am 13. August 1932. Zit. n. Zit. n. Hitler: Reden, Schriften, Anordnungen, Bd. 5, S. 300f.

[...] Der Reichspräsident begrüßt Adolf Hitler und seine Begleiter und eröffnet die Unterredung: „Herr Hitler, ich habe Sie zu mir gebeten, um Ihnen ganz offiziell die einfache Frage vorzulegen. Sind Sie bereit sich zur Mitarbeit an der Regierung zur Verfügung zu stellen?“ Hitler: „Ich habe schon dem Herrn Reichskanzler eingehend die Gründe auseinandergesetzt, die es mir und der Partei unmöglich machen, in eine Regierung einzutreten, in der nicht wir die Führung haben.“ Reichspräsident: „Sie verlangen damit also die gesamte Regierung?“ Hitler: „Das ist damit nicht gesagt. Über die weitere Zusammensetzung des Kabinetts müssten natürlich noch Verhandlungen gepflogen werden, die nicht von heute auf morgen zu beenden sind.“ Reichspräsident: „Das kann ich in meiner Eigenschaft als überparteilicher Reichspräsident nicht zugeben. Ich muss mein Amt unparteiisch ausüben. Auch innen- und außenpolitische Gründe sprechen dagegen. Im Übrigen bin ich Ihnen doch weitestgehend entgegengekommen. Ich habe meine Ver-

526 Anspielung auf den Ersten Weltkrieg.

sprechen eingelöst, den Reichstag aufgelöst, das Verbot der SA aufgehoben und Ihnen wieder die Uniform gegeben. Wenn Sie mir jetzt sagen, dass Sie Ihr Versprechen, die Regierung auch nach den Wahlen zu stützen, nicht halten wollen, so nehme ich Ihnen das nicht übel, weil ich einsehe, dass Sie sich durch Tatsachen dazu gezwungen fühlen können. Wenn noch immer Terrorakte stattfinden, so sind doch auch Terrorakte durch die SA verübt worden. Ich will damit nicht sagen, dass Sie dafür verantwortlich sind." Reichspräsident von Hindenburg fährt fort: „Eigentlich wäre ja damit die Unterredung schon beendet. Mein Standpunkt ist also eindeutig und fest. Ich halte Sie aber auch jetzt trotzdem für vaterlandsliebend, wenn auch unsere Wege jetzt auseinandergehen. Sie wollen nun, wie ich höre, in die Opposition treten. Ich nehme Ihnen das nicht übel, bitte Sie aber, diesen Kampf ritterlich zu führen. Ich reiche Ihnen auch jetzt noch einmal als einem alten Kriegskameraden die Hand." Adolf Hitler und die übrigen Herren hatten sich unterdes schon von ihren Sitzen erhoben und verabschiedeten sich vom Reichspräsidenten. [...]

Amtliches Communiqué über die Besprechung am 13. August 1932. Zit. n. Akten der Reichskanzlei, Kabinett Papen, S. 392.
[...] Reichspräsident von Hindenburg empfing heute Nachmittag in Gegenwart des Reichskanzlers von Papen den Führer der NSDAP Adolf Hitler zu einer Besprechung über die politische Lage und die Frage einer Umbildung der Reichsregierung. Der Reichspräsident richtete an Hitler die Frage, ob er bereit sei, selbst sowie mit anderen geeigneten Persönlichkeiten der NSDAP in die von dem Reichskanzler von Papen geleitete Regierung einzutreten. Herr Hitler verneinte dies und stellte an den Herrn Reichspräsidenten die Forderung, ihm die Führung der Reichsregierung und die gesamte Staatsgewalt in vollem Umfange zu übertragen. Reichspräsident von Hindenburg lehnte diese Forderung sehr bestimmt mit der Begründung ab, dass er es vor seinem Gewissen und seinen Pflichten dem Vaterlande gegenüber nicht verantworten könne, die gesamte Regierungsgewalt ausschließlich der nationalsozialistischen Bewegung zu übertragen, die diese Macht einseitig anzuwenden gewillt sei. Er bedauerte, dass Herr Hitler sich nicht in der

Lage sehe, entsprechend seinen vor den Reichstagswahlen abgegebenen Erklärungen eine vom Vertrauen des Herrn Reichspräsidenten berufene nationale Regierung zu unterstützen. Die Aussprache schloss alsdann mit einer ernsten Mahnung des Reichspräsidenten an Hitler, die von ihm angekündigte Opposition der NSDAP ritterlich zu führen und seiner Verantwortung vor dem Vaterlande und vor dem deutschen Volke bewusst zu bleiben. – Vor dem Empfang bei dem Herrn Reichspräsidenten hatte im Laufe des Vormittags eine Aussprache des Reichskanzlers mit Herrn Hitler stattgefunden. In dieser Aussprache hatte sich der Reichskanzler erboten, dem Herrn Reichspräsidenten Herrn Hitler als Vizekanzler in der gegenwärtigen Regierung vorzuschlagen und ferner einige weitere geeignete Persönlichkeiten aus der nationalsozialistischen Bewegung mit wichtigen politischen und fachlichen Ministerien zu betrauen, um dieser Bewegung einen ihrer Stärke entsprechenden Einfluss auf die Staatsführung einzuräumen. [...]

Vertrauliche Mitteilung von Staatssekretär Erwin Planck gegenüber seinem Vorgänger Hermann Pünder. Zit. n. Pünder: Politik in der Reichskanzlei, S. 141

[...] Planck sagte mir ganz im Vertrauen dass sie am Samstagnachmittag[527] aus der amtlichen Verlautbarung eine „Emser Depesche“[528] gemacht hätten. Tatsächlich hätte Hitler beim Reichspräsidenten „die gesamte Staatsgewalt im vollen Umfange“ nicht verlangt, da es dort zu einer großen sachlichen Aussprache überhaupt nicht mehr gekommen sei. Der Reichspräsident hätte eben absolut nicht gewollt, den Nazis den Kanzlerposten zu lassen. Vor dem „böhmischen Gefreiten“ hätte er keinerlei Respekt, und es sei ihm geradezu widerlich gewesen, jetzt auch noch seinerseits dem „Hinterlader“[529] die Hand geben zu müssen. [...]

527 Gemeint: der 13. August 1932.

528 Anspielung auf eine bewusst scharf formulierte Erklärung Otto von Bismarcks über ein Treffen des französischen Botschafters mit Kaiser Wilhelm I. 1870 in Bad Ems, die direkt zum Deutsch-französischen Krieg führte.

529 Anspielung auf Ernst Röhm, dessen Homosexualität in Berlin ein offenes Geheimnis war.

64

WILDER STREIK BEI DER BVG

Auszüge aus dem Protokoll der Kabinettssitzung v. 3. November 1932. Zit. n. Akten der Reichskanzlei, Kabinett Papen, S. 865f.

[...] Reichsminister Dr. Bracht[530] hielt den Streik für eine Kraftprobe der KPD. Wirtschaftliche Gründe seien kaum gegeben. Die Stundenlöhne der Berliner Verkehrsgesellschaft lägen um 23 Pfennige über den Löhnen der Reichsbahn. Es würde 45 Stunden in der Woche gearbeitet. Die frühere Leitung habe die Löhne weit überhöht. Eine Senkung um zwei Pfennige würde eine Jahresersparnis von 2,5 Millionen ausmachen. Die Regierung gehe gegen den Streik nachdrücklich vor. Sie schütze die Geräte, Verkehrseinrichtungen und Arbeitswilligen und werde vor vorläufigen Festnahmen nicht zurückschrecken. An den Beschädigungen der ersten ausfahrenden Wagen hätten sich auch Vertreter der Nationalsozialisten beteiligt. Im Übrigen arbeiteten sie nicht mit der KPD zusammen. Eine entsprechende Weisung werde von der NSDAP herausgegeben. Die *Rote Fahne* werde bis zum 12. November verboten. Die heutige Nummer werde beschlagnahmt nach Einverständnis des Staatsanwaltes. Mit den Gerichtsbehörden sei Verbindung aufgenommen, um die Zustellung von Ersatzblättern zu unterbinden. Auch Flugblätter würden verboten, wenn sie kriminell strafbar wären. Geprüft werde die Frage, ob es sich um das Verbrechen des Hochverrats handele. Das dürfe aber nicht in die Öffentlichkeit kommen, damit die Führer nicht verschwänden. Möglicherweise würden die Gewerkschaften gegen Mittag das neue Lohnabkommen unterschreiben.[531] Dann würde es sich um einen wilden Streik handeln. Die Stadt rechne mit einer längeren Dauer des Streiks. Offensichtlich arbeiteten die Kommunisten auf den Generalstreik hin. [...]

530 Gemeint: Franz Bracht (1877-1933). Jurist und konservativer Politiker, u.a. Oberbürgermeister von Essen, Staatssekretär in der Reichskanzlei. Seit dem 20. Juli 1932 und der Absetzung der SPD-geführten Regierung Preußens kommissarischer Innenminister sowie Reichsminister ohne Geschäftsbereich.

531 Tatsächlich stimmte die sozialdemokratisch dominierte Gewerkschaftsleitung am 4. November 1932 der ausgehandelten Lohnkürzung zu.

Auszüge aus dem Goebbels-Tagebuch v. 3. November, 4. November, 5. November, 6. November, 7. November, 8. November 1932. Zit. n. Fröhlich (Hrsg.): Die Tagebücher von Joseph Goebbels, Teil 1, Bd. 2/II, S. 50, S. 51, S. 51f.; S. 52, S. 53, S. 54.

[...] BVG streikt.[532] Keine Straßenbahn, kein nichts. [...] Gestern: den Tag über Arbeit. Ärger und Sorge. BVG-Streik geht weiter. Soll heute Mittag von den Gewerkschaften abgewürgt werden. Wir sind in einer prekären Lage. [...] Abends spät noch BVG-Sache beraten. In der Nacht x-mal angerufen. Immer neue Situationen. In Schöneberg ein SA-Mann von Schupo erschossen. Brachts Polizei. Zum Ausspeien! Gleich wird es sich entscheiden. Ob der Streik zu Ende oder nicht. [...] Gestern: ganzen Tag Streik. Trotz Schiedsspruch kein Mensch zur Arbeit. Verkehr ganz stillgelegt. Unsere Leute führend. Schwere Terrorakte. Bereits vier Tote. In Berlin Revolutionsstimmung. Nur weiter! Unser Apparat funktioniert tadellos. Alles in bester Ordnung. Wir haben jetzt bei den Arbeitern allerbeste Nummer. Straßen von Menschen übersät. Tolle Nervosität. [...] Streik geht heute unvermindert heftig fort. So ist's recht. [...] BVG gemeines verlogenes Plakat gegen die Streikenden. Wir können nichts mehr machen als Diskussion an den Säulen und ein kleines Gegenblatt. Aber es wirkt sich doch nicht mehr ganz aus. Position etwas verschlechtert. [...] BVG-Streik steht schlecht. SPD hat uns verraten. Die typischen Dolchstößler.[533] Aber wir werden trotz allem den Sieg davontragen. Was heute unpopulär ist, wird morgen populär. Nur fest und zäh bleiben. Nicht nachgeben und aufrecht stehen. So nur kann man siegen. [...] BVG-Streik flaut ab. Aussichtslos. Abspringen! [...]

532 Die Geschäftsleitung der BVG hatte eine Lohnkürzung angekündigt, die aber von den sozialdemokratischen Gewerkschaften von 14 bis 23 Pfenning pro Stunde auf nur noch zwei Pfennig pro Stunde reduziert werden konnte. Trotzdem agierten Kommunisten in der BVG für einen Streik. Obwohl sie die notwendige Dreiviertelmehrheit der Belegschaft dafür nicht gewinnen konnten, sondern nur knapp zwei Drittel, riefen sie zum „wilden Streik" auf und blockierten ab dem 2. November 1932 praktisch alle öffentlichen Verkehrsmittel. Auch Nationalsozialisten innerhalb der BVG schlossen sich am 3. November 1932 diesem Streik an. Zum ersten Mal kämpften die extremen Parteien von rechts und links gemeinsam gegen den Staat.

533 Anspielung auf den „Dolchstoß", mit dem „die Heimat", vor allem die SPD angeblich 1918 das „im Felde unbesiegte" kaiserliche Heer zum Aufgeben gezwungen habe. Nationalsozialistisches Stereotyp. In Wirklichkeit hatte sich seit Frühjahr 1918 ein verdeckter Militärstreik in Heer und bald auch der Marine ausgebreitet.

65

UNERWÜNSCHTER AUFTRAG FÜR HITLER

Auszüge aus dem Goebbels-Tagebuch v. 7. November, 16. November, 18. November, 20. November u. 1932. Zit. n. Fröhlich (Hrsg.): Die Tagebücher von Joseph Goebbels, Teil 1, Bd. 2/III, S. 53, S. 59, S. 62, S. 63

[...] Resultate schlecht.[534] Ekelhaftes Hinwürgen. Ergebnis: Wir haben 35 Mandate verloren, DNVP zehn gewonnen, Zentrum sieben verloren, KPD stark gewachsen, Wahlbeteiligung gesunken, SPD verloren. Wir haben eine schwere Schlappe erlitten. Das macht: 13. August[535] und Verhandlungen mit dem Zentrum.[536] Das erste war nötig, das zweite überflüssig. Ich spreche mit Hitler; er ist meiner Meinung. Nun stehen wir vor schweren Kämpfen. Die Partei muss gehalten werden, die Stimmung gehoben, die Organisation gefestigt. Gut, dann kommt man aus der Übung nicht heraus. Papen hat ganze zehn Prozent des Volkes.[537] Er muss weg! Und der Alte?[538] Dieses Kalkdenkmal steht uns nur im Wege. [...] Hitler muss nur stark bleiben. Gesundes Misstrauen gegen Schleicher. Nur keinem Vertrauen schenken. Auch Straßer steht gerade. Was soll er auch anderes. [...] Hitler soll morgen eventuell beauftragt werden. Aber er muss sich auf das Präsidialkabinett versteifen. Es gehen schon wieder Intrigen hin und her. Zum Kotzen! Aber jetzt Nerven behalten. [...] Hitler gibt mir eine eingehende Darstellung des Besuches. Zwei Möglichkeiten: entweder Neuauflage des 13. August, um Papen als geschäftsführend unangreifbar zu machen, oder ernsthafter Versuch, mit uns zu Rande zu kommen. Alle Meldungen, die von der Gegenseite kommen, sind so oder so. Man schaut nicht

534 Gemeint: die Ergebnisse der Reichstagswahl v. 6. November 1932.

535 Gemeint: Hitlers Treffen mit Hindenburg.

536 Ende August und Anfang September 1932 hatte Hitler erfolglos mit dem katholischen Zentrum über die Bildung einer Koalition verhandelt und damit viele Wechselwähler, die am 31. Juli 1932 für die NSDAP gestimmt hatten, enttäuscht.

537 Durchaus zu Recht zählte Goebbels lediglich die DNVP-Wähler zu den Unterstützern des reaktionären ehemaligen Zentrums-Politikers Franz von Papen.

538 Gemeint: Paul von Hindenburg, damals 83 Jahre alt.

durch. Hitler hat fabelhaft geredet. Er war mit dem Alten allein. Ein Vorteil. Die Nachrichten überstürzen sich. Argwohn gegen Schleicher bei allen. [...]

Auszüge aus einem Brief von Reichskanzler Franz von Papen an Hitler v. 13. November 1932. Zit. n. Akten der Reichskanzlei, Das Kabinett Papen, S. 952.

[...] Durch die Wahl vom 6. November[539] ist eine neue Lage eingetreten und damit eine neue Möglichkeit für die Zusammenfassung aller nationalen Kräfte erneut geschaffen. Der Herr Reichspräsident hat mich beauftragt, nunmehr durch Besprechungen mit den Führern der einzelnen in Frage kommenden Parteien festzustellen, ob und inwieweit diese bereit seien, die Durchführung des in Angriff genommenen politischen und wirtschaftlichen Programms der Reichsregierung zu unterstützen. [...] Ich weiß zwar aus der Presse, dass Sie die Forderung der Übertragung des Kanzlerpostens aufrecht erhalten und bin mir ebenso bewusst, in welchem Maße die dagegen stehenden Gründe, welche die Entscheidung des 13. August[540] herbeiführten, fortbestehen, wobei ich nicht erneut zu versichern brauche, dass meine Person[541] dabei keine Rolle spielt. Aber trotzdem bin ich der Ansicht, dass der Führer einer so großen nationalen Bewegung, deren Verdienste um Volk und Land ich trotz notwendiger Kritik stets anerkannt habe, sich dem augenblicklich verantwortlich führenden deutschen Staatsmann nicht zu einer Aussprache über die Lage und die zu fassenden Entschlüsse versagen sollte. Wir müssen versuchen, die Bitternis des Wahlkampfes zu vergessen und die Sache des Landes, der wir gemeinsam dienen, über alle anderen Bedenken zu stellen. [...]

Auszüge aus der Antwort Adolf Hitlers an Papen v. 16. November 1932. Zit. n. Hitler – Reden, Schriften, Anordnungen, Bd. 5, S. 188-193

[...] Ich schließe mich trotz aller Bedenken Ihrer Auffassung, Herr Reichskanzler, dass man sich als Führer einer großen

539 Gemeint: die Reichstagswahl.

540 Gemeint: die Besprechung Hindenburgs mit Hitler am 13. August 1932.

541 Papen ging es sehr um seine Rolle. Er wollte unbedingt eine führende Rolle in der kommenden Regierung einnehmen.

Partei dem „augenblicklich verantwortlich führenden deutschen Staatsmann“ zu einer „Aussprache über die Lage und die zu fassenden Beschlüsse“ nicht versagen sollte, an. Allein die Nation erwartet von einer solchen Aussprache doch wohl mehr als eine nur theoretische Behandlung der augenblicklich sie bewegenden Nöte und Sorgen. Außerdem habe ich meine Auffassung darüber so oft in Wort und Schrift bekanntgegeben, dass sie Ihnen, Herr Reichskanzler, ohnehin bekannt sein dürfte. So gering mir deshalb der Nutzen einer derartigen nur allgemeinen Besprechung zu sein scheint, so groß können die schädlichen Folgen werden. Denn Millionen unserer Volksgenossen erwarten von einer solchen in diesem Augenblick stattgehabten und ihnen bekanntgewordenen Unterredung positive Ergebnisse. Und mit Recht. Von Besprechungen der Lage allein wird niemand geholfen. Ich halte daher in diesem Moment eine solche Aussprache nur dann für angezeigt, wenn nicht von vornherein schon das negative Ergebnis feststeht. Aus diesem Grunde fühle ich mich verpflichtet, Ihnen, sehr geehrter Herr Reichskanzler, in vier Punkten die Voraussetzungen mitzuteilen, unter denen ein solcher Gedankenaustausch stattfinden könnte.

Punkt 1: Ich bin nicht in der Lage, zu einer mündlichen Aussprache zu kommen, sondern bitte, dass, wenn überhaupt ein solcher Gedankenaustausch gewünscht wird, dies schriftlich geschieht. Die Erfahrungen über die bisher gehabten und unter Zeugen stattgefundenen mündlichen Unterredungen haben gezeigt, dass das Erinnerungsvermögen der beiden Parteien nicht zu einer gleichen Wiedergabe des Sinnes und des Inhaltes der Verhandlungen geführt hat. Sie schreiben gleich eingangs Ihres Briefes, dass Sie, Herr Reichskanzler, einst zur Durchführung Ihres Auftrages, eine möglichst „weitgehende Konzentration aller nationalen Kräfte herbeizuführen“, die Unterstützung des Präsidialkabinetts durch die NSDAP zugesichert erhalten hätten. Tatsache ist, dass ich im Beisein des Hauptmann Göring auf eine Bemerkung, dass nach den Wahlen eine Umbildung des Kabinetts vorgenommen werden könnte, erklärte, ich würde dies gar nicht fordern, wenn die Regierung ihrer nationalen Aufgabe gerecht würde. Ein mir in den gleichen Tagen übermitteltes Ansinnen, eine schriftliche Tolerierungserklärung abzugeben, habe ich sofort zurückgewiesen mit der Betonung, dass dies selbstverständlich gar nicht in Frage kommen könne. Es sei unmöglich, von mir die Ausstellung einer Blankovollmacht für Herren zu verlangen, die mir zum Teil persönlich, auf alle Fälle aber politisch unbekannt wären. Schon die in den ersten sechs Wochen ergriffenen wirtschaftlichen und politischen Maßnahmen dieses Kabinetts haben dieser meiner vorsichtigen Zurückhaltung Recht gegeben!

Wie sehr mündliche Besprechungen zu irrigen Meinungen[542] verleiten können, geht ja auch aus der von Ihnen, Herr Reichskanzler, seither verschiedentlich aufgestellten Behauptung hervor, ich hätte seinerzeit die gesamte Macht gefordert, während ich tatsächlich nur die Führung beanspruchte. Sie selbst sollten ja dem neuen Kabinett als Reichsaußenminister angehören, General Schleicher als besondere Vertrauensperson des Herrn Reichspräsidenten Reichswehrminister sein und außer dem Reichsinnenminister und zwei bzw. höchstens drei politisch gänzlich belanglosen Ministerien sollte alles teils von bereits amtierenden, teils durch Besprechung mit den vorgesehenen Parteien zu bestimmenden Männern besetzt werden. Sie, Herr Reichskanzler, haben nun unsere damals mehr als bescheidene Forderung so missverständlich gedeutet, dass ich gewitzigt durch diese Erfahrungen nicht mehr gewillt bin, von der einzig sicheren Methode einer schriftlichen Behandlung solcher Fragen abzugehen. Ich muss dies um so mehr, als ich gegenüber den sogenannten amtlichen Darstellungen ohnehin machtlos bin. Sie, Herr Reichskanzler, haben die Möglichkeit, Ihre Auffassung über eine Unterhaltung nicht nur durch den von Ihnen allein mit Beschlag belegten Rundfunk[543] dem deutschen Volke mitzuteilen, sondern durch das Auflageverfahren sogar den Lesern meiner eigenen Presse aufzuoktroyieren.[544] Diesem Verfahren gegenüber bin ich vollständig wehrlos. [...]

542 Vgl. o. Dokument 63.

543 Tatsächlich hatte die Reichsregierung vollen und direkten Zugriff auf den deutschen Hörfunk. Inhaltlich unabhängige öffentlich-rechtliche Sender gab es 1932 noch nicht.

544 Gemeint: Verordnung des Reichspräsidenten gegen politische Ausschreitungen v. 14. Juni 1932. Darin hieß es: „Der verantwortliche Schriftleiter und der Verleger einer periodischen Druckschrift sind verpflichtet, auf Verlangen einer obersten Reichs- oder Landesbehörde amtliche Kundgebungen und amtliche Entgegnungen auf die in der periodischen Druckschrift mitgeteilten Tatsachen ohne Einschaltung oder Weglassung unentgeltlich aufzunehmen. Die oberste Landesbehörde kann die Aufnahme einer Kundgebung nur im Einvernehmen mit dem Reichsminister des Innern verlangen. Der Abdruck hat unverzüglich, bei Tageszeitungen spätestens in der nach Eingang der Kundgebung oder Entgegnung nächstfolgenden, für den Druck nicht bereits abgeschlossenen Nummer zu erfolgen. Eine Stellungnahme zu einer Entgegnung ist in der gleichen Nummer unzulässig." Zit. n. RGBl. 1932 I, S. 297.

Punkt 2. Das Eintreten in eine solche Aussprache hat nur dann einen Sinn, wenn Sie mir, Herr Reichskanzler, vorher Aufklärung darüber zu geben bereit sind, inwieweit Sie sich nun tatsächlich als führender deutscher Staatsmann auch ausschließlich verantwortlich fühlen und ansehen. Ich bin unter keinen Umständen gewillt, das Verfahren des 13. August an mir wiederholen zu lassen. Denn es ist in meinen Augen nicht angängig, dass der „verantwortlich führende deutsche Staatsmann“ in irgendeinem Moment der Verantwortung eine Teilung seiner Verantwortlichkeit vornimmt. Ich stütze mich hierbei auf den Passus Ihres Briefes, in dem Sie selbst neuerdings von Gründen sprechen, die die Entscheidung des 13. August herbei geführt hätten und die fortbestünden, wobei Sie wieder einfügen, dass Ihre Person dabei keine Rolle spielen würde! Herr Reichskanzler, ich darf hier einmal für immer folgendes feststellen: Genauso wie ich mich als Führer der nationalsozialistischen Bewegung für die politischen Entschlüsse der Partei, solange ich ihr Führer bin, grundsätzlich verantwortlich fühle, genauso sind Sie grundsätzlich verantwortlich für die politischen Entschlüsse der Reichsführung, solange Sie Reichskanzler sind. Aus dieser Überzeugung heraus habe ich Sie auch am 13. August angesichts des Scheiterns unserer Besprechung gebeten, die Verantwortung hierfür selbst zu übernehmen und nicht den Herrn Reichspräsidenten damit zu belasten. Ich erklärte Ihnen, dass ich infolge Ihrer Versicherung der Unmöglichkeit einer Erfüllung unserer Forderungen, deren Gründe beim Reichspräsidenten liegen sollten, selbstverständlich es ablehnen müsse, bei diesem dann überhaupt vorzusprechen. Ich sagte Ihnen, dass solange ein Reichskanzler die politische Verantwortung trage, derselbe auch verpflichtet wäre, seinen Souverän[545] – einerlei, ob dies nun ein König oder ein Präsident sei – zu decken. Auf Ihre Frage, wie ich mir dies vorstellte, schlug ich Ihnen vor, ein amtliches Communiqué auszugeben des Inhalts, dass zwischen Ihnen, Herr Reichskanzler, und mir als dem Führer der nationalsozialistischen Bewegung eine Besprechung über eine Umbildung der Reichsregierung stattgefunden habe, die ergebnislos verlaufen und deshalb abgebrochen worden sei.

545 Vielsagender Irrtum Hitlers. Laut der Weimarer Reichsverfassung vom 11. August 1919, Art. 1 ging „die Staatsgewalt [...] vom Volke aus“. Hitler sah jedoch in der Befugnis des Reichspräsidenten, den Reichskanzler zu ernennen (Art. 53), die eigentliche Souveränität.

Denn da ich nun schon einmal im Reichspräsidenten-Wahlkampf als Konkurrent aufgetreten war, schien es mir gerade der Millionenmasse meiner eigenen Anhänger gegenüber nicht richtig zu sein, im Falle der nunmehr zu erwartenden Ablehnung meiner Person, den Reichspräsidenten selbst irgendwie in Erscheinung treten zu lassen. Sie waren der verantwortlich führende Politiker des Reiches und Sie mussten gerade in diesem Fall meiner Überzeugung nach erst recht die Verantwortung übernehmen. Außer Ihr Gewissen hätte dies nicht zugelassen und dann wären Sie verpflichtet gewesen zu demissionieren. Leider waren Sie nicht zu bewegen, diesen Ihnen zukommenden Teil der Verantwortung auf sich zu nehmen. Ich habe den meinen getragen. Stattdessen gelang es Ihrer Kanzlei, durch eine List – entgegen meinem Wunsch und der mir von Ihnen gegebenen Erklärung – mich dennoch zur Unterredung mit dem Reichspräsidenten zu locken. Das Ihnen vorher genau bekannte Ergebnis mag in Ihren Augen Sie vielleicht einer Verantwortung enthoben haben; ich wurde jedenfalls dadurch nicht vernichtet, der 85-jährige Herr Reichspräsident aber dafür in den Tagesstreit gezogen und mit einer schweren Verantwortung beladen! Ich möchte nicht noch einmal eine Wiederholung dieses Spieles erleben. Ich bin daher nur dann gewillt, in einen solchen schriftlichen Gedankenaustausch über die deutsche Lage und die Behebung unserer Not einzutreten, wenn Sie, Herr Reichskanzler, erst eindeutig Ihre ausschließliche Verantwortung für die Zukunft festzulegen bereit sind.

Punkt 3: Ich bitte Sie, Herr Reichskanzler, mir mitzuteilen, zu welchem Zwecke eine Einbeziehung der nationalsozialistischen Bewegung überhaupt gewünscht wird. Wollen Sie mich und damit die nationalsozialistische Bewegung dafür gewinnen, das – wie Sie in Ihrem Briefe schreiben – von der Reichsführung in Angriff genommene politische und wirtschaftliche Programm zu unterstützen, so ist auch darüber jede schriftliche Diskussion unwesentlich, ja überflüssig. Ich will und kann ja kein Urteil abgeben über das, was die Regierung als Programm ihres Wollens ansieht, da mir selbst bei genauester Überlegung dieses Programm nie ganz klar geworden ist.[546] Allein, wenn es sich um eine Fortsetzung der bisher betätigten inneren, äußeren und

546 Darin stimmte Hitler mit nahezu allen damaligen Beobachtern der deutschen Politik überein, die ebenfalls kein wirkliches Programm des Kabinett von Papen ausmachen konnten.

wirtschaftspolitischen Maßnahmen handeln sollte, dann muss ich jede Unterstützung der nationalsozialistischen Partei hierfür versagen, denn ich halte diese Maßnahmen teils für unzulänglich, teils für undurchdacht, teils für völlig unbrauchbar, ja sogar gefährlich. Ich weiß, Sie sind einer anderen Meinung, Herr Reichskanzler, aber ich halte die praktische Tätigkeit Ihrer Regierung schon jetzt für eine zumindest als erfolglos erwiesene.

Punkt 4: Herr Reichskanzler, Sie sprechen in Ihrem Brief davon, dass durch den 6. November eine „neue Möglichkeit für die Zusammenfassung aller nationalen Kräfte" geschaffen wurde. Ich darf Ihnen eingestehen, dass mir der Sinn dieser Ihrer Andeutung gänzlich unklar ist. Ich habe die Auffassung, dass sich diese Möglichkeit durch die Auflösung des Reichstages am 12. September[547] natürlich nur verschlechtert hat; denn das Ergebnis ist auf der einen Seite eine unerhörte Stärkung des Kommunismus, auf der anderen eine Neubelebung kleinster Splitterparteien ohne jeden praktischen politischen Wert. Die Bildung einer irgendwie politisch tragfähigen Plattform im deutschen Volk ist damit parteimäßig nur noch denkbar unter Einschluss der Deutschnationalen – und der Deutschen Volkspartei. Denn den von Ihnen anscheinend gehegten Plan einer Einbeziehung der SPD lehne ich von vorneherein ab. Nun hat, wie Sie, Herr Reichskanzler, ja selbst wissen, gerade der Führer der Deutschnationalen Volkspartei[548] vor der Wahl auf das Unzweideutigste jedes Zusammengehen mit dem Zentrum als nationalen Verrat und als nationales Verbrechen gebrandmarkt. Ich glaube nicht, dass Herr Geheimrat Hugenberg nun plötzlich so charakterlos werden könnte, nach der Wahl zu tun, was er vor der Wahl so scharf verurteilte. Damit aber erscheint mir Ihr Versuch, Herr Reichskanzler, solange unklar und damit ebenso zeitraubend wie zwecklos, als Sie mir nicht mit zuteilen in der Lage sind, dass Herr Hugenberg sich nunmehr doch eines anderen besonnen hat.

Diese vier Punkte, Herr Reichskanzler, muss ich als Voraussetzung für einen Meinungsaustausch bezw. einer schriftlich zu führenden Aussprache meinerseits ansehen. Zuzustimmen oder abzulehnen, liegt bei Ihnen. [...]

547 Die NSDAP-Fraktion und der Reichstagspräsident Hermann Göring hatten am 12. September 1932 die Auflösung des Reichstages erst ermöglicht, indem sie sich dem entsprechenden Antrag der KPD anschlossen. Zu dieser Zeit erwartete Hitler, aus vorgezogen Neuwahlen gestärkt hervorzugehen, was aber dann nicht eintrat.

548 Gemeint: Alfred Hugenberg.

Auszug aus dem Kabinettsprotokoll v. 17. November 1932. Zit. n. Akten der Reichskanzlei, Das Kabinett Papen, S. 957
[...] Wie den Herren vielleicht bereits bekannt sei, habe er, der Reichskanzler, Hitler bereits schriftlich zu einer Besprechung eingeladen. Hitler habe hierauf schriftlich geantwortet. Der Reichskanzler verlas sodann die Antwort Hitlers. Er kam zu dem Ergebnis, dass gemäß dieser Antwort eine Unterstützung der außen- und innenpolitischen Ziele des Reichskabinetts durch die Nationalsozialisten nicht in Betracht komme. Nach seiner Überzeugung sei die Lage ganz klar: Die Herbeiführung der nationalen Konzentration unter seiner Kanzlerschaft sei nicht möglich. Jetzt müsse nach seiner Auffassung der Herr Reichspräsident Entschlüsse fassen. [...]

Auszug aus der Aufzeichnung von Staatssekretär Otto Meissner über die Besprechung Hindenburg-Hitler am 19. November 1932. Zit. n. Akten der Reichskanzlei, Das Kabinett Papen, S. 985f.
[...] Der Herr Reichspräsident fasste die persönliche Aussprache in ihren wesentlichen Punkten dahin zusammen: „Herr Hitler hat erklärt, er habe die stärkste Volksbewegung in Deutschland hinter sich; man könne aber nur regieren mit einer starken Volksstimmung als Stütze. Hieraus leite er das Recht ab, dass er als Führer der Bewegung an die Spitze einer neu zu bildenden Regierung gestellt werde. Ich habe ihm hierauf erwidert, dass ich an dem Grundsatz einer überparteilichen Regierung festhalten müsse. Eine Regierung, die von Herrn Hitler geführt würde, wäre eine Parteiregierung. Herr Hitler kann doch seine Ziele auch in anderer Form erreichen dadurch, dass ihm in einer von einem überparteilichen Manne geleiteten Regierung einige Ministerposten zugewiesen würden. Ich bitte Sie, Herr Hitler, sich diese Frage noch einmal zu überlegen und auch mit ihren Parteifreunden und auch mit den anderen Parteiführern zu besprechen. Ich möchte Ihnen heute noch keine endgültige Antwort geben und möchte auch noch keine endgültige Antwort von Ihnen haben. Wir wollen uns beide das überlegen und in den nächsten Tagen noch einmal darüber reden."

Adolf Hitler: „Ich respektiere Ihre Überzeugung und bin überzeugt, dass Sie hierbei nach bestem Wissen und Gewissen handeln. Aber ich kann in ein Kabinett nur eintreten, wenn ich die politische Führung übernehme; ich denke durchaus nicht daran, die Ministerposten ausschließlich mit Nationalsozialisten zu besetzen; aber die politische Führung muss eine einheitliche sein. Ich setze nämlich nicht nur meinen Namen, sondern auch meine Bewegung dafür ein. Wenn diese Bewegung zu Grunde geht, dann kommt Deutschland in die größte Gefahr, denn dann würde es 18 Millionen Marxisten[549] und darunter vielleicht 14 bis 15 Millionen Kommunisten[550] geben. Es ist also durchaus im vaterländischen Interesse gelegen, dass meine Bewegung erhalten bleibt, und das setzt voraus, dass meiner Bewegung die Leitung zufällt. An dieser Überzeugung muss ich unbedingt festhalten. Ich wiederhole: Meine Bewegung will nicht die Macht, sondern nur die Führung bekommen. Ich würde versuchen, auch andere Bewegungen zum Worte kommen zu lassen und bei der Regierungsbildung zu beteiligen. Ich glaube, es würde sich eine Basis der Zusammenarbeit finden lassen. Aber wenn die politische Leitung nicht eine einheitliche ist, so würde auch die neue Regierung versagen; dann sehe ich keinen Ausweg aus der Krisis. Gewiss kann man noch einige Zeit mit einem überparteilichen Kabinett autoritär regieren, gestützt auf die Machtmittel des Staates. Aber lange würde das nicht dauern, bis Februar wäre eine neue Revolution da, und Deutschland würde dann aufhören, ein außenpolitischer Machtfaktor zu sein."

Auf eine Frage des Herrn Reichspräsidenten, warum die nationalsozialistische Bewegung sich bei dem Berliner Verkehrsstreik beteiligt hat, erwiderte Adolf Hitler: „Die Leute sind sehr erbittert. Wenn ich meine Leute von der Beteiligung abgehalten hätte, hätte der Streik doch stattgefunden, aber ich hätte meine Anhänger in der Arbeiterschaft verloren; das wäre auch kein Vorteil für Deutschland. – Ich weiß, dass es keine leichte Aufgabe ist, eine Regierungsführung zu übernehmen, denn die Not im Lande ist riesengroß. Trotzdem würde ich die Aufgabe übernehmen in der Hoffnung, so Deutschland aus der Krise zu lösen. – Ein Burgfrieden führt auch nicht weiter. Wenn ein Jahr lang Burgfriede ist, wird die Erregung und Erbitterung sich nur aufstauen und Verbitterung und Not immer mehr Kommunisten schaffen."

549 Für Hitler waren Sozialdemokraten und Kommunisten gleichermaßen „Marxisten", auch wenn die KPD die SPD seit 1928 noch radikaler bekämpfte als die NSDAP.

550 Die Zahlen sind unverständlich. Bei der Reichstagswahl hatte die SPD 7,25 Millionen Stimmen erhalten, die KPD 5,98 Millionen, die NSDAP 11,73 Millionen.

Der Herr Reichspräsident „Ich kann immer nur meine Bitte wiederholen: Helfen Sie mir. Ich erkenne durchaus den großen Gedanken an, der in Ihnen und Ihrer Bewegung lebt, und würde es daher begrüßen, Sie und Ihre Bewegung an der Regierung beteiligt zu sehen. Ich zweifle durchaus nicht an der Ehrlichkeit Ihrer Absichten, aber zu einem Parteienkabinett kann ich mich nicht entschließen."

Auf eine Frage, ob er inzwischen mit den anderen Parteien Fühlung nehmen wolle über ein sachliches Programm für eine Zusammenarbeit, antwortete Herr Hitler: „Eine Fühlungnahme mit anderen Parteien beabsichtige ich nicht; ich möchte auch nicht in Parteienverhandlungen hineingeraten. Die Entscheidung liegt beim Herrn Reichspräsidenten. Wenn der Herr Reichspräsident mir einen Auftrag erteilt, eine Regierungsbildung zu versuchen, dann erst würde ich in Besprechungen mit den Parteien und sorgfältige Beratungen mit ihnen über ein sachliches Programm wie über eine personelle Zusammensetzung eintreten. Ich glaube, dass ich eine Basis finden würde, auf der ich und die neue Regierung vom Reichstag ein Ermächtigungsgesetz bekämen.[551] Eine solche Ermächtigung wird vom Reichstag niemand anderes als ich bekommen. Damit wäre die Schwierigkeit gelöst."

Der Herr Reichspräsident „Ich werde mir die ganzen Fragen in Ruhe überlegen und denke, dass wir noch einmal darüber sprechen. Ich bitte auch Sie, mit sich zu Rate zu gehen; ich appelliere an Ihr vaterländisches und soldatisches Pflichtgefühl und die alte Kameradschaft, die uns vom Felde her verbindet. Kommen Sie mir entgegen in dieser Frage, damit wir zu einer Zusammenarbeit gelangen." [...]

Auszüge aus einem Brief Adolf Hitlers an Meissner v. 23. November 1932. Zit. n. Hitler – Reden, Schriften, Anordnungen, Bd. 5, S. 199-201

[...] Die Behauptung, dass das Präsidialkabinett überparteilicher sein könnte als ein parlamentarisches, widerlegt sich erstens aus der Art des Werdens eines solchen Kabinetts und zweitens aus der Begrenzung seiner Arbeitsfähigkeit sowohl als

551 Ermächtigungsgesetze waren in der Weimarer Republik schon mehrfach erlassen worden; allerdings übertrugen sie bis dahin nur zeitlich eng begrenzt und nur genau definierte Befugnisse der Gesetzgebung auf die Reichsregierung. Hitler aber hatte anderes vor.

auch aus der dabei angewandten Methode. Wenn ein Präsidialkabinett mit dem Artikel 48[552] zu regieren gezwungen ist, dann benötigt es – wie Sie selbst zugeben – wenn auch nicht die vorherige Zustimmung, dann aber umso mehr die nachträgliche Billigung einer parlamentarischen Mehrheit. Diese parlamentarische Mehrheit wird sich bei der Art unseres ganzen Verfassungslebens immer in Parteien ausdrücken. Damit ist es genau so abhängig von einer Parteienmehrheit, wie auch das parlamentarische Kabinett. Damit muss der ein solches Kabinett führende Staatsmann genauso das Vertrauen der Mehrheit des Reichstags entweder besitzen oder erobern, als er selbstverständlich das Vertrauen des Reichspräsidenten benötigt. Im übrigen ist neuerdings durch ein Urteil des Staatsgerichtshofs die Anwendung des Artikels 48 auf ganz bestimmte Fälle und begrenzte Zeiten beschränkt worden, so dass eine allgemeine Erfüllung der Regierungspflichten auf diesen Artikel allein nicht mehr gestützt werden kann. Es ist daher in der Zukunft die Aufgabe eines Kanzlers, der – unter dem Druck der Not und der ihrethalben zu treffenden Entschlüsse – die Schwerfälligkeit des parlamentarischen Vorgehens als gefährliche Hemmung ansieht, sich eine Mehrheit für ein aufgabenmäßig begrenztes und zeitlich fixiertes Ermächtigungsgesetz zu sichern. Die Aussicht auf den Erfolg eines solchen Versuchs wird um so größer sein, je autoritärer auf der einen Seite die Position dieses Mannes ist und je schwerer auf der anderen die an sich schon in seinen Händen befindliche parlamentarische Macht in die Waage fällt.

Ob ein Regierungsprogramm parteilich oder überparteilich erscheint, spielt keine Rolle. Wesentlich hingegen ist, dass es richtig ist und dass es zum Erfolge führt. Ich protestiere dagegen, dass ein an sich richtiges Programm etwa deshalb nicht durchgeführt werden könnte, weil es Eigentum und Gedankengut einer Partei ist und mithin von einer Präsidialregierung, die überparteilichen Charakter besitzen müsse, abzulehnen sei. Da im Allgemeinen Programme immer Menschen anziehen werden, die dann zusammengefasst zwangsläufig als Parteien in Erscheinung treten, könnten also in Zukunft nur solche Programme Verwendung finden, die hinter sich, um den

552 Gemeint: das Recht des Reichspräsidenten laut Art. 48 der Weimarer Reichsverfassung, per Notverordnung am Reichstag vorbei zu regieren.

überparteilichen Charakter zu wahren, auch keine Anhänger haben. Wie man dafür aber eine parlamentarische Mehrheit zur Tolerierung erreichen will, ist mir ein Rätsel, an dessen Lösung auch Herr von Papen scheiterte. Ich habe demgegenüber erklärt, dass ich eine solche Art von Führung ablehne, weil sie zwangsläufig im Nichts endet und höchstens als letzten Schutz die Bajonette besitzt. [...]

B. Sie teilen mir, Herr Staatssekretär, mit, dass der Herr Reichspräsident nunmehr eine hundertprozentig parlamentarische Lösung wünsche. Das heißt, ich solle erst mit den Parteien ein Programm vereinbaren, dafür eine Mehrheit suchen und dann die Regierungsbildung rein parlamentarisch auf Grund dieser Mehrheit in die Wege leiten. Zunächst muss ich hier schon bemerken, dass man mir diese Aufgabe vor dem 12. September 1932 hätte stellen sollen.[553] Sie wäre damals wirklich leichter zu lösen gewesen! [...]

Auszug aus einem Brief von Staatssekretär Otto Meißner an Hitler v. 24. November 1932. Zit. n. Akten der Reichskanzlei, Das Kabinett Papen, S. 998f.

[...] Sehr verehrter Herr Hitler! Auf Ihr gestriges Schreiben beehre ich mich, Ihnen im Auftrage des Herrn Reichspräsidenten folgendes zu erwidern: 1. Der Herr Reichspräsident nimmt Ihre Antwort zur Kenntnis, dass Sie den Versuch der Bildung einer parlamentarischen Mehrheitsregierung nicht für aussichtsreich halten und deshalb den Ihnen erteilten Auftrag[554] zurückgeben. Zu der von Ihnen für diese Ablehnung gegebenen Begründung lässt der Herr Reichspräsident bemerken, dass er gerade nach den Ausführungen der Führer des Zentrums und der Bayerischen Volkspartei, aber auch nach Ihren eigenen Ausführungen in der Besprechung vom 19. November im Gegenteil annehmen musste, dass eine Mehrheitsbildung im Reichstag möglich war. [...] 2. Der Herr Reichspräsident dankt Ihnen, sehr verehrter Herr Hitler, für Ihre Bereitwilligkeit, die Führung eines „Präsidialkabinetts" zu übernehmen. Er glaubt aber, es vor dem deutschen Volke nicht vertreten zu

553 Anspielung darauf, dass die NSDAP im Reichstag nach der Wahl vom 31. Juli 1932 stärker war als nach der Wahl vom 6. November 1932. Allerdings hatte Hindenburg Hitler genau diese Aufgabe am 13. August 1932 übertragen.

554 Trotz Hitlers Ablehnung hatte Hindenburg ihm am 19. November 1932 den Auftrag erteilt, die Möglichkeiten einer parlamentarisch gestützten Regierung zu sondieren.

können, dem Führer einer Partei seine präsidialen Vollmachten zu geben, die immer erneut ihre Ausschließlichkeit betont hat, und die gegen ihn persönlich wie auch gegenüber den von ihm für notwendig erachteten politischen und wirtschaftlichen Maßnahmen überwiegend verneinend eingestellt war. Der Herr Reichspräsident muss unter diesen Umständen befürchten, dass ein von Ihnen geführtes Präsidialkabinett sich zwangsläufig zu einer Parteidiktatur mit allen ihren Folgen für eine außerordentliche Verschärfung der Gegensätze im deutschen Volke entwickeln würde, die herbeigeführt zu haben er vor seinem Eid und seinem Gewissen nicht verantworten könnte. 3. Nachdem Sie zum lebhaften Bedauern des Herrn Reichspräsidenten sowohl in den bisherigen Besprechungen mit ihm als auch in Ihrer gestrigen, mit seinem Wissen geführten Unterhaltung mit dem Herrn Reichswehrminister General von Schleicher[555] jede andere Art der Mitarbeit innerhalb oder außerhalb einer neu zu bildenden Regierung – gleichgültig, unter welcher Führung diese Regierung auch stehen möge – mit aller Entschiedenheit abgelehnt haben, verspricht sich der Herr Reichspräsident von weiteren schriftlichen oder mündlichen Erörterungen über diese Frage keinen Erfolg. [...]

66

BRUCH MIT GREGOR STRASSER

Auszüge aus dem Goebbels-Tagebuch v. 6. Dezember, 9. Dezember, 10. Dezember, 11., Dezember u. 13. Dezember 1932. Zit. n. Fröhlich (Hrsg.): Die Tagebücher von Joseph Goebbels, Teil 1, Bd. 2/III, S. 75, S. 77f, S. 78, S. 80, S. 81.

[...] Zum Kaiserhof: große Beratung über Haltung zu Schleicher. Straßer und Frick sind nicht sattelfest. Hitler hat scharfe Zusammenstöße mit ihnen. Lage der Partei nicht allzu rosig. Aber da darf man doch nicht kapitulieren. Frick und Straßer waren bei Schleicher. Er will auflösen, wenn wir nicht tolerie-

555 Goebbels kommentierte dieses Gespräch am 23. November 1932 in seinem Tagebuch: „Hitler bei Schleicher. Keine Veränderung der Situation. Der General lügt. Sie lügen alle." Zit. n. Fröhlich (Hrsg.): Die Tagebücher von Joseph Goebbels, Teil 1, Bd. 2/III, S. 67.

ren. Bedingungen formuliert: Amnestie, soziale Besserungen, Notwehrrecht und Demonstrationsfreiheit. Wenn er das annimmt, Vertagung[556]. [...] Gerüchte, dass Straßer Palastrevolution machen wolle. Man wird so wund bei all dem ewigen Hin und Her. Chef hat Brief von Straßer bekommen: Er legt alle seine Parteiämter nieder. Faule Begründungen, Partei an den Staat führen und so. Natürlich alles nicht stichhaltig. Will Minister werden. [...] Kompromiss über Kompromiss. Wie viel schwerer ist es doch, eine große als eine kleine Partei zu führen. Ruf vom Kaiserhof: sofort herunter. Es ist drei Uhr nachts. Röhm und Himmler auch da. Artikel Tägliche Rundschau. Straßer als der große Mann. Das hat Herbert Blank[557] geschrieben. Hitler soll kalt gestellt werden. Straßer offiziell in Urlaub. Sein Brief an Hitler ist der Höhepunkt jesuitischer Rabulistik. [...] Hitler sagt: wenn die Partei zerfällt, mache ich in drei Minuten Schluss. Furchtbar! Ich werde von Straßers Schritt nicht überrascht. Ein Dolchstößler.[558] Er will ins Schleicher-Kabinett. Man wird ihn, so denkt er, bald von dort holen. Fraktionssitzung: Hitler spricht scharf gegen Kompromisse. Straßer versteinert sich. Fraktion einhellig für Konsequenz. Wenn möglich, nicht vor Weihnachten auflösen.[559] [...] Bei uns gedrückte Stimmung. Ich horche überall herum. Einige Miesmacher: Koch und Brückner. Aber Straßer hat schon verloren. Feder macht einen Bocksprung: bittet um Urlaub mit einem blödsinnigen Brief, der, bevor an Hitler, an die Presse geht. Das ist die Höhe. Alles empört. Ich zum Kaiserhof. Hitler Bericht gegeben. Er ist guter Dinge. Straßer nach München. Aber ohne jeden Anhang. Verloren auf der ganzen Linie. [...] Hitler redet zuerst vor den Gauleitern und Inspekteuren. Dann

556 Da der neue Reichskanzler Kurt von Schleicher nicht über eine Mehrheit im Parlament verfügte, hätte der Reichstag ihm bei jeder Sitzung des Misstrauen aussprechen können. Um das zu verhindern und um mit Notverordnungen regieren zu können, die der Reichstag ebenfalls mit Mehrheit aufheben konnte, musste er darauf hoffen, dass sich die Parlamentarier selbst vertagten. Das ging nicht ohne Zustimmung der NSDAP. Als stärkste Fraktion stellte sie dafür jedoch Bedingungen.

557 Herbert Blank (1899-1958), Journalist und Schriftsteller, galt als „geschickteste Feder des Straßer-Kreises". Blank schrieb u.a. unter Pseudonym „Weigand von Miltenberg" die Streitschrift „Adolf Hitler – Wilhelm III." 1933 misshandelt, später denunzierte er Bekannte beim Reichspropagandaministerium, erneute Festnahme und KZ-Haft. 1949 kommissarischer Intendant des NWDR, musste Blank sich nach Protesten der Belegschaft zurückziehen.

558 Gemeint: Verräter.

559 Die Alternative zu einer Vertagung des Reichstages war im Dezember 1932, dass das gerade erst am 6. November gewählte Parlament erneut aufgelöst und Neuwahlen ausgerufen würde. Davor hatte die NSDAP Sorge, da sie in den November-Wahlen gegenüber dem Ergebnis von Juli 1932 große Verluste hatte hinnehmen müssen.

vor allen Abgeordneten. Fabelhaft sicher. Vernichtend gegen Straßer und mehr noch gegen Feder. Die Leute heulen vor Wut und Schmerz. Ganz großer Erfolg Hitlers. Zum Schluss spontane Treuekundgebung. Alle geben Hitler die Hand. Straßer ist isoliert. Toter Mann! [...] Vor den Kreisleitern. Ich erörtere den Fall Straßer und die Lage. Der Gau steht natürlich. Alle versprechen mir noch einmal Treue für Hitler in die Hand. Berlin bleibt fest. [...] Abends bin ich allein bei Hitler. Preußenfrage. Der Alte will uns nur Preußen[560] geben, wenn wir ins Reichskabinett eintreten. Schleichers Idee. Und nicht Göring als Ministerpräsident, sondern Straßer. Da liegt der Hund begraben. [...]

Auszüge aus Artikeln der Vossischen Zeitung *v. 9. Dezember 1932*
[...] Das politische Tagesereignis, das über den Tag hinaus Bedeutung gewinnen und sich auswirken kann, ist der offen zutage getretene Konflikt zwischen Hitler und Gregor Straßer, den die nationalsozialistische Parteileitung, wenn auch in der Form eines Dementis, zugeben muss. Gestern Abend wurde von den Nationalsozialisten folgende lakonische und doch vielsagende Mitteilung ausgegeben: „Parteigenosse Gregor Straßer tritt mit Zustimmung des Führers einen dreiwöchigen Erholungsurlaub an. Alle daran geknüpften Gerüchte und Kombinationen sind unzutreffend und entbehren jeglicher Grundlage." Vorbeugend werden Vermutungen als unzutreffend bezeichnet, die noch gar nicht geäußert werden konnten, weil selbst gut unterrichtete politische Persönlichkeiten von diesem Erholungsurlaub erst durch die nationalsozialistische Verlautbarung Kenntnis erhielten. Im Reichstag wurde allerdings schon gestern Mittag davon gemunkelt, dass es in den letzten Tagen innerhalb des nationalsozialistischen Führerkreises zu scharfen Auseinandersetzungen gekommen sei. Damit wurde auch die auffällige Tatsache erklärt, dass die nationalsozialistische Reichstagsfraktion am Mittwoch[561] darauf verzichtete, bei der

560 Seit dem 20. Juli 1932 regierte der jeweilige Reichskanzler in Personalunion das größte Land Preußen. Das war das Ergebnis des verfassungswidrigen „Preußenschlages" durch Franz von Papen, der den bisherigen Ministerpräsidenten Otto Braun per Notverordnung abgelöst hatte, nachdem der SPD-Politiker seine Mehrheit verloren hatte. Hindenburg wollte diese Situation möglichst schnell beenden und wieder einen regulären, parlamentarisch gestützten Ministerpräsidenten in Preußen einsetzen. Das konnte nach den Ergebnissen der Wahl von April 1932 nur ein Nationalsozialist sein.

561 Gemeint: 7. Dezember 1932.

Beratung des von ihr selbst eingebrachten Stellvertretungsgesetzes einen Redner auf die Tribüne zu schicken. [...] Wie tief die Meinungsverschiedenheiten über den von der Partei einzuschlagenden Kurs gehen, wurde aber erst Donnerstagabend offenbar. Der Erholungsurlaub für Straßer sollte in der Verlautbarung zuerst mit einem Nervenzusammenbruch begründet werden. Davon wurde aber Abstand genommen. Es gab zu viele, die am Dienstag bei der Eröffnungssitzung des Reichstages Gregor Straßer gesehen und von ihm alles eher als den Eindruck eines verbrauchten, mit den Nerven heruntergekommenen Mannes erhalten hatten. Aufgefallen ist allerdings, dass Straßer an der Mittwoch-Sitzung des Reichstages nicht teilgenommen hat, obwohl er sonst nie im Plenum fehlt. Jetzt weiß man, dass diese Absentierung bereits eine Demonstration war. Georg Straßer war entschlossen, aus seinem Gegensatz zu Hitler die Konsequenzen zu ziehen und nicht nur sein Reichstagsmandat, sondern auch alle seine Ämter in der Partei – er ist Reichsorganisationsleiter – niederzulegen. Es wird sogar behauptet, dass er auch den Austritt aus der Nationalsozialistischen Partei Hitler schriftlich hatte mitteilen wollen. Auf das vermittelnde Eingreifen seiner Freunde hin kam gestern Nachmittag eine direkte Aussprache zwischen Hitler und Gregor Straßer zustande, die damit endete, dass Straßer vorläufig in der Partei verbleibt, seine Parteiämter und auch das Parlamentsmandat beibehält, zunächst aber einen dreiwöchigen Erholungsurlaub mit sofortiger Wirkung antritt. Er hat Berlin noch gestern verlassen. Während der Urlaubswochen hoffen die führenden Nationalsozialisten den Konflikt beilegen zu können.[...] Der Gegensatz Hitler-Gregor Straßer ist, soweit Außenstehende es zu erkennen vermögen, zum Teil prinzipieller Natur, ist aber auch aus Meinungsverschiedenheiten über das taktische Vorgehen der Partei entstanden. Gregor Straßer gilt als Exponent jener Richtung innerhalb der Nationalsozialistischen Partei, die es mit dem Bekenntnis zu sozialistischen Prinzipien ernster nimmt. Er ist auch als der Realist innerhalb des engeren Mitarbeiterkreises um Hitler angesehen worden. Schon im August hörte man, dass er mit Hitlers Haltung und der Forderung nach der Alleinherrschaft der Partei nicht einverstanden gewesen ist. Während der Verhandlungen, die im November nach der Erteilung des Auftrages an Hitler geführt wurden, wollte man in Kreisen, die den Nationalsozialisten nahestehen, wissen, dass Straßer dafür eingetreten sei, die Chance wahrzunehmen, die der Partei geboten wurde. Damals wurde allerdings von allen engeren Mitarbeitern Hitlers, auch von Gregor Straßer, eine Erklärung veröffentlicht, die sich sehr scharf gegen alle Behauptungen von Unstimmigkeiten zwischen Hitler und seinen Unterführern wandte. [...] Die Tatsache aber, dass Gregor Straßer auch nach dem Scheitern jener Verhandlungen Hitler aus München nach Berlin gerufen hat zu einer Aussprache mit dem damaligen Reichswehrminister von Schleicher, dass Hitler zu der Besprechung mit General von Schleicher kommen wollte, von andern nationalsozialistischen Führern aber veranlasst wurde, seinen Entschluss zu ändern und sich nach Weimar zu begeben statt nach Berlin, konnte nicht gut abgestritten werden. Straßer ist offenbar nach den Wahlergebnissen vom 6. November[562] und 4. Dezember[563] noch mehr als vorher davon überzeugt, dass die Nationalsozialisten die alleinige Führung der Reichspolitik nicht erreichen können, und dass die Partei eine Politik der versäumten Gelegenheiten treibe. Wieweit er mit dieser Auffassung innerhalb der Partei und innerhalb der Reichstagsfraktion Zustimmung findet, ist schwer zu erkennen. Aber deutlich wird, dass der akut gewordene Konflikt innerhalb des Führertreffes wesentlich die Haltung der Fraktion im Reichstag beeinflusst hat und sie dazu bestimmt hat, auch ihrerseits einen Konflikt mit der Regierung möglichst zu vermeiden. [...] Gregor Straßer ist in den letzten Tagen wieder als Kandidat für das preußische Ministerpräsidium genannt worden. In der *Vossischen Zeitung* ist gestern bereits begründet worden, weshalb den Meldungen über eine bevorstehende Einigung zwischen Nationalsozialisten und Zentrum über die Neuwahl des preußischen Ministerpräsidenten keine aktuelle Bedeutung beizumessen ist. Solange Hitler darauf besteht, dass er zum Kanzler ernannt werden müsse, und keinem Mitglied der Partei gestattet ist, in eine anders geführte Regierung einzutreten, wird jene Personalunion zwischen Reich und Preußen nicht herzustellen

562 Gemeint: die zweite Reichstagswahl 1932.

563 Gemeint sind die Stadt- und Kreiswahlen in Thüringen, die keine Trendwende zugunsten der NSDAP erkennen ließen – von 530 Mandaten erreichte die Hitler-Partei nur 184, also nur etwa 34 Prozent. Das waren deutliche Verluste gegenüber dem Ergebnis der NSDAP bei der Wahl zum Thüringer Landtag am 31. Juli 1932 mit 42,5 Prozent.

sein, in der sich die Aufhebung des Dualismus Reich-Preußen ausdrücken soll. Solange ist aber auch keine Aussicht, dass der Reichskommissar für Preußen zurückgezogen wird. Man hatte in politischen Kreisen gestern nicht den Eindruck, dass Hitler bereit sei, von der in dem Brief an den Staatssekretär Meißner im November ausgestellten Forderung[564] abzugehen und eine „realistische Politik" zu treiben. [...]

Kommentar von Konrad Heiden[565] in der Vossischen Zeitung *v. 10. Dezember 1932*

[...] Die seit langem fällige Führerkrise in der Nationalsozialistischen Partei beginnt ziemlich eindrucksvoll: als Auflehnung des gesunden Menschenverstandes, verkörpert in der Person Gregor Straßers, gegen den verstiegenen Machtwahn Hitlers. Straßer sieht die Partei in Gefahr, nicht nur ihre Seele zu verspielen, sondern auch an ihrer bisher so eindrucksvollen Körperlichkeit dauernden Schaden zu nehmen. In seinem Brief an Hitler, den man als Absagebrief bezeichnen muss, hat er ausführlich von der Weltanschauung und den Grundsätzen gesprochen, durch die er sich – keineswegs erst seit heute – von Hitler getrennt fühlt. Aber die Folgerungen aus dem Gegensatz zieht er eben doch erst im gegenwärtigen Augenblick, da dieser Gegensatz im Taktischen und Tagespolitischen sich auswirkt.

Die Öffentlichkeit hat, da eine Beurteilung des Nationalsozialismus nach staatsmännischen Leistungen bis heute nicht möglich war, sehr viel in die werbenden oder auch besinnlichen Äußerungen nationalsozialistischer Führer hinein geheimnist und aus mancher schnell hingeworfenen Redensart Weltanschauung herauszulesen versucht. Da musste denn Gregor Straßer als Führer einer sozialistischen „Richtung" gelten; der oberste Parteiführer dagegen, der das Wort Sozialismus ungern in den Mund nahm und gelegentlich die Fabrikdirektoren gradezu für höhere Rasse erklärt hatte, wurde lange Zeit in Unternehmerkreisen als der vernünftige Mann geschätzt, der belehrbar sei und der Wirtschaft, im Gegensatz zu Straßer, nichts Unmögliches zumuten werde. Diese ganze Einteilung

564 Vgl. o. Dokument 65.

565 Konrad Heiden (1901-1966): Politischer Journalist und kritischer, meist sehr gut informierter Beobachter der NSDAP. Heiden floh 1933 aus Deutschland, zunächst ins Saarland, dann nach Frankreich, schließlich in die USA. Er verfasste 1935 die erste kritische Hitler-Biografie. Nach 1945 wieder als Journalist für deutsche Medien tätig.

der nationalsozialistischen Führerschaft nach „Richtungen" sieht die Personenverhältnisse in der Partei viel zu groß.

Tatsächlich gibt es keine Flügel, Gruppen und Richtungen, sondern nur einen verhältnismäßig sehr kleinen Kreis von Personen mit nicht immer zuverlässigen Gehirnen. Die Partei hat unter ihren vielen Anhängern selbstverständlich genug Talente, die auch manche Stelle des politischen Apparates besetzt halten; das engere Führerkorps dagegen, dessen Ausbau Hitlers Lieblingsziel war, ist merkwürdig arm an Kräften, die über den agitatorischen Durchschnitt hinausgehen. Anders wäre die Parteidespotie Hitlers bis heute nicht zu halten gewesen. Darum beginnt die erste ernste Krise, die die NSDAP seit 1926[566] durchmacht, nicht als Scheidung der Geister, sondern als Scheidung der Methoden. Gregor Straßer hält es für einen lebensgefährlichen Fehler, dass der Parteiführer am jetzt offenbar gewordenen Wendepunkt der Partei-Entwicklung weder die ihm von Hindenburg angebotene volle Macht im Reiche noch die nach wie vor in Aussicht stehende Teilmacht in Preußen angenommen hat. Ärger über seine Ausschaltung durch Hitler mag hinzugekommen sein. In allen Streitigkeiten um Grundsätze und Weltanschauung hat sich Straßer bisher dem „Führer" immer wieder unterworfen. Zwar sein Start als nationalsozialistischer Politiker großen Stils hatte 1924 mit einer Fronde gegen Hitler begonnen; indessen stand damals hinter Straßer der stärkere Wille Ludendorffs, der den nationalsozialistischen Gauführer gegen den in Festungshaft sitzenden Parteichef ausspielte. Als man sich aber dann in der neugegründeten Nationalsozialistischen Partei etwa um die Stellungnahme zur Fürstenabfindung[567], um die Wahl zwischen östlicher oder westlicher Außenpolitik[568] und um die Frage der Sozialisierung stritt, gab Gregor Straßer immer wieder nach.

Sein dogmatisch festerer Bruder Otto zog die Konsequenzen und verließ 1930 die Partei; Gregor blieb und unterwarf

566 Hier irrt Heiden, weil er die Gefährlichkeit des SA-Putsches von Walther Stennes 1931 unterschätzt.

567 Gemeint: die von der KPD initiierte Volksabstimmung über eine entschädigungslose Enteignung der bis 1918 regierenden Fürstenhäuser Mitte der 20er-Jahre. Die populistische Kampagne schwächte erheblich den Willen des liberalkonservativen Bürgertums, die Weimarer Republik anzunehmen. Das Volksbegehren scheiterte deutlich. Gregor Straßer hatte sich ursprünglich für eine entschädigungslose Enteignung der Fürsten ausgesprochen, sich dann aber Hitlers entgegengesetzter Haltung untergeordnet.

568 Gemeint: Anlehnung entweder an den Westen oder an die Sowjetunion.

sich löblich. Sein Bruder hielt das für Schwäche, er selbst für Weltklugheit. Klugheit ohne Ziel bekommt freilich in der Politik immer leicht einen unedlen Zug. Da aber an Straßers persönlicher Redlichkeit nicht zu zweifeln ist, entstand um ihn eine ganze Legende von seinem heimlichen Zielbewusstsein. Er selbst tat das Seine durch Reden, in denen er gewissermaßen als Führer der sozialistischen Vorhut in seiner Partei auftrat. Sein Wort von der „antikapitalistischen Sehnsucht" wurde beinahe geflügelt. Aber über den sehnsüchtigen Klang hinaus vernahm man wenig Konkretes. Nun haben sich zwar die Sozialisten aller Richtungen seit jeher darüber gestritten, was eigentlich Sozialismus sei. Indessen ihre Definitionen litten meist an Überspitztheit, bei Straßer wie überhaupt seinen Parteigenossen dagegen an Vagheit.

Vielleicht formt das persönliche Schicksal, das er jetzt auf sich zu nehmen scheint, aus dem Rohstoff seiner zweifellos sozialen Gefühle eine echte politische Idee; vielleicht aber wird er auch ein stiller Privatmann – wie er in der Politik im Grunde der Typ des erregten Privatmanns gewesen ist, der die Sache „da oben" einmal eine Zeitlang selbst in die Hand genommen hatte. Gewiss kein unsympathischer Typ; als Charakter und Verstand den meisten seiner Parteigenossen überlegen. Seine politische Linie dagegen war bisher keineswegs so deutlich und entschieden, wie seine Bewunderer es wahr haben wollten. Besorgte Freunde, die ihn vorwärts zu stoßen gedachten, veröffentlichten Broschüren über ihn, man sprach zeitweise mehr von ihm als von Hitler, er bekam Rang in der großen Politik. Das vorzüglichste Verwaltungstalent der NSDAP erschien vielen als der wahre künftige Führer der Partei; man verglich seine Rolle mit der Stalins.

Und nun bricht sein Zwist mit Hitler über eine Frage aus, die im Grunde eine Frage der Taktik ist. Gewiss ist auch sie weltanschaulich eingekleidet. Der oberste Parteiführer und sein Berliner Statthalter Dr. Goebbels bekämpfen die Regierung Schleicher als ein Kabinett der „Reaktion"; für Straßer dagegen ist sie offenbar eine Regierung zum mindesten mit sozialistischen Möglichkeiten. Es ist hier nicht der Ort, das mutmaßliche Programm der Regierung Schleicher im voraus zu analysieren; jedenfalls musste das Interesse, das der neue Reichskanzler den Arbeiterorganisationen entgegenbrachte, für einen bekenntnistreuen Nationalsozialisten eine schroffe Ablehnung zunächst im Gewissen erschweren. Indessen braucht man es ihm auch nicht übelzunehmen, wenn er den viel beschrienen „Sozialismus" des Kanzlers nicht gewichtiger nähme, als die Außenwelt den Sozialismus der Nationalsozialisten nimmt. Wesentlicher dürfte für Straßer ein anderer Grund sein, den er in den letzten Wochen im vertrauten Kreise ausgesprochen hat.

Die NSDAP macht zur Zeit die von der üblichen politischen Spielregel abweichende merkwürdige Erfahrung, dass dauernde Opposition eine Partei ebenso schwächen kann wie dauerndes Regieren. Jeder Dauerzustand schadet eben; die Politik verlangt Abwechslung. Die Partei ist durch ihren fortgesetzten Kampf nicht mächtiger, sondern machtbedürftiger geworden. Sie ist eine Kampfpartei, die um Macht, nicht um demokratisch-parlamentarische Rechte kämpft. Die Fortsetzung der Opposition über einen bestimmten Zeitpunkt hinaus erscheint einem Teil ihrer Wähler nicht als Unrecht, das die herrschenden Gewalten der NSDAP zufügen, sondern als Niederlage, die die NSDAP sich zuzieht. Das Zutrauen erlischt, der Wähler wendet sich ab.

Nun könnte die Hitlerpartei getrost den Verlust von ein paar Millionen Wählern ertragen. Was sie aber nicht ertragen kann, ist ihre weitere Fernhaltung von der Staatskasse. Die Partei oder vielmehr das Gewimmel von Organisationen und Gesellschaften, aus denen sie besteht, ist über und über mit Schulden bedeckt. Es sind zum Teil Wechselschulden von kleinen Gläubigern, Lieferanten, Schneidern, Baugeschäften. Die Gläubiger hielten bisher still in der Hoffnung, nach einer Machtergreifung der Partei mit Zins und Zineszins zu ihrem Gelde zu kommen. Diese Hoffnung hat Hitler in seinen Verhandlungen mit Hindenburg zerschlagen; man kann sich vorstellen, dass die Gläubiger jetzt ängstlich und ungeduldig werden. Dass grade jetzt die SA-Männer mit ihren klappernden Sammelbüchsen die Straßen überschwemmen und etwa im Zentrum Berlins die Zahl der sonstigen Bettler bei weitem übertreffen, ist sicher kein Zufall. Ihr Spruch heißt: „Für die Winterhilfe der NSDAP!" Es hieße passender: „Winterhilfe für die NSDAP!"[569]

569 Tatsächlich war die NSDAP im Herbst 1932 praktisch zahlungsunfähig. Große Finanzreserven hatte die Partei trotz der hohen Einnahmen bei Auftritten von Rednern wie Hitler und Goebbels nie aufbauen können; das höchst aufwendige Leben der Parteiführung und das enorm teure „Braune Haus" in München waren nicht gegenfinanziert.

So ist die Partei in ihrem Wettlauf zur Macht in Zeit- und Geldnot geraten, und diese droht zur Existenznot zu werden. Hitler ist dieser Not gegenüber bei seiner bisherigen Starrheit, bei seinem „Alles oder nichts“ geblieben. Als kämpferische Haltung hatte diese Starrheit bisher zuweilen etwas Großartiges und für Millionen unendlich Anziehendes. Nun droht die Großartigkeit unvermerkt zur Narrheit zu werden, nicht weil Hitler und seine Partei, sondern weil die Verhältnisse sich geändert haben. In den vergangenen Jahren hat der Parteiführer gegenüber kompromisslustigen Gefährten mit seiner taktischen Unbedingtheit meist Recht behalten. Freilich hat er im Grunde bisher auch kaum jemals vor einer wirklichen Entscheidung gestanden wie heute; sollte er nicht diesmal doch fehlgreifen? In scheinbar bester Haltung sticht er immer noch mit dem Degen nach dem Ring, aber das Karussell hat sich inzwischen an dem Ring vorbeigedreht. Er sticht in die leere Luft, und die Gefährten springen ab. [...]

Auszüge aus einem Brief des Generalmajors a. D. Franz von Hörauf an den ehemaligen Kronprinzen Wilhelm von Preußen. Zit. n. Akten der Reichskanzlei, Kabinett von Schleicher, S. 154f.

[...] Den Bruch zwischen Hitler und Straßer halte ich für irreparabel. In seine frühere Stellung zurückkehren – selbst wenn Hitler daran dächte, alle getroffenen Maßnahmen wieder rückgängig zu machen, würde Straßer nur, wenn die von ihm gestellten Forderungen erfüllt würden, was von Hitler eine vollkommene Umstellung verlangen hieße, und daran ist wohl nicht zu denken. Andererseits wird Hitler wohl kaum die Sache bis zum Äußersten, d. h. bis zum Ausschluss Straßers, treiben. Daran dürfte auch weder von Straßers Standpunkt aus noch vom sachlichen ein Interesse bestehen. Denn ein aus der Partei ausgeschlossener Straßer ist sicher für die Zukunft ungünstiger wie ein in der Partei, wenn auch augenblicklich im Hintergrund stehender.

Hitler verkennt, soweit meine Kenntnis reicht, wieder einmal die Lage, diesmal die in seiner Partei, völlig. Er hält den Fall Straßer für abgeschlossen, sieht in dem Rücktritt Straßers sogar „eine Stärkung der Partei“, weil sie an Einheitlichkeit gewonnen habe, und fühlt sich persönlich dadurch, wie er sagte, „wie von einem Albdruck befreit“. Tatsächlich hat ihm aber die Sache ungeheuer geschadet und ist keineswegs schon abgeschlossen. Die Zahl der Menschen innerhalb der Partei, in deren Augen Straßer sozusagen der Repräsentant der Vernunft in der Parteileitung war, ist sehr groß. Die Treuekundgebungen der letzten Wochen dürfen nicht darüber hinwegtäuschen, dass auch in der Führerschaft Straßer eine große Anhängerschaft hat. Sie waren bestellte Arbeit, durch die sich niemand, außer Hitler selbst, etwas vormachen lässt. Nach meiner Vorstellung sieht sich die Lage vom Standpunkt der Regierung aus folgendermaßen an: Die Regierung muss ein Interesse an dem Weiterbestand der NSDAP haben, sowohl der zahlreichen in ihr vorhandenen wertvollen Kräfte wegen als auch weil sie tatsächlich verstanden hat, erhebliche Teile der Arbeiterschaft wieder ins nationale Lager zurückzuführen, die bei einem Zerfall der Partei zum Teil wohl wieder nach links abmarschieren würden. Aber nur an einer geschlossenen und vernünftig geführten Partei. Es kann ihr nicht mit einem Auseinanderfallen der Partei – hie Hitler, hie Straßer – gedient sein, ebenso wenig kann sie mit der sturen Ausschließlichkeit Hitlers etwas anfangen, in der er durch den Kreis Goebbels – Göring – Röhm festgehalten und bestärkt wird. Ich sehe keinen Weg, wie von innen, d. h. aus der Partei heraus, die vernünftige durch Straßer verkörperte Richtung zu maßgebendem Einfluss gebracht werden könnte. Straßer muss vorerst passiv bleiben; ein Kampf seinerseits um die Macht würde höchstens zu einem Zerschlagen der Partei, zu einem Auseinanderfallen in zwei Lager führen, wobei das Hitler-Lager sicher das stärkere bliebe, weniger vielleicht seines persönlichen Nimbus' wegen als weil er über den Parteiapparat verfügt, von dem viele mit ihrer Existenz abhängen. Ich könnte mir nur einen Weg denken, um die Kräfte in der NSDAP positiv nutzbar zu machen, über dessen Durchführbarkeit mir allerdings jedes Urteil fehlt: Ein sehr großer Teil der Parteimitglieder, besonders der jüngeren, hat das ewige Beiseitestehen, bloß Negieren und auf den Tag warten, der Hitler an die Macht bringt, bis zum Hals hinauf satt. [...]

67

AUSBLICK AUF DAS JAHR 1933

Auszüge aus dem Goebbels-Tagebuch v. 31. Dezember 1932, 1. Januar u. 2. Januar 1933. Zit. n. Fröhlich (Hrsg.): Die Tagebücher von Joseph Goebbels, Teil 1, Bd. 2/III, S. 94, S. 95f, S. 96

[...] Das erste Neujahr mit Hitler zusammen. 1933 wird voll von Krisen und Kämpfen sein. Und uns vielleicht den Sieg bringen. Das walte Gott! [...] Mit Hitler nach dem Essen zur Moritz. Alles wartet aufs neue Jahr. Das alte hatte es an sich. Weg damit! [...] Die zwölfte Stunde rückt an. Unten krachen die Böller. Ein Höllenlärm, wie eine große Schlacht. Wir brennen oben unsere Feuerwerke ab. Mitternacht. Zertrümmert das alte Jahr! Her mit dem neuen. Wir wollen kämpfen. Siegen oder sterben! Ich drücke Hitler fest die Hand: „Ich wünsche Ihnen die Macht!" [...] 1. Januar. In strahlendem Sonnenschein geht er auf. Herrlich klar liegen die Berge. Wenn es so anhält, das neue Jahr, klar und leuchtend, dann wird's schon gut werden. [...] Das neue Jahr! Sehr böse sieht es aus. Aber ich hoffe. [...]

Veränderte Fassung des Tagebuches von Joseph Goebbels in seinem Buch „Vom Kaiserhof zur Reichskanzlei". Zit. n. Goebbels: Vom Kaiserhof zur Reichskanzlei; Berlin 1934, S. 231-233

[...] Das Jahr geht zu Ende. Es hatte es in sich. Weg damit! [...] Die Glocken läuten. Zertrümmert das alte Jahr. Wir wollen kämpfen und siegen! Ich gebe dem Führer die Hand und sage ihm nur: „Ich wünsche Ihnen die Macht!" Dann sitzen wir alle noch lange zusammen und sprechen von der Zukunft. [...] Der frühe Morgen des ersten Tages im neuen Jahre steigt in einem strahlenden Sonnenschein auf. Groß und klar liegen die Berge: wenn so das ganze Jahr würde, hell und leuchtend! Aber es macht nicht den Anschein. [...] Wer wird im Jahr 1933 das Wort ergreifen? [...]

Auszug aus dem Leitartikel von Rudolf Kircher in der Frankfurter Zeitung *v. 1. Januar 1933*

[...] Der gewaltige nationalsozialistische Angriff auf den demokratischen Staat ist abgeschlagen und durch einen mächtigen Gegenangriff aus der Sphäre Papen/Schleicher beantwortet worden, der zwar manche Anforderungen an unsere Nerven stellte und manchen Schaden mit sich brachte, der aber in die Reihen der NSDAP große Verwirrung getragen hat. [...]

Auszug aus dem Leitartikel des Berliner Tageblatts *v. 1. Januar 1933*
[...] Überall, in der ganzen Welt, sprachen die Leute von ... wie hieß er doch schon mit Vornamen: Adalbert Hitler. Später? Verschollen! [...]

Auszüge aus dem Leitartikel von Julius Elbau in der Vossischen Zeitung *v. 1. Januar 1933*
[...] Mit dem Neujahrstage ist der von der Regierung verordnete Weihnachtsfrieden beendet. Man kann nicht sagen, dass die Aussicht auf neue innerpolitische Kämpfe große Begeisterung erweckt. Die Hyperpolitisierung des letzten Jahres, das die Nationalsozialisten um jeden Preis zum „Jahr der Entscheidung" machen wollten, war zu jäh, um echt zu sein. Was Feuer schien, war Fieber. Umso größer ist jetzt die Ermattung. Sie kann wohltätig wirken, wenn die Lehren der Dezember-Krise nicht missachtet werden. [...] Die Republik ist trotzdem gerettet worden. Nicht, weil sie verteidigt wurde, sondern weil die Angreifer sich wechselseitig erledigten. Es war ein Weg durch die Teufelsschlucht, auf den man nicht ohne nachträglichen Schauder zurückblicken kann. Grenzenlos ist die Enttäuschung der Gruppen, die nach der militärischen Eroberung der anderen Seite der Wilhelmstraße[570] am Ziel zu sein glaubten und nur noch um die Beute rauften. Das Ergebnis hat Gregor Straßer in die unumstößlichen Worte gekleidet: „Am 9. November 1918 wurde für immer eine Zeit abgeschlossen, die es nicht verstanden hatte, die gesamten Kräfte der Nation in eine gemeinsame Front zusammenzufassen, die daher nicht in der Lage war, den Krieg zu verhindern oder ihn zu gewinnen. Jeder Versuch, die Herrschaftsansprüche regierender Kreise von damals[571] in irgendeiner Form heute, nach dem Erleben

570 Gemeint: die Ernennung des Generals Kurt von Schleicher zum Reichskanzler am 4. Dezember 1932.

571 Gemeint: das „Kabinett der Barone" unter Reichskanzler Franz von Papen, im Amt Juni bis November 1932.

des Krieges, nochmals zu verwirklichen, ist unberechtigt, auf die Dauer erfolglos und führt zur restlosen Zerklüftung des Volkes." Ebenso begründet ist die Feststellung der Hugenberg-Claß-Duesterberg-Front[572], dass der Hitlerismus in „unaufhaltsamem Niedergang" sei, in „rapidem Abstieg", in einer „Totalkrise", die den Kopf, die Glieder, die Wählermassen erfasst habe. Die Genugtuung über die Katastrophe der Konkurrenz wird getrübt durch die Erkenntnis, dass die in Bewegung geratenen Massen überall eher landen werden als in den Reihen der Triarier der Hohenzollern.[573]

Wird Hitler, der im Siegesrausch Cäsar und Messias zugleich sein wollte, durch den Misserfolg ernüchtert, doch noch den Weg zu verantwortlicher Mitarbeit finden? Es ist natürlich ein schwerer Entschluss, den Purpurmantel auszuziehen und das Werk der Erziehung an sich selbst und an den Massen der Anhänger zu beginnen. Noch hält der *Völkische Beobachter* an der Baisse-Spekulation fest, dass „die immer grauenhafter werdende Not der zuverlässigste Bundesgenosse der nationalsozialistischen Bewegung sei". Gewiss: Seit der Septembernacht von 1930, dem ersten Wahlsieg Hitlers, liefen die apokalyptischen Reiter um die Wette mit den Stürmen der SA. Aber die Zeichen mehren sich, dass der verhängnisvolle Zirkel drohenden Umsturzes und gelähmter Unternehmungslust zerbricht. Die Mark wird draußen über Pari[574] bewertet. Das angstvoll in dunklen Kellern gehortete Kapital drängt wieder ans Licht. Die Gläubiger machen nicht mehr böse Miene zu dem Stillhaltespiel. Überall in der Welt setzt man wieder auf Deutschland. [...] Das hat Georg Straßer erkannt, und deshalb hat er den Versuch unternommen, Hitler aus den Wolken herunterzuholen. Es geht nicht nur um Veränderungen im Hofstaat und in der

572 Gemeint: der reaktionäre, aber Hitler-kritische Teil der deutschen Politik. Alfred Hugenberg (1865-1951) war Unternehmer, Chef des rechtslastigen Hugenberg-Konzerns und Vorsitzender der antidemokratischen DNVP. Er stemmte sich nach negativen Erfahrungen beim Volksbegehren gegen den Young-Plan 1929 und mit der Harzburger Front 1931 gegen jede Zusammenarbeit mit Hitler. Heinrich Claß (1868-1953) war der Vorsitzende des Alldeutschen Verbandes und während der Weimarer Republik ein einflussreicher reaktionärer Politiker; nach 1933 ohne Bedeutung. Theodor Duesterberg (1875- 1950) war einer der beiden Bundesführer des nationalistischen Veteranenverbandes Stahlhelm – Bund der Frontsoldaten. 1932 Kandidat der DNVP für die Reichspräsidentenwahl, stand Duesterberg einer Regierungsbeteiligung der NSDAP kritisch gegenüber. 1934 kurzzeitig verhaftet, später bedeutungslos.

573 Gemeint: Vorkämpfer der Restauration der Hohenzollern-Monarchie. Die Triarier waren die Elite der römischen Legionen.

574 Gemeint: Nennwert eines Wertpapiers. Die Formulierung meint, dass die Aussichten Deutschlands auf eine stabile Entwicklung zunähmen.

Parteirangliste, sondern um den Entschluss, vieles von unten anzufangen. Denn der ganze Apparat dieses Riesenkonzerns auf tönernen Füßen, vergleichbar dem Inflations-Imperium des Hugo Stinnes[575], hat nur Sinn als einsatzbereite Hausmacht eines Prätendenten, der die Gewalt mit Gewalt festzuhalten gedenkt. Für alles andere ist er unbrauchbar. Die Uniform, in der die Reichstagsfraktion Dienst tut, ist eine Selbstcharakteristik. Sogar diese Auslese der Partei kann nur durch Befehl zusammengehalten werden, jeder Versuch einer Aussprache wäre Kampf aller gegen alle. Für die Eingliederung in den Staat, für die ehrliche Aufbauarbeit müssten erst die Voraussetzungen geschaffen werden. Wird Hitler die entscheidende Probe des großen Verzichts und der weisen Selbstbescheidung bestehen? [...]

Auszüge aus dem Leitartikel von Hans Zehrer[576] *in der* Täglichen Rundschau *v. 1. Januar 1933*

[...] Wir stehen in Deutschland an folgendem Punkt der Entwicklung: zwischen den beiden Polen, dem Parlamentarismus auf der einen Seite, der Revolution auf der anderen, hat der autoritäre Staat das Feld behauptet. Der Parlamentarismus, gescheitert in den zehn Jahren nach dem Kriege, eingeschränkt durch Brüning, beiseitegeschoben durch Papen, ist heute dicht vor seinem Ende angelangt. Wahlen, Parteien und Parlamente sind zu einer Farce geworden. Das Parlament ist nicht mehr imstande, eine regierungsfähige Koalition herzustellen, die Parteien repräsentieren nicht mehr das Volk, und die Wahlen sind infolgedessen zu einem resultatlosen Spiel geworden. Das Volk gewöhnt sich an die Ausschaltung der Parlamente, es lächelt über die Parteien und es nimmt die Wahlen nicht mehr ernst. Andererseits ist dieses Volk aber von einer Revolution weiter denn je entfernt. Im achtzehnten Jahr[577] einer Krise, die alle Lebensgrundlagen erschüttert und umgewälzt

575 Hugo Stinnes (1870-1924), Unternehmer und Politiker. Im Ersten Weltkrieg baute er geschickt sein Firmennetz deutlich aus, abermals in der Nachkriegszeit und während der Inflation. Obwohl ein besonnener und politisch durchaus lernfähiger Mann, galt und gilt Stinnes als Musterbeispiel des Kriegsgewinnlers. Sein Konzern zerfiel nach seinem Tod rasch.

576 Hans Zehrer (1899-1966), Journalist. Frontsoldat und Freikorpskämpfer. Nach dem Studium Redakteur der *Vossischen Zeitung*, seit 1929 Herausgeber der Zeitschrift *Die Tat* und führender Kopf jungkonservativer, Hitler-kritischer Intellektuellenkreise in Berlin. 1933 entlassen, zog er sich in die innere Emigration zurück. Später arbeitete Zehrer als Geschäftsführer eines Oldenburger Verlages. 1945/46 Gründungschefredakteur der britischen Zeitung *Die Welt*, aber schon vor ihrem ersten Erscheinen abgesetzt. Seit 1953 erneut und bis zu seinem Tod Chefredakteur der *Welt*, die nun im Verlag Axel Springer erschien.

577 Gemeint: die Zeit seit Kriegsbeginn 1914.

hat, enttäuscht von allen Führern, die nur Versprechungen aber keine Taten geben konnten, müde, skeptisch und in dumpfer Ratlosigkeit, sackt dieses Volk heute ab. Unfähig, zu glauben, unfähig aber auch, sich aus seinem Zweifel heraus revolutionär zur Wehr zu setzen. Zu einer Revolution fehlen die einfachsten Voraussetzungen: die geschlossene, führende Minderheit, eine einheitliche Stimmung in den Massen, die Ziele und die Gegner und Gegenspieler. Diese beiden Entscheidungen sind bisher in Deutschland gefallen: der Parlamentarismus ist in eine Sackgasse geraten, aus der er vorläufig nicht mehr herausfinden kann, und für eine Revolution sind keine Voraussetzungen gegeben. Aus diesen beiden Entscheidungen hat sich die dritte zwangsläufig ergeben: der autoritäre Staat ist an die Herrschaft geschoben worden und er hat sie schließlich angetreten, als nichts anderes mehr da war. Damit ist die Umwälzung im Staatlichen nicht etwa beendet; sie wird noch manche Dinge nach sich ziehen. Die Grundentscheidung aber ist bereits gefallen, der Boden ist abgesteckt, auf dem in Deutschland in Zukunft regiert wird. Es wird autoritär regiert werden! [...]

Auszug aus dem Leitartikel von Carl von Ossietzky[578] *in der* Weltbühne *v. 3. Januar 1933*

[...] Die Krise der Nazis ist vor allem eine finanzielle. Die theoretisch interessierte Schicht in der Partei war immer herzlich dünn. Die Intellektuellen sind schon mit Otto Straßer und Buchrucker[579] geschieden oder sammeln sich im „Tat"-Kreis und in unzähligen Konventikeln. Das Gros der Parteimitglieder besteht aus den Dümmsten der Dummen, die Cadres der Braunjacken werden durch Barzahlung zusammengehalten und nicht durch eine Gesinnung. Die Zentrale hat aus dem Vollen[580] gewirtschaftet, sie hat von der Aussicht gelebt, in absehbarer Zeit den Staat mit ihren Heuschreckenschwärmen zu überziehen, und sie hat sich darin getäuscht. Ihre alten Brotgeber von der Industrie sind entweder pleite oder durch

578 Carl von Ossietzky (1889-1938), Journalist. Seit 1927 Herausgeber der *Weltbühne*, 1932 in Haft. 1933 erneut verhaftet und im KZ gefoltert, starb an den Folgen der Misshandlungen.

579 Bruno Ernst Buchrucker (1878-1966), Berufsoffizier und Teilnehmer an mehreren Putschen gegen die Weimarer Republik. Seit 1926 Mitglied der NSDAP, Mitglied des Kreises um Otto Straßer. 1930 Austritt, fortan Gegner Hitlers. 1933/34 mehrfach verhaftet, aber 1939 kurzzeitig reaktiviert für die Wehrmacht.

580 Gemeint: die Parteizentrale „Braunes Haus" in München und Hitlers Quartier im Kaiserhof, Berlins teuerstem Hotel.

einige sozialradikale Zwischenspiele enttäuscht. Mitten in einer bettelarm werdenden Zeit war Propaganda der Partei und Lebensstil der Führerschaft auf eine Opulenz gestellt, die zwar die sozialistischen Arbeiter nicht blendete – wohl aber jenes verrottende Kleinbürgertum, das jeden Propheten zu steinigen bereit ist, der sich nicht einen Mercedeswagen und ein Quartier im Kaiserhof leisten kann. Dieser Parvenü-Stil ist bedroht; SA-Leute ohne Sold in ungeheizten Mannschaftsstuben wittern hinter der Hitler-Messiade den Schwindel und greinen. Es ist nicht ausgeschlossen, dass Adolphus und die Seinen mit zunehmender Misere spiritueller werden, aber die Hungrigen und Beutelustigen, die auf sie geschworen haben, werden mit geistigen Reizen kaum zu betören sein. Der Konflikt zwischen Hitler und Gregor Straßer hat die inneren Schwierigkeiten der Partei evident gemacht. Wir wollen nicht Prognosen über den möglichen Verlauf des Streites wagen; bei dem unerforschlichen Ehrenkodex dieser wahrhaft Deutschen ist sogar eine Versöhnung nach reichlichem Dreckbombardement nicht ausgeschlossen. Der baumstarke Gregor ist ohne Zweifel kein halbseidener Jammerlappen wie der große Adolf, aber was er will, was er als Persönlichkeit, losgelöst von seiner Garde bedeutet, das hat noch niemand ergründet. […]

68

PUTSCH IN LETZTER MINUTE?

Auszug aus dem Tagebuch von Reichsfinanzminister Lutz Graf Schwerin v. Krosigk[581] *v. 5. Februar 1933. Zit. nach Akten der Reichskanzlei, Kabinett von Schleicher, S. 320-322*

[…] Am Sonntag, den 29. Januar, rief mich Papen an und teilte mir mit, dass die Verhandlungen über die „große" Lösung[582] wohl zu einem Erfolg führen würden. Das wurde mir nach-

581 Lutz Graf Schwerin von Krosigk (1887-1977), Jurist, Reserveoffizier und Ministerialbeamter. Bis 1932 Leiter der Etatabteilung, dann Reichsfinanzminister. Blieb bis 1945 im Amt und bildete im Mai 1945 die letzte, bedeutungslose Reichsregierung. Zu zehn Jahren Haft verurteilt, 1951 entlassen. Er schrieb Memoiren, blieb aber ansonsten einflusslos. .

582 Gemeint: ein Kabinett um Reichskanzler Hitler und Vizekanzler von Papen.

mittags durch Zarden[583] bestätigt, der auf dem Reitturnier den Staatssekretär Meissner getroffen und von ihm die mir von Papen genannte Liste[584] als so gut wie sicher erfahren hatte. Zum Abendbrot war Kurt Plettenberg[585] bei mir, der mir erzählte, dass Schleicher und Hammerstein[586] weiter der Ansicht seien, dass der alte Herr[587] geistig nicht mehr im Vollbesitz seiner Kräfte sei, und dass sie daher eine möglichst baldige Präsidentenkrise für nötig hielten.[588] Als Hammerstein sich beim Präsidenten für Schleicher eingesetzt hätte, habe er gar nicht über die politische Lage gesprochen, sondern den Chef nur wegen seiner Manöverleitung getadelt und ihm geraten, die vor 40 Jahren erschienenen Manöveranweisungen von Waldersee genau zu studieren. Kurt teilte meine Ansicht, dass das Kabinett Hitler bei der gegebenen Sachlage die einzige Möglichkeit sei.

Am Sonntagabend[589] rief Zarden mich an, er habe von mehreren Seiten erfahren, dass die Verhandlungen mit Hitler völlig gescheitert seien. Das Gleiche berichtete mir Bracht[590], der am Abend ein stundenlanges Gespräch mit Hugenberg gehabt hatte; dieser habe vergeblich versucht, ihn für die „kleine" Lösung Papen-Hugenberg zu gewinnen. Am Montagmorgen rief ich Planck an, der mir bestätigte, dass nach seinen Nachrichten Hitler abgelehnt habe und wahrscheinlich bereits nach München abgereist sei; Papen sei zu 11 Uhr zum Reichspräsidenten bestellt und werde sicher dann zum Reichskanzler ernannt werden. Als ich kurz darauf vom Büro des Reichspräsidenten

583 Arthur Zarden (1885-1944), Jurist und Ministerialbeamter. Nach einer Karriere im Reichsfinanzministerium 1932/33 Staatssekretär. Nationalliberal eingestellt, aber als gläubiger Jude strikter Gegner der NSDAP. Trotzdem blieb Zarden im Februar und März 1933 noch im Amt, bis Hitler ihn aus seiner Funktion drängen ließ. Zarden engagierte sich im Widerstand, wurde 1944 verhaftet und nahm durch einen Sprung aus dem Fenster das Leben.

584 Gemeint: die Ministerliste, die Franz von Papen ausgearbeitet hatte und die außer Hitler nur zwei NSDAP-Politiker vorsah, Wilhelm Frick und Hermann Göring.

585 Kurt von Plettenberg (1891-1945), Forstbeamter und Offizier. Plettenberg gehörte im Zweiten Weltkrieg zum inneren Kreis der Verschwörung des 20. Juli 1944 und nahm sich nach seiner Verhaftung das Leben.

586 Kurt von Hammerstein-Equord, Berufsoffizier und seit 1930 als Chef der Heeresleitung oberster Soldat der Reichswehr. Hammerstein war bekennender Hitler-Gegner und versuchte 1932/33, seine Ernennung zum Reichskanzler zu hintertreiben. Ende 1933 trat er von seinem Posten zurück, wurde aber 1939 reaktiviert und plante, Hitler bei einem Besuch in seinem Frontabschnitt zu töten. Der Besuch fand jedoch nicht statt. Hammerstein ging endgültig in den Ruhestand und starb an Krebs.

587 Gemeint: Reichspräsident Paul von Hindenburg.

588 Äußerungen wie diese waren der wahre Kern in den Gerüchten um eine bevorstehenden Putsch von Schleicher und Hammerstein. Erst diese Gerüchte brachten Hindenburg dazu, seinen Widerstand gegen einen Reichskanzler Hitler aufzugeben.

589 Gemeint: 29. Januar 1933.

590 Gemeint: Franz Bracht.

die Aufforderung erhielt, um 11.30 Uhr zum alten Herrn zu kommen, hatte ich die große Besorgnis, ich sollte nun von dem alten Herrn unter schwersten moralischen Druck gestellt werden, doch in ein Kabinett Papen einzutreten. Ich setzte mich mit Neurath[591] in Verbindung, der ebenfalls zum Reichspräsidenten bestellt war und wir vereinbarten, für die „kleine" Lösung[592] nicht zu haben zu sein. Als ich Papen anrief, antwortete er sehr kurz, das wüsste er, ich sollte mich aber durch Gerüchte nicht beeinflussen lassen, das Kabinett Hitler sei ganz sicher. Die Sache wurde immer rätselhafter. [...]

Auszug aus dem Tagebuch von Hans Schäffer[593] v. 29. Januar 1933. Zit. nach Akten der Reichskanzlei, Kabinett von Schleicher, S. 321, Anm. 4

[...] Am 29. Januar (Sonntagnachmittag) läutet mich Planck an und sagt mir, auch im Namen Schleichers, wir brauchen gar keine Bedenken haben. Die Reichswehr werde Hitler als Kanzler nicht anerkennen. Wenn Hitler Gewalt anwenden wollte, so sei auf das Reiterregiment in Potsdam, das in Bereitschaft liege, voller Verlass. [...]

Auszug aus den Erinnerungen des Reichskanzlers a. D. Heinrich Brüning. Zit. nach Heinrich Brüning: Memoiren 1918–1934. Stuttgart 1970, S. 646

[...] Schleicher erklärte, wohl in Erregung, er werde die Potsdamer Garnison in Bewegung setzen, um Oskar Hindenburg, Papen und Hugenberg zu verhaften. Er wolle nicht, dass die Reichswehr nach mühsamster Arbeit politisch verbraucht würde. General[594] von Bredow schwätzte diese Äußerungen Schleichers aus; sie kamen in entstellter Form zu Ohren des Reichspräsidenten. Dieser verlor, wie zu erwarten war, die Fassung und willigte ein, dass man mit Hitler verhandele und seine Bedingungen annehme. [...]

591 Konstantin von Neurath (1873-1956), Jurist und Berufsdiplomat. Seit 1929 Kandidat auf den Posten des Reichsaußenminister, jedoch erst im Juli 1932 in dieses Amt berufen. Er blieb bis 1938 in diesem Amt und trug Hitlers aggressive Außenpolitik mit. Mit verschiedenen Posten abgefunden, war Neurath praktisch bedeutungslos. 1945 festgenommen und im Nürnberger Hauptkriegsverbrecherprozess zu 15 Jahren Haft verurteilt, 1954 entlassen.

592 Gemeint: ein neues Kabinett unter Franz von Papen ohne Beteiligung der NSDAP.

593 Hans Schäffer (1886-1967), Jurist und Ministerialbeamter. 1929-1932 Staatssekretär im Reichsfinanzministerium, 1932/33 Generaldirektor des Ullstein-Verlages. Schäffer emigrierte 1933 nach Schweden, wo er bis zu seinem Tode wohnte.

594 Richtig: Oberst.

Auszug aus dem Goebbels-Tagebuch v. 30. Januar 1933. Zit. n. Fröhlich (Hrsg.): Die Tagebücher von Joseph Goebbels, Teil 1, Bd. 2/III, S. 119

[...] Kaiserhof: Göring teilt mit, dass alles perfekt: Hitler Kanzler, Papen Vize, Frick Reichsinnen-, Göring preußischer Innenminister. Hugenberg Krisen[595] etc. Ich verzichte noch, um Wahlkampf zu führen. Reichstag soll aufgelöst werden. Das letzte Mal. Das werden wir fingern. Hitler heute beim Alten. Man wagt noch nicht, es zu glauben. Ist Papen ehrlich? Wer weiß? Ich schleunigst heim. Hitler ruft mich gleich zurück: Im Beisein von Frick feierlich erklärt, dass mir mein Ministerium sicher, jetzt nur ein Strohmann als Platzhalter. Das genügt mir. Also an die Wahl! Wollen zum Reitturnier[596]. Hitler im letzten Augenblick abgesagt. Gut so. Denn Alvensleben kommt mit tollen Mären: Hindenburg werde heute ein Papen-Minderheit-Kabinett einsetzen. Reichswehr lasse sich das nicht gefallen. Hindenburg blind und untauglich. Sein Sohn sollte schon morgens verhaftet werden. Diese Nacht noch Telegramme an die Generäle. Hindenburg nach Neudeck[597] verfrachtet. Heute um 10.45 Uhr passiert etwas. Also Staatsstreich. Drohung, Ernst, Kinderei? Ich orientiere gleich Hitler und Göring, die im Nebenzimmer warten. Göring gleich Meissner und Papen verständigt. Der die Generäle. Schade, Göring macht die Sache ohne Phantasie, bringt Papen nicht heran, sonst hätten wir uns hier den Absprung verschafft. Wir überlegen lange. Hitler in ganz großer Fahrt. [...]

Veränderte Fassung des Tagebuches von Joseph Goebbels in seinem Buch „Vom Kaiserhof zur Reichskanzlei". Zit. n. Goebbels: Vom Kaiserhof zur Reichskanzlei; Berlin 1934, S. 250f.

[...] Nachmittags, als wir mit dem Führer beim Kaffee sitzen, kommt Göring plötzlich herein und teilt mit, dass alles perfekt sei. Am morgigen Tage werde der Führer mit der Kanzlerschaft betraut. Eine unserer Hauptbedingungen ist, dass der Reichstag aufgelöst wird; denn mit seiner jetzigen Zusammensetzung

595 Hugenberg wurde Wirtschafts- und Landwirtschaftsminister. Der Begriff „Krisenminister" traf aber durchaus die Situation.

596 Am 29. Januar 1933 fand in den Messe- und Ausstellungshallen am Funkturm ein bekanntes Reitturnier statt, ein gesellschaftlicher Höhepunkt in Berlin.

597 Landgut des greisen Reichspräsidenten in Ostpreußen, das ihm 1928 von der deutschen Industrie geschenkt wurde. In seiner Amtszeit zeitweise monatelang Aufenthaltsort des Staatsoberhauptes.

kann der Führer nicht arbeiten. Die Deutschnationalen sträuben sich dagegen mit Händen und Füßen. Ihre Motive sind allzu durchsichtig. Das ist gewiss Görings schönste Stunde. Und mit Recht. Er hat in monate-, ja man kann wohl sagen, jahrelangen, aufreibenden Verhandlungen für den Führer den Boden diplomatisch und geschickt vorbereitet. Seine Umsicht, seine Nervenkraft, vor allem aber seine Charakterfestigkeit und Treue zum Führer waren dabei echt, stark und bewundernswert. Seine Züge haben sich versteinert, als ihm mitten im schwersten Kampfe die geliebte Frau durch den grausamen Tod von der Seite gerissen wurde. Aber er hat nicht einen Augenblick gewankt. Ernst und fest ist er seinen Weg weitergegangen, dem Führer ein unerschütterlich ergebener Schildknappe.

Wie oft haben wir in den vergangenen Jahren zusammengesessen und uns aneinander aufgerichtet![598] Wie oft haben wir uns gemeinsam erhoben und gestärkt in der Liebe zum Führer und in der unermüdlichen Arbeit für die gemeinsame Sache! So verschieden auch manchmal unsere Wirkungskreise waren, in Achtung und Respekt vor Persönlichkeit und Leistung des anderen sind wir treue Kameraden geworden, die keine Not und keine Krise jemals trennen konnte. Dieser aufrechte Soldat mit dem Kinderherzen ist sich selber treugeblieben; und nun steht er vor seinem Führer und bringt ihm die glücklichste Botschaft seines Lebens. Wir sagen lange Zeit nichts; und dann erheben wir uns und reichen einander die Hände. Ein wortloser Schwur dem Führer: wie bisher, so soll es bleiben! Die Welt wird in uns und an uns ein leuchtendes Beispiel der Treue zum Führer und der edelsten Kameradschaft, die Männer verbinden kann, erleben. Das soll ein Wort sein! In einer Unterredung mit dem Führer wird festgelegt, dass ich bis zur Beendigung des Wahlkampfes frei vom Amt bleibe, um unbehindert die Agitation durchführen zu können. Ich habe also alle Gelegenheit, eine letzte, große Probe zu liefern. Wir sitzen zu Hause am Reichskanzlerplatz und sind eben im Begriff, zum Reit- und Fahrtturnier in die Ausstellungshallen zu fahren, da kommt die Meldung, dass von der Gegenseite ein letzter, gefährlicher Streich geplant sei. Nun heißt es aber, Ner-

598 In Wirklichkeit hassten Göring und Goebbels einander.

ven zu bewahren. Man weiß nicht, ob das Drohung oder Ernst oder Kinderei ist. Ich orientiere gleich den Führer und Göring, die im Nebenzimmer warten. Göring verständigt gleich Herrn von Papen. Nichts wird unterlassen, um den morgigen Tag sicherzustellen Wir sitzen bis fünf Uhr nachts, sind bereit und überlegen. Der Führer geht wieder mit langen Schritten durchs Zimmer auf und ab. [...]

Auszug aus dem Kommentar der Berliner Morgenpost *v. 2. Februar 1933*
[...] Die Putschgerüchte sind Unsinn. Aber sie wurden fabriziert. Man weiß nur nicht, von wem. Offenbar doch von den Kreisen, die Herrn von Schleicher seit Monaten bekämpft haben, weil er von den Plänen Papens und Hugenbergs nichts wissen wollte. [...]

Rückblickende Stellungnahme von Kurt von Hammerstein-Equord v. 28. Januar 1935. Zit. n. Bracher: Die Auflösung der Weimarer Republik, S. 733f.
[...] Wir waren uns beide[599] klar, dass nur Hitler als zukünftiger Reichskanzler möglich sei. Jede andere Wahl müsse zum Generalstreik, wenn nicht zum Bürgerkrieg führen und damit zu einem äußerst unerwünschten Einsatz der Armee im Inneren gegen zwei Seiten, gegen die Nationalsozialisten und die Linke. Wir prüften beide, ob wir noch Mittel wussten, um einzig und allein die Lage im Hinblick auf die Vermeidung dieses Unglücks zu beeinflussen. Das Resultat unserer Überlegungen war negativ. Wir sahen keine Möglichkeiten, noch irgendeinen Einfluss auf den Reichspräsidenten auszuüben. Schließlich entschloss ich mich im Einvernehmen mit Schleicher, eine Aussprache mit Hitler zu suchen. Diese hat am Sonntag zwischen 15 und 16 Uhr im Bechstein'schen Haus[600] stattgefunden. Ich habe in ihr Herrn Hitler meine Sorgen erklärt und ihn gefragt, ob er glaube, dass vom Reichspräsidenten-Palais her mit ihm über die Regierungsübernahme ernsthaft oder nur zum Schein verhandelt würde. Wenn letzteres der Fall sei, so wollte ich, um schweres Unglück für das Vaterland zu verhin-

599 Gemeint: Hammerstein und Schleicher.

600 Gemeint: das haus der Klavierfabrikanten Bechstein in der Johannisstraße 6 in Mitte. Hitler war hier seit 1920 oft zu Gast gewesen. Es galt als neutraler Grund, anders als etwa der Kaiserhof oder das Reichswehrministerium.

dern, noch einmal versuchen, die Dinge zu beeinflussen. Hitler konnte zu dieser Zeit (29. Januar 1933 um 16 Uhr) noch nicht sagen, ob ernsthaft mit ihm verhandelt würde. Er versprach mir eine Mitteilung, sobald er klar sähe. [...]

Auszug aus den Erinnerungen von André François-Poncet, Botschafter Frankreichs in Berlin. Zit. n. François-Poncet: Als Botschafter in Berlin 1931–1938, S. 80

[...] Man erzählt, die Potsdamer Garnison marschiere, von Schleicher und den Generälen alarmiert, auf die Hauptstadt los, und rasches Handeln tue Not, wenn man einen Staatsstreich verhüten wolle. Wahrscheinlich ist an dieser Geschichte nichts Wahres, sie ist dazu bestimmt, die letzten Bedenken Hindenburgs zu zerstreuen. [...]

69

HITLERS ERNENNUNG ZUM REICHSKANZLER

Auszug aus dem Tagebuch von Reichsfinanzminister Lutz Graf Schwerin v. Krosigk v. 5. Februar 1933. Zit. nach Akten der Reichskanzlei, Kabinett von Schleicher, S. 320-323

[...] Als ich um 11.30 Uhr[601] in der alten Reichskanzlei[602] eintraf, die der Reichspräsident während des Umbaus seines Palais bewohnte, konnte mich der Diener in keinem Zimmer unterbringen: „Alle Löcher seien schon besetzt." Er brachte mich zum Schluss zum Ministerialrat Doehle, wo sich unmittelbar danach auch Neurath hinzugesellte.[603] Doehle erzählte uns von den Gerüchten, die in der Nacht umgelaufen seien. Um zwei Uhr sei Meissner aufgeweckt worden durch die Nachricht, Schleicher wolle ihn, den Reichspräsidenten und den

601 Gemeint: am 30. Januar 1933.

602 Gemeint: das Palais Wilhelmstraße 77, in dem 1932/33 Hindenburg amtierte. Als „neue Reichskanzlei" galt in dieser Zeit der Erweiterungsbau Wilhelmstraße 78.

603 Heinrich Doehle (1883-1963), Jurist und Ministerialbeamter. 1919 bis 1945 Mitarbeiter in der Präsidialkanzlei, ebenso wie sein Vorgesetzter Otto Meissner. Ab 1934 hatte Doehle kaum Einfluss mehr. Nach 1945 bedeutungslos.

Sohn Hindenburgs verhaften lassen. Tatsächlich habe Schleicher am Morgen in einem Telefongespräch mit Meissner den Vorwurf des Verfassungsbruches[604] erhoben, weil der Reichspräsident unter Umgehung des Reichswehrministers den General von Blomberg[605] aus Genf nach Berlin geholt habe. Ich dachte an die Erzählungen Kurt Plettenbergs vom Tage vorher und konnte mich eines leisen Grauens nicht erwehren. Im Nebenzimmer saßen bei Meissner Hitler, Papen und Hugenberg und handelten die letzten Bedingungen aus. Kurz nach zwölf Uhr wurden wir zum Reichspräsidenten bestellt. Ich fand im Zimmer das ganze künftige Kabinett versammelt; Hitler, den ich zum ersten Mal sah, Frick, Göring, Papen, Seldte[606], Hugenberg, Blomberg, Neurath; Eltz[607] war krank, der Posten des Justizministers noch offen. Der alte Herr begrüßte uns in einer kurzen Ansprache, in der er seiner Genugtuung über die endlich-erzielte Einigung der Nationalen Rechten Ausdruck gab. Papen verlas die Ministerliste. Bevor der Reichspräsident die Vereidigung vornahm, ging ich zu Papen und sagte, ich hätte meine Mitarbeit davon abhängig gemacht, dass mir eine sachliche Möglichkeit für ein ersprießliches Wirken gegeben zu sein scheine. Ich wüsste nun bei diesem Eiltempo nichts von dem sachlichen Programm des Kabinetts. Papen führte mich sofort zu Hitler, dem ich meine Frage wiederholte und als Voraussetzungen nannte: Sicherung des Etats, keine Währungsexperimente, Erhaltung der Steuergutscheine; zu letzte-

604 Laut Reichsverfassung Artikel 53 ernannte und entließ der Reichspräsident auf Vorschlag des Reichskanzlers die Reichsminister. Da Hindenburg jedoch Werner von Blomberg auf eigene Initiative aus Genf nach Berlin berief und zum Reichswehrminister kürte, obwohl Kurt von Schleicher als Reichskanzler und Reichswehrminister formal noch im Amt war, verstieß das Staatsoberhaupt in einer entscheidenden Situation klar gegen die Verfassung. Hitler akzeptierte diesen schweren Formfehler, weil Hindenburg Blombergs Berufung zur Bedingung für die Ernennung des NSDAP-Chefs zum Reichskanzler gemacht hatte. Einen vergleichbaren Verstoß gegen eine Verfassungsnorm hat es vorher und nachher bei keiner Regierungsbildung der deutschen Geschichte gegeben.

605 Werner von Blomberg (1878-1946), Berufsoffizier. 1932 Leiter der deutschen Delegation bei der Genfer Abrüstungskonferenz, die er ablehnte. Blomberg galt als stramm konservativer Gegner seines Vorgesetzten Hammerstein-Equord. 1933 Reichswehrminister, 1935 Reichskriegsminister, 1936 erster Generalfeldmarschall unter Hitler, 1938 wegen unstandesgemäßer Heirat abgesetzt. Danach ohne Funktion.

606 Franz Seldte (1882-1947), Chemiker und Frontoffizier, verlor 1916 den linken Arm. Mitbegründer und einer der Bundesführer der Veteranenorganisation Stahlhelm. Befürworter einer Zusammenarbeit mit Hitler und der NSDAP. 1933 Reichsarbeitsminister. Nachdem Seldte 1935 um die Entbindungen von allen Ämtern gebeten hatte, die Hitler ablehnte, einflusslos. Seldte starb in US-Haft.

607 Paul von Eltz-Rübenach (1875-1943), Ingenieur und Reichsbahnbeamter. Seit 1932 als parteiloser Fachmann Verkehrs- und Postminister. 1937 nach Auseinandersetzungen mit Hitler entlassen, später von der Gestapo überwacht.

rem Punkte sagte Hitler im Grundgedanken ja, in der Form vielleicht etwas anders. Da begann bereits die Vereidigung. Nach Abschluss dankte Hitler in einer kurzen Ansprache, in der er den Reichspräsidenten um Vertrauen für sich und das Kabinett bat.

Unmittelbar nach der Rückkehr rief Werner Alvensleben[608] an und sagte, es kursierten wilde Gerüchte über die Bildung eines Kabinetts Hitler-Hugenberg-Papen-Seldte, in das auch Neurath und ich einzutreten gewillt seien; ob ich das für möglich hielte. Ich konnte ihm nur sagen, dass ich es nicht nur für möglich hielte, sondern dass die Sache bereits vollzogen sei. In den folgenden Tagen gingen, teilweise auch in der Presse, die verschiedensten Lesarten über den „Generalsputsch" in der Nacht vom Sonntag zum Montag. Werner wurde am Dienstag verhaftet und einem stundenlangen Verhör unterzogen, in dem er geschickt und ordentlich die Generäle völlig deckte, den Gedanken einer Verhaftung von Papen und Hugenberg für den Fall der „kleinen" Lösung als eigenstes Erzeugnis hinstellte und in Anspruch nahm, hierdurch die „große" Lösung ermöglicht zu haben. Es wird sehr schwer sein, festzustellen, wie sich die Dinge wirklich zugetragen haben. Festzustehen scheint, dass tatsächlich eine drohende Gefahr – wirklicher oder vermeintlicher Art – die verhandelnden Parteien zusammengebracht hat. Um 13.30 Uhr am Montag letzte Sitzung des Kabinetts Schleicher. Ganz kurze Ansprache Schleichers; man merkte ihm seine tiefe Erschütterung nicht an. Aber diese Erfahrung ist ihm ans Leben gegangen, und es ist ihm wohl nur ein kleiner Trost gewesen, dass einer der ersten, die ihn angerufen haben, um ihm ihr Bedauern auszusprechen und über vergangenen Streit sich die Hand zu reichen, der seinerzeit von ihm ebenso überraschend gestürzte Dr. Brüning gewesen ist.

Auszug aus dem Goebbels-Tagebuch v. 31. Januar 1933. Zit. n. Fröhlich (Hrsg.): Die Tagebücher von Joseph Goebbels, Teil 1, Bd. 2/III, S. 120

[...] Es ist so weit. Wir sitzen in der Wilhelmstraße. Hitler ist Reichskanzler. Wie ein Märchen! Gestern Mittag Kaiserhof:

608 Werner von Alvensleben (1875-1947), Jurist und Offizier. In den späten 20er- und frühen 30er-Jahren umtriebiger Verbindungsmann und Intrigant, der versuchte, eine stabiles konservative Regierung zustande zu bringen. 1933 bis 1945 mehrfach festgenommen, vom Volksgerichtshof zu zwei Jahren Haft verurteilt. Nach seiner Befreiung bedeutungslos.

wir warten alle. Endlich kommt er. Ergebnis: Er Reichskanzler, Frick Reichs-, Göring preußischer Innenminister. Der Alte hat nachgegeben. Er war zum Schluss ganz gerührt. So ist's recht. Jetzt müssen wir ihn ganz gewinnen. Uns allen stehen die Tränen in den Augen. Wir drücken Hitler die Hand. Er hat's verdient. Großer Jubel. Unten randaliert das Volk. Gleich an die Arbeit. Reichstag wird aufgelöst. In vier Wochen Neuwahl. Ich bis dahin frei vom Amt. Zum Büro. Alles feierlich. Magda angerufen. Sie springt bald an die Decke. Vor Redaktion und Kreisleitern gesprochen. Wie in einer Kirche. Die erste Etappe! Weiter kämpfen. Hugenberg Krisen[609], Papen Vizekanzler. Seldte Arbeitsminister. Das sind Schönheitsfehler. Müssen ausradiert werden. Zum Kaiserhof. Hitler verhandelt mit neuem Wehrminister v. Blomberg. Er ist sehr zufrieden mit ihm. Hitler fantastisch. Ganz groß. So wünsche ich ihn mir. Zu mir sehr gütig. Er geht zur ersten Kabinettssitzung. [...]

Veränderte Fassung des Tagebuches von Joseph Goebbels in seinem Buch „Vom Kaiserhof zur Reichskanzlei". Zit. n. Goebbels: Vom Kaiserhof zur Reichskanzlei; Berlin 1934, S. 251f.

[...] Es ist fast wie ein Traum. Die Wilhelmstraße gehört uns. Der Führer arbeitet bereits in der Reichskanzlei. [...] Mittags saßen wir alle im Kaiserhof und warteten. Der Führer war beim Reichspräsidenten. Eine unbeschreibliche Spannung nahm uns fast den Atem. Draußen standen die Menschen zwischen Kaiserhof und Reichskanzlei und schwiegen und harrten. Wie wird es drinnen? Unsere Herzen werden hin und her gerissen zwischen Zweifel, Hoffnung, Glück und Mutlosigkeit. Wir sind zu oft enttäuscht worden, um uneingeschränkt an das große Wunder glauben zu können. Stabschef Röhm steht ewig und ununterbrochen am Fenster und beobachtet den Ausgang zur Reichskanzlei. Hier muss der Führer herauskommen. Man wird es seinem Gesicht ansehen können, ob es gelungen ist. Peinigende Stunde des Wartens. Endlich biegt ein Wagen um die Ecke des Eingangs. Die Massen[610] rufen und grüßen. Sie scheinen zu ahnen, dass die große Wendung bevorsteht oder gar schon eingetreten ist. Der Führer kommt! Einige Minuten

609 Gemeint wohl: Krisenminister. Hugenberg war als Wirtschafts- und Landwirtschaftsminister vermeintlich der starke Mann des Kabinetts, de facto aber einflusslos.

610 Vor der Einfahrt des Reichskanzler-Palais warteten einige hundert NSDAP-Anhänger auf Neuigkeiten, jedoch weder tausende noch „Massen".

später ist er bei uns im Zimmer. Er sagt nichts, und wir alle sagen auch nichts. Aber seine Augen stehen voll. Wasser. Es ist soweit! Der Führer ist zum Kanzler berufen. Er hat bereits in die Hand des Reichspräsidenten seinen Eid abgelegt. Die große Entscheidung ist gefallen. Deutschland steht vor seiner historischen Wende. Wir alle sind stumm vor Ergriffenheit. Jeder drückt dem Führer die Hand, und es ist, als würde unser alter Treuebund hier aufs Neue beschlossen. Wunderbar, wie einfach der Führer in seiner Größe, und wie groß er in seiner Einfachheit ist. Draußen toben die Massen vor dem Kaiserhof. Mittlerweile ist Hitlers Berufung überall bekannt geworden. Aus den Tausenden werden Zehntausende. Ein unendlicher Menschenstrom ergießt sich über die Wilhelmstraße. Wir gehen gleich wieder an die Arbeit. Der Reichstag wird aufgelöst. Es hat schwere Mühe gekostet, unsere Kabinettspartner dahin zu bringen. In vier Wochen finden die Neuwahlen statt. Das Kabinett wird sich noch am heutigen Tage mit einer Proklamation an das deutsche Volkwenden. Ich fahre zum Gaubüro[611] und verkünde dort in einer feierlichen Stille die Neuwerdung der Dinge. Alle sind ganz erschüttert und aufs tiefste ergriffen. In diesem Saale, in dem wir so manche Nervenprobe bestehen mussten, herrscht großes Schweigen wie in einer Kirche. Nun liegt die Etappe des Kampfes um die Macht hinter uns; nun müssen wir weiter arbeiten, um die Macht zu behaupten. Im Kaiserhof bespricht sich der Führer bereits mit dem neuen Reichswehrminister von Blomberg. Die Arbeit der Regierung beginnt. [...]

Auszug aus dem Kommentar des Berliner Tageblatts *v. 30. Januar 1930*

[...] Die Anhänger der Demokratie werden durch die Ernennung des nationalsozialistischen Führers zum Kanzler und durch die Bestellung eines eindeutig reaktionären Kabinetts nicht die Nerven verlieren, obwohl sie die Anmaßung der Minderheit, die jetzt, nach Schleichers Sturz, die Macht über den Staatsapparat übernimmt, als eine Herausforderung empfinden müssen. Sie wissen, dass jetzt für sie eine harte Zeit beginnen wird, dass man den neuen Männern die Bereitschaft

611 Gemeint: das „Adolf-Hitler-Haus" in der Voßstraße 11. Der Weg vom Kaiserhof hierher betrug etwa 180 Meter.

zutrauen muss, mit allen Mitteln, auch mit denen, die in der Verfassung keinen Raum haben, die Mehrheit zum Schweigen zu bringen. Sie werden sich durch keinen Druck von oben, durch keine Schikane in dem Bekenntnis ihrer Überzeugung irremachen lassen und werden jede verfassungsmäßige Möglichkeit wahrnehmen, um die Leidenszeit, die für das ganze Volk, vor allem für die breiten Massen der kleinen Leute, beginnt, soweit wie möglich abzukürzen. Die Talente der Reaktion sind nach den Proben, die sie uns bisher geliefert hat, unter dem Durchschnitt, aber sie besitzt vielleicht die Fähigkeit, den Mangel an politischem Können durch Schärfe in der Handhabung des Staatsapparates auszugleichen. Gut, darauf muss man gefasst sein, um so rascher werden die Gegenkräfte im Volke zum Bewusstsein ihrer Aufgabe gelangen, und um so eher wird der Tag kommen, an dem die Rechnung für alles beglichen werden muss, was jetzt unter der Diktatur Hitlers und Hugenbergs[612] begonnen wird.

70

TRIUMPHALER FACKELZUG

Auszug aus dem Goebbels-Tagebuch v. 31. Januar 1933. Zit. n. Fröhlich (Hrsg.): Die Tagebücher von Joseph Goebbels, Teil 1, Bd. 2/III, S. 120

[...] Die Fackeln kommen. Um 19 Uhr beginnt's. Endlos. Bis 22 Uhr am Kaiserhof. Dann Reichskanzlei. Bis nach Mitternacht. Unendlich. Eine Million Menschen unterwegs. Der Alte nimmt den Vorbeimarsch ab. Im Nebenhaus Hitler. Aufbruch! Spontane Explosion des Volkes. Unbeschreiblich. Immer neue Massen. Hitler ist weg. Sein Volk jubelt ihm zu. Ich spreche im Rundfunk über alle deutschen Sender. Wir sind maßlos glücklich. [...] Mit Hitler überlegt. Heute soll Reichstag aufgelöst werden. Morgen Proklamation an das Volk. Da werden wir schon aufpolieren. Noch nach Potsdam zu Auwi. Alles im Rausch. Um drei Uhr nach Hause. Sturmführer Hahn da. Mai-

612 Allgemein galt Alfred Hugenberg als der „starke Mann" des Kabinetts Hitler. In Wirklichkeit konnte er sich von der ersten Kabinettssitzung an niemals gegen den NSDAP-Chef durchsetzen.

kowski erschossen. Ein Schupo ebenfalls. Von Kommune. Nun aber Schluss! Göring muss ausräuchern. Ins Bett. Tot hingefallen. Ich kann nicht mehr. Ausgeschlafen. Jetzt an die Arbeit. Wahlkampf vorbereiten. Der letzte. Den werden wir haushoch gewinnen. [...]

Veränderte Fassung des Tagebuches von Joseph Goebbels in seinem Buch „Vom Kaiserhof zur Reichskanzlei". Zit. n. Goebbels: Vom Kaiserhof zur Reichskanzlei; Berlin 1934, S. 251f.

[...] Wir stehen oben am Fenster, und Hunderttausende und Hunderttausende von Menschen ziehen im lodernden Schein der Fackeln am greisen Reichspräsidenten und jungen Kanzler vorbei und rufen ihnen ihre Dankbarkeit und ihren Jubel zu. [...] Um 19 Uhr gleicht Berlin einem aufgescheuchten Ameisenhaufen. Und dann beginnt der Fackelzug. Endlos, endlos von 19 Uhr abends bis 1 Uhr nachts marschieren unten an der Reichskanzlei die Menschen vorbei. SA-Männer, SS-Männer, Hitlerjugend, Zivilisten, Männer, Frauen, Väter, die ihre Kinder auf dem Arm tragen und zum Fenster des Führers emporheben. Es herrscht ein unbeschreiblicher Jubel. Wenige Meter von der Reichskanzlei entfernt steht der Reichspräsident an seinem Fenster, eine ragende Heldengestalt, ehrwürdig und von mythischem Zauber umwittert. Mit dem Spazierstock schlägt er hin und wieder zu den Rhythmen der Militärmärsche den Takt. Hunderttausende und Hunderttausende ziehen im ewigen Gleichschritt unten an den Fenstern vorbei. Das ist der Aufbruch der Nation! Deutschland ist erwacht! In einer spontanen Explosion bekennt sich das Volk zur Revolution der Deutschen. Es ist unbeschreiblich, was in unseren Herzen vor sich geht. Man möchte weinen und lachen. Immer neue Menschen kommen und jubeln und rufen. Vor der Reichskanzlei auf dem Wilhelmplatz sitzen Hunderte von Jungens in den Bäumen und schmettern dem Führer ihre Sprechchöre entgegen. Sein Volk jubelt ihm zu. Der Rundfunk überträgt zum ersten Male eine Kundgebung des deutschen Volkes. Wir sprechen zum ersten Mal über alle deutschen Sender. Ich kann dabei nur sagen, dass wir maßlos glücklich sind, und dass wir weiterarbeiten wollen. Als sich weit nach Mitternacht der Zug seinem Ende zuneigt, stehen noch immer Zehntausende von Menschen vor der Reichskanzlei singen das Horst-Wessel-

Lied. Ich rede kurz zu den Massen und schließe mit einem Heil auf Hindenburg und auf den Führer. In einem sinnlosen Taumel der Begeisterung geht diese Nacht des großen Wunders zu Ende. Nun wird der Platz leer. Wir schließen die Fenster und sind nun von einer endlosen Stille umgeben. Der Führer legt mir die Hände auf die Schultern, ohne dabei ein Wort zu sagen. Um drei Uhr nachts komme ich nach Hause. Sturmführer Hahn aus Charlottenburg bringt mir die furchtbare Nachricht, dass unser Kamerad Hanne Maikowski, der noch am Abend erhobenen Hauptes am Führer vorbeimarschierte, von kommunistischen Mördern erschossen worden ist. An seiner Seite fiel der Sturmwachtmeister Zauritz. Ein Wermutstropfen fällt in den schäumenden Becher der Freude. Nun aber wird ausgeräuchert. In ein bis zwei Monaten haben wir Ruhe und Ordnung in Deutschland wiederhergestellt. Das neue Reich ist erstanden. Es wurde mit Blut geweiht. Eine 14-jährige Arbeit wurde vom Sieg gekrönt. Wir sind am Ziel. Die deutsche Revolution beginnt!

Auszug aus dem Tagebuch von Harry Graf Kessler[613] v. 30. Januar 1933. Zit. n. Kessler: Tagebücher 1918-1937, S. 703f.

[...] Um zwei Uhr kam Max zum Frühstück, der die Nachricht von der Ernennung Hitlers zum Reichskanzler mitbrachte. Die Verblüffung war groß; ich hatte diese Lösung, und noch dazu so schnell, nicht erwartet. Unten, bei unserem Nazi-Portier, brach sofort ein Überschwang von Feststimmung aus. Abends war ich Gast von Seeckt, Simons und Solf[614] im Kaiserhof. Berlin ist heute Nacht in einer reinen Faschingsstimmung. SA-und SS-Trupps sowie uniformierter Stahlhelm durchziehen die Straßen, auf den Bürgersteigen stauen sich die Zuschauer. Im und um den Kaiserhof tobte ein wahrer Karneval; uniformierte SS bildete vor dem Haupteingang und in der Halle Spalier, auf den Gängen patrouillierten SA- und SS-Leute; als wir herauskamen, defilierte ein endloser SA-Zug im Stechschritt an

613 Harry Graf Kessler (1868-1937), Jurist, Kunsthistoriker, Diplomat und Mäzen. Kessler war überzeugter Demokrat, zog sich aber aus der Politik zurück, als er sah, dass er mit seinen Argumenten nicht durchdrang. Emigration 1933 nach Frankreich.

614 Der SeSiSo-Kreis gehörte zu den exklusivsten Gesprächsrunden in Berlin während der Weimarer Republik. Er war benannt nach seinen Köpfen Hans von Seeckt (1866-1936), General und ehemals Chef der Heeresleitung, Walter Simons (1861-1937), Jurist und ehemaliger Präsident des Reichsgerichts und Wilhelm Solf (1862-1936), Indologe und Politiker. Ab 1911 verantwortlich für das deutsche Kolonialministerium, 1922 bis 1929 Botschafter in Tokio. Strikter Gegner Hitlers und der NSDAP.

irgendwelchen Prominenten (zweite Garnitur, Hitler selbst war in der Reichskanzlei) vorbei, die sich vor dem Hauptportal aufgebaut hatten und ihn mit dem Faschistengruß grüßten; eine richtige Parade. [...]

Auszug aus einem Bericht des britischen Botschafters in Berlin, Sir Horace Rumbold, nach London v. 1. Februar 1933 – Zit. n. Documents on British Foreign Policy 1919-1939. 2. Serie, Bd. IV, S. 401f.

[...] Überall im Lande nahm die Bevölkerung die Nachricht gleichgültig auf. In der Hauptstadt selbst konnte man ein gewisses Maß an öffentlichem Interesse feststellen, da die Nazi-Führer ihr Talent für Propaganda und theatralische Auftritte bei einem improvisierten Fackelzug entfalteten. Einheiten der SA, denen später der „Stahlhelm" folgte, zogen am Sitz des Reichspräsidenten und des Kanzlers vorbei. Obwohl die Nacht sehr kalt war, stand der Präsident, der sich gewöhnlich um 19 Uhr zur Ruhe begibt, bis nach Mitternacht an seinem Fenster und grüßte die jubelnde Menge – keine geringe Leistung an Ausdauer für einen 85-Jährigen. Die Nazi-Presse behauptet, dass an die 500.000 Menschen an dem Fackelzug teilnahmen, offensichtlich ohne zu wissen, dass 10.000, die in Sechser-Reihen marschieren, eine Stunde für eine solche Parade gebraucht hätten und dass für vier Stunden 50.000 die Höchstzahl darstellen. Mein Militärattaché, der den Zug begleitete, schätzt die Zahl der Leute auf 15.000. [...]

LOKALE QUELLEN

71

DIE WESTLICHE INNENSTADT[1]

Ausgewählte Einträge aus einem SA-Stadtführer. Zit. n. Engelbrechten/Volz: Wir wandern durch das nationalsozialistische Berlin, S. 49-87

[...] Königsplatz (Bez. Tiergarten)

Nr. 1–3 Reichstag

1884/94 nach dem Entwurf von Paul Wallot erbaut; täglich Führungen von 10 bis 17.30 Uhr, sonntags von 10 bis 12.80 Uhr. Eintritt: 20 Pfennig. Eingang: Portal V, Wasserseite.

Die Nationalsozialisten sind im Reichstag seit 1924[2] vertreten. Reichstagswahl vom 4. Mai 1924: zehn[3] unter 472 Abgeordneten, vom 7. Dezember 1924: vier[4] unter 493. Im Februar 1927 traten drei Deutschvölkische zur NSDAP über. Reichstagswahl vom 20. Juni 1928: zwölf (u. a. erstmalig Dr. Goebbels) unter 491, vom 14. September 1930: 107 unter 577, vom 31. Juli 1932: 230 unter 608, vom 6. November 1932: 196 unter 584, vom 5. März 1933: 28 unter 647 (ohne Kommunisten[5] 566) Abgeordneten.

Vom 13. Oktober 1930 bis 19. Februar 1931 war ein nationalsozialistischer Reichstagsabgeordneter[6] erster Reichstagsvizepräsident, vom 30. August bis 12. September und dann wieder seit 6. Dezember 1932 der nationalsozialistische Abgeordnete Hermann Göring Reichstagspräsident. Die Tagung vom 6. Dezember 1932 wurde durch den Alterspräsidenten Pg. General Litzmann eröffnet.

1 Gemeint waren damit die Viertel zwischen Alexanderplatz und Tiergarten. Die Zuordnung entsprach der Wahrnehmung der Zeit.

2 1924 existierte offiziell keine NSDAP. Statt der nach dem Hitler-Putsch verbotenen Partei zog bei beiden Reichstagswahlen des Jahres die als Listenverbindung gegründete Nationalsozialistische Freiheitsbewegung in den Reichstag ein.

3 Es handelte sich um Heinrich Blume, Hans Dietrich, Gottfried Feder, Wilhelm Frick, Emil Gansser, Hans Jacob, Christian Mergenthaler, Hermann Kriebel, Ernst Röhm, Fritz Tittmann und Theodor Vahlen.

4 Es handelte sich um Hans Dietrich, Gottfried Feder, Wilhelm Frick und Gregor Straßer.

5 Durch eine rechtswidrige Geschäftsordnungsänderung am 21. März 1933 waren die Mandate der KPD gestrichen worden. Vgl. Morsey: Das Ermächtigungsgesetz, S. 31 u.S. 41f.

6 Gemeint: Franz Stöhr (1879-1938), Buchhalter und Funktionär des konservativen Deutschnationalen Handlungsgehilfenverbandes. Seit 1924 MdR, Mitglied der NSDAP seit 1927. 1928-1930 Fraktionsgeschäftsführer der NSDAP, 1930/31 Vizepräsident des Reichstages. Seit 1934 Oberbürgermeister in Schneidemühl in Westpreußen.

Bei der Reichstagseröffnung am 13. Oktober 1930 erschienen die 107 nationalsozialistischen Abgeordneten trotz Uniformverbots im Braunhemd. Am 19. Februar 1931 zog die nationalsozialistische Fraktion aus dem Reichstage unter dem Gesange des Horst-Wessel-Liedes aus.

Während der Kampfzeit[7] betrat Hitler – erst seit der Wahl vom 5. März 1933 ist er Reichstagsabgeordneter – niemals das Reichstagsgebäude.[8] Am 2. Februar 1933 sprach er erstmalig vor dem im Reichstagsgebäude tagenden Reichsrat, dessen Vorsitz er übernahm. Das Gebäude wurde am 27. Februar 1933 in später Abendstunde von Kommunisten[9] angezündet. Der Brandstifterprozess (21. September – 23. Dezember 1933) wurde teilweise im Reichstagsgebäude in Berlin[10] verhandelt.

Nr. 7 Kroll-Oper

Infolge des Reichstagsbrandes tagt der Reichstag seit dem 21. März 1933 in der für diesen Zweck umgebauten Kroll-Oper[11] (1852[12] erbaut). Der Reichstag trat bisher[13] zusammen am 21.[14] und 23.[15] März, 17. Mai und 12. Dezember 1933, 30. Januar, 13. Juli und 6. August 1934, 21. Mai 1935 und 7. März 1936. Hier eröffnete Hitler in Anwesenheit der Reichsregierung am

7 Nationalsozialistischer Begriff für die Zeit des „Kampfes“ um die Macht, also die Jahre 1919 bis Anfang 1933.

8 Unzutreffend. Laut Polizeibericht traf er sich am 13. März 1925 im Reichstagsgebäude mit Abgeordneten der Nationalsozialistische Freiheitsbewegung. Vgl. Hitler – Reden, Schriften, Anordnungen, Bd. 1, S. 37f., Anm. 1.4

9 Weder deutsche Kommunisten noch Nationalsozialisten legten den Brand im Reichstag, vielmehr der holländische Anarcho-Kommunist Marinus van der Lubbe allein. Vgl. Kellerhoff: Der Reichstagsbrand, S. 11-47.

10 Die Beweisaufnahme und Zeugenvernehmung fand überwiegend im Oktober und November 1933 im unversehrt gebliebenen Sitzungssaal des Haushaltsausschusses im Reichstagsgebäude statt.

11 Ursprünglich privates Vergnügungsetablissement, errichtet in mehreren Bauabschnitten. Bis zu 5000 Gästen konnten sich hier bei Musik und Tanz amüsieren. Seit 1898 als Neues Königliches Operntheater in Staatsbesitz, seit 1927 eigenständige Spielstätte für modernes Musiktheater. 1931 aus Geldmangel geschlossen. Am 7./8. März 1933 entschied Hitler, die Kroll-Oper zum Ausweichsitz des Reichstages ausbauen zu lassen. Innerhalb von nur zwölf Tagen erfolgte der Umbau des Opern- in einen Plenarsaal.

12 Falsch. Der erste Bauabschnitt wurde 1844 eröffnet.

13 Gemeint: Bis Ende 1936. Im Dritten Reich nahm die Zahl der Reichstagssitzungen stark ab – entsprechend der marginalisierten Bedeutung des Parlaments.

14 Nach der festlichen Eröffnung des Reichstages in der Garnisonkirche am Vormittag des 21. März kamen die Abgeordneten am Nachmittag erstmals in der Kroll-Oper zusammen.

15 Erste Arbeitssitzung des neuen Reichstages. Auf der Tagesordnung stand nur der Entwurf des Gesetzes zur Behebung der Not von Volk und Staat, besser bekannt als Ermächtigungsgesetz.

9. Oktober 1934 und am 9. Oktober 1935 das Winterhilfswerk[16] 1934/35 und 1935/36. [...]

Brandenburger Tor (Bez. Mitte)
1789/91 von K. G. Langhans erbaut mit der Quadriga von G. Schadow, 1794.
Der Durchmarsch durch das Brandenburger Tor blieb der SA und SS mit Rücksicht auf die zum Schutze des Reichstages und Preußischen Landtages geschaffene „Bannmeile“[17] bis zum 30. Januar 1933 verwehrt; beispielsweise am 9. Juli 1932 wurde der im Zusammenhang mit der großen Kundgebung im Lustgarten geplante SA- und SS-Aufmarsch Unter den Linden und Durchmarsch durch das Brandenburger Tor von dem damaligen Reichsinnenminister[18] verboten. Erstmalig wurde der Durchmarsch am Abend des 30. Januar 1933 für den Fackelzug der SA und SS durch die Wilhelmstraße freigegeben. Weiterhin marschierte die SA und SS durch das Tor am 5. Februar 1933 anlässlich der Beisetzung des SA-Sturmführers Maikowski[19] und bei dem Fackelzug am 21. März 1933 anlässlich der Reichstagseröffnung.

Unter den Linden Nr. 6 (Bez. Mitte): Friedrich-Wilhelms-Universität
1748/64 von Boumann d. A. als Palais des Prinzen Heinrich erbaut.
1929: 28. Juni: Große, von den Nationalsozialisten[20] veranstaltete Protestkundgebung am zehnten Jahrestag der Unterzeichnung des Versailler Diktates vom damaligen demokratischen

16 Winterhilfswerk des Deutschen Volkes (WHV): Stiftung öffentlichen Rechts, die Spenden für bedürftige Volksgenossen sammelte, allerdings nur für Anhänger des NS-Systems. Offiziell ausgerufen am 13. September 1933. Spenden wurden erwartet; wer nicht spendete, musste mit Druck von Parteiorganisationen rechnen. In den ersten drei Jahren 1933 bis 1936 lag das jährliche Spendenaufkommen bei rund 360 Millionen Reichsmark.

17 Der Reichstag hatte am 23. April 1920 beschlossen, dass Demonstrationen im Umkreis um das Parlamentsgebäude verboten waren. Darunter fiel auch das Brandenburger Tor. Grund waren Auseinandersetzungen am 13. Januar 1920, als während einer Beratung der Abgeordneten der Nationalversammlung USPD und KPD ihre Anhänger aufriefen, das Parlament zu stürmen. Berliner Polizei schoss auf die tobende Masse, es gab zwischen 20 und 45 Tote.

18 Gemeint: Wilhelm Freiherr von Gayl (1879-1945), Jurist, Staatsbeamter, DNVP-Politiker. 1932 Reichsinnenminister, zog sich 1933 aus der Politik zurück.

19 Hans Maikowski (1908-1933), Gärtner und SA-Mann. Als Anführer des berüchtigten „Mordsturms“ 33 an zahllosen Ausschreitungen beteiligt. Maikowski selbst erschoss 1931 einen Arbeiter. Am späten Abend des 30. Januar 1933 wurde er bei einem provozierenden Marsch durch die Charlottenburger Wallstraße erschossen, möglicherweise von einem anderen SA-Mann.

20 Vor allem vom Nationalsozialistischen Deutschen Studentenbund.

preußischen Kultusminister[21] verboten und die Studenten Unter den Linden und im Vorhof der Universität von der Polizei durch Gummiknüppelattacken auseinandergetrieben.
1931: 29. Juni: Infolge kommunistischer Provokationen[22] schwere Zusammenstöße zwischen nationalsozialistischen und kommunistischen Studenten im hinteren Universitätsgarten, daraufhin die Universität für den 30. Juni geschlossen und alle studentischen Stehkonvente auf Grund der Notverordnung vom 28. März 1931 bis zum 4. Juli verboten. [...]

Lustgarten (Bez. Mitte):
Traditionelles Aufmarschgelände[23] der Berliner Marxisten, seit den Reichspräsidentenwahlen vom Frühjahr 1932 auch der Nationalsozialisten. Im Jahre 1935 für nationalsozialistische Großkundgebungen umgebaut.[24]
1932: 9. März: Dr. Goebbels sprach anlässlich des ersten Wahlganges der Reichspräsidentenwahl (13. März) erstmalig von der Schlossrampe zu 120.000 Berlinern.[25]
4. April: Rede Hitlers bei seinem ersten Deutschlandflug[26] (3.–9. April) anlässlich des zweiten Wahlganges der Reichspräsidentenwahl (10. April) zu 200.000 Berlinern, darunter 16.000 SA- und SS-Männern.[27]
20. April: Dr. Goebbels sprach anlässlich der preußischen Landtagswahl zu 100.000 Berlinern.[28]

21 Gemeint: Adolf Grimme (1889-1963), Gymnasiallehrer und Politiker (SPD). 1930-1932 Kultusminister in Preußen. 1942-1945 in Haft. 1948 erster Generaldirektor des Nordwestdeutschen Rundfunks.

22 In Wirklichkeit traf NS-Studenten und Kommunisten gleichermaßen die Verantwortung für die schweren Auseinandersetzungen. Vgl. *Berliner Morgenpost* v. 30. Juni 1931

23 SPD-Anhänger versammelten sich in der Weimarer Republik oft in Erinnerung an die demokratische Revolution von November 1918 im Lustgarten. Hier fanden auch Versammlungen der Eisernen Front statt, des Anti-Hitler-Bündnisses der demokratischen Parteien. Auch die KPD hielt hier gelegentlich Massenversammlung ab.

24 Die alte Parkanlage mit Granitschale und Reiterstandbild Friedrich Wilhelms III. mussten 1935 weichen, der Platz vor dem Alten Museum wurde gepflastert. 1998/99 in Anlehnung an die historische Gestalt rekonstruiert.

25 Goebbels selbst sprach von 80 000 Zuhörern. Das dürfte realistisch sein. Vgl. Fröhlich (Hrsg.): Die Tagebücher von Joseph Goebbels, Teil 1, Bd. 2/II, S. 237. Zu seiner Rede vgl. o.

26 Propagandistisch inszenierte Wahlkampfreise Hitlers, die erste, die per Flugzeug unternommen wurde. In vier Tagen hielt er 19 Reden in 14 deutschen Großstädten. Vgl. o.

27 Laut Goebbels' Tagebuch sollen 200 000 Berliner zugehört haben. Vgl. Fröhlich (Hrsg.): Die Tagebücher von Joseph Goebbels, Teil 1, Bd. 2/II, S. 256. Laut seinem Buch „Vom Kaiserhof zur Reichskanzlei" waren es etwa 150 000 Zuhörer. Vgl. Goebbels: Kaiserhof, S. 75.

28 Zutreffend.

9. Juli: Nationalsozialistische Massenkundgebung mit 200.000 Berlinern[29] und erster SA- und SS-Aufmarsch nach der Aushebung des SA-Verbotes in Stärke von 25.000 Mann anlässlich der Reichstagswahl. Scharfe Ansprachen von SA-Gruppenführer Graf Helldorff und Dr. Goebbels gegen das Papen-Kabinett. Anschließend Propagandamarsch der gesamten Berliner SS durch Moabit.
1933: 7. Januar: Abendliche Massenversammlung mit 200.000 Berlinern[30] nach der Beisetzung des Hitlerjungen Walter Wagnitz.[31]

Am 1. Mai 1933 bis 1935 Ort der Jugendkundgebung und der abendlichen Schlussfeier, am 1. Mai 1936 Ort des Staatsaktes und der Schlussfeier.
1936: 30. Januar: Am dritten Jahrestage der Machtübernahme durch Hitler traten hier die 30.000 dienstältesten SA-Männer[32] aus dem ganzen Reiche zum Appell vor ihrem Obersten SA-Führer Hitler an, der dann eine Ansprache an sie hielt. [...]

Taubenstr. Nr. 7 (Bez. Mitte)
Revolutionsmuseum der SA-Standarte 6 (Sturmbannheim II/6). Geöffnet täglich 10 bis 22 Uhr, Eintritt 30 Pfennig, Uniformierte, Schüler und Erwerbslose 15 Pfennig.
Von der Berliner SA-Standarte 6 im Mai 1933 zuerst in der Jüdenstr. 50 eröffnet. Außerordentlich reichhaltige und gut geordnete Sammlung von Beutestücken der Berliner SA aus dem Kampf gegen Rotfront und Reaktion. Flugblätter, kommunistische Drohbriefe, Zeitungen, Uniformen, Fahnen, Abzeichen, Waffen aller Art (Dolche, Seitengewehre, Pistolen, Gewehre, Dum-Dum-Geschosse, Bomben, Schlagringe, Totschläger usw.), Fotos u. dgl. Ausgestellt ist hier der große Sowjetstern vom Liebknecht-Luxemburg-Denkmal auf dem Zentralfriedhof

29 Laut Goebbels die „größte und gewaltigste Kundgebung, die Berlin je gesehen hat". Das ist sicher übertrieben, aber es war dennoch eine ausgesprochen große Kundgebung. Vgl. Fröhlich (Hrsg.): Die Tagebücher von Joseph Goebbels, Teil 1, Bd. 2/II, S. 317f.

30 Laut Goebbels waren es 100.000. Das ist realistisch. Vgl. Fröhlich (Hrsg.): Die Tagebücher von Joseph Goebbels, Teil 1, Bd. 2/III, S. 100f. u. Berliner Tageblatt v. 8. Januar 1933.

31 Walter Wagnitz (1916-1933), HJ-Mitglied, wurde am 1. Januar 1933 vor der Tür eines Lokals im Wedding niedergestochen. Sein HJ-Bann hatte in dem Lokal Neujahr gefeiert. Ein Täter wurde nie ermittelt, obwohl es konkrete Hinweise gab.

32 Das offizielle Deutsche Nachrichtenbüro meldete die Teilnahme von 25.000 SA-Männern.

Friedrichsfelde[33] sowie die im Karl-Liebknecht-Haus[34] gefundene kommunistische „Mordkartei“[35], auf der nicht nur führende Parteigenossen wie Dr. Goebbels, politische Leiter, SA- und SS-Führer mit Namen und Adresse, ferner Sturmlokale, Partei- (Bezirks- und Sektions-) Geschäftsstellen, Erkennungsnummern von Autos und Motorrädern, die von Parteigenossen und NSKK-Mitgliedern benutzt wurden, sowie Garagen verzeichnet sind, sondern auch zahlreiche Polizisten und sogar Mitglieder der Hitler-Jugend und des BDM. mit genauer Adressenangabe. Häufig findet man hier Zusätze wie: „Besonders aktives Mitglied“, „Fanatikerin“, „NSDAP-Geschäftsmann“ usw.

Wilhelmstraße (Bez. Mitte)
Hier befinden sich zahlreiche Reichsministerien und Regierungsgebäude („Regierungsviertel“).
Nr. 73: Reichspräsidentenpalais. Seit 1934: Haus des Reichspräsidenten.[36] 1734/37 erbaut für den Grafen von Schwerin; später Ministerium des Königlichen Hauses; seit 1919 Wohnung des deutschen Reichspräsidenten; von Hindenburg am 12. Mai 1925 nach seiner Vereidigung bezogen.
1931: 10. Oktober: Hitler (in Görings Begleitung) erstmalig bei Hindenburg.
1932: 30. Mai: Nachmittags zweiter Besuch Hitlers (wieder in Görings Begleitung) bei Hindenburg nach Brünings Rücktritt am gleichen Tage.
1932/33: Anfang Juli 1932 bis Oktober 1933 durchgreifende bauliche Wiederherstellung des Gebäudes: in der Zwischenzeit wohnte Hindenburg in der Reichskanzlei, soweit er in Berlin weilte.
1934: Seit Hindenburgs Tod (2. August) als „Haus des Reichspräsidenten“ nur noch für offizielle Empfänge (erstmalig am 12. September 1934 bei dem feierlichen Diplomatenempfang durch Hitler) benutzt. Das bisherige „Büro des Reichspräsidenten“ erhielt am 22. August 1934 die Bezeichnung „Präsidialkanzlei“.

33 Das Revolutionsdenkmal, entworfen von Ludwig Mies van der Rohe, war 1926 eingeweiht worden. SA-Trupps beschädigten es im Februar 1933 schwer und stahlen den Stern mit Hammer und Sichel. 1935 wurden die Reste abgeräumt. Die SED ließ 1950/51 stattdessen eine eigene Weihestätte unter dem Namen Gedenkstätte der Sozialisten errichten.

34 Parteizentrale der KPD, besetzt und durchsucht im Februar 1933.

35 Eine solche Kartei von Feinden der KPD gab es tatsächlich. Möglicherweise wurde sie vom Militärapparat des KPD-MdR Hans Kippenberger zusammengestellt. Wie umfangreich genau sie war und wer den Namen „Mordkartei“ prägte, ist unbekannt.

36 Die Umbenennung erfolgte nach dem Tod von Reichspräsident Paul von Hindenburg, als die Ämter des Reichskanzlers und des Reichspräsidenten zusammengelegt wurden.

Nr. 77: Reichskanzlei

1736/39 von E. F. Richter im Barockstil als Palais für den General Graf von der Schulenburg erbaut, als „Freihaus gegenüber dem Wilhelmsmarkt" bezeichnet; später Palais Radziwill. 1875 als Reichskanzleramt für zwei Millionen Mark vom Reich erworben; von Reumann umgebaut. Hier tagte 1878 der Berliner Kongress, und Bismarck wohnte hier bis zu seiner Entlassung am 20. März 1890. Am 6. Januar 1919 schlug das Berliner „Freikorps Reinhard" von hier und dem gegenüberliegenden Leopoldpalais aus einen dreimaligen spartakistischen Angriff blutig ab.[37]

1931: Erweiterungsbau nach den Plänen von Eduard Jobst Siedler.[38]

1932: 7. und 9. Januar: Hier verhandelte Hitler mit Reichskanzler Brüning über die Möglichkeit einer parlamentarischen Verlängerung von Hindenburgs Amtszeit als Reichspräsident.[39]

1932/33: Wegen des Umbaues des Reichspräsidentenpalais war der alte Teil der Reichskanzlei der Wohnsitz des Reichspräsidenten von Hindenburg.

1932: 13. August: Hindenburg verhandelte mit Hitler über die Regierungsbeteiligung der NSDAP. Hitler lehnte den ihm angebotenen Vizekanzlerposten ab, da er die „Führung" verlangte.[40]

37 In den ersten Januartagen 1919 wurde im Regierungsviertel vielfach gekämpft. Anhänger der sozialdemokratischen Übergangsregierung schützten die Regierungsgebäude gegen die kommunistischen Aufständischen. Gleichzeitig fuhren die meisten Straßenbahnen weiter – nur an Kreuzungen, an denen gerade geschossen wurde, hielten sie an. Was genau an der Reichskanzlei geschah am 6. Januar 1919, ist ungeklärt. Auf jeden Fall war an den Kämpfen das Freiwilligen-Regiment Reinhard beteiligt.

38 Eduard Jobst Siedler (1880-1949), Architekt und Professor an der TU Berlin. Sein Erweiterungsbau für die Reichskanzlei wurde von Albert Speer ab 1935 massiv umgestaltet; Siedler soll dagegen protestiert haben und mit einem nennenswerten Bauauftrag entschädigt worden sein. Vgl. Speer: Erinnerungen, S. 47.

39 Hindenburgs siebenjährige Amtszeit endete am 11. Mai 1932. Reichskanzler Heinrich Brüning wollte einen Wahlkampf Hindenburgs um seine Wiederwahl gegen NSDAP und KPD vermeiden. Weil die Forderungen der NSDAP zu hoch waren, kam kein Reichstagsbeschluss mit verfassungsändernder Mehrheit zustande, wie er erforderlich gewesen wäre. Hindenburg wurde als Kandidat aller relevanten Parteien außer NSDAP und KPD wiedergewählt.

40 Zutreffend. Vgl. Goebbels-Tagebuch v. 14. August 1932: „Wir haben es noch nicht verdient: wieder daneben gegangen. Chronologisch: mittags Hitler bei [Reichswehrminister] Schleicher, dann bei [Reichskanzler] Papen. Reden ihm wie einem kranken Pferd zu, mit der Vizekanzlerschaft zufrieden zu sein. Also wollen sie uns abnützen. Kommt nicht in Frage. Hitler lehnt ab. Frick sekundiert eifrig. Also ergebnislos. [...] Kampf! Die Herren werden schon mürbe werden. Das sind keine Cromwells, sondern kleine Spießer mit Napoleon-Komplexen." Zit. n. Fröhlich (Hrsg.): Die Tagebücher von Joseph Goebbels, Teil 1, Bd. 2/II, S. 340. In der überarbeiteten, 1934 als Buch unter dem Titel Vom Kaiserhof zur Reichskanzlei veröffentlichten Version seiner Aufzeichnungen liest sich derselbe Eintrag so: „Mittags ist der Führer bei Schleicher und Papen. Man redet ihm zu, mit der Vizekanzlerschaft zufrieden zu sein. Es besteht also die Absicht, ihn und die Partei abzunutzen. Ein unmögliches Ansinnen. Geht der Führer darauf ein, ist er verloren. Es kommt also nicht in Frage. Er lehnt rundweg ab. Dr. Frick sekundiert ihm eifrig dabei. Die Unterredungen sind also ergebnislos verlaufen. [...] Kampf! Die Wilhelmstraße wird schon mürbe werden. Ein Cromwell sitzt nicht im Kabinett, und am Ende siegt ja immer noch die Stärke und Zähigkeit über alle Hindernisse." Zit. n. Goebbels: Kaiserhof, S. 144.

19. und 21. November: Hitler wurde nach dem Rücktritt des Reichskanzlers von Papen wiederum wegen der Frage der Kanzlerschaft von Hindenburg empfangen.[41]

1933: 30. Januar: Hindenburg ernannte Hitler zum Reichskanzler. Abends Abnahme des Fackelzuges der SA und SS durch Hitler (von der neuen Reichskanzlei[42] aus) und Hindenburg (von dem alten Flügel[43] aus).

Nunmehr Wohn- und Arbeitsstätte Hitlers. Vor dem Hause auf dem Wilhelmplatz sammeln sich bei allen wichtigen Anlässen, wie z. B. Wahlen, wichtigen neuen Gesetzen usw., die Massen, um den Führer zu sehen und zu begrüßen. Bei dieser Gelegenheit werden oft Sprechchöre improvisiert:

„Lieber Führer, sei so nett, zeige dich am Fensterbrett."

„Sieben, acht, neun, zehn, wir wollen unsern Führer sehn."

„Lieber Führer, komm doch bald, unsere Füße werden kalt" (oder: „Unser Mittag wird sonst kalt").

„Lieber Führer, komm heraus, dann gehen wir auch gleich nach Haus" (oder am Geburtstag: „sonst verwelkt der Blumenstrauß").

1934/35: Der neue Teil der Reichskanzlei, mit dem danebenliegenden Borsig'schen Palais, Voßstr. Nr. 1 (1875 von Richard Lucae erbaut), vereinigt, das bis dahin als Sitz des Vizekanzlers (dieser Posten seit der Ernennung des bisherigen Vizekanzlers von Papen[44] zum Gesandten in Wien am 26. Juli 1934 nicht wieder besetzt) diente. Der Umbau von dem Architekten Albert Speer durchgeführt. Jetzt Sitz des Chefs der Kanzlei des Führers und seit Anfang 1935 auch der Adjutantur des Stabschefs der SA.

41 Am 19. November 1932 dauerte das Gespräch etwa 75 Minuten, zeitweise war Hitler mit Hindenburg allein. Goebbels nannte das einen „Vorteil". Vom zweiten Gespräch war die NS-Führung enttäuscht, wie Goebbels festhielt: „Hitler soeben vom Reichspräsident. zurück. Auftrag, eine Mehrheit zu finden. Also parlamentarische Lösung, jedoch mit soviel präsidialen Vorbehalten, dass sie ganz unmöglich ist. Das soll die Falle sein. Lange Beratungen. Draußen [gemeint: vor dem ‚Kaiserhof] geht die Menge hoch. Sie glaubt, dass Hitler Kanzler sei. Arme Illusionisten! Er war dem nie ferner als jetzt." Zit. n. Fröhlich (Hrsg.): Die Tagebücher von Joseph Goebbels, Teil 1, Bd. 2/III, S. 63- 65.

42 Gemeint: Erweiterungsbau der Reichskanzlei von Siedler.

43 Gemeint: das Straßenfenster des südlichen Seitenflügels.

44 Franz von Papen (1879-1969), Berufsoffizier, reaktionärer Politiker. 1932 Reichskanzler, überredet Reichspräsident Paul von Hindenburg 1933, Hitler zum Reichskanzler zu ernennen. Papen wurde selbst Vizekanzler, verlor jedoch rasch jeden politischen Einfluss. Nach dem missglückten Nazi-Putsch in Österreich als bedeutungsloser Botschafter nach Wien abgeschoben.

Mohrenstr. Nr. 1–5 (Bez. Mitte) Hotel „Kaiserhof“
Eines der ältesten und größten Berliner Hotels, von Diplomaten bevorzugt. Am 1. Oktober 1875 in Gegenwart Kaiser Wilhelms I. eröffnet, bereits am 10. Oktober abgebrannt; 1876 neu aufgebaut.
1931: 3. Februar: Von diesem Tage bis zur Machtübernahme am 30. Januar 1933 Berliner Hauptquartier Hitlers, der in entscheidenden Zeiten des Kampfes um die Macht hier weilte.
10. Oktober: Von hier aus begab sich Hitler in Górings Begleitung zu seinem ersten Besuch bei Hindenburg in das Reichspräsidentenpalais.
1931: 4. Dezember: Erstes Interview Hitlers für die ausländischen Pressevertreter; weitere Interviews am 7. Dezember 1931 und 28. Februar 1932.
1932: 19. bis 24. November: Von hier aus führte Hitler die Verhandlungen wegen Übernahme der Kanzlerschaft.[45]
24. November: Auf der von der Partei auf 18.30 Uhr in den „Kaiserhof“ einberufenen Pressekonferenz wurde der Presse das gesamte Material über Hitlers Verhandlungen mit Hindenburg ungekürzt übergeben; der Pressekonferenz der Reichsregierung kam die Partei durch ihr rasches Handeln um eine halbe Stunde zuvor.[46]
1933: 30. Januar: In den frühen Nachmittagsstunden wurde hier der Fackelzug der SA und SS beschlossen. Um 16.30 Uhr fuhr Hitler von hier zur ersten Kabinettssitzung in die Reichskanzlei.

Über die Bedeutung des „Kaiserhofes“ für die Bewegung schreibt der Reichspressechef der NSDAP, Otto Dietrich[47]:

[…] Eng verknüpft bleibt der Name dieses Hotels am Wilhelmplatz in Berlin mit der Geschichte der NSDAP, mit ihrem Entscheidungskampf um die Macht. Jedes Kind wusste es: Hier schlug der Führer sein Hauptquartier auf, so oft er in den letzten Jahren zu Besprechungen mit den höchsten

45 Die Gespräche waren erfolglos. Neuer Reichskanzler wurde Kriegsminister Kurt von Schleicher.

46 Goebbels notierte dazu: „Presse zusammengerufen. Alle Zeitungen. Sämtliche Dokumente werden veröffentlicht. Das ist ein schwerer Schlag für die Gegenseite. Göring macht das.“ Zit. n. Fröhlich (Hrsg.): Die Tagebücher von Joseph Goebbels, Teil 1, Bd. 2/III, S. 67. Ob wirklich die Reichsregierung eine ähnliche Pressekonferenz vorhatte, ist ungesichert.

47 Otto Dietrich (1897-1952), Kriegsfreiwilliger, Journalist. Seit 1929 Mitglied der NSDAP, seit 1931 Reichspressechef. Nach 1933 neben Goebbels und Max Amann mächtigster Pressefunktionär des Dritten Reiches. 1945 interniert. 1949 zu sieben Jahren Haft verurteilt, unter Anrechnung der Internierung 1950 entlassen.

Stellen des Reiches nach der Reichshauptstadt gebeten wurde. „Adolf Hitler im Kaiserhof!“[48] Wenn die Blätter mit dieser Schlagzeile erschienen, dann hielt die gesamte Öffentlichkeit, hielt die Welt den Atem an, dann wurde man auf beiden Seiten der Wilhelmstraße unruhig. Und aufs Neue begann jedes Mal das zähe Ringen des Führers mit seinen Gegnern. Was ist alles über den Kaiserhof geschrieben worden! Und doch, welche Entschlüsse von größter Tragweite wurden hier gefasst, welch schwerwiegende Entscheidungen spielten sich in seinen Mauern ab! Mit der gebotenen Zurückhaltung, mit äußerster Disziplin folgte die nationalsozialistische Presse dem Ablauf der Dinge. Solange diese noch im Fluss waren. Der gegnerischen Presse jedoch lieferte dieses „Haus allerersten Ranges“ – da der Führer niemals das tat, was die Systempresse sich erhoffte –, Stoff zu der infamsten Hetze. Kaum hatte der Führer den Kaiserhof betreten, dann begann das Intrigieren, Fantasieren, Kombinieren, dann wurden faustdicke Lügen erfunden und in die Welt gesetzt, von denen man annahm, dass sie den Gang der Ereignisse zu unserem Schaden beeinflussen könnten. „Der Arbeiterführer im Luxushotel“, so lautete der ewig wiederkehrende Refrain[49] der Blätter jener Parteien, deren wohlbeleibte Bonzen jetzt[50] die internationalen Hotels der Schweiz und der französischen Riviera bevölkern.

Warum wählte der Führer dieses Hotel zu seiner Arbeitsstätte, von dessen „Komfort“ und modernen Bequemlichkeiten wir freilich recht wenig Gebrauch machen konnten? An sich lag uns, und erst recht dem Führer selbst, die Atmosphäre eines solchen Hauses wenig.[51] Reine Zweckmäßigkeitsgründe sprachen für die Wahl gerade dieses Hauptquartiers. Zunächst war der Führer in diesem Zeitpunkt des Kampfes es seiner Bewegung schuldig, auf die Mentalität seiner Verhandlungspartner Rücksicht zu nehmen, sich nach deren psychologischer

48 Genau diese Schlagzeile ist in keiner wichtigen Berliner Zeitungen je erschienen. Auch machte bis in den Sommer 1932 die Berliner Presse wenig Aufhebens um die Anwesenheit des NSDAP-Chefs.

49 Es gab gelegentliche Berichte über die Unterkunft Hitlers im Luxushotel und seine hohen Rechnungen. Allerdings bestimmte das die Kritik an der NSDAP keineswegs.

50 Polemische Anspielung auf die exilierten Spitzenpolitiker der demokratischen Parteien. Niemand von ihnen hielt sich 1933/34 in internationalen Hotels der Schweiz und der Riviera auf.

51 Unzutreffend. Hitler legte höchsten Wert auf großzügige, luxuriöse Quartiere und Büros. Er bewohnte seit 1929 eine Neun-Zimmer-Wohnung in München und ließ 1930/31 das großbürgerliche Palais Barlow in der Brienner Straße in München extrem aufwendig zur Parteizentrale umbauen.

Einstellung zu richten. Der Kaiserhof war in diesem Sinne repräsentativ. Dann aber, und das war ein wichtiger Grund, symbolisierte schon die Lage des Kaiserhofes deutlich den Weltanschauungskampf der beiden Antipoden, den Endkampf des neuen Deutschlands gegen das abgewirtschaftete System.[52] Von seinem Arbeitszimmer aus sah Adolf Hitler auf der anderen Seite des Wilhelmplatzes auf die alte Reichskanzlei, in der die Gegenminen gelegt wurden, in der man mit List und Tükke darüber nachgrübelte, wie man der vorwärtsstürmenden Bewegung das Tor zur Macht doch noch verschließen könne.

Der Schreckensruf: „Hannibal ante portas", der einst Rom in Furcht und Schrecken versetzt hatte, hier fand er im übertragenen Sinne seine Wiederholung, sobald Adolf Hitler in den Kaiserhof einzog.[53] Schon das äußere Bild, wie sich die Verhandlungen abspielten, zeigt eine augenscheinliche Parallele. Adolf Hitler stand vor den Toren – nicht Berlins, denn das hatte er innerlich längst[54] erobert, er belagerte das Tor des Hauses, von dem aus Bismarck das Deutsche Reich regiert hatte, um von ihm Besitz zu ergreifen.

Bei dem völligen Versagen der Polizei und aller Machtmittel des damaligen Staates sprach noch ein letzter Grund für den Kaiserhof. Dieser liegt innerhalb der Bannmeile. Der Führer, der in seinem Hotel Tag und Nacht arbeitete, der unter schwerster Verantwortung um entscheidende Entschlüsse rang und diese in wichtigen Unterredungen vorbereiten musste, konnte und wollte sich keinen Demonstrationen aussetzen. Er musste Wert darauf legen, bei seiner Arbeit nicht durch marxistische Umzüge, durch das Johlen vorüberziehender Kommunistenhorden gestört zu werden. [55]

Wie sah nun dieses „Hauptquartier" aus, wie spielte sich dort an einem Großkampftag unser Leben ab? Man konnte es am besten einem Feldlager vergleichen. Alles trug den Stempel des Provisorischen. So plötzlich wir erschienen, so uner-

52 Dies dürfte der wesentliche Grund gewesen sein für die Auswahl des Kaiserhofs als Berliner Hauptquartier Hitlers.

53 Selbststilisierung.

54 Selbst bei den letzten freien Wahlen 1932 lag der Stimmanteil der NSDAP in Berlin nie höher als 36,3 Prozent und fiel im November 1932 sogar auf 22,5 Prozent.

55 Wohl eine freie Erfindung. Auch vor anderen Hotels hatte es bei Hitlers Anwesenheit in der Hauptstadt selten kommunistische Demonstrationen gegeben. Die KPD hielt sich ohnehin nicht an Bannmeilen und ähnliche Vorschriften und inszenierte zum Beispiel am 21. November 1932 am Kaiserhof eine ihrer typischen, unangemeldeten Blitzdemonstrationen.

wartet verschwanden wir wieder. Manchmal nahmen wir nur Tageszimmer, hielten uns nur für Stunden im Kaiserhof auf. Manchmal musste in wenigen Minuten gepackt werden. Ich sehe uns heute noch zehn Minuten vor Abfahrt des D-Zuges nach München in fliegender Hast die Hotelhalle verlassen und die Wagen zu rufender Fahrt zum Bahnhof besteigen.[56]

Während dieses Aufenthaltes in diesem Hause kam der Führer nur ganz selten aus seinem Arbeitszimmer oben in der Etage, in der hintersten Ecke des langen Korridors, nach unten zu dem für ihn, seine Begleiter und Besucher reservierten runden Tisch in der Ecke rechts. Sein normaler Aufenthalt blieben seine Räume im ersten Stock, wo er meist auch die Mahlzeiten einnahm. Im Empfangszimmer des Führers löste eine Besprechung die andere ab. Bis in die tiefe Nacht hinein. Im Vorzimmer stand das Telefon nicht still. Unaufhörlich wurde von allen erreichbaren Stellen telefoniert, von überallher angerufen. Die Fernsprechzentrale des Kaiserhofes ist niemals so in Anspruch genommen worden.[57] Ihr Personal leistete Erstaunliches und gab sich die denkbar größte Mühe, die niemals abreißende Kette von Verbindungen herzustellen.

In der Hotelhalle herrscht unterdes reges Leben. Es ist ein ständiges Kommen und Gehen. Schwere Teppiche dämpfen die Schritte. Die große Drehtür kreist ohne Pause. Die Führer der Bewegung gehen ein und aus, die Verbindungsleute der Regierung, Besucher aus Diplomatie und Wirtschaft melden sich an.[58] Unten und auf ihren Zimmern fertigen der Adjutant des Führers[59], sein Pressechef[60] und andere Mitglieder des Stabes Besucher ab. Ein primitives Büro ist eingerichtet, Reiseschreibmaschinen sind behelfsmäßig aufgebaut und klappern ohne Unterlass.

Die Vertreter der in- und ausländischen Presse belagern in großer Zahl das Hotel.[61] Die Systempresse hat ihre gewieftesten Reporter mobil gemacht. An entscheidenden Phasen des

56 Hitlers bevorzugte Zimmerflucht im Kaiserhof wurde mindestens 1932/33 stets für ihn freigehalten. Da nur ganz wenige Originalrechnungen erhalten sind, ist offen, ob dafür bezahlt wurde oder nicht.

57 Selbststilisierung.

58 Selbststilisierung.

59 Gemeint wahrscheinlich: Julius Schaub (1898-1967), Apothekergehilfe, Frontsoldat. Seit 1920 Mitglied der NSDAP, seit 1925 Hitlers persönlicher Adjutant. Im April 1945 vernichtete Schaub in Berchtesgaden die privaten Papiere Hitlers. 1945 bis 1949 interniert, lebte danach als Drogist in München.

60 Gemeint: Otto Dietrich.

61 Selbststilisierung.

Kampfes wurden in den Kaiserhof Pressekonferenzen einberufen, die stets überfüllt waren.[62] Bei solchem Arbeitstempo vergaßen wir häufig die Mahlzeiten, fasteten manchmal den ganzen Tag über. Wir waren in Berlin und sahen nichts von der Stadt. Es konnte vorkommen, dass wir eine ganze Woche nicht aus diesem Steinkoloss herauskamen. Erst lange nach Mitternacht legte man sich zur Ruhe nieder. Wenige Stunden Schlaf, und ein neuer Kaiserhoftag begann. Mit selbstsicherer Überlegenheit und kühler Ruhe beherrschte der Führer jede Stunde, hielt er die Fäden in seiner Hand. Während die Systempresse in kritischen Augenblicken von schweren „Konflikten", „turbulenten Szenen" und „Nervosität" im Kaiserhof fantasierte[63] und sich nicht ihren eigenen, sondern den Kopf Adolf Hitlers zerbrach, saß dieser oben in seinem Arbeitszimmer. Er, der allein die Lage zu überblicken vermochte, seine wirklichen und falschen Freunde erkannte und durchschaute, um sich für das zu entscheiden, was er zum Nutzen des Volkes für richtig hielt. So mancher Aufenthalt, so manche Verhandlung wurde abgebrochen, ohne dass eine Entscheidung fiel. Bis dann schließlich am 30. Januar 1933 der Führer von hier aus unter grenzenlosem Jubel das kurze Stück über den Wilhelmplatz hinüberfuhr zur Reichskanzlei. Die Belagerung war zu Ende, die Festung gefallen. Die Tore öffneten sich.[64]

[…]

Voßstraße (Bez. Mitte) Nr. 11: Adolf-Hitler-Haus

1932: Seit 1. Oktober Sitz der Gauleitung Berlin der NSDAP, in unmittelbarer Nähe des Regierungsviertels. Das Gebäude umgebaut durch den Architekten Albert Speer[65] und eingeweiht durch Dr. Goebbels am 17. Oktober 1932.

[…]

62 Es sind nur vier derartige Pressekonferenzen dokumentiert.

63 Im Kaiserhof fand die Konfrontation zwischen Hitler und Straßer am ??. Dezember 1932 statt, bei der Hitler seinen Selbstmord ankündigte für den Fall, dass die NSDAP über die Frage einer Beteiligung an einem Kabinett Schleicher auseinanderbrechen sollte. Bei den entsprechenden Zeitungsberichten handelte es sich nicht um Fantastereien, sondern um durchgesickerte, im Kern aber zutreffende Gerüchte.

64 Zitat aus Dietrich: Mit Hitler an die Macht, S. 149 154.

65 Es handelte sich um den ersten nennenswerten Auftrag für Speer, der anderthalb Jahre zuvor Mitglied der NSDAP geworden war. Seinem eigenen Zeugnis zufolge handelte es sich um „einen Neuanstrich der Wände und einige kleinere Renovierungsarbeiten". Vgl. Speer: Erinnerungen, S. 38.

Hedemannstraße (Bez. Kreuzberg) Nr. 10: Sitz der Gauleitung Sitz der Gauleitung Berlin der NSDAP vom 1. Mai 1930 bis 1. Oktober 1932. Hier wurde die Gaubetriebszellenabteilung unter Johannes Engel am 1. Mai 1930 gegründet. Sitz des Osaf-Stellvertreters Ost[66] bzw. seit 1931 der Führung der SA-Untergruppe Berlin und dann der SA-Gruppe Berlin-Brandenburg (bis 5. April 1932), ferner der Zeugmeisterei Ost, des HJ-Gaues Berlin, der Gaurundfunkstelle sowie der Redaktion des *Angriffs* bis 15. Oktober 1932. Erstmalig wurde *Der Angriff* von dem „System"[67] am 11. November 1930 für eine Woche verboten, dann am 4. Februar 1931 zum zweiten Male und am 4. Juni, 16. Juli, 4. August, 29. August, 17. September, 29. September, 30. November und 9. Dezember 1931 weitere acht Male. Im Jahre 1932 wurde *Der Angriff* sechsmal auf eine Woche verboten: 8. Januar, 27. Februar, 23. März, 25. Juni, 14. Juli, 24. August. Trotz dieser 16 Verbote gelang es dem „System" nicht, den *Angriff* wirtschaftlich zu vernichten. Das Gebäude wurde seit Frühjahr 1931 häufig von Kriminalpolizei und Schupo durchsucht.

1931: 24. April: Schupo fahndete unter Besetzung aller Stockwerke nach Uniformierten (auf Grund des Uniformverbotes der marxistischen Preußenregierung vom 11. Juni 1930): Vier SA-Männer und ein Hitlerjunge verhaftet.

1932: 27. Januar: Größeres Schupo-Aufgebot durchsuchte das Haus wegen der „Felseneck"-Angelegenheit.[68]

17. März: Im Zusammenhang mit einer großen Polizeiaktion gegen die Partei in ganz Preußen wurde nach angeblichen „Putschplänen" gesucht. Beschlagnahme von Akten.

4. April: Polizeiliche Schließung der SA-Räume wegen „wiederholter Überfälle" von SA-Männern[69] auf politisch „Andersdenkende", daraufhin siedelte die SA-Führung in die Hedemannstr. 31 über.

13. April bis 17. Juni: Im Keller geheimer Sitz der SA-Führung Berlin-Brandenburgs während des SA-Verbotes. Jetzt befin-

66 Gemeint: Walther Stennes. Nicht erwähnt wird, dass Stennes einige treu ergebene SA-Leute in der Nacht vom 30. auf den 31. August die über seiner eigenen Dienststelle gelegene Gaugeschäftsstelle der NSDAP besetzen ließ. Vgl. Dokument 55.

67 Gemeint: die preußische Regierung.

68 An der Kolonie Felseneck in Reinickendorf-Ost kam es am 19. Januar 1932 zu einem schweren Zusammenstoß zwischen Kommunisten und SA-Leuten. Ein Kommunist wurde erschossen; seine Kameraden rächten sich durch den Mord an einem SA-Truppführer später am selben Abend.

69 Zutreffender Vorwurf gegen die SA.

det sich in diesem Hause ein Teil der Reichsjugendführung der NSDAP (Organisations-, Personalamt, Amt für körperliche und für weltanschauliche Schulung, Verbände). [...]

Zwischen Friedrichsgracht, Gertraudenstraße und Mühlendamm (Bez. Mitte)

(Fischerkiez, südlicher Teil von Alt-Cölln, der Schwesterstadt Berlins. In der Fischer- und Roßstraße finden sich noch verschiedene Häuser aus dem 18. Jahrhundert mit alten Treppenaufgängen, Galerien auf den Höfen und Hauszeichen. Kiez: Ursprünglich Bezeichnung der Slawensiedlung in mittelalterlichen Kolonialstädten Ostdeutschlands, dann im Volksmund: „entlegener Stadtteil", schließlich in der Kampfzeit: Ortsteil mit ausgesprochen kommunistischer Bevölkerung, in Berlin z. B. Fischer-, Alexander-, Beussel-, Nostitz-, Soldiner und Rostocker Kiez, in Berlin-Lichterfelde-Ost: Kaiserkiez am Kaiserplatz.[70] Der Fischerkiez mit damals fast nur kommunistischer Bevölkerung und geradezu trostlosen Wohnverhältnissen war das Kampfgebiet des SA-Sturmes 1 Alexanderplatz. Die gefährdetsten[71] Straßen waren die Fischerstraße mit dem von der Kommune bevorzugten Lokal „Zum Nussbaum" und die Petristraße mit dem „Bombenschloss". Im Haus Fischerstr. 30 befindet sich ein enger Durchgang (zur Straße An der Fischerbrücke), der im Kampf für die SA als Zugang zum Fischerkiez eine wichtige Rolle spielte. An diesem Durchgang standen gegenüber den Wohnhäuschen bis zur Machtübernahme Schweineställe. Gerade gegenüber von Petristraße Nr. 15, Nr. 27, befindet sich ein Durchgang zur Roßstraße Nr. 8. Das Gasthaus „Alt-Berlin", Petristraße Nr. 22 Ecke Rittergasse, war in der Kampfzeit ein Stützpunkt der Bewegung. Das unübersichtliche Häusergewirr des Fischerkiezes mit den Höfen, in die vielfach wieder kleine Häuser ohne Licht und Luft hineingebaut sind (z. B. Fischerstraße Nr. 34), mit den verschiedenen Durchgängen, den Wegen über die Dächer (z.B. Fischerstraße Nr. 15) usw. bot in der Kampfzeit für die Kommunisten ausgezeichnete Schlupfwinkel, so dass es der Polizei, soweit sie sich überhaupt damals in den Fischerkiez hineinwagte, kaum je

70 Tatsächlich kommt der Begriff Kiez aus dem Slawischen und bedeutete zunächst Viertel am Rande einer Siedlung. Ab etwa 1880 stand das Wort für verkommene Stadtviertel. Die hier beschriebene Bedeutung „kommunistisch dominiertes Viertel" ist andernorts selten belegt

71 Gemeint: die für die SA gefährlichsten Straßen.

gelang, einen gesuchten Kommunisten zu fassen.[72] Besonders gefährlich war der hier unmittelbar vorbeifließende Spreearm, in welchen die Kommunisten bei nächtlichen Überfällen immer wieder SA-Männer hineinzuwerfen versuchten. Im Zuge der bereits in Angriff genommenen Altstadtsanierung soll auch der ganze Fischerkiez beseitigt werden.
1929: Sturmführer Horst Wessel fuhr erstmalig mit seinem SA-Sturm 5 auf Lastwagen durch den Fischerkiez.[73] Darüber berichtet sein Kamerad Erwin Reitmann:

Als der Kampf noch unentschieden tobte, entschloss sich Horst, der den Kampf um den Fischerkiez trotz seiner eigenen Arbeit interessiert verfolgte, zu einem ganz großen Schlag. Wir hatten wie so oft eine Landpropagandafahrt gemacht und für unsere Bewegung ausgiebig agitiert. Früher als gewöhnlich traten wir die Heimfahrt an. Wie es hieß, wollten wir heute zum ersten Mal durch den Fischerkiez fahren. Das war damals eine gewagte Sache, und noch keine geschlossene SA-Formation hatte das bisher getan. Der Fischerkiez war zu unübersichtlich. Eine beispiellose Kampffreudigkeit lag auf den Gesichtern aller SA-Leute. Eine fiebernde Ungeduld erfüllte alle. Man konnte nicht früh genug in Berlin sein. Der Wagen polterte durch die Dörfer der Mark, immer näher ging es der Stadt zu. Bald sauste der Lastzug über den spiegelglatten Asphalt, auf dem Verdeck der Fahnenträger, die knatternde Fahne in den Fäusten. Auf dem Wagen standen sie alle, Mann für Mann, und ließen ihre Kampflieder und Sprechchöre durch die Straßen schallen. An den Fenstern und auf der Straße erschienen die Menschen und sahen dieser wilden, braunen Jagd nach. Ab und zu grüßte man uns. Doch zumeist grölte man uns das „Rot Front" entgegen. Die Innenstadt kam immer näher, gleich war man da. Plötzlich hielt der Wagen, Horst stieg mit aufs Verdeck. „Keiner springt vom Wagen ohne Kommando. Alles wahrt eiserne Disziplin. Wenn wir angegriffen werden, dann aber auch alle für einen und einer für alle!" Das waren die kurzen Worte, die er an seine Leute richtete. Fertigmachen! Singen! Langsam rollte der Wagen los – ganz langsam. „Die Fahne hoch" stieg es wuchtiger und inbrünstiger denn je

72 Zutreffend.
73 Übliche Provokationsstrategie der SA.

zum Himmel.[74] Der Lastzug fuhr um eine Ecke. Wir waren im Fischerkiez. Wir sangen, wir schrien, wir brüllten. Man sollte uns hören. Wir waren da, ungefragt und unangemeldet. Alles schaute nach rechts und nach links, nach oben und unten. Aufpassen hieß es.

An den kleinen, niedrigen Fenstern erschienen die ersten Gesichter. Alles glaubte, die „Rote Garde" käme, doch was war das, die Nazis? Sollten wir uns das gefallen lassen? Diese Provokation – wo sind denn unsere Leute? Runter auf die Straße! – Die rote Meute sammelte sich. Horst kniete auf dem Verdeck, über seinem Haupt die leuchtende Fahne. Wir waren vor dem Wirtshaus „Zum Nussbaum", einem alten, auf Tradition zurückblickenden Gasthaus, angelangt. Die ganze Gegend geriet in Aufregung. Aus allen Häusern kamen sie herbeigeströmt, immer größer wurde die Menge und brüllte in wahnsinniger Wut uns ihr „Rot Front!" entgegen. Mehr wagten sie nicht. Die entschlossene Miene der SA-Leute flößte ihnen Respekt ein. Sprungbereit, das Koppel in der Hand, schauten sie auf die tobende Masse. Da hielt der Wagen – was nun? Horst stellte sich aufs Verdeck und hielt eine Ansprache an die Bewohner. Alles wurde ruhig und lauschte gespannt: „Seit Jahr und Tag herrscht hier im Fischerkiez der rote Terror. Täglich überfällt man hier nationalsozialistische Einwohner. Wir rufen euch ein energisches ‚Halt' zu und warnen euch zum letzten Mal." Als er geendet, gleicht die Straße einem brodelnden Hexenkessel. Finstere Individuen fanden sich immer mehr ein. Unerhört, wir hatten ihre Domäne betreten. Zermalmen hätten sie uns können. Zum ersten Mal erklang hier das Heil auf unseren Führer und auf die Bewegung.[75] Die SA-Leute waren glücklich. Jetzt waren sie in ihrem Element. Wie siegesfreudig erklangen die Lieder, als der Zug langsam anfuhr. Verwünschungen erklangen, die immer lauter wurden, je weiter wir uns entfernten. Durch alle Straßen Alt-Berlins fuhren wir nun und durchquerten die Gegend bis zur Dunkelheit. Der rote Terror war ohne einen Tropfen Blutvergießen gebrochen. Gelähmt durch das schneidige, mutige Auftreten, hatte der Gegner keine Gelegen-

74 Unwahrscheinlich. Zur SA-Hymne wurde das Lied erst nach Wessels Tod.
75 Selbststilisierung.

heit zur aktiven Gegenwehr gefunden.[76] Wieder war es Horst Wessel, der durch diese Tat den Kampf um Berlin um einen großen Schritt vorantrug.[77]

Petristr. 15 (Bez. Mitte) „Bombenschloss"
Haus im Fischerkiez mit einem der schönsten Alt-Berliner Höfe.
1929: 14. Dezember: Die Kommune wollte nachts in die zu ebener Erde rechts neben dem Hauseingang liegende Wohnung des damaligen SA-Sturmführers 1 eine Sprengstoffladung werfen, die jedoch schlecht gezielt, am Fenstersims abprallte und mit gewaltigem Getöse auf der Straße explodierte. Fünf Fensterscheiben dieser Wohnung gingen in Trümmer. Seitdem heißt das Haus „Bombenschloss".[78] Nach der Machtübernahme fand man in dem gegenüberliegenden Hause, aus dem die erste Bombe geworfen war, noch eine unbenutzte zweite, die jetzt im Revolutionsmuseum der SA-Standarte 6 ausgestellt ist.

Molkenmarkt Nr. 1/2 (Bez. Mitte) „Wanzenburg" (besteht nicht mehr)
Die ehemalige „Stadtvogtei" diente im 19. Jahrhundert als Polizeipräsidium und -gefängnis. Hier saß Fritz Reuter[79] vom 31. Oktober bis 31. Dezember 1833 und vom 18. bis 20. Juni 1839.

Dies Gebäude wurde in den letzten Jahrzehnten nach seinem Umbau als „Wohnung" benutzt, im Volksmunde wegen der ganz unerträglichen hygienischen und sanitären Verhältnisse „Wanzenburg" genannt.[80] In der Kampfzeit war dieses große Gebäude im Besitz eines reichen Juden.[81] Aus den meist kommunistisch eingestellten Arbeitslosen, die mit ihren Fami-

76 Selbststilisierung. Ingeborg Wessel baute diese Schilderung aus: „Johlende Menschenmassen, die sich beim Näherrücken der SA in die Hausflure und Nebenstraßen zurückzogen, Schimpfkanonaden aus den Fenstern, Steinwürfe und Schüsse, sobald es dunkel wurde, und die unerschütterliche Disziplin der Braunhemden. Darauf spekulierte die Kommune. Und häufig verrechnete sie sich, denn Horst handelte stets nach dem Grundsatz: Terror kann man nur mit Terror brechen! Und er brach den Terror! Überall dort, wo sein Sturm 5 erschien. Ein Kommando – eine Gruppe sprang aus der Kolonne – die anderen marschierten ruhig weiter – es gab ein paar blutige Köpfe – und schon war alles vorbei." Vgl. Wessel: Mein Bruder Horst, S. 57

77 Zitat aus Reitmann: Horst Wessel, S. 76-79

78 Zutreffende Beschreibung.

79 Fritz Reuter (1810-1874), Dichter und Schriftsteller. Schrieb auf niederdeutsch. Reuter saß zu Beginn und zum Ende seiner Haft wegen „Teilnahme an hochverräterischen burschenschaftlichen Verbindungen in Jena und Majestätsbeleidigung" in der Berliner Stadtvogtei ein.

80 Ein literarisches Denkmal setzte den unzumutbaren Wohnbedingungen in diesem Haus Gerhard Hauptmann mit seinem Drama „Die Ratten".

81 Die Eigentumsverhältnisse des Hauses Ende der 20er- und Anfang der 30er-Jahre sind unklar.

lien diese aus den ehemaligen Gefängniszellen umgebauten „Wohnungen“ bewohnten, presste er den letzten Groschen für die hohe Miete heraus und ließ die Mieter, falls sie nicht zahlen konnten, rücksichtslos exmittieren. In einem solchen Falle ging die SA (Standarte 6) energisch gegen diesen Juden vor und schaffte kurzerhand die schon auf den Hof gestellten Möbel wieder in die einzelnen Wohnungen hinauf ohne Rücksicht auf die politische Einstellung der Betreffenden. Diese Hilfsaktion hat der SA und Partei viele Sympathien unter den Bewohnern der „Wanzenburg“ geschaffen.[82] Das Gebäude ist 1934/35 im Zuge der Altstadtsanierung zugleich mit dem danebenliegenden „Krögel“ und der am Mühlendamm befindlichen kleinen Gastwirtschaft („Mühlendamm-Klause“, Mühlendamm Nr. 3) abgerissen worden. Diese letztere war ein Stützpunkt der SA, die in dem neben der Wirtschaft stehenden Baume eine Blinkstation zur Verbindung mit den wenigen SA-Männern des Fischerkiezes eingerichtet hatte.

Parochialstr. 29 (Bez. Mitte) „Antikriegsmuseum“ (besteht nicht mehr)

Errichtet in der Nachkriegszeit von einem als Volksverräter Anfang März 1936 ausgebürgerten kommunistisch-pazifistischen Literaten und Agitator.[83] Als Sinnbild war über der Tür ein zerbrochenes Gewehr dargestellt. Im Innern Antikriegsliteratur, Zersetzungsschriften[84], pornographische Bücher und Bilder[85] usw. Eine unter einer Käseglocke zur Verhöhnung der SA ausgestellte SA-Mütze holten drei SA-Männer vom Sturm 1 Alexanderplatz heraus. Dieses Haus wurde im März 1933 vom SA-Sturmbann II/6 besetzt und nach dem damaligen Standartenführer 6 in „Richard-Fiedler-Haus“ umbenannt. Im Sommer 1936 für den Erweiterungsbau des Berliner Stadthauses. [...]

82 Diese Anekdote ist nur in nationalsozialistischen Propagandaschriften nachweisbar.

83 Gemeint: Ernst Friedrich (1894-1967), Anarchist und Pazifist. Friedrich verweigerte den Kriegsdienst und wurde in die Psychiatrie eingewiesen; später erhielt er wegen Sabotage eine Gefängnisstrafe. 1918 aus dem Gefängnis befreit, gehörte Friedrich zu den radikalen pazifistischen Sozialisten der Weimarer Republik. 1933 verhaftet, seit 1934 emigriert. Er gründete in Brüssel ein neues Antikriegsmuseum, das 1940 nach der Besetzung Belgiens durch die Wehrmacht aufgelöst wurde. Mehrfach in Haft. Nach 1945 entschädigt, aber erfolglos mit dem Versuch, eine radikal antimilitärische Jugendbewegung aufzubauen.

84 Als „Zersetzungsschriften“ galten den Nazis alle Publikationen, die ihrer Ideologie zuwiderliefen.

85 Frei erfunden.

Alexanderstr. 2, 10 und 18 und Magazinstr. 3-5 (Bez. Mitte) Polizeipräsidium

In der Kampfzeit berüchtigt durch das Wirken der Abt. I A (Politische Polizei); als Vizepolizeipräsident wirkte bis zum 20. Juli 1932 der Jude Dr. Bernhard Weiß, von Goebbels „Isidor“[86] und „Vipoprä“[87] getauft. Im Jahre 1928 ernannte die SA Zehlendorf, in der Berliner Verbotszeit (5. Mai 1927 bis 31. März 1928) als „Verein Modderkrebs“ getarnt, Dr. Goebbels bei einer Parteiveranstaltung feierlich zum „Ehrenmodderkrebs“ und trug dabei ihr „Vereinslied“ vor, eine Umdichtung des damals vielgesungenen Seeräuberliedes:

Der mächtigste König von Groß-Berlin
Das ist der Isidor Weiß
Der Dr. Goebbels, der Oberbandit
Macht ihm die Hölle so heiß
Die eigene Schupo verprügelt ihn schon
Man hört‘s bis zum Brandenburger Tor
Er nennt sich Dr. Bernhard Weiß
Und bleibt doch der Isidor.

Dieses Lied nimmt Bezug darauf, dass Weiß am 2. Juni 1928 abends, bei einem Umzug des Rotfrontkämpferbundes von seiner eigenen Polizei in der Frankfurter Allee, Ecke Tasdorfer Straße (Bez. Lichtenberg) mit Gummiknüppeln verhauen wurde.[88]

1928: 8. Juli: Die Berliner SA-Standarten I und II, die aus der Rückkehr von einer Propagandafahrt in die Prignitz in der Stadt Nauen (nordwestlich von Berlin) eine große Straßenschlacht geschlagen haben (etwa 16 Verletzte), wurden durch ein großes Schupo-Aufgebot verhaftet und zum Polizeipräsidium in die Pferdeställe der Magazinstraße gebracht.[89]

86 Der Schmähname „Isidor“, der antisemitisch sein sollte, wurde Bernhard Weiß 1923 von der Roten Fahne angehängt.

87 „Vipoprä“ war kein Schimpf-, sondern ein vom Berliner Volksmund verliehener Kosename für Weiß.

88 Weiß schilderte dieses Ereignis selbst in einem Brief an das Berliner Tageblatt: „Da ich mich in der Menge befand, versuchte ich zunächst zu verhindern, dass die Polizisten ohne ersichtlichen Grund zu ihren Hiebwaffen griffen. Ich gab mich als Polizeivizepräsident zu erkennen und forderte die direkt vor meinen Außen dreinschlagenden Beamten zur Besonnenheit auf, konnte jedoch nichts mehr ausrichten und wurde dabei selbst von einem jüngeren Schutzpolizisten mehrmals mit voller Kraft mit dem Gummiknüppel über den Rücken und den linken Arm geschlagen. Die Schläge sind mit solcher Rohheit ausgeführt worden, dass die ganzen Stellen an meinem Körper stark blutunterlaufen sind. Ich musste mich zurückziehen, um nicht noch weitere Schläge von diesem jähzornigen Beamten zu erhalten.“ Berliner Tageblatt v. 4. Juni 1928. Goebbels höhnte am 5. Juni 1928: „Ein Leckerbissen: Isidor Weiß ist von seinen eigenen Polizeibeamten mit dem Gummiknüppel verprügelt worden, ohne dass man ihn erkannte. Die Zeitungen sorgen für den Spott.“ Zit. n. Fröhlich (Hrsg.): Die Tagebücher von Joseph Goebbels, Teil 1, Bd. 1/III, S. 31.

89 Zutreffend.

22. August: Beamte der Abteilung I A verhafteten die 700 Berliner SA- und SS-Männer, die in drei Sonderzügen zum dritten Reichsparteitag nach Nürnberg gefahren waren, bei ihrer Rückkehr in Teltow. Die Männer, unter ihnen Hans Eberhard Maikowski, wurden auf Lastautos zum Polizeipräsidium geschafft und hier einen Tag festgehalten.[90]
1929: 17. November: Kommunalwahlen in Preußen, Sachsen und Hessen. Anlässlich einer Propagandafahrt durch den Berliner Norden wurden die SA-Standarte IV und der SA-Sturm 5 – über 400 Mann – verhaftet und unter starker Schupo-Begleitung in die Pferdeställe der Magazinstraße eingeliefert.[91]
1930: 17. Juni: Nach schwerer Saalschlacht in „Müllers Festsälen" in der Scharnweberstraße in Reinickendorf machte die Polizei Jagd auf SA-Männer und nahm 22 Mann vom Reinikkendorfer SA-Sturm 23 und 32 Mann vom SA-Sturm 2 Prenzlauer Berg fest. Sie wurden bis zum nächsten Mittag in der Magazinstraße festgehalten.[92]
10. August: Die SA-Standarte III auf der Rückfahrt von einer Propagandafahrt durch den Bezirk Treptow in der Wiener Straße von der Polizei verhaftet und auf das Polizeipräsidium gebracht.[93]
14. September: Die SA-Standarte V in Köpenick festgenommen und auf Lastwagen in das Polizeipräsidium gebracht.[94]
1931/32: Die Pferdeställe in der Magazinstraße entwickelten sich immer mehr zu einem SA-Massengefängnis. Die Wände mussten häufig frisch getüncht werden, da sie von den Insassen immer wieder von oben bis unten mit entsprechenden Inschriften bedeckt wurden.[95] Das Polizeipräsidium wurde zum „Wochenendhaus der Berliner SA", „Kloster (oder: Hotel) St. Bernhard" (Anspielung auf Bernhard Weiß), „Hotel I A", zur „SA-Führerschule" usw. Damals entstand auch das Schlagwort: „Jeder Deutsche einmal in Berlin – Jeder Berliner SA-Mann einmal auf der I A!"[96] [...]

90 Zutreffend.
91 Zutreffend.
92 Zutreffend.
93 Zutreffend.
94 Zutreffend.
95 Selbststilisierung.
96 Diese Bezeichnungen sind in NS-Zeitungen und Propagandaschriften bezeugt.

Rochstraße, Ecke Neue Friedrichstraße (Bez. Mitte) Havellands Festsäle (bestehen nicht mehr, abgerissen; jetzt Parkplatz)
Altes Versammlungslokal der Berliner Nationalsozialisten. Tagungsort der Berliner Gautage in den Jahren 1926 bis 1929.[97] [...]

72

DIE ÖSTLICHE INNENSTADT

Ausgewählte Einträge aus einem SA-Stadtführer. Zit. n. Engelbrechten/Volz: Wir wandern durch das nationalsozialistische Berlin, S. 89-108

[...] Horst-Wessel-Platz (früher: Bülowplatz) (Bez. Mitte)
Nach der Machtübernahme wurde der Horst-Wessel-Platz, bis dahin ein wüster Sandplatz[98] rings um die „Volksbühne“, mit Hilfe gärtnerischer Anlagen völlig umgestaltet. Auf der linken Seite wurde ein Denkmal für die Polizeioffiziere Anlauf und Lenck (s.u.), auf der rechten für die sechs Ermordeten der Bewegung der Innenstadt (s.u.) errichtet. Vor allem erbaute man als Abschluss des Platzes nach rückwärts zum Beweise nationalsozialistischen Tatwillens zwei große, architektonisch ansprechende Wohnhäuser[99] mit zahlreichen Kleinwohnungen. Das gleiche geschah in der benachbarten Linien- und Lothringer Straße, wo bisher nur kleine alte, den modernen hygienischen und sanitären Forderungen in keiner Weise entsprechende Häuschen standen, die sämtlich abgebrochen und durch Neubauten ersetzt sind.[100]

97 Hier eskalierte beim Gautag 1926 der Streit zwischen der Berliner SA und der NSDAP-Führung erstmals. Vgl. Dokument 22.

98 Bereits bald nach der Fertigstellung des Theatergebäudes für die Freie Volksbühne 1914 wurde das umliegende Areal gärtnerisch gestaltet. Unter anderem wurden Bäume gepflanzt und Rasen gesät. Ab Ende der 20er-Jahre verwahrloste der Platz, weil hier vor der KPD-Zentrale häufig pro- sowie antikommunistische Demonstrationen stattfanden. Ein „Sandplatz“ war der Bülowplatz dennoch nicht. Bei der Neugestaltung nach 1933 verschwand der Rasen vor dem Eingang der Volksbühne und wurde durch Steinplatten ersetzt; außerdem kamen zwei Denkmäler dazu.

99 Diese Häuser waren bereits Teil der Stadtplanung, aber bis 1933 noch nicht fertig gestellt, teilweise noch nicht einmal begonnen worden. Sie wurden teils nach den bisherigen, teils nach geänderten Plänen fertig gestellt.

100 Schon 1906/07 hatte der Berliner Magstrat beschlossen, das unhygienische und feuergefährdete Scheunenviertel abbrechen zu lassen. Wegen des Ersten Weltkrieges wurde dieses Vorhaben unterbrochen, aber in den 20er-Jahren wieder aufgenommen. 1933 waren die meisten der alten Häuser bereits abgerissen.

Horst-Wessel-Haus (Kleine Alexanderstr. 28 und Weydingerstr. 9)
Im Jahre 1912 als Geschäftshaus erbaut, war es bis 1933 der Sitz des Zentralkomitees der KPD[101], der „Deutschen Sektion der kommunistischen Internationale", gleichzeitig Sitz der Redaktion der „Roten Fahne" und der kommunistischen Mordzentrale[102] Berlins.
1929: 24. März: Erster Marsch der Berliner SA (Standarte IV) über den Bülowplatz und am Karl-Liebknecht-Haus vorbei. Dieser Marsch, an dem auch Horst Wessel teilnahm, war der Anlass zur Entstehung des Horst-Wessel-Liedes: Vor dem Abmarsch gab der SA-Standartenführer IV den Befehl, „die Reihen dicht geschlossen" zu halten und nicht aus der Kolonne heraus gegen provozierende marxistische Störenfriede vorzugehen, um durch diese straffe Disziplin bei den Zuschauern einen möglichst nachhaltigen Eindruck zu hinterlassen. In der Nähe des Bülowplatzes brachten die Kommunisten einen SA-Fahnenträger zu Fall. Horst Wessel sprang zu, riss die Fahne, um sie zu retten, hoch und marschierte so vor dem Sturme. Aus diesen Erlebnissen entstand noch am gleichen Abend der Text des Horst-Wessel-Liedes, das vom SA-Sturm 5 zum ersten Mal in der Öffentlichkeit am 26. Mai 1929 anlässlich des Berliner Gausturmaufmarsches in Frankfurt (Oder) bei der Versammlung der NSDAP im „Sanssouci" gesungen wurde.[103] Auf dem Nürnberger Parteitage im August 1929 gelangte es in weitere Kreise (z.B. von der Marschstandarte der Berliner SA Ende Juli 1929 bei dem Einmarsch in Kulmbach/Oberfranken gesungen); nach Horst Wessels schwerer Verletzung erklang das Lied erstmalig am 7. Februar 1930 im Berliner Sportpalast bei einer Versammlung der NSDAP.
23. August: Zweiter Marsch (SA-Standarte IV und Horst Wessels SA-Sturm 5) über den Bülowplatz.

101 Die KPD hatte das Gebäude 1926 erworben.

102 Bezieht sich auf die 1933 hier gefundene „Mordkartei", in der NSDAP-Funktionäre sowie Sympathisanten mit Adressen und weiteren Details verzeichnet waren. Außerdem plante der „Militärapparat" des KPD-MdR Hans Kippenberger hier möglicherweise einige seiner Anschläge.

103 Wann genau Horst Wessel den Text auf die Melodie des „Königsberg-Liedes" geschrieben hat, ist unbekannt. Die hier gegebene Schilderung ist mit Sicherheit überhöht. Vgl. Siemens: Horst Wessel, S. 81f.

September: Die Juden des Karl-Liebknecht-Hauses gaben die Mordparole aus: „Schlagt die Faschisten, wo ihr sie trefft!“[104]
1930: 1. März: Wüste rote Ausschreitungen gegen Horst Wessels Leichenzug, man versuchte, den Leichenwagen umzustürzen.[105]
7. September: Zur Reichstagswahl vom 14. September fuhr die gesamte Berliner SA (Standarten I-V) in Stärke von 2000 Mann auf 36 Lastzügen durch Berlin. Auf dem Bülowplatz Steinhagel der Roten, dabei vier SA-Männer leicht und ein Hitlerjunge schwer verletzt. Dies war die größte Berliner SA-Propagandafahrt, die mit Ausnahme der Bannmeile und der Außenbezirke ganz Berlin erfasste. Sie begann an der Pichelsdorfer Brücke und ging dann durch ganz Spandau – Siemensstadt – Moabit (Beussel-, Turm-, Stromstraße) – Bahnhof Tiergarten – Charlottenburg (Berliner , Wall- [jetzt: Maikowski-], Wilmersdorfer Straße) – Wilmersdorf – Schöneberg (Bahn-, Kolonnenstraße) – Tempelhof (Sachsendamm) – Südwesten (Kreuzberggegend: Kreuzberg-, Bergmann-, Urbanstraße) — Neukölln (Hermann-, Steinmetz-, Bergstraße, Richardplatz, Kaiser-Friedrich-Straße) – Südosten (Reichenberger, Manteuffel-, Naunynstraße) – Innenstadt (Dresdener, Alte Jakobstraße, Spittelmarkt, Fischerkiez, Molkenmarkt) – Osten (Kraut-, Strausberger, Palisadenstraße, Prenzlauer Berg, Nikolai-Friedhof, Horst-Wessel-Platz) – Nordosten (Lothringer, Elsässer Straße) – Wedding (Acker-, Garten-, Kösliner-, See-, Soldiner, Brunnen-, Bernauer Straße) – Nordosten (Danziger, Elbinger, Petersburger Straße) – Lichtenberg (Boxhagener, Scharnweber-, Simplonstraße) bis zur Warschauer Brücke, wo sich abends der Zug nach einer Ansprache von Dr. Goebbels auflöste. Von hier fuhren die einzelnen Standarten getrennt nach ihren Bezirken zurück. Während der Propagandafahrt setzte sich immer diejenige Standarte an die Spitze des Zuges, deren Gebiet gerade durchfahren wurde.

104 Die Losung geht zurück auf eine Formulierung im Leitartikel der Roten Fahne vom 5. November 1929,verfasst von Heinz Neumann, Mitglied des KPD-Politbüros. Die Parole richtete sich aber nicht nur gegen NSDAP-Anhänger, sondern ebenso gegen Sozialdemokraten, die Neumann als „Sozialfaschisten“ schmähte.

105 Goebbels hatte die KPD bewusst und vorsätzlich provoziert, indem die Route des Leichenzuges über den Bülowplatz verlief.

1931: 9. August: Roter Aufstand.[106] Am Abend des Abstimmungstages über den Volksentscheid auf Auflösung des Preußenlandtages erschossen Kommunisten nach wohlvorbereitetem Plan vor dem Kino „Babylon" (Ecke Kaiser-Wilhelm-Straße 27a) die beiden Polizeihauptleute Paul Anlauf und Franz Lenck.[107]

1933: **22. Januar**: Aufmarsch der gesamten Berliner SA, SS und Hitler-Jugend in Stärke von 20.000 Mann auf dem Bülowplatz: „Front gegen das Karl-Liebknecht-Haus". Anschließend Vorbeimarsch der Verbände an dem von Hitler am gleichen Tage geweihten Horst-Wessel-Grabstein auf dem Nikolaifriedhof. Dieser Aufmarsch brachte die Eroberung Berlins durch den Nationalsozialismus sichtbar zum Ausdruck.[108]

25. Februar: Polizei entdeckte bei der ersten gründlichen Durchsuchung des Karl-Liebknecht-Hauses geheime unterirdische Gänge und mit hochverräterischem Schriftenmaterial angefüllte Keller, ein geheimes Alarmsystem, Verstecke für Akten sowie Vorbereitungen, das Haus in eine regelrechte Festung umzuwandeln. Auf dem Dach befand sich ein gepanzerter Beobachtungsstand.[109] [...]

8. März: Besetzung des Karl-Liebknecht-Hauses durch den SA-Sturm R 6/6. Hissung der Hakenkreuzfahne (jetzt im Revolutionsmuseum der SA-Standarte 6) und Umbenennung in „Horst-Wessel-Haus". Der Bülowplatz heißt von nun an „Horst-Wessel-Platz". Das provisorische Straßenschild befindet sich jetzt ebenfalls im Revolutionsmuseum.

106 Es handelte sich um eine eskalierende Demonstration von KPD-Anhängern und um einen geplanten Terrorakt des Militärapparates der KPD, aber nicht um einen „roten Aufstand". Möglicherweise rechnete Goebbels jedoch damit, dass die Auseinandersetzungen zum Auftakt für einen Aufstand werden könnten. In sein Tagebuch notierte er: „Auf dem Bülowplatz schwere Tumulte. Zwei Schupohauptleute tot. Mehrere Kommunisten. Die Ouvertüre." Zit. n. Fröhlich (Hrsg.): Die Tagebücher von Joseph Goebbels, Teil 1, Bd. 2/II, S. 73f.

107 Bei Rangeleien zwischen Polizei und illegalen kommunistischen Demonstranten hatte am 7. August 1931 ein unerfahrener Beamter die Nerven verloren und einen gleichfalls jungen Arbeiter erschossen. In der folgenden Nacht schmierten KP-Kämpfer an eine Wand eine klare Drohung: „Für einen erschossenen Arbeiter fallen zwei Schupo-Offiziere. Rotfront nimmt Rache!" Am 9. August ergab sich die Gelegenheit, diese Morddrohung wahr zu machen: Ein kleines Terrorkommando passte vor dem Kino Babylon den Reviervorsteher des Bülowplatzes, Polizei-Hauptmann Paul Anlauf, und einen anderen mittleren Beamten, Hauptmann Frank Lenck ab. Laut Autopsiebericht bekam Anlauf zuerst eine Kugel in den Oberschenkel, bevor der Schütze ihn mit einem gezielten Schuss in den Hinterkopf regelrecht hinrichtete. Lenck wurde mehrfach in den Oberkörper getroffen und verblutete innerhalb einer Minute. Die Schützen, darunter der junge Erich Mielke, konnten fliehen.

108 Selbststilisierung.

109 Weitgehend erfunden. Es gab keine „Geheimgänge", auch war das Haus nicht vorbereitet, um in eine „Festung" verwandelt zu werden. Tatsächlich fanden sich jedoch Pläne des geheimen Militärapparates hier, was NS-Zeitungen übertrieben darstellten.

1934: 25. September: Reichsinnenminister Dr. Frick enthüllte ein von Hans Dammann und Heinrich Rochlitz geschaffenes Denkmal für alle im Beruf gefallenen und verwundeten Angehörigen der Polizei, insbesondere für die am 9. August 1931 von Kommunisten erschossenen Polizeihauptleute Anlauf und Lenck. Das mit dem Standbild der beiden Offiziere geschmückte Denkmal trägt folgende Inschrift: „Den Polizei-Hauptleuten Anlauf und Lenck, hier hinterrücks am 9. August 1931 von Kommunisten erschossen, und allen in treuer Pflichterfüllung gefallenen Polizeioffizieren und Wachtmeistern zum ehrenden Andenken. Das Polizeioffizierkorps Preußens."[110]
1935: 16. November: Nach Umbau und völliger Erneuerung Einweihung und Übergabe des Horst-Wessel-Hauses durch Ministerpräsidenten Göring an die Preußische Finanzverwaltung (Katasteramt). Im Hause befindet sich eine Ehrenhalle mit einem Sandsteinrelief Horst Wessels, das die Inschrift trägt: „Dies Haus in Zeiten der Schmach des Vaterlandes die Hochburg der Kommune. Im Kampf für die Nation von Männern der SA erobert. In einem freien Deutschland der Arbeit am Staate bestimmt. Dem Gedenken an Horst Wessel geweiht." Seit 22. Januar 1937 Sitz der SA-Gruppe Berlin-Brandenburg (vorher: Wilhelmstr. 106).
1936: 29. November: Einweihung des Denkmals für die sechs Ermordeten der Bewegung der Innenstadt, eines hohen, mit einem Hakenkreuz und einem großen Bronzeadler geschmückten Granitsockels.[111] [...]

Große Frankfurter Straße (Bez. Mitte und Horst Wessel)
Nr. 84: Restaurant „Zur Möwe" (besteht nicht mehr)
Dieses Lokal war eine Zeit lang das Sturmlokal von Horst Wessels SA-Sturm 5.

Nr. 117: Tanzsaal Königsbank (besteht nicht mehr)
1928: 13. April: Parallelversammlung zur großen Gründungsfeier des Gaues Berlin im Kriegervereinshaus nach der Aufhe-

110 Das Bronzedenkmal wurde im Zweiten Weltkrieg eingeschmolzen.

111 Goebbels kommentierte diese Denkmal-Einweihung: „Mit Lutze und Lippert Horst-Wessel-Platz. Einweihung des Denkmals der Gefallenen der Bewegung. Welch eine Wandlung seit vier Jahren, da wir hier zum letzten Male standen, ‚Front Karl-Liebknecht-Haus'. Damals Revolution, heute Frieden und Ordnung. Nur eine Sorge um den Krieg. Der darf jetzt nicht kommen. Das wäre das größte Unglück, das geschehen könnte." Zit. n. Fröhlich (Hrsg.): Die Tagebücher von Joseph Goebbels, Teil 1, Bd. 3/II, S. 269.

bung des Verbotes (5. Mai 1927 bis 31. März 1928). Schwere Saalschlacht mit Kommunisten.

Schillingstr. Nr. 13 (Bez. Mitte)
Restaurant Bergmann „Sturm 1 Werner Wessel"
Sturmlokal des SA-Sturmes 1 Alex, dem Werner Wessel bis zu seinem Tod am 22. Dezember 1929 angehörte. Häufige rote Überfälle. Parteilokal seit 1927.
Andreasstr. Nr. 21 (Bez. Horst Wessel)
Andreas-Festsäle
1932: 31. Mai: Kommunistische Versammlung, von der SA gesprengt. Schwere Saalschlacht.

Schlesischer Bahnhof (Bez. Horst Wessel)
Ehemals rotes Terrorgebiet[112] infolge der hier in großer Zahl sich aufhaltenden Kommunisten, Verbrecher und ausländischen Landarbeiter. Kampfgebiet des SA-Trupps 34 Friedrichshain, den Horst Wessel am 1. Mai 1929 übernahm und aus dem er seinen Sturm 5 Friedrichshain ausbaute.[113]

Posener Str. 25 (Bez. Horst Wessel)
Sturmlokal des SA-Sturmes 36 Andreasplatz (besteht nicht mehr)
Häufige rote Überfälle. 1930: 10. Dezember: Zwei SA-Männer durch Schüsse schwer verletzt.[114]

Petersburger Str. 86 (Bez. Horst Wessel)
Restaurant und Café „Zum Kegler-Heim"
Sturmlokal des SA-Sturmes 34 Petersburger Straße. Am Lokal ist ein Schild mit folgender Inschrift angebracht: „Ältestes Partei- und Sturmlokal der NSDAP des Berliner Ostens. Stürme 11/5 (34) und 13/5 des Sturmbannes II der Standarte 5 Brigade ‚Horst Wessel'. Gründer Oswald Pretzsch 1929."[115]
[...]

112 Nationalsozialistische Bezeichnung für Gebiete mit vorwiegend kommunistisch eingestellter Bevölkerung.

113 Zutreffend. Vgl. Siemens: Horst Wessel, S. 90-98.

114 Hintergrund war eine gewalttätige Massenversammlung, die Goebbels inszeniert hatte. Die Polizei setzte massiv Schlagstöcke ein und schoss auch.

115 1933 verschleppten SA-Leute in dieses Sturmlokal politische Gegner. Das „Kegler Heim" gehörte zu den berüchtigten „wilden KZs" der ersten Monate der NS-Diktatur.

Greifswalder Str. Nr. 229/234 (Bez. Prenzlauer Berg)
St.-Georgen-Friedhof
Hier liegt der am 8. April 1932 seinen Verletzungen erlegene SA-Scharführer Friedrich Hellmann[116] vom Sturm 132/4, beerdigt am 13. April 1932, dem Tage des SA-Verbotes. Vor dem Friedhof beschlagnahmte die Polizei infolgedessen die Kränze und außerdem die Instrumente des Musikzuges der SA-Standarte 4, als er mit dem ersten Trauermarsch einsetzte. Sein Grabstein trägt die Inschrift: „Er lebte und starb im Kampfe für Deutschlands Freiheit".

Am Friedrichshain (Bez. Prenzlauer Berg)
Nr. 16-23: Saalbau Friedrichshain
Hier fanden die meisten Versammlungen der NSDAP im Berliner Osten statt. Viele Saalschlachten. Im Jahre 1932 endgültig von der NSDAP erobert.[117] Auf dem Hintergelände[118] des „Saalbaues Friedrichshain" wird nach Abbruch der dort befindlichen alten Gebäude durch die Stadtverwaltung der Reichshauptstadt eine neue Siedlung mit 300 Kleinwohnungen für verdiente Kämpfer der Berliner Bewegung, die „Dr.-Goebbels-Heimstätte", errichtet, zu der Dr. Goebbels am 30. Oktober 1936 den Grundstein legte.[119]
1928: 13. Juli: Hitler sprach zum zweiten Mal in geschlossener Mitgliederversammlung (wegen des Redeverbotes) in Berlin über das Thema: „Deutsche Außenpolitik".[120]
1930: 27. Juni: Nationalsozialistische Massenversammlung und schwere Saalschlacht mit der Kommune.[121] In dieser Versammlung sprach der am 23. Oktober 1935 verstorbene

116 Friedrich „Fritz" Hellmann (1901-1932), Schlossermeister, Freikorps-Kämpfer und Reichswehrsoldat. 1932 Abschied, danach SA-Scharführer. Am Rande einer Saalschlacht am 8. April 1932 bei einer Schießerei zwischen SA-Leuten und Kommunisten tödlich getroffen.

117 Noch im Februar 1933 sind nicht-nationalsozialistische Versammlungen im Saalbau Friedrichshain dokumentiert.

118 Vor allem ließ Goebbels hier die neue Hauptverwaltung des Gaus Berlin errichten. Die dahinter gelegene Wohnanlage war eher dem Überangebot an Platz geschuldet.

119 Goebbels notierte dazu: „Nachmittags Grundstein zur ‚Goebbels-Siedlung' gelegt. Am Friedrichshain. In feierlichem Akt. Diese Häuser sind für brave, arme Parteigenossen gedacht, die ich dahin einweise. Wie viel Gutes kann ich jetzt tun." Zit. n. Fröhlich (Hrsg.): Die Tagebücher von Joseph Goebbels, Teil 1, Bd. 3/II, S. 233.

120 Zu der geschlossenen Mitgliederversammlung waren etwa 5000 Personen erschienen. Hitler sprach von 20.30 bis 24 Uhr. Vgl. Angriff, 17. Juli 1928. Goebbels hielt über Hitlers Rede fest: „Die bekannte These. In meisterhafter Darstellung. Eine pompöse Versammlung." Zit. n. Fröhlich (Hrsg.): Die Tagebücher von Joseph Goebbels, Teil 1, Bd. 1/III, S. 53.

121 Goebbels vermerkte diese Saalschlacht nicht eigens: „Abends Saalbau über-überfüllt. Ich bin groß in Form und halte eine meiner besten Reden. All die alten Gesichter. Erinnerungen tauchen auf. Am Ende ein überwältigender Jubel." Zit. n. Fröhlich (Hrsg.): Die Tagebücher von Joseph Goebbels, Teil 1, Bd. 2/I, S. 185.

Gauleiter des Gaues Magdeburg-Anhalt Wilhelm Friedrich Loeper[122]. Die SA-Standarte IV erlitt hierbei eine schwere Niederlage, da der größte Teil der Männer, von der Arbeitsstelle verspätet eintreffend, von der Polizei nicht mehr in den wegen Überfüllung gesperrten Saal hineingelassen wurde.

1931: 22. Januar: Massenversammlung der NSDAP. Bei dem Schlusswort von Dr. Goebbels blutige Saalschlacht der SA-Standarte IV und der SS gegen mehr als 1000 Kommunisten, von denen diesmal etwa 60 schwer und leicht verletzt wurden: „Revanche für Friedrichshain 1930!“[123]
1932: 4. April: Massenversammlung mit Hitler bei seinem ersten Deutschlandflug (3. bis 9. April) anlässlich des zweiten Wahlganges der Reichspräsidentenwahl (10. April).[124]
[...]

Pasteurstraße (Bez. Prenzlauer Berg)
Nr. 15: Konditorei Hahmann
1927/28: In der Berliner Verbotszeit (5. Mai 1927 bis 31. März 1928) geheimes Trefflokal des als „Wanderklub Edelweiß“ getarnten, damals von Horst Wessel geführten Trupps Bötzow des SA-Sturmes 2. Hier entstand Horst Wessels „Edelweiß-Lied“:

So hell das Auge, so ehern die Stirn
Wir tragen das Zeichen vom Gletscherfirn.
Wir treten an in Hitze und Eis,
Die Sturmabteilung vom Edelweiß
Im braunen Hitler-Regiment.
Wir kämpfen gegen das rote Berlin.
Man hat uns verlacht, man hat uns bespien.
Mag kommen, was wolle, es kennt ja den Preis
Die Sturmabteilung vom Edelweiß
Im braunen Hitler-Regiment. [...]

122 Wilhelm Friedrich Loeper (1883-1935), Berufsoffizier und Bataillonskommandeur im Ersten Weltkrieg. Ab 1920 Reichswehroffizier, Teilnehmer am Hitler-Putsch, deshalb aus der Reichswehr ausgeschlossen. Seit 1925 NSDAP-Mitglied, Parteifunktionär, u.a. Gauleiter in Magdeburg-Anhalt. MdR seit 1930, SS-Gruppenführer.

123 Goebbels notierte dazu: „Friedrichshain: Ich werde um 10 Uhr abends von Jubel und Pfeifen empfangen. Mindestens 1000 Kommunisten sind da. Ulbricht redet zur Diskussion und verzapft einen gräulichen Mist. Ich soll am Ende nicht reden. Die KPD antwortet mit Krach. Und wird dann blutig herausgeschlagen. Kubisch schwer verletzt. Großes Tohuwabohu.“ Zit. n. Fröhlich (Hrsg.): Die Tagebücher von Joseph Goebbels, Teil 1, Bd. 2/I, S. 331f.

124 Hitler sprach nach 22.30 Uhr. Der Text seiner Rede ist nicht überliefert. Laut Goebbels war sie „lieb und gut. Die Leute sind ganz gerührt“. Zit. n. Fröhlich (Hrsg.): Die Tagebücher von Joseph Goebbels, Teil 1, Bd. 2/II, S. 256.

73

DER NORDWESTEN UND NORDEN BERLINS

Ausgewählte Einträge aus einem SA-Stadtführer. Zit. n. Engelbrechten/Volz: Wir wandern durch das nationalsozialistische Berlin, S. 109-151

I. Charlottenburg (mit Siemensstadt)

Grunewaldstadion (Bez. Charlottenburg)
Erbaut von Otto March[125], abgebrochen bei dem Bau des Olympiastadions auf dem Reichssportfeld.
1931: 20. Juni: Geplantes großes nationalsozialistisches Volkssportfest gleichzeitig mit der kommunistischen „Spartakiade" von der Polizei in letzter Stunde als „politische Veranstaltung" verboten.[126] Die SA improvisierte daraufhin auf dem weiten Vorplatz des Grunewald-Rennbahn-Restaurants ein komisches Ersatzsportfest.[127]
1932: 27. Juli: Zur Reichstagswahl am 31. Juli sprach Hitler auf seinem dritten Deutschlandflug (15. bis 30. Juli) zu 120.000 Berlinern und 25.000 SA- und SS-Männern.[128]
1933: 21. Mai: Erster Mitgliederappell der Berliner NSBO im Stadion mit rund 150.000 Betriebszellenmitgliedern, da die Säle für diese Massen längst zu klein geworden sind.[129]

125 Otto March (1845-1913), Architekt, errichtete zahlreiche Villen, Kirchen und mehrere Stadionbauten. Sein Sohn Werner March (1894-1976) entwarf das Olympiastadion.

126 Der Grund für das Verbot war ein Kommentar im Angriff. Daraus wurde ersichtlich, dass es sich bei dem Sportfest um eine politische Veranstaltung handeln sollte. Für Goebbels war das eine herbe Niederlage: „Schwerster Schlag: Stadion verboten. [...] Das trifft uns bis ins Mark. Es wird noch im Reichsinnenministerium verhandelt. Aber es wird wohl beim Verbot bleiben. Ich bin wie erschlagen." Zit. n. Fröhlich (Hrsg.): Die Tagebücher von Joseph Goebbels, Teil 1, Bd. 2/II, S. 42.

127 Vor allem verteilte sich die SA auf sieben andere Versammlungsstätten, in denen Goebbels fast überall auftrat. Allerdings konnte die NSDAP dafür keinen Eintritt nehmen, so dass der Einnahmeausfall des „Volkssportfestes" schmerzte.

128 Hitler ließ seine Zuhörer mehr als eine Stunde lang warten, begann seine Rede erst gegen 21.30 Uhr und sagte weitgehend dasselbe wie zuvor auf verschiedenen anderen Auftritten, wie die *Vossische Zeitung* v. 28. Juli 1932 spitz anmerkte.

129 Maximal nahmen 120 000 NSBO-Mitglieder [erklären] am Appell teil, eher 100 000.

5. August: Sportfest der SA-Gruppe Berlin-Brandenburg.[130]
13. August: Vorbeimarsch der SS-Gruppe Ost vor Reichsführer SS Himmler anlässlich ihres ersten Appells mit anschließendem Einmarsch nach Berlin (Lustgarten).[131]

Königsweg 50/65 (Bez. Wilmersdorf)
Deutschlandhalle
1935: 29. November: Dieser in den Monaten März bis November 1935 erbaute größte europäische Hallenbau[132] mit einer Massenkundgebung des Gaues Berlin der NSDAP eröffnet, bei der Hitler sprach.[133] [...]

Alt-Charlottenburg (Bez. Charlottenburg)
Arbeiterviertel („Der kleine Wedding") im Westen Berlins zwischen den Straßenzügen: Sophie-Charlotten-Straße – Spandauer Straße – Charlottenburger Ufer – Berliner Straße – Knie – Bismarckstraße – Kaiserdamm. Rotes Terrorgebiet[134], besonders die Straßen um den Lützow. Kampfgebiet des SA-Sturmes 33 Charlottenburg, aus dem die ganze Berliner SA-Standarte 1 hervorgegangen ist. Die Sturmfahne des Sturmes 33, die Hans Eberhard Maikowski längere Zeit getragen hat, weihte Dr. Goebbels selbst und stiftete für die Fahne ein Band mit der Inschrift: „Treu lebend, Tod-trotzend kämpfen, lachend sterben!"

Hebbelstr. 20 (Bez. Charlottenburg)
Restaurant „Zur Altstadt"
„Erstes Charlottenburger SA-Traditions-Sturmlokal". Sturmlokal des SA-Sturmes 33 Charlottenburg seit September 1930. Häufige rote Überfälle.[135]

130 Angeblich nahmen 86 000 SA-Leute an dem Aufmarsch teil.

131 Goebbels kommentierte diesen Aufmarsch: „Die langen Kerls. Imposanter Anblick. Röhm, Himmler und Daluege reden. Und dann herrlicher Vorbeimarsch." Zit. n. Fröhlich (Hrsg.): Die Tagebücher von Joseph Goebbels, Teil 1, Bd. 2/III, S. 246.

132 Zutreffend.

133 Hitler hatte einen schwachen Tag. Er beschwerte sich vor allem über „Kritikaster". Vgl. VB v. 30. November 1935.

134 Nationalsozialistische Bezeichnung für Gebiete mit vorwiegend kommunistisch eingestellter Bevölkerung.

135 Der SA-Sturm 33 gehörte zu den gewalttätigsten Trupps der Berliner NSDAP. Von seinem Sturmlokal aus gingen viele Schlägereien aus; KPD-Anhänger revanchierten sich mit gelegentlichen Angriffen.

1931: 28. Januar: Am Abend drangen sechs schwerbewaffnete Kommunisten ins Sturmlokal ein. Sie wurden hinausgeworfen, ein Roter dabei in Notwehr erstochen.[136]
31. Januar: Mittags erschienen sechs Mann des Ringvereins[137] „Treue Freunde", eines getarnten roten Stoßtrupps. Sie wurden nicht gerade sanft aus dem Lokal gewiesen.
1. Februar: An der Ecke Hebbel- und Schlossstraße wurden gegen drei Uhr nachts der Sturmführer 33 und zwei SA-Männer von etwa 30 Kommunisten, unter ihnen der Ringverein „Treue Freunde", überfallen. In verzweifelter Lage kamen zwei SA-Kameraden zu Hilfe; zwei Kommunisten verletzt, einer erschossen. Daraufhin von der Kommune die Bezeichnung: „Mördersturm 33" geprägt.[138]

Kaiser-Friedrich-Str. 24 (Bez. Charlottenburg)
Eden-Palast (jetzt: „Charlottenburger Festsäle")
Tanzlokal und rotes Verkehrslokal.
1930: 22./23. November: Nachts überfielen zehn Kommunisten aus dem Eden-Palast heraus zwei vorübergehende SA-Männer vom Sturm 33. Diese erhielten Hilfe und drangen in das Lokal ein. Vier schwerverletzte Rote.[139]

Berliner Straße (Bez. Charlottenburg)
Nr. 77 am Richard-Wagner- (früher: Wilhelm-) Platz: Sitz der Gauleitung
Sitz der Gauleitung Berlin der NSDAP, der Redaktion des „Angriffs" und des Osaf-Stellvertreters Ost einschließlich der am 1. April 1929 geschaffenen Zeugmeisterei Ost vom 27. Juni 1928 bis 30. April 1930 (vorher: Lützowstr. 44, nachher Hedemann-

136 Daraufhin wurde das Sturmlokal geschlossen, wogegen sich der Wirt umgehend beim Polizeipräsidium beschwerte. Vgl. Schuster: SA, S. 221.

137 Kriminelle Vereinigung, zu der auch KPD- und RFB-Männer gehörten.

138 Die kommunistische Welt am Abend v. 2. Februar 1931 titelte: „Mörder-Eldorado in Charlottenburg."

139 In Wirklichkeit hatten zwei SA-Männer des Sturms 33 die vor dem Eden-Palast stehenden Kommunisten provokativ mit „Heil Hiter!" gegrüßt. Daraufhin entstand eine Rangelei, zu der einige KPD-Anhänger aus dem Eden-Palast hinzukamen. Die SA-Männer riefen um Hilfe und ihre bereitstehenden Kameraden griffen ein. Es entwickelte sich eine wüste Prügelei, in der die SA aufgrund ihrer Übermacht und ihrer Bewaffnung mit mindestens einer, vielleicht auch zwei Pistolen gewann. Bevor die Polizei eintraf, waren die Angreifer verschwunden. Ausnahmsweise konnten sie rasch festgestellt und verhaftet werden. Wegen schwerem Landfriedensbruch und versuchtem Todschlag wurden die vier angeklagt. Als Zeuge zu diesem Verfahren lud das Gericht Adolf Hitler. Vgl. o. Dokument 56. Die drei Hauptangeklagten erhielten je 30 Monate Haft, ein Angeklagter wurde freigesprochen

str. 10). Hier wurde am 30. Juli 1928 unter Johannes Engel auch ein „Sekretariat für Arbeiterangelegenheiten" errichtet.[140]

Nr. 88: Ahlerts Festsäle (jetzt: „Kaiser-Friedrich-Zelt")
1931: 9. Dezember: Aus dem roten Verkehrslokal heraus überfielen 80 Kommunisten drei vom Sturmabend zurückkehrende SA-Männer vom Sturm 33 und den Sturmführer Hans Eberhard Maikowski.[141] Dieser gab in höchster Notwehr[142] zuerst drei Schreckschüsse und dann drei scharfe Schüsse ab, die drei Rote trafen, einen tödlich. Dadurch wurde der eine SA-Mann, der schon am Boden von den Kommunisten mit Faustschlägen und Fußtritten bearbeitet wurde, gerettet.[143] Wegen dieser Tat ein Steckbrief und mehrere Haftbefehle gegen Maikowski erlassen, der von nun an bis zum August 1932 auf der Flucht (u. a. in Schleswig-Holstein) war. Im Oktober 1932 von der Polizei in Charlottenburg festgenommen.

Nr. 105: Hohenzollern-Festsäle
Altes Versammlungslokal der NSDAP in Charlottenburg. Schon am 2. September 1925 fand hier eine nationalsozialistische Versammlung statt.

Röntgenstr. 12 (Bez. Charlottenburg)
Mordstelle von Herbert Gatschke
1932: 29. August: Der SA-Sanitätsmann Herbert Gatschke[144] vom Sturm 33 Charlottenburg erhielt nach dem Sturmappell

140 Vgl. o. Dokument 49.

141 Hans Eberhard Maikowski (1908-1933), Gärtner. Schon als Jugendlicher Mitglied völkischer Vereine, später der NSDAP und der SA. 1931 floh Maikowski ins Ausland und gab die eidesstattliche Versicherung ab, dass er der Todesschütze gewesen sei und nicht ein anderer SA-Mann. 1932 kehrte er illegal zurück nach Berlin, wurde festgenommen, aber am 22. Dezember 1932 mit der Weihnachtsamnestie der Reichsregierung unter Kurt von Schleicher begnadigt.

142 In Wirklichkeit hatte der SA-Sturm 33 zunächst „zackige Lieder" gesungen und dann ein kommunistisches Lokal in der Lohmeyerstraße demoliert. Daraufhin kam es zum Kampf zwischen RFB-Männern und der SA. Beide Gruppen waren annähernd gleich stark.

143 In der Gedenkbroschüre für Maikowski stellte die SA diese Situation noch dramatischer dar: „Sofort wird der erste der SA-Männer, Karl Deh, von einer zehnfachen Übermacht mit Faustschlägen und Fußtritten zu Boden gezwungen. Hanne sieht seinen Kameraden in schwerster Bedrängnis. Zehn Meter von Deh steht er mit der Pistole in der Hand. ‚Straße frei! Sturm 33 schießt!', dann jagt er drei Schreckschüsse in die Luft. Die Kommune weicht nicht. Im Gegenteil, sie fallen in blutiger Mordgier weiter über Deh her, dem schon einer der Verbrecher mit dem Messer in der Hand auf der Brust kniet. Andere Kommunisten heben den Gulli-Einsatz heraus, um ihr sicheres Opfer in den Kanalisationsröhren verenden zu lassen. Mehrere Strolche stürzen sich nun auf Hanne. Da gibt dieser in höchster Notwehr die drei letzten Schüsse ab. Drei Kommunisten, von denen der eine tödlich getroffen ist, sinken zusammen. Deh, der seinen sicheren Tod schon vor Augen gesehen hatte, ist gerettet." Zit. n. Sturm 33. Hans Maikowski. Geschrieben von Kameraden des Toten. Berlin o. J [1933], S. 65.

144 Herbert Gatschke (1906-1932), Metallarbeiter, Sanitäter des Sturms 33.

in den Hohenzollern-Festsälen vor dem Trupplokal (besteht nicht mehr) von Kommunisten einen Lungenschuss; er starb am 30. August im Westend-Krankenhaus; ein weiterer SA-Mann schwer, einer leicht verletzt.[145]

An der Mordstelle ist eine Gedenktafel angebracht: „Hier fiel am 29. 8. 1932 der SA-Sanitäter vom Sturm 33 Herbert Gatschke. Er starb für Deutschland!" Den Namen „Herbert Gatschke" trägt jetzt der Berliner SA.-Sturm 42/1. Unter dem Eindruck des Mordes erließ Maikowski im *Angriff* folgenden Aufruf:

SA-Männer des Sturms 33! Kein anderer Sturm ist mit dem Kampf um ein deutsches Berlin so verwachsen wie die 33er. Die Charlottenburger Kommune, ein auserlesenes Verbrechergesindel, habt ihr in Schach gehalten. Die Straße gehört uns, aber 20 v. H. des Sturms[146] wurden in die Kerker dieser Republik geworfen. Die Kommune, dadurch sicher geworden, begann mit neuen Terrorakten. Der SA-Mann Gatschke, den das rote Mordgesindel am 29. August bei einem feigen Überfall erschossen hat, wird von uns nie vergessen werden. Wen haben die Strolche erschossen? Keinen Kapitalisten, keinen Ausbeuter, sondern einen Arbeitslosen, der eine Frau und drei Kinder hinterlässt. Wir reden nicht weiter darüber. Für jeden „33er gibt es" jetzt nur ein Losungswort: ‚Schweigen und handeln.' Ich befehle für den Sturm 33 Trauer, bis der Mord an unserem Kameraden Gatschke gesühnt ist. Hans Maikowski, Sturmführer 33.

Maikowskistr. 52 (früher: Wallstraße) (Bez. Charlottenburg)
Mordstelle von Hans Eberhard Maikowski
1933: 30. Januar: Der Sturmführer des SA-Sturmes 33 Charlottenburg, Hans Eberhard Maikowski, und der Oberwachtmeister Josef Zauritz (nach ihm ist der „Zauritz-Weg"[147] benannt) vom Polizeirevier 131 bei der Rückkehr des Sturmes von dem Marsch durch das Brandenburger Tor und dem Fackelzug

145 In Wirklichkeit stießen am Abend des 29. August 1932 in der Röntgenstraße etwa 40 SA-Männer auf etwa 25 Kommunisten. Während der wilden Prügelei fielen plötzlich Schüsse. Zunächst wurden neun Kommunisten festgenommen, doch während ihres Prozesses ergab sich, dass Gatschke nicht von ihnen erschossen worden war, sondern Opfer von Schüssen seiner eigenen Kameraden wurde. Die Angeklagten wurden wegen erwiesener Unschuld freigesprochen.

146 Untertrieben. Im Verlauf des Jahres 1932 dürfte mindestens jeder zweite Mann des Sturms 33 festgenommen worden sein.

147 Besteht noch heute.

von Kommunisten[148] niedergeschossen; Maikowski starb am 31. Januar im Westend-Krankenhaus.

2. Februar: Am Abend veranstaltete der SA-Sturm 33 an der Mordstelle eine Trauerfeier, die durch ein starkes Polizeiaufgebot gesichert werden musste.[149]

20. August: An der Mordstelle zwei Gedenktafeln eingeweiht: „Hier fiel am 30. Januar 1933, dem Tage der Nationalen Erhebung, der Führer des Sturms 33, Hans Eberhard Maikowski. Er fiel für Deutschland!" und: „In treuer Pflichterfüllung fiel hier am 30. Januar 1933 der Polizeioberwachtmeister Josef Zauritz, Polizei-Revier 131. Er starb im Glauben an den Wiederaufstieg seines Vaterlandes." Maikowskis Namen trägt die Berliner SA-Standarte 1. Ferner ist nach ihm die frühere Wallstraße in Charlottenburg, eine Straße in Teltow sowie die Abteilung 92/4 des Reichsarbeitsdienstes in Ruhlsdorf bei Teltow benannt. Die Hans-Eberhard-Maikowski-Brunnen-Anlage (mit Bronzerelief) in Charlottenburg an der Ecke Richard-Wagner- (früher: Spree-) und Maikowskistraße ist am 30. Januar 1937 eingeweiht worden. Den Todesmarsch[150] beschreibt ein SA-Mann des Sturmes 33 folgendermaßen:

Vom Lustgarten geht's mit dem SA-Sanitäts-Sturmbann XVI, dem der Sturm 33 untersteht, zurück nach Moabit. Von da marschieren wir allein nach unserem Bezirk, nach Charlottenburg, weiter. Gotzkowskybrücke, Helmholtzstraße, Dovebrücke, Galvanistraße: Immer neue Kampflieder ertönen in diesen roten Straßen. Eine merkwürdig verdächtige Stille herrscht hier: Sollte die Kommune ihre Leute an anderer Stelle zusammengezogen haben? Ein Motorradfahrer gefällt uns nicht; lange Zeit bleibt er neben uns und ist dann plötzlich in unserer Marschrichtung verschwunden. Wir biegen am Lützow vorbei in die Rosinenstraße ein; auch da ist alles ruhig. Jetzt hinein in die Wallstraße! Wir wissen: Hier rottet sich stets der Mob zusammen, hier ist die Kommune noch stark, von hier sind unzählige Überfälle auf Nationalsozialisten ausgegangen.

148 Tatsächlich gab es eine schwere Straßenschlacht, die der Sturm 33 provoziert hatte. Im Verlauf dieser Straßenschlacht fielen Schüsse, die Maikowski und Zauritz töteten. Wahrscheinlich aber hatten nicht Kommunisten geschossen, sondern entweder der SA-Mann Alfred Buske oder der Sturmführer Fritz Hahn.

149 Zutreffend. Die Polizei verhinderte allerdings vor allem, dass SA-Leute Wohnhäuser stürmten.

150 Die Ermittlungen der Gestapo ergaben keine Hinweise, dass sich die Konfrontation in der Wallstraße tatsächlich so zugetragen hat. Insbesondere gab es nie einen Beweis, dass die Kommunisten tatsächlich geschossen haben. Von einem „Kugelregen" konnte keine Rede sein.

Aber wir kennen das und fürchten uns nicht, sind wir doch vor ein paar Wochen bei der Rückkehr von der Trauerkundgebung für den ermordeten Hitlerjungen Wagnitz mit unserem Sturmführer an der Spitze fast unbehelligt durch die Wallstraße marschiert. Mancher SA-Mann mag sich schon ausrechnen, dass in zehn bis fünfzehn Minuten der Dienst beendigt sein wird, Wenn Hans vor unserem Lokal in der Hebbelstraße (Nr. 20) wegtreten lässt. Hans lässt sein Lieblingslied anstimmen; mächtig hallt der Gesang an den hohen Häusern der engen Straßen wider: „Verflossen die Nacht, und der Morgen erwacht. Hitlers Flotte mit Volldampf voraus!"

Freund und Feind sollen hören, das die SA sich endgültig das Recht auf die Straße erkämpft, dass ein neuer Abschnitt in der Geschichte unseres Volkes begonnen hat. Beim Verkehrslokal der Kommune, Wallstr. 90, „Zum Hirsch", erkennen wir, dass der Gegner heute alle verfügbaren Kräfte alarmiert hat und uns ein schwerer Kampf bevorsteht. Am Lokal und in allen Hausfluren stehen finsterste Gestalten. Hans befiehlt: „Nicht provozieren lassen, weitersingen!" Schon sind wir bis zur Ecke der Krummen Straße gelangt, da stürmt die Kommune aus den Lokalen, aus den Hausfluren, aus den Nebenstraßen hinter uns her. Im Nu ist alles schwarz von Menschen. Eine gewisse Nervosität macht sich unter den SA-Leuten bemerkbar; der Gesang bricht ab. Da eilt der Sturmführer nach hinten, weil er sieht, dass allein von hier Gefahr droht; er lässt den Sturm an sich vorbeiziehen, und wir hören das Kommando, das sein letztes sein sollte: „33 weitermarschieren, singen!" Wuchtig ertönt noch einmal der Refrain des Liedes: „Vorwärts an Geschütze und Gewehre, auf Schiffen, in Fabriken und im Schacht, tragt über den Erdball, tragt über die Meere die Hakenkreuzfahne zur Macht..."

Da, mitten hinein in den Gesang, knallt das Pistolenfeuer der Kommune; die Fenster werden aufgerissen, und aus Wohnungen, Kellerlöchern, von der Straße her geht das Geknatter los. Der Gesang reißt ab; in schnellem Schritt marschieren die SA-Leute bis zur Ecke der Spreestraße 2, um hier Schutz zu suchen vor dem Kugelregen. Der Führer befindet sich am Schlusse seines Sturms: Mit seinem Leib deckt er die Kameraden gegen das rasende Feuer. Schon ist der Wachtmeister Zauritz gefallen (als einziger Polizist hatte er freiwillig den Sturm durch die Wallstraße begleitet), da trifft auch Hans Maikowski eine Kugel der roten Mörder schwer in den Unterleib. Trotzdem geht er aufrecht weiter, denn bis zur letzten[151] Minute, bis in den bitteren Tod hinein will er ein Vorbild für seine Leute sein. Vielleicht würde mancher SA-Mann seinen Platz verlassen, aber da er den todwunden Sturmführer sieht, bleibt er, obwohl noch immer Schüsse fallen. Endlich kommt die Polizei und dringt unter Kampf in die Wallstraße ein. Der Sturmführer wird in einer Taxe nach dem Krankenhaus Westend gebracht, während der größte Teil der SA-Leute sich zum Sturmlokal nach der Hebbelstraße begibt.

Hier vergeht qualvoll Minute um Minute; bleiernes Schweigen lastet auf uns. Endlich erscheinen die Kameraden, die Hans nach dem Krankenhaus gebracht haben; sie bringen die Meldung, dass die Ärzte die Verwundung als sehr ernst angesehen haben. Immer gedrückter wird die Stimmung. Kann ein Gebet unserem armen Hanne noch helfen? Alles sitzt schweigend im Lokal herum; kein Kartenspiel wird angerührt, kein Lied erklingt. Da – es ist schon nach zwölf Uhr – rasselt der Fernsprecher. Alle wissen: Jetzt kommt die Entscheidung, entweder geht es zum Besseren, oder das Schlimmste ist eingetreten. „Truppführer Buske[152] - an den Apparat!" Mühsam bahnt er sich den Weg durch das volle Lokal... Totenstille... 60, 70 Mann sitzen hier, und doch bleibt es ganz ruhig; es ist, als versuchten sie, die Stimme aus dem Apparat mitzuhoren. Plötzlich lässt Buske das Telefon schwer auf die Gabel zurückfallen; in diesem Augenblick wissen sie es: Hanne ist nicht mehr. Es würgt uns in der Kehle; wir hören noch, wie durch einen Nebel hindurch, Buskes Stimme: „Unser Sturmführer ist tot." Da verlieren alle ihre Fassung. Männer, die dem Tod oft genug ins Auge gesehen haben, Männer, die in einem jahrelangen Kampf hart geworden sind, können ihre Tränen nicht mehr zurückhalten. Die Hand vor den Augen, so stützen sich die einen schwer auf die Tische, andere stehen am Fenster, wieder andere sind auf die Straße gegangen, um mit ihren Gedanken allein zu sein.

151 Selbststilisierung.
152 Möglicherweise war Alfred Buske der eigentliche Todesschütze.

Schillerstr. 75 (Bez. Charlottenburg)
Restaurant Koch (besteht nicht mehr) Trupplokal des SS-Sturmes 1/I/6.
1933: 17. Februar: Der SS-Sanitäts-Truppführer Kurt von der Ahé[153] vom SS-Sturm 1/I/6 auf dem Rückweg vom Sanitäts-Truppabend (Neuer Fürstenbrunner Weg 3, Restaurant „Engelhardt-Quelle") an der Ecke Wilmersdorfer und Schillerstraße von Kommunisten überfallen, niedergeschlagen, am Boden liegend mit Schlägen und Fußtritten bearbeitet und schließlich durch einen aus nächster Nähe abgegebenen Schuss am Hals und Rückgrat schwer verletzt; am 19. Februar vormittags im Westend-Krankenhaus gestorben.[154] An der Mordstelle ist eine am 25. Februar 1934 eingeweihte Gedenktafel angebracht: „An dieser Stelle wurde der SS-Truppführer Kurt von der Ahé am 19.2.1933 von Kommunisten ermordet. Meine Ehre heißt Treue[155]." Der Berliner SS-Sturm 9/6 trägt den Namen „Kurt von der Ahé". Nach ihm ist ferner der Von-der-Ahé-Hain zwischen Werder- und Gartenstraße in Woltersdorf (Kr. Niederbarnim) bei Erkner (östlich von Berlin) benannt.

[…]

Berliner Str. 1/2 (Bez. Charlottenburg)
Restaurant "Tiergartenhof", kleiner Saal
1926: An einem Sonntag im November[156] fand hier der erste Generalappell der Berliner SA vor dem neuen Gauleiter Dr. Goebbels statt.
28. November: Dr. Goebbels gründete hier den „Freiheitsbund" als eine besonders aktivistische Organisation aus solchen Parteigenossen, die sich zur Zahlung besonderer monatlicher Sonderbeiträge je nach Vermögenslage verpflichteten.[157]

153 Kurt von der Ahé (1897-1933), Elektrotechniker, SS-Sanitäter.

154 Die Todesumstände von der Ahés sind nicht aufgeklärt worden. 1934 wurde der Kommunist Richard Hüttig dafür hingerichtet, allerdings hatte das Kriminalgericht sich nicht überzeugt gezeigt, dass tatsächlich er der Täter war. Augenzeugen hatten nämlich ausgesagt, von der Ahé sei durch Schüsse aus den eigenen Reihen getötet worden.

155 Wahlspruch der SS.

156 An keinem Sonntag im November 1926 fand ein „Generalappell der Berliner SA" mit Goebbels statt. Gemeint sein könnten entweder die Auseinandersetzung mit Heinz Oskar Hauenstein am 11. November 1926, das Treffen der SA-Führer mit Goebbels am 15. November 1926 oder der Gautag der NSDAP-Berlin-Brandenburg am 20. November 1926. Am 14. November 1926 inszenierte Goebbels mit der SA seine erste Provokation, einen Marsch durch das kommunistisch geprägte Neukölln. Vgl. o. Dokument 26.

157 Vgl. o. Dokument 26.

II. Moabit (mit Plötzensee)

Moabit (Bez. Tiergarten)
Der Ort wurde in den Jahren 1706ff. angelegt und unter Friedrich Wilhelm I. und Friedrich d. Gr. erweitert. Ehemals stark kommunistisches Fabrikviertel im Norden Berlins mit zahlreichen industriellen Unternehmungen: Ludwig Loewe u. Co, AEG, Berlin-Anhaltiner Maschinen-Bau AG., Städtische Elektrizitätswerke, Thyssen AG, ferner Sitz des Untersuchungs- und Zellengefängnisses (Alt-Moabit 12a und Lehrter Str. 3). Rotes Terrorgebiet[158], besonders berüchtigt war der Beussel- und Rostocker Kiez (zwischen Beusselstraße, Sickingenstraße, Neues Ufer und Kaiserin-Augusta-Allee). In Durchführung ihres großen Aufstandes wollten die Spartakisten am 6. Januar 1919 von der Turmstraße her die Kaserne des 4. Garderegiments zu Fuß, den Standort des „Freikorps Reinhard", stürmen. Sie wurden schnell und gründlich zurückgeschlagen.[159] Kampfgebiet des SA-Sturmes 6 Moabit.
1929: 15. September: Erster Propagandamarsch der SA-Standarten I und II durch Charlottenburg und Moabit trotz roten Terrors glatt durchgeführt.
1930: 18. Mai: Propagandamarsch der SA-Standarte I durch Moabit.
1931: Seit dem Frühjahr stieg ständig die Zahl der von den Gerichten der Republik in das Strafgefängnis geschickten SA- und SS-Männer.
8. Mai: Hitler als Zeuge vor dem Schwurgericht in Moabit betreffend Legalität und SA vernommen.[160]
1932: 6. März: Propagandamarsch des SA-Sturmbanns V/6 durch die Beussel-, Sickingen-, Hutten-, Berlichingen-, Wittstocker, Rostocker, Siemens-, Wald- und Turmstraße bis zum Kleinen Tiergarten. Besonders schwere Zusammenstöße mit Kommunisten in der Siemens- und Wiclefstraße (hier eine anderthalbstündige Schießerei). Ein schwerverletzter SA-Mann und viele Leichtverletzte auf beiden Seiten.

158 Nationalsozialistische Bezeichnung für Gebiete mit vorwiegend kommunistisch eingestellter Bevölkerung.

159 Zutreffend.

160 Vgl. o. Dokument 56.

22. Juni: Roter Aufstand.[161] Barrikadenbau.
9. Juli: Propagandamarsch der gesamten Berliner SS durch Moabit.
22. Dezember: Durch das vom Reichstag am 9. Dezember beschlossene und am 22. in Kraft getretene große Amnestiegesetz für politische Straftaten öffneten sich auch für viele Berliner SA- und SS-Männer die Gefängnistore, u. a. für Maikowski, der seit Oktober 1932 in Untersuchungshaft saß.
1933: 26. Februar: Propagandamarsch des SA-Sanitäts-Sanitäts-Sturmbannes XVI durch die Zwinglistraße und den Beusselkiez nach der Enthüllung des Herbert-Norkus-Grabsteines; rote Terrorversuche wurden durch die SA restlos gebrochen.
[...]

Rostocker Straße (Bez. Tiergarten)
Der sogenannte Rostocker Kiez, Kampfgebiet des Moabiter SA-Sturmes 32, die Kommunestraße Moabits.
1929: 1.-3. Mai: Der „Blutmai". Rote Aufstände, Barrikadenkämpfe, die Polizei musste Panzerwagen einsetzen. Die Unruhen konnten nur durch Verhängung des Ausnahmezustandes in den betreffenden Gebieten erstickt werden.[162]
1930: 18. Mai: Anlässlich eines Propagandamarsches der SA-Standarte I durch Moabit marschierte ein Demonstrationszug von etwa 400 Volksgenossen, nationalsozialistische Lieder singend, in die Rostocker Straße ein. Schwere Straßen-Schlacht und wüstes Handgemenge mit der Kommune.
1932: 22. Juni: Nach Aufhebung des SA-, Uniform- und Demonstrationsverbotes (17. Juni) roter Aufstand.[163] Die Kommune zertrümmerte planmäßig sämtliche Straßenlaternen, um das ganze Viertel in Dunkel zu hüllen.[164] Flugblätter wurden verteilt: „Kein Nazi darf sich auf der Straße sehen lassen! Ar-

161 KPD- und RFB-Anhänger protestierten gewaltsam gegen die Innenministerkonferenz, die an diesem Tag in Berlin zum Thema Innere Sicherheit stattfand. Polizei und Kommunisten lieferten sich schwere Auseinandersetzungen. Hitler sprach von „dem blutigsten Terror des Mordgesindels der kommunistischen Verbrecherwelt", zit. n. *Völkischer Beobachter* v. 23. Juni 1932, Goebbels notierte: „Roter Blutterror. Und diese Reichsregierung. Hitler ab nach Nürnberg." Zit. n. Fröhlich (Hrsg.): Die Tagebücher von Joseph Goebbels, Teil 1, Bd. 2/II, S. 308.

162 KPD-Anhänger hatten trotz Demonstrationsverbotes heftige Auseinandersetzungen provoziert, die in Straßenschlachten und Schießereien ausarteten. Es gab mindestens 33 Tote, etwa 250 Verletzte und über 1200 Festgenommene. Die Verantwortung der Kommunisten für die Ausschreitungen stand außer Frage, doch der KPD gelang es, die Berliner Polizei als schuldig darzustellen. Dieses falsche Bild hält sich bis heute. Die NSDAP war am „Blutmai" kaum beteiligt.

163 Konkreter Anlass war die Innenministerkonferenz zur Inneren Sicherheit am 22. Juni 1932.

164 Nicht nachweisbar.

beiter, bewaffnet euch!“[165] Zusammenrottungen vor dem nahen 32er Sturmlokal „Zum Hochmeister“ in der Huttenstraße 3. Bau von fünf großen Barrikaden aus Müllkästen und Zementplatten in der Rostocker Straße. Die Polizei musste sogar Panzerautos einsetzen.
30. Juli: Schwere Zusammenstöße der Moabiter SA mit der Kommune bei Haus- und Hofpropaganda am Vortage der Reichstagswahl. Die Roten erlitten dabei schwerste Verluste.[166]
1933: 24. Dezember: Am Heiligabend veranstaltete die SA-Standarte 16 unter freiem Himmel an der Ecke Wittstocker Straße für 1750 Kinder[167] eine große Weihnachtsfeier, bei der auch Dr. Goebbels sprach. Es war ein langer Tisch von 350 Meter Länge mit einem großen und zahlreichen kleinen Weihnachtsbäumen aufgebaut, zu beiden Seiten der Rostocker Straße und bis in die Wittstocker Straße hinein bildeten die SA-Männer ein Fackelspalier in Form eines großen flammenden Kreuzes.[168]
1936: 30. Januar: Am Vormittage des dritten Jahrestages der Machtübernahme durch Hitler sprach Dr. Goebbels von der Aula der in der Rostocker Str. 32 gelegenen 216. und 222. Gemeindeschule, die einst auch Herbert Norkus besucht hatte, durch den Rundfunk über alle deutschen Sender zur gesamten deutschen Schuljugend über die Bedeutung dieses Tages.[169]

Huttenstraße (Bez. Tiergarten und Charlottenburg)
Nr. 3: Restaurant „Zum Hochmeister“
Vom Februar 1932 bis zur Machtübernahme Sturmlokal des SA.-Sturmes 32 Moabit, des SA-Sturmbannes V/6 und dann des SA-Sanitäts-Sturmbannes XVI. Häufige rote Überfälle.[170]
[...]

165 Zutreffend.

166 Zutreffend. Die Verantwortung für die Straßenschlacht ist unklar.

167 Nach anderen Quellen nur 1200 bis 1500 Kinder, bei Goebbels 1400.

168 Goebbels notierte dazu: „Große Weihnachtsfeier in Moabit im ärmsten Arbeiterviertel auf offener Straße. 1400 Kinder werden von der SA beschert. Eine ergreifende Feier. Als ich komme, bricht alles in stürmischen Jubel aus. Ich rede so ganz aus dem Herzen. Und es geht auch zu Herzen. Viele Mütter weinen, als sie mit ihren Kindern an die Geschenktische treten. Ich werde fast erdrückt von der Begeisterung. Das war mein schönstes Weihnachten.“ Zit. n. Fröhlich (Hrsg.): Die Tagebücher von Joseph Goebbels, Teil 1, Bd. 2/III, S. 344f.

169 Goebbels notierte dazu: „Beußelkiez. Rede vor der Schuljugend. Über alle Sender. Vor den Ärmsten. Ich bin ganz ergriffen. Berge von Blumen, Gedichten und Geschenken. Dieses rührende Volk. Alles schwimmt in Fahnen. Ich rede aus tiefstem Herzen. Gut und wirksam. Und dann erdrückt mich fast die Begeisterung der Kinder.“ Zit. n. Fröhlich (Hrsg.): Die Tagebücher von Joseph Goebbels, Teil 1, Bd. 3/I, S. 372

170 Zutreffend; allerdings gingen von hier auch zahlreiche Übergriffe der SA gegen Kommunisten aus.

Zwinglistr. 4 (Bez. Tiergarten)
Mordstelle von Herbert Norkus

1932: 24. Januar: Am frühen Sonntagmorgen wurde der 15jährige Hitlerjunge Herbert Norkus[171] von der Schar 2, Kameradschaft Beusselkiez, bei Hauspropaganda[172] für eine HJ-Versammlung am 28. Januar (Hansasäle, Alt-Moabit 48) mit mehreren Kameraden von einem etwa 35 Mann starken Trupp Kommunisten überfallen, von seinen Kameraden abgeschnitten und, als er, durch die ganze Zwinglistraße kreuz und quer gehetzt, in der frühen Morgenstunde nirgends Einlass fand, durch sechs Messerstiche schwer verletzt.[173] Im Hausflur Nr. 4 neben dem Plättladen (jetzt Blumenladen) brach er bewusstlos zusammen und starb kurz danach. An der Mordstelle ist eine am 26. Juli 1933 eingeweihte Gedenktafel angebracht: „Hier fiel der fünfzehnjährige Hitlerjunge Herbert Norkus, von Kommunisten am 24. Januar 1932 erschlagen. Er starb für sein Volk." Weitere Gedenktafeln finden sich auf dem Hof der von Norkus besuchten Kirschner-Schule (Zwinglistr. 2): „Die Kirschner-Schule Herbert Norkus zum ewigen Gedächtnis. 15 Jahre alt fiel er am 24.1.1932 im Glauben an Führer und Volk" sowie im Amtszimmer dieser Schule (ursprünglich in der Aula der Fichte-Realschule, Stephanstr. 1-2; aufgelöst am 1. April 1934): „Herbert Norkus starb für das Dritte Reich am 24. Januar 1932 von Kommunisten erstochen. Er war Fichte-Realschüler von Ostern 1926 bis Ostern 1928." Nach Norkus benannt ist die in unmittelbarer Nähe der Mordstelle gelegene Norkusstraße und der Norkusplatz (früher: Ottostraße und -platz), die Herbert-Norkus-Straße in Teltow (bei Berlin), die Gebietsführerschule der Hitler-Jugend, Gebiet Berlin, in Birkenwerder (Kreis Niederbarnim) in der Herbert-Norkus-Straße sowie der Berliner Bann 201 (Moabit, Schöneberg) der HJ. Seinen Todestag bestimmte Reichsjugendführer von Schirach zum Trauertag für die Gefallenen der nationalsozialistischen Jugend. Am Grabe von Herbert Norkus verliest der Reichsjugendführer an jedem 1. Januar seine Neujahrsbotschaft an die

171 Herbert Norkus (1915-1932), Schüler. Sein Vater war SA-Mitglied, seine Mutter 1931 gestorben. Weiter ist über Herbert Norkus nichts bekannt. Er wurde zum zweiten wichtigen Märtyrer der Berliner NSDAP neben Horst Wessel und unter anderem zu einem Vorbild für den Spielfilm „Hitlerjunge Quex".

172 Gemeint: beim Verteilen von Flugblättern.

173 Die genauen Umstände der Tat sind nicht aufgeklärt.

HJ (von allen deutschen Sendern übertragen). Am Spätabend des 1. Dezember 1936 nach dem Erlass des „Gesetzes über die Hitlerjugend" legte Schirach am Grabe einen Kranz nieder mit der Inschrift: „Unserem unsterblichen Kameraden am Tage der Erfüllung seiner Sendung." Die Fahne der Gefolgschaft II/2, der Norkus angehörte, ist die „Blutfahne" der Hitler-Jugend. Über die Ermordung von Herbert Norkus schreibt einer seiner Kameraden:

In den frühen Morgenstunden des 24. Januar 1932 war die Kameradschaft „Beusselkiez" um sechs Uhr schon unterwegs, um Flugblätter für eine Versammlung zu verteilen. Es war noch dunkel, als die sechs Hitlerjungen sich der Rostocker Straße nähern. Es war eine besonders gefährliche Straße, und man musste sich damals vorsehen, wenn man als Hitlerjunge bekannt war. In dieser Gegend durfte man sich überhaupt nicht blicken lassen; denn wurde man erkannt, so wusste man, was einem blühte.[174] Das Einzige, was bei der Kommune klappte, war die Organisation. Ihre Häuserschutzstaffeln und Erwerbslosenstaffeln waren zu jeder Stunde bereit, politische Gegner, insbesondere Nationalsozialisten, zu überfallen.[175] Aber die Hitler-Jugend hatte von ihnen gelernt. Auch ihre Organisation klappte; doch sie hatte damals noch nicht die Massen, die die Kommunisten aufweisen konnten. Daher passen immer zwei Jungen vor den Haustüren auf, während zwei andere die Treppen hinaufsteigen und ihre Propagandazettel an den Mann bringen. Niemand ist auf der Straße zu sehen. Der Beusselkiez schläft. Plötzlich stößt einer von den Jungen an der Ecke Turm- und Beusselstraße auf einen Kerl, der ihm verdächtig vorkommt. Er steht an der Ecke, sieht sich nach allen Seiten um und beobachtet die Straße. Sie erkennen in ihm einen Kommunefunktionär. Alle Hitlerjungen wissen, was es zu sagen hat, wenn solch ein Individuum scheinbar ganz harmlos an einer Straßenecke steht. Ein Pfiff genügt, und schon ist die ganze Straße alarmiert.[176] Aber sie haben nicht Lust, mit der Kommune zusammenzustoßen, und so verlegen sie ihr Tätigkeitsfeld in die Berlichingenstraße; dort verteilen sie nun. Alles geht gut. Aber kaum haben sie ein paar Häuser

174 Zutreffend.
175 Stilisierung.
176 Freie Erfindung.

hinter sich, als die beiden Posten plötzlich ein Motorrad auf sich zufahren hören. Sie wundern sich: Das Motorrad fährt ohne Licht und auch auf der falschen Seite. Sie tun harmlos, und plötzlich fährt der Motorradfahrer in der Richtung Rostocker Straße zurück. Sie wissen, was das bedeutet: Wenn erst der Häuserblock durch Pfiffe und sonstige Zeichen alarmiert ist, dann ist ein Entkommen unmöglich. Also gibt es nur noch eins: schleunigste Flucht. Sie ziehen sich durch die Reuchlinstraße in der Richtung Kaiserin-Augusta-Allee zurück. Dort ist kein Mensch zu sehen. Die Jungen gehen bis zur Gotzkowskystraße weiter, um hier wieder einige Häuser mit ihrem Propagandamaterial zu belegen. Die beiden Posten halten jetzt, nachdem man links in die Gotzkowskystraße eingebogen ist, auf der rechten Seite Wache. Sie stehen genau in der Mitte zwischen Kaiserin-Augusta-Allee und Zwinglistraße. Es ist nichts Besonderes weiter vorgekommen; nur einmal ist ein Zeitungsjunge an ihnen vorbeigegangen – es war der Bruder des berüchtigten Kommuneführers vom Beusselkiez –, aber sie haben ihn nicht erkannt. Plötzlich sehen sie drüben an der Haltestelle der Straßenbahn durch den Nebel einen schwarzen Menschenhaufen, der geradewegs auf sie zukommt. Es ist dunkel und neblig, so dass man nicht genau sehen kann; dann ist er auch schon nahe bei ihnen. Da erst erkennen sie, dass es ein Trupp von 30 bis 35 Kommunisten ist. Man umringt die beiden: „Halt, stehenbleiben! Hände aus der Tasche!" Schon sehen sie Messer blitzen. Jetzt kommt es darauf an.[177] Einer der Hitlerjungen zieht die Pistole und gibt einen Schreckschuss ab. Die Gegner springen zurück und geben die Bahn frei. Zwei Jungen, die noch in den Häusern den Schuss gehört haben, übersehen sofort die Lage. Ungehindert gelangen sie zur Turmstraße und damit in Sicherheit. Als die Bande ihre Opfer entkommen sieht, stürzt sie auf den Hitlerjungen zu, der die Pistole bei sich trägt. So zieht er die ganze Meute auf sich, um so den anderen die Flucht zu erleichtern. Von allen Seiten dringen sie auf den Hitlerjungen ein. Einer springt mit dem Messer heran, und schon hat er einen Schreckschuss im Gesicht sitzen. Es war der letzte! Nun läuft der Hitlerjunge nach der Oldenburger Straße; dort findet er drei Kameraden, die

177 Selbststilisierung.

er nach Hause mitnimmt. Aber was ist mit Herbert Norkus? Die anderen Hitlerjungen glauben, er hielte sich noch immer in einem Hausflur versteckt. Aber die Kommune hat ihn bereits aufgespürt, und ein paar Kerle sind ihm dicht auf den Fersen.[178] Er läuft um sein Leben! Plötzlich holen sie ihn ein: ein, zwei Messerstiche! Herbert Norkus richtet sich wieder auf und läuft zum gegenüberliegenden Milchladen, verfolgt von der Kommune. Er rüttelt an der Tür – verschlossen! Noch hat er einen kleinen Vorsprung. Er hetzt zur Schulhaustür, aber es war ja Sonntag, und auch diese Tür war verschlossen. Das war seine letzte Hoffnung. Nun kann er nicht mehr weiter. Schon ist die johlende Menge heran, sie reißt ihn zu Boden, trampelt auf dem wehrlosen Jungen herum, sticht blindlings mit Messern auf ihn ein und verschwindet dann. Herbert Norkus schleppt sich weiter, kriecht durch den Hausflur an eine Wohnungstür. Die blutige Hand greift nach der Klingel, aber er erreicht sie nicht mehr. Dann verliert er das Bewusstsein. Sechs Stichwunden hat er davongetragen. Oben an den Fenstern standen Leute und sahen zu, wie ein fünfzehnjähriger Junge zu Tode gehetzt wurde. Niemand fand es nötig oder wagte es, ihm irgendwie helfend beizuspringen. Dann trugen wir ihn zu Grabe. Auf dem Neuen St.-Johannis-Friedhof am Plötzensee betteten wir ihn an einem klaren Wintertage zur letzten Ruhe. Die Berliner Hitler-Jugend war zu Hunderten angetreten. Dr. Goebbels sprach am Grabe: „Deutsche Jugend ist es, die durch die Straßen gehetzt und gejagt, die geschlagen und ermordet wird, und keine hilfreiche Hand streckt sich ihr entgegen. Und das alles in einem Staat, der sich christlich und national nennt! Aber es kommt einst die Zeit, wo wir siegen werden. Solange bleibt uns nur der Hass, und an ihm wollen wir festhalten. Er reißt uns in die Höhe und gibt uns Willen und Kraft, weiter zu kämpfen für unser Ziel!“[179]

178 Die folgende Darstellung ist frei erfunden; es gibt keine gesicherten Erkenntnisse über die genauen Umstände der Tat.

179 Zur Beerdigung von Norkus notierte Goebbels: „Bei schneidender Kälte tragen wir den Hitlerjungen Norkus zu Grabe. […] Ich rede aus vollem Herzen. Der Vater ist fabelhaft: aschgrau vor Schmerz, aber die Fahne hoch. Ringsum dufte Gegend. Viel Gesindel.“ Zit. n. Fröhlich (Hrsg.): Die Tagebücher von Joseph Goebbels, Teil 1, Bd. 2/II, S. 207.

Levetzowstr. 25 (Bez. Tiergarten) Restaurant Ohm (jetzt in anderer Hand)
In den Jahren 1930/31 Sturmlokal des SA-Sturmes 7 Moabit.

Dortmunder Str. 15 (Bez. Tiergarten) Restaurant „Tante Sophie“ (jetzt: „Schultheiß“)
Besonders wichtiger Treff- und Stützpunkt der Moabiter SA. Dieses Lokal war insofern sehr günstig gelegen (Ecke Bundesratufer), da die SA sich bei Polizeiaktionen über den gegenüberliegenden schmalen Borsigsteg, der für die Polizeiautos nicht befahrbar war, ungehindert zurückziehen konnte.[180]
[...]

III. Wedding

Ehemals stark kommunistischer Arbeiterbezirk im Norden Berlins mit vielen großen industriellen Werken: AEG, Maschinenbau AG. vorm. L. Schwartzkopff, Schultheiß-Patzenhofer Brauerei AG, Schering-Kahlbaum. Kampfgebiet des SA-Sturmes 17 der Standarte IV („Standarte Zackig“). In der Geschäftsstelle des Kreises VI der NSDAP (Reinickendorf-West, Berliner Str. 100) ist im Sitzungssaal eine Gedenktafel für den ermordeten Ernst Schwartz und die vier im Wedding gefallenen Angehörigen der Bewegung angebracht.
1928: 17. Mai (Himmelfahrt): Großer Propagandamarsch der gesamten Berliner SA für die Reichstags- und preußische Landtagswahl vom 20. Mai von der Stößenseebrücke über Spandau – Hennigsdorf – Heiligensee – Tegel – Reinickendorf nach dem Wedding. Unter gewaltigem rotem Terror[181] wurde durch die Scharnweber- und Müllerstraße zum Stettiner Bahnhof marschiert.
[...]

Nr. 142: Pharus-Säle
1927: 11. Februar: Die erste nationalsozialistische Massenversammlung in Berlin mit Dr. Goebbels, der über das Thema: „Der Zusammenbruch des bürgerlichen Klassenstaates“

180 Zutreffend.
181 Übertreibung. Zwar waren die Straßen gesäumt von KPD-Anhängern, die lautstark ihrem Protest gegen den SA-Marsch Ausdruck verliehen. Aber gewalttätige Ausschreitung in größerem Umfang fanden nicht statt.

sprach, entwickelte sich zur ersten großen Saalschlacht in Berlin.[182]

[...]

Kösliner Straße (Bez. Wedding)
Kommunestraße, Mittelpunkt des roten Wedding.
1929: 17. November: In Durchführung der Wahlpropaganda für die am gleichen Tage stattfindenden Kommunalwahlen fuhr ein mit 400 Braunhemden (SA-Standarte IV und SA-Sturm 5 besetzter Lastwagenzug vormittags durch die Kösliner Straße. Um den ungeheuren Terror abzuwehren, zog der erste Wagenführer den Schaltschlüssel aus dem Schaltkasten; so entstand eine Fehlzündung. Unter dem Schrei: „Die Nazis schießen!" stürzte alles in die Häuser zurück. Dafür wurden die SA-Männer auf der Weiterfahrt in Wittenau (Bez. Reinikkendorf) von der Polizei verhaftet, allesamt zum Polizeipräsidium in die Pferdeställe der Magazinstraße gebracht und erst abends wieder entlassen.[183]
1932: 23. Oktober: Trotz schweren marxistischen Terrors Hauspropaganda durch den SS-Sturm 2/III/42; als die Polizei nach einer erfolglosen Waffendurchsuchung die Verteilung von Flugblättern in den Häusern verbot, veranstaltete die SS einen Propagandamarsch durch die Kösliner Straße.

[...]

Nr. 94: Kriegervereinshaus
Altes Versammlungslokal der Berliner Nationalsozialisten. Hier sprach Dr. Goebbels bereits am 27. November 1925 (im Hinblick auf den am 16. Oktober abgeschlossenen Locarnopakt) über das Thema: „Völkerbund und Sicherheitspakt".[184]
1927: 4. Mai: „Stucke-Versammlung." Ein betrunkener ehemaliger Pfarrer Stucke provozierte in der von den Nationalsozialisten einberufenen Versammlung andauernd[185] den Redner Dr. Goebbels und wurde daraufhin von der SA aus dem Saal hinausbefördert. Anlass für das marxistisch-jüdische Polizeipräsidium, die NSDAP in Berlin zu verbieten.

182 Vgl. o. Dokument 30.
183 Zutreffend.
184 Vgl. o. Dokument 19.
185 In Wirklichkeit rief Pfarrer Fritz Stucke an Goebbels gerichtet: „Sie sehen ja auch aus wie ein germanischer Jüngling!" Vgl. o. Dokument 38.

1928: 13. April: Gründungsfeier des Gaues Berlin der NSDAP nach Aufhebung des Verbotes am 31. März.
1930: 1. September: Hitler sprach hier nach dem ersten Stennes-Putsch zur Berliner SA.[186]
[...]

Ackerstr. 132/33 (Bez. Wedding)
„Meyers Hof": 1873/74 erbautes Mietshaus mit sechs nur zehn Meter breiten Höfen und sechs fünfstöckigen Hinterhäusern. Beispiel für die zum Teil ganz trostlosen Wohnverhältnisse in Berlin Nord. Ohne Licht und Luft sind in dieser Mietskaserne 225 Mietparteien mit etwa 1000 Köpfen auf engstem Boden zusammengepfercht.[187] Seit der Machtübernahme ist wenigstens durch äußere und innere Herrichtung der Häuser und Wohnungen, Grünanpflanzungen usw. das möglichste getan.[188]

Gartenplatz (Bez. Wedding)
Im Sommer 1930 erster Aufmarsch der Partei und SA auf dem Gartenplatz zum Protest gegen das am 11. Juni für die NSDAP erlassene Uniformverbot. Bis in das Jahr 1932 kommunistische Domäne. Erst im Hochsommer 1932 vor der Reichstagswahl vom 31. Juli konnte die SA hier wieder aufmarschieren und die damit verbundene Kundgebung des Bezirks Norden der NSDAP reibungslos durchgeführt werden.

IV. Reinickendorf (mit Tegel und Hermsdorf)

Reinickendorf-Ost, Schönholzer Weg (Bez. Reinickendorf)
Kolonie Felseneck: Ehemals rote Laubenkolonie
1932: 19. Januar: Schwerer kommunistischer Überfall auf den Reinickendorfer SA-Sturmbann III/4, der den Heimweg des besonders gefährdeten Sturmes 92 decken sollte, beim Passieren des Schönholzer Weges: 20 SA-Männer und zwei Polizisten verletzt, ein Kommunist fiel unter den Kugeln seiner eigenen

186 Vgl. o. Dokument 53.

187 Zutreffend. Meyers Hof war die bekannteste der über beleumundeten Berliner Mietskasernen. Ende 1932 schlossen sich die meisten Bewohner dem von der KPD unterstützten Berliner Mieterstreik an. Drei nationalsozialistische gesinnte Mieter verweigerten das.

188 An den schlechten Wohnverhältnissen in Meyers Hof änderte sich mit der Machtübernahme Hitlers zunächst nichts. Bis 1935 allerdings zog rund die Hälfte der Bewohner aus und wurde durch andere Mieter ersetzt. Erst im Jahr vor der Olympiade begannen Sanierungsarbeiten, durch die einige der schlimmsten Mängel behoben wurden.

Genossen.[189] Der erst am selben Abend auf dem Sturmbannabend im „Bergschloß" (Waidmannslust, August-Richter-Weg, besteht nicht mehr; jetzt SA-Heim der Motor-SA) zum SA-Truppführer beförderte Ernst Schwartz[190] vor dem Hause Wilkestraße 34 durch einen Lungenstich ermordet. Am Schönholzer Weg gegenüber der Einmündung der Wilkestraße ist am 19. Januar 1934 ein Denkstein eingeweiht: „Hier fiel am 19. Januar 1932 im Kampf um das Dritte Reich der SA-Truppführer Prof. Ernst Schwartz, Oberleutnant a. D. Treue seinem Andenken." Nach ihm benannt ist der Berliner SA-Sturm 41/10 sowie der „Ernst-Schwartz-Park" an der Markgrafenstraße in Frohnau.

Reinickendorf-West, Scharnweberstraße (Bez. Reinickendorf) Nr. 14: Restaurant A. Müller (Müllers Festsäle)
Altes Versammlungslokal der Berliner Nationalsozialisten.
1930: 17. Juni: Schwere siegreiche Saalschlacht der SA-Standarte IV gegen die Kommune. „Zweite Pharussaalschlacht".[191] Die Polizei verfolgte die abrückende SA, verhaftete 22 Männer vom Reinickendorfer SA-Sturm 23 und 32 Männer vom SA-Sturm 2 Prenzlauer Berg, die bis zum nächsten Mittag in den Pferdeställen der Magazinstraße festgehalten wurden. Ein anderer Teil des SA-Sturmes 23 wurde bei der Abfahrt mit dem Autobus 15 an der Ecke Aroser Allee und Appenzeller Straße von Marxisten beschossen, zwei SA-Männer schwer, ein SA-Truppführer und eine unbeteiligte Frau leicht verletzt.[192] [...]

189 In Wirklichkeit machte der SA-Sturm einen „Umweg" auf dem Rückmarsch von einem üblichen „Sturmabend", um in der Kolonie KPD-Anhänger anzugreifen. Der Sturmführer Werner Schulze soll gesagt haben: „Kameraden! Wir haben heute noch eine kleine Sache vor. Wenn wir Kommune treffen: Umlegen und dann weg! Die Polizei soll sich wundern, wenn sie dann was Schwarzes auf der Erde sieht!" An der Kolonie stimmten die SA-Männer NS-Lieder an, was unmittelbar zur Konfrontation führen musste. Eine schlimme Prügelei war die Folge, bei der zwei Menschen starben. Der Kommunist Fritz Klemke wurde erschossen, allerdings blieb unklar, von wem. Ein älterer SA-Mann konnte auf der Flucht seinen jungen Parteigenossen nicht folgen, blieb zurück und wurde von Kommunisten erstochen.

190 Ernst Schwartz (1883-1932), Maler. Schüler der Kunstgewerbeschule Breslau bei Sigfried Haertel, studierte an der Akademie Stuttgart, Rom-Aufenthalt, tätig in Stettin, München und ab 1909 in Berlin-Friedenau, Mitglied im Reichsverband Bildender Künstler Deutschlands. Malte unter anderem im Stil des Pointilismus und engagierte sich bei der NSDAP, um gegen die „jüdischen Einflüsse" in der Kunst zu protestieren.

191 Übertrieben. Goebbels notierte: „Abends rede ich zweimal. Zuerst Reinickendorf. Dicke Luft. Viele K.P.D. Aber ich setze mich durch und habe am Ende eine atemlos lauschende Zuhörerschaft. Abfahrt direkt gefährlich. Dann Moabit. Überfüllt. Wieder großer Erfolg." Zit. n. Fröhlich (Hrsg.): Die Tagebücher von Joseph Goebbels, Teil 1, Bd. 2/I, S. 179.

192 Die Schießerei wurde nicht aufgeklärt.

74

DER OSTEN BERLINS

Ausgewählte Einträge aus einem SA-Stadtführer. Zit. n. Engelbrechten/Volz: Wir wandern durch das nationalsozialistische Berlin, S. 160-164

[...] Lichtenberg (mit Friedrichsfelde und Kaulsdorf)
Arbeiterbezirk im Berliner Osten mit großen industriellen Unternehmungen: Knorrbremse AG, Großkraftwerk Klingenberg. Ehemalige rote Hochburg. Schauplatz schwerster Straßenkämpfe mit den Spartakisten im März 1919. Kampfgebiet der SA-Trupps 20 und 35.
[...]

Neue Bahnhofstr. 9-17 (Bez. Lichtenberg) Knorrbremse AG
Dem im Frühjahr 1924 in Berlin gegründeten, auf dem Boden des Nationalsozialismus stehenden „Reichsbund völkischer Kampfgewerkschaften" gelang es, eine kleine Gruppe von Arbeitern zusammenzufassen (erster Vorläufer der NSBO). In der Berliner Verbotszeit sammelte der Dreher und nationalsozialistische Betriebsrat Johannes Engel die mit der NSDAP sympathisierenden Arbeiter unter dem Decknamen: „Nationalsozialistische Wählerschaft bei der Knorrbremse" und „Nationalsozialistischer Arbeiterkampfbund" (erste nationalsozialistische Betriebszelle).[193] Engel wurde Ende 1928 wegen seiner nationalsozialistischen Betätigung dort entlassen. Nach ihm wurde sein bisheriger Dienstsitz, das bei dem Erweiterungsbau der Mühlendamm-Schleuse jetzt zum Abbruch kommende, 1890-93 erbaute zinngekrönte Sparkassengebäude der Stadt Berlin (Mühlendamm 1, Bez. Mitte) benannt, vom Volksmund als „Engelsburg"[194] bezeichnet.

193 Vgl. o. Dokument 49.
194 Vermutlich Selbststilisierung.

Schreiberhauer Str. 1 (Bez. Lichtenberg)
Jahn-Realgymnasium
1921: 15. August: In der Aula fand die erste öffentliche nationalsozialistische Versammlung („Internationaler oder nationaler Sozialismus“) in Berlin statt, einberufen von den „Nationalsozialisten (Streicher-) Gruppe, Ortsgruppe Berlin“, die bald nach der Eröffnung aufflog (rund 800 Marxisten gegen acht Nationalsozialisten, die nur dadurch gerettet wurden, dass der Pedell das Licht ausschaltete).[195] [...]

75

DER SÜDEN UND SÜDOSTEN BERLINS

Ausgewählte Einträge aus einem SA-Stadtführer. Zit. n. Engelbrechten/Volz: Wir wandern durch das nationalsozialistische Berlin, S. 165-194

[...] I. Süden (mit Treptow, Tempelhof und Lichtenrade)

Treptower Spielwiese (Bez. Treptow)
Seit 1876 traditionelles Maifeiergelände der Marxisten. Am 31. Januar 1918 hetzte der Vorsitzende der SPD und ihrer Reichstagsfraktion Friedrich Ebert hier zum Munitionsarbeiterstreik.[196] Deswegen vom Magdeburger Gericht nach 14-tägiger Verhandlung im Urteil vom 28. Dezember 1924 als „Landesverräter“ bezeichnet.[197]
1934: 11. März: Als erste nationalsozialistische Kundgebung Appell der SA-Brigade 28 „Horst Wessel“ in Stärke von 14 000 Mann.
[...]

195 Die Veranstaltung des damals noch nicht zur NSDAP zählenden Nürnberger Volksschullehrers und radikalen Antisemiten Julius Streicher fand im Umfeld des „Frontkämpfertages“ in Berlin statt. Streichers Gruppierung Deutschsozialistische Partei stand in Konkurrenz zu Hitler. Details über die Veranstaltung sind nicht überliefert.

196 Friedrich Ebert versuchte in Wirklichkeit, den wesentlich von der USPD und dem Spartakusbund organisierten Munitionsarbeiterstreik so rasch wie möglich zu beenden. Deshalb wurde er Mitglied der Streikleitung. Sein mäßigender Einsatz wurde ihm später von der radikalen Linken ebenso wie von der extremen Rechten vorgeworfen.

197 Das Magdeburger Schöffengericht verurteilte am 23. Dezember 1924 zwar einen Journalisten zu drei Monaten Haft wegen Beleidigung des Reichspräsidenten. Zugleich aber stellten die antidemokratisch gesinnten Richter fest, dass Ebert Landesverrat begangen habe, als er sich im Januar 1918 an der Streikleitung beteiligt hatte. Vor der Berufungsverhandlung starb Ebert an einer verschleppten Blinddarmentzündung.

Wiener Straße (Bez. Kreuzberg), die sogenannte Wiener Ritze. Rotes Terrorgebiet, Kampfgebiet des SA-Sturmes 27 Südost, des Stammsturmes des Berliner Südostens.

Nr. 10: Restaurant „Wiener Garten"
Seit Juli 1929 Sturmlokal des SA-Sturmes 27; seit September 1930 fand hier theoretischer Unterricht für die Lehrgangsteilnehmer der „Führerschule Osaf-Ost" statt. Auch Horst Wessel verkehrte hier oft mit seinem Sturm 5, als er kein eigenes Sturmlokal hatte, sowie der SA-Sturm 25 Kaiser-Friedrich-Straße. Der „Wiener Garten" bildete durch die günstige Lage und die baulichen Verhältnisse eine für die KPD uneinnehmbare Festung. So wehte dort Tag und Nacht während einer ganzen Woche vor der Reichstagswahl vom 14. September 1930 die Hakenkreuzfahne über der Tür, ohne dass die Gegner sie herab zu reißen wagten. Die Kommunisten machten oft Überfälle, einmal sogar mit Handgranaten. 1931 überfielen sie die Weihnachtsfeier (18 Kugeleinschläge in der Wand und Decke). Die Kegelbahn des Lokals wurde zum Versammlungsraum umgebaut und viel von der Partei und SA benutzt.[198]

Nr. 25: Restaurant Kock (besteht nicht mehr)
Erstes Sturmlokal des SA-Sturmes 27, häufig von der Kommune überfallen, Anfang 1929 in Trümmer gelegt.

Görlitzer Bahnhof (Bez. Kreuzberg)
1929: 22. August: Erfolgreiche Aktion Horst Wessels gegen den roten Terror. Mit 106 Mann seines SA-Sturmes 5 und 14 Mann des Trupps Bötzow des SA-Sturmes 2 Prenzlauer Berg besetzte er die beiden RFB-Lokale in der Förster Straße und richtete eine sehr nachdrückliche Warnung an die anwesenden Kommunisten.[199]
22. September: Auf dem Spreewaldplatz vor dem Bahnhof wurde Dr. Goebbels, der, in seinem Opel-Wagen stehend, hier die Berliner SA-Standarten I, II und III an sich vorbeimarschieren ließ, nach dem Vorbeimarsch von Kommunisten mit Schüssen und Steinwürfen überfallen, als er, um die SA zu überholen, durch die Wenden- und Skalitzer Straße fahren

198 Im Frühjahr 1933 diente der Keller des „Wiener Garten" zeitweise als „wildes" KZ, in dem die SA alte Rechnungen beglich.

199 Typische aggressive Aktion für Horst Wessel und seinen SA-Sturm. Die Wirkung solcher Überfälle auf die Kommunisten blieb gering.

wollte. Sein Fahrer wurde dabei am Hinterkopf durch einen Steinwurf schwer verletzt.[200] […]

Hasenheide (Bez. Kreuzberg und Neukölln)
Nr. 13-15: Kliems Festsäle
Altes Versammlungslokal der Berliner Nationalsozialisten. Viele Saalschlachten. Von Nationalsozialisten und Kommunisten erbittert umkämpft.

Nr. 22-31: „Unionsbrauerei" (jetzt: „Zum Schultheiß")
Schon im Jahre 1926 Versammlungslokal der Sektion Neukölln (später Ortsgruppe Hermannplatz) der NSDAP. Oft sprachen hier im „Blauen Saal" auch Dr. Goebbels und Horst Wessel.

Nr. 32-38: „Orpheum"
Altes Versammlungslokal der Berliner Nationalsozialisten.

Nr. 108-114: „Neue Welt"
Im Anfang des 18. Jahrhunderts durch einen Berliner Kaufmann Beier angelegt. Altes Versammlungslokal der Berliner Nationalsozialisten. Saalschlachten.
1930: 5. Dezember[201]: Hitler sprach auf Einladung der Ortsgruppe Berlin des Nationalsozialistischen Deutschen Studentenbundes über das Thema: „Der Weg des neuen Deutschlands und die Aufgaben des jungen Akademikertums."[202]

200 Zu dem Zwischenfall und der Verletzung seines Fahrers Albert Tonak notierte Goebbels: „Um 12 Uhr fahre ich los. Knie, Neukölln. Durch mulmige Gegenden. Überall steht schon Kommune und lauert. Wie die wilden Katzen. Geduckt und schleichend. Wienerstraße! Der Zug ist da. Unendlich lang, und ein Jubel! Die Augen der Jungens strahlen. Feuergarben. Die Kommune wagt sich kaum heran. Einzelne Geplänkel. Welch ein Jubel, als die Unseren mich sehen! Auch die Kommune erkennt mich. Holla! Ich stehe ganz allein im Trubel. Wir fahren etwas abseits zum Görlitzer Bahnhof. Harmlos unterhalte ich mich mit irgendeinem Passanten. Plötzlich hinter mir, um mich eine Riesenmenschenmenge. Ein großer Kommunist, – Krause heißt der Mann, putscht auf." Heran Proleten! Hier ist der Arbeitermörder Goebbels. Jetzt wird ein Ende gemacht. „Vor meinen Augen erscheinen Knüppel, Dolche, Schlagringe. Ich erhalte einen Schlag über die Schulter. Als ich mich zur Seite drehe, legt eben ein Kommunist auf mich an. Ein Schuss kracht. Steine fliegen. Tonak blutet schon schwer. Eine wilde Knallerei. Aus dem Wagen krachen die Schüsse. Der Mob weicht. Ich halte Tonak die Wunde zu. Er fährt los, in voller Geistesgegenwart. Kreidebleich sitzt er am Steuer, los über Schilder und Bordsteine. Hinter mir fliegen Steine, krachen Schüsse. Wir sind gerettet. Tonak fällt in Ohnmacht. Ich halte eine Taxe an, sie ist besetzt. Ich glaube, Tonak verblutet. Er rafft noch einmal alle Kraft zusammen. Zur nächsten Polizeistreife. […] Auf der Polizeiwache. Tonak wird verbunden. Steinwurf. Nicht so sehr schlimm." Zit. n. Fröhlich (Hrsg.): Die Tagebücher von Joseph Goebbels, Teil 1, Bd. 1/II, S. 331.

201 Richtig: 4. Dezember 1930.

202 Laut dem *Völkischen Beobachter* v. 9. Dezember 1930 sagte Hitler den etwa 5000 nationalsozialistischen Studenten unter anderem: „Sie haben viel gutzumachen. Sie haben mit uns die Kluft zu beseitigen, die durch unser Volk geht und die das Bürgertum mitverschuldet hat. Es ist entsetzlich, wenn in den Zeitungen von unseren Wahlsiegen geschrieben wird: Bürgerlicher Rechtssieg! Nein und dreimal nein: Deutscher Sieg! muss es heißen!"

1932: 19. Oktober: Große Auseinandersetzung von Dr. Goebbels mit zwei deutschnationalen Abgeordneten; aus der deutsch-nationalen Versammlung wurde eine nationalsozialistische Kundgebung. [203] Bereits am nächsten frühen Morgen brachte eine Million Extrablätter des *Angriff* den Wortlaut der Goebbels-Rede.[204]

Bergmannstr. 48 (Bez. Kreuzberg)
Luisenstädtischer Friedhof
Seit Herbst 1931 der Hauptfriedhof der Bewegung in Berlin; hier liegen unter anderem alle ermordeten Berliner SS-Männer (außer Behnke). Am Morgen des Tages der Reichstagseröffnung (21. März 1933) besuchte Hitler in Begleitung von Dr. Goebbels diesen Friedhof und legte einen Kranz nieder mit der Inschrift: „Meinen toten Kameraden." [...]

Baerwaldstraße (Bez. Kreuzberg)
Nr. 38, Ecke Bergmannstraße: SA-Lazarett
1931: Juli: Lazarett der Selbständigen SA-Untergruppe Berlin. Bald von vier auf zwölf Betten erweitert. Unentgeltliche Behandlung. Infolge des SA-Verbotes (13. April 1932) musste es mit den dort liegenden Schwerverletzten überstürzt geräumt werden.
1932: Nach der Aufhebung des SA-Verbotes (17. Juni) wurde das SA-Lazarett als „SA-Genesungsheim der NS-Schwestern" neu eingerichtet. Am 1. Oktober 1932 aufgelöst.
[...]

203 Goebbels notierte: „Telefon Neue Welt. Die größte Desorganisation. Die DNVP gar nicht in der Lage, die Massen zu bändigen. Mit [Hans] Hinkel noch schnell Schlachtplan entworfen. Und dann ab. Vor dem Gebäude alles schwarz von Menschen. Lauter Nazis. Ich werde gefeiert wie ein Triumphator. Herein! Der halbe Saal voll Nazis. Stürmischer, jubelnder Empfang. Schon gewonnen. Die grüne Garde der DNVP verkriecht sich vor unseren langen Kerls. Zuerst redet [Otto] Schmidt-Hannover. Sehr flau. Nur Zitate. Keine Linie. Langweilig. Dann ich. Eine Stunde. Noch verhalten. Aber schon mitten in der Schlacht. Dann [Ludwig] Steuer. Er macht nur taktische Fehler. Ich muss den Saal beruhigen. Unfähige Leitung. Dann ich. Und nun heraus. Die Argumente prasseln. Der Saal tobt. Sieg auf der ganzen Linie. Die Gegner auf dem Rückzug. Verloren! Schmidt-Hannover sucht zu retten. Aber er ist nervös. Macht Fehler. Ertrinkt in Sprechchören und Gelächter. Ich stelle mich neben ihn und korrigiere jede Illoyalität. Ich bin der Sieger. Der ganze Saal tobt vor Begeisterung. Auf den Schultern der SA-Männer werde ich aus dem Saale getragen. Draußen tobt die Masse vor Begeisterung. In den Regen hinaus. Seliges Gefühl des Siegers. Auf dem Angriff die Presse gemacht. K.o. geschlagen. Gleich eine Million meiner Reden heraus. Das Volk soll es wissen." Zit. n. Fröhlich (Hrsg.): Die Tagebücher von Joseph Goebbels, Teil 1, Bd. 2/III, S. 40f.

204 Es ist unwahrscheinlich, dass die Druckerei des Angriff tatsächlich eine Million Exemplare herstellen konnte. Auf jeden Fall wurde die Rede aber in hoher, wahrscheinlich sechsstelliger Auflage verbreitet.

Tempelhofer Feld (Bez. Tempelhof)
Seit 1721 Übungs- und Paradegelände der Berliner Garnison. Traditionelles Aufmarschfeld der Garderegimenter der alten Armee. Jährliche Frühjahrsparade des Gardedukorps und des III. Brandenburgischen Armeekorps vor dem bei der „Pappel" stehenden Herrscher. Jetzt Zentralflughafengelände.
1933: 1. Mai: 1,5 Millionen Berliner marschierten zum „Tag der nationalen Arbeit" auf; große Rede Hitlers (ebenso 1934 und 1935 Massenaufmärsche am 1. Mai).[205]

6. August: Aufmarsch der Berlin-Brandenburger SA in Stärke von mehr als 80.000 Mann.[206] [...]

II. Neukölln (mit Britz)

Neukölln
Arbeiterbezirk im Südosten Berlins. Ehemalige rote Hochburg. Standort der größten RFB-Abteilung Berlins und Deutschlands in Stärke von 2000 Mann. 1000 Mann Reichsbanner. Kampfgebiet des SA-Sturmes 25 Kaiser-Friedrich-Straße (Stammsturm Neuköllns).
1926: 14. November: Trotz größten roten Terrors[207] erster Propagandamarsch der Berliner SA mit etwa 320 Mann vom Bahnhof Kaiser-Friedrich-Straße über den Hermannplatz, die Hasenheide nach dem Halleschen Tor. Zahlreiche SA-Männer verletzt.
1929: 1. Mai: „Blutmai".
22. September: Propagandamarsch der SA-Standarten I, II und III über die Kaiser-Friedrich-Straße, Reuterstraße, Grünauer Straße, Wiener Straße, Oranienstraße, Oranienplatz zum Halleschen Tor. Gewaltiger roter Terror. Der SA.-Sturm 25 hatte bereits vor dem Antreten zehn Verletzte. Am Görlitzer Bahnhof wurde Dr. Goebbels von Kommunisten überfallen. [...]

205 In Wirklichkeit versammelten sich am 1. Mai 1933 zwischen 400 000 und 700 000 Menschen auf dem Tempelhofer Feld.

206 Zutreffend.

207 Es gab Steinwürfe sowie zahlreiche Sprechchöre und Rangeleien gegen die Provokation Goebbels. Vgl. o. Dokument 26.

Britz, Chausseestr. 39 (Bez. Neukölln)
Raddatz Festsäle (bestehen nicht mehr infolge Straßendurchbruchs; jetzt: „Film-Eck")

1931: Ende Oktober: Größte und schwerste Saalschlacht in Neukölln; dadurch der rote Terror hier gebrochen.[208] 90 SA-Männer der Neuköllner Stürme 21 und 25, des Kreuzberger Sturmes 24, des Treptower 27 und des Tiergartener 50 schlugen 300 Kommunisten in die Flucht. Die SA hatte einen Schwerverletzten, die Kommunisten 45, davon acht Schwerverletzte, von denen einer starb. [...]

76

DER WESTEN UND SÜDWESTEN BERLINS

Ausgewählte Einträge aus einem SA-Stadtführer. Zit. n. Engelbrechten/Volz: Wir wandern durch das nationalsozialistische Berlin, S. 195-231

I. Westen

Lützowufer, Ecke Woyrschstraße (früher: Genthiner Straße) (Bez. Tiergarten)
1928: 17. November: Hans Georg Kütemeyer , Gruppenführer vom SA-Sturm 15 Schöneberg und Mitarbeiter auf der Gaugeschäftsstelle, nach der Hitlerversammlung im Sportpalast vom 16. November auf dem Nachhausewege vom Sturmlokal Zietenstraße 7 von Kommunisten zusammengeschlagen und im Landwehrkanal ertränkt.[209] An der Mordstelle (in den Anlagen an der Böschung des Landwehrkanals) ist ein Gedenkstein

208 Selbststilisierung. Noch bei den Wahlen 1932 erzielte die KPD in Neukölln neben Wedding ihre höchsten Stimmanteile.

209 Nach der Hitler-Rede im Sportpalast war es zu einer Schlägerei zwischen Nationalsozialisten und Straßenarbeitern gekommen, in die Kütemeyer verwickelt war. Am nächsten Morgen wurde er ertrunken im Landwehrkanal gefunden. Das Schöffengericht Schöneberg verurteilte am 19. Juni 1929 mehrere Angeklagte wegen gefährlicher Körperverletzung, schloss aber aufgrund des Obduktionsbefundes einen direkten Zusammenhang zwischen der Schlägerei und dem Tod Kütemeyers aus. Vgl. Berliner Tageblatt v. 17. November 1928 u. v. 19. Juni sowie 20. Juni 1929.

errichtet: „Hier wurde Hans Georg Kütemeyer, Scharführer im SA-Sturm 15/2, am 17. November 1928 von Kommunisten durch Ertränken ermordet. Bei Schwertern und bei Fahnen schlief uns das Lachen ein. Wen schert's! – Wir sollen die Ahnen lachender Enkel sein." Seinen Namen trägt die Berliner SA-Standarte 2 sowie der Berliner SA-Sturm 1/2. Die Mörder und ihre Helfershelfer am 19. Juni 1929 zu ganz geringfügigen Gefängnisstrafen unter Zubilligung von Bewährungsfrist verurteilt. Unter dem Eindruck der Todesnachricht veröffentlichte Dr. Goebbels am 26. November 1928 im *Angriff* einen Artikel.[210]

Eines Tages kommt er auf die Geschäftsstelle und fragt, ob er etwas mitarbeiten dürfe. Er sei erwerbslos, lebe mit seiner Frau schlecht und recht von der Arbeitslosenunterstützung und stelle gern Zeit und Kraft der Partei zur Verfügung. Man nimmt ihn an, still und bescheiden setzt er sich an den ihm zugewiesenen Platz, redet kaum, macht nicht ein kleines Aufsehen von sich und seinem freiwilligen Dienst, und nach vier Monaten hat er in emsigem Fleiß die durch Verbot und Verfolgung vollkommen durcheinandergeratene Kartothek wieder in Ordnung gebracht. Morgens kommt er als erster, abends geht er als letzter. Der Gruß beim Kommen und Gehen ist fast das einzige, was er am Tage sagt. Gerate ich durch einen Zufall in seine Abteilung hinein, dann springt er von seinem Platz auf, steht stramm, schüttelt mir die Hand und ist gerührt und schüchtern wie ein Kind. Er diente draußen an der Front als tapferer Feldsoldat. Nach dem Kriege wurde er Kaufmann, die Inflation warf ihn aus Brot und Beruf; er ging aufs Land als Arbeiter, verlor dann durch seine politische Aufklärung Dach und Nahrung, kam zurück in die Stadt und reihte sich schweigend ein in die Armee der drei Millionen, die heute schon in Deutschland zu viel sind. Am Abend vor der Hitlerversammlung: er geht mit Kameraden los zum Plakatkleben. Bis zum Morgengrauen ist er auf den Beinen. Todmüde kehrt er heim. Seine treusorgende Frau zwingt ihm drei Stunden Schlaf ab, dann steht er wieder zum Dienst bereit. Heute klopft das Herz zum Zerspringen. Das bleiche, abgehärmte Gesicht überfliegt

210 Dieser erste Versuch von Goebbels, einen Toten der SA zum Märtyrer der Berliner NSDAP zu stilisieren, misslang – Kütemeyer eignete sich einfach nicht als Vorbild, wie zu viele SA-Leute wussten. Erst als Goebbels denselben Versuch gut ein Jahr später mit dem charismatischen Toten Horst Wessel wiederholte, erreichte er sein Ziel.

eine jähe Röte, wenn er daran denkt, dass er am Abend zum ersten Male seinen Führer hören und sehen soll. Um fünf Uhr tritt er an zum Kassendienst im Sportpalast. Als er sich von der Geschäftsstelle verabschiedet, fragt er in einer dumpfen Ahnung einen Kameraden: ‚Wer wird wohl der nächste sein, den wir beerdigen?‘ Als ich gegen halb sieben Uhr zu kurzer Kontrolle in den Sportpalast komme, sehe ich ihn am Schalter hantieren. Ich kann mich nicht erinnern, ihn vorher einmal lachen gehört zu haben. Jetzt lacht er. Das ganze Gesicht verklärt eine einzige große Freude. Er ruft mir noch etwas nach, das ich im Trubel nicht verstehe. Um 20.15 Uhr sagt ihm der Kassenverwalter: ‚Kütemeyer, Sie haben Hitler noch nicht gehört, rechnen Sie schnell ab, und dann marsch in den Saal.' Er rechnet ab. Auf den Pfennig genau. 420,40 Reichsmark. Nun noch die Quittung, und dann weg. In die hinterste Reihe klemmt er sich, denn alles, alles ist drückend voll. Da steht er zwischen Tür und Angel, erlebt den Jubelsturm, als Hitler den Saal betritt, hört mit klopfendem Herzen dieses aufpeitschende Evangelium des jungen Deutschlands, und am Ende erhebt er sich mit den sechzehntausend anderen und singt mit Tränen in den Augen: ‚Deutschland, Deutschland über alles, und im Unglück nun erst recht.'

Wer wollte es ihm verargen, dass er in dieser Hochspannung der ergriffenen Gefühle noch nicht in die Dürftigkeit seines kargen Lebens zurückkann. Zwei Stunden sitzt er mit den Kameraden in freudig erregten Debatten zusammen. Dann will er heim zu seiner Frau, die gleich nach Schluss der Versammlung nach Hause gegangen ist. An einer Straßenecke wird er angepöbelt. Er wehrt sich. Mit zwanzigfacher Übermacht schlägt man ihn nieder. Das Gesicht wird ihm im Nu zu einem blutigen Ecce-Homo zerquetscht; das Nasenbein gebrochen, die Augen blutunterlaufen, die Lippen zerrissen, so wankt er langsam, von seinen Kameraden nunmehr endgültig abgedrängt, dem stillen Ufer zu. Dort hofft er, in der Dunkelheit der blutrünstigen Meute zu entkommen, vielleicht auch einen seiner Kameraden, die man wie ihn, gleich gehetztem Wild, einzeln durch die Straßen treibt, wieder zu treffen. Durch die Regennacht stößt das Fauchen einer Autotaxe. Vollbesetzt mit rotem Blutgesindel. Hämisch grinst der Fahrer und gibt Vollgas. Unten am Ufer pürschen sie ihn auf, wie ein angeschossenes Wild. Dort lehnt ein bleicher Mann am Geländer, das Gesicht zu blutigem Brei zerquetscht. Los auf den Hund! Ein paar Schläge mit Eisenstangen auf den Kopf, dass er ganz bewusstlos wird, angepackt, übers Geländer mit der Kanaille, hinein in den Kanal! Ist er schon tot, oder stirbt er jetzt? Man hört laute Hilferufe, während die Autotaxe davonrast. In den kalten, kalten Wellen geht ein Deutscher unter. Es ist nur ein Arbeiter. Was gilt das? Einer von den drei Millionen. Morgens um sechs Uhr wird die Leiche geländet. In seiner Tasche findet man eine Mitgliedskarte und Propagandazettel der Partei. Sonst nichts, kein Geld, keinen Dolch, keine Pistole. Nur Zettel, auf denen der Name Hitler steht. Der Beamte der Partei, der ihn zuerst im Schauhaus sieht, kennt ihn kaum wieder, so zerquetscht ist sein Gesicht. Um vier Uhr nachts wacht seine Frau auf. Es ist, als hörte sie ihren Mann ‚Mama, Mama!' rufen. Das war die Stunde, in der er starb. ‚Selbstmord! Unfall! Betrunken! Ertrunken!' stammelt die Journaille. Die Polizei faselt von einem bedauerlichen Fehltritt am Ufer. Ein todwunder Mensch ist über ein meterhohes Geländer gefallen. An der Spitze dieser Polizei steht ein Mann jüdischen Volkstums. Der Tote ist nur ein deutscher Arbeiter. Die Mützen ab und die Fahnen in Trauer gesenkt! Aber nur einen Augenblick! Dann schnallt die Sturmriemen herunter und beginnt im Werk der Rache an den Vernichtern unseres Volkes. Arbeiten, Kameraden, arbeiten! Auch dieser Tote hat ein Recht zu fordern.

Lützowplatz 11 (Bez. Tiergarten)
Braunschweigische Gesandtschaft in Berlin

1932: 26. Februar: Hitler als braunschweigischer Regierungsrat vereidigt (am 25. ernannt und dadurch in Deutschland endlich eingebürgert).[211]

211 Bis zum 25. Februar 1932 war Hitler staatenlos gewesen – nach seinem Ausscheiden aus der österreichischen Staatsbürgerschaft 1913 auf eigenen Wunsch. Deshalb konnte er sich auch niemals bis 1932 bei Parlamentswahlen für die NSDAP aufstellen lassen. Erst zur regulären Reichspräsidentenwahl, bei der er als Gegenkandidat zu Amtsinhaber Paul von Hindenburg antreten wollte, brauchte er die deutsche Staatsbürgerschaft. Mehrfache Versuche, sie über eine Verbeamtung zu erlangen, etwa als Politikprofessor in Weimar, als Polizeikommandeur in Hildburghausen oder als Bürgermeister in Stadtoldendorf, schlugen fehl. Erst die Ernennung zum braunschweigischen Regierungsrat verschaffte ihm den begehrten deutschen Pass.

Lützowstraße (Bez. Tiergarten)
Nr. 44: Sitz der Gauleitung
Sitz der Gauleitung Berlin-Brandenburg der NSDAP vom 1. Januar 1927 bis 27. Juni 1928 (vorher: Potsdamer Str. 109; nachher: Berliner Str. 77), in der Verbotszeit (5. Mai 1927 bis 31. März 1928) der „Verschwörerzentrale", getarnt als „Büro der Abgeordneten der NSDAP". Hier befand sich auch der Sitz der SA-Führung (vorher: Potsdamer Str. 109), in der Verbotszeit: Hagelberger Str. 34. Ferner befand sich hier seit 1. Mai 1927 der erste Anfang der Zeugmeisterei sowie die erste Redaktion des *Angriffs*, der erstmalig am 4. Juli 1927 erschien.

Nr. 76: Feurich-Saal (besteht nicht mehr)
1927: 2. Mai: Hier sprach Hitler vor den Mitgliedern des „Freiheitsbundes".[212]

Potsdamer Straße (Bez. Tiergarten)
Große Verkehrsstraße vom Berliner Zentrum nach Schöneberg, viele große Geschäfte.

Nr. 35: Restaurant Wernicke (besteht nicht mehr)
1926: 22. März: In diesem Lokal (im Hinterhaus) wurde aus dem nationalsozialistischen Wehrverband „Frontbann" heraus durch Kurt Daluege und Waldemar Geyer die Berliner SA gegründet.

Nr. 71: SA-Lazarett und -Küche (1930/31)
Eingerichtet vom „Deutschen Frauenorden Rotes Hakenkreuz", dem Vorläufer der NS-Frauenschaft, der damals dort seinen Hauptsitz hatte. In den Jahren 1931/32 befand sich das SA-Lazarett in der Baerwaldstr. 38.

212 Der *Völkische Beobachter* v. 8./9. Mai 1927 vermeldete Hitlers Rede vor etwa 500 ausgewählten Zuhörern nur knapp: „Er spricht von Schwarz-Weiß-Rot und Schwarz-Rot-Gold. Von Form und Inhalt und von dem einzigen Maßstab, an dem man die Güte eines Staates messen könne, von der Bereitwilligkeit des Volkes, sich für diesen seinen Staat aufzuopfern. Er spricht von der Verpflichtung gegenüber der Vergangenheit und von der Verpflichtung gegenüber der Zukunft, von einer Verpflichtung, die stets Opfer und immer wieder Opfer von uns fordert im Gedenken an die, die viereinhalb Jahre Not und Tod gelitten haben für uns, und an die, die einst nach uns kommen werden und die von uns ein freies Vaterland fordern." Goebbels notierte noch knapper: „Dann sprach er noch vor kleinem Kreise. Von der Arbeit und von Berlin. Es war ein Fest." Zit. n. Fröhlich (Hrsg.): Die Tagebücher von Joseph Goebbels, Teil 1, Bd. 1/II, S. 216.

Nr. 72: Sportpalast
Goebbels 1932: „Der Sportpalast ist die Tribüne, von der aus wir in Berlin zu dieser Riesenstadt sprechen.“ In den letzten Jahren der Kampfzeit meist schon stundenlang vorher[213] wegen Überfüllung von der Polizei gesperrt.
1928: 30. September: Erste Massenversammlung der Nationalsozialisten im Sportpalast, Einmarsch von 4000 SA-Männern vom „Dritten Märkertag“ in Teltow. Über 10.000 Versammlungsbesucher. Während der Versammlung kam es vor dem Sportpalast zu einer blutigen Schlacht zwischen SA, Kommunisten und Polizei. Auch nach der Versammlung schwere Zusammenstöße auf den Straßen. Im Ganzen hatte die Berliner SA 23 Schwer- und Leichtverletzte.[214]
16. November: Hitler sprach nach Aufhebung seines Redeverbots in Preußen zum ersten Male in einer öffentlichen Versammlung in Berlin; Thema: „Vom Kampf, der einst die Ketten bricht.“ 16.000 Versammlungsbesucher. Nach der Versammlung wurde der SA-Scharführer Hans Georg Kütemeyer von Kommunisten ermordet.[215]
1930: 7. Februar: Erstmaliges öffentliches Singen des Horst-Wessel-Liedes in Berlin.
1931: 27. März: Göring-Versammlung; Dr. Goebbels hatte ein Redeverbot erhalten. Dafür sollte eine Schallplatte mit einer kurzen Ansprache von ihm durch den Lautsprecher ertönen. Aber der anwesende Polizeibeamte verbot die Übertragung, da es in der Wirkung ganz egal sei, ob der Berliner Gauleiter „persönlich oder mechanisch spräche“.[216]
16. April: Appell der Berliner SA und SS nach dem Stennes-Putsch. Erhöhte Antrittsstärke von 3100 Mann.[217]

213 Gemeint: Vor Beginn der NSDAP-Veranstaltungen mit Hitler und Goebbels. Bei regulär 15 000, maximal 20 000 Plätzen traf diese Feststellung für die Jahre 1931/32 meistens zu.

214 Goebbels notierte zu dieser Veranstaltung: „Im Sportpalast. Wegen Überfüllung polizeilich gesperrt. 15 000 Menschen. Musik und Reden. Kube, Reventlow, Heinz, Wagner und ich sprechen. Unter endloser Begeisterung. Draußen Schlacht mit den Kommunisten. 23 Verletzte, darunter 3 schwer. Hoffentlich bekommen wir den schlimmsten durch. Im Saal ungeheure Erregung. Ich bekomme ihn schließlich wieder in die Hand. Es läuft nun alles programmmäßig ab. Deutschlandlied! Schluss! Draußen schwarz von Menschen. Das wogt und schreit und brüllt und jubelt. Kampf! Das Herz springt vor Freude. Ich besuche einen Verwundeten. Grauenvoll. Aber ich kann das verantworten. Los! Die Steine fliegen. Pfui und Pfeifen. Hass und Liebe.“ Zit. n. Fröhlich (Hrsg.): Die Tagebücher von Joseph Goebbels, Teil 1, Bd. 1/III, S. 92f.

215 Vgl. o. Dokument 47

216 Goebbels bemerkte: „Die Polizei ist ganz rigoros. Man kann kaum noch husten.“ Zit. n. Fröhlich (Hrsg.): Die Tagebücher von Joseph Goebbels, Teil 1, Bd. 2/I, S. 373.

217 Vgl. o. Dokument 55.

28. April: Besichtigung des 3600 Mann starken Gausturms Berlin durch den Chef des Stabes.[218] 15.000 Berliner als Zuschauer. Die SA zog, da der ordnungsmäßige Einmarsch durch die Portale von der Polizei verboten wurde, durch dunkle Kellerräume mit eingerollten Fahnen und umhüllten Standarten ein.
19. Mai: Hitler sprach im Rahmen des von Dr. Goebbels verkündeten Zweimonatsplans – vom 1. Mai bis 30. Juni sollte sich die Berliner Parteigenossenschaft verdoppeln – über „Preußentum und Nationalsozialismus".[219]
1. Oktober: Erste Arbeiterkundgebung der NSDAP mit Dr. Goebbels, Dr. Frick und Johannes Engel anlässlich der Aktion „Hinein in die Betriebe!" der NSBO – vom 1. September 1931 an sollten 12.000 Arbeiter in Berlin als neue Mitglieder für die NSBO geworben werden.[220]
1932: 8. Januar: Erstmaliges öffentliches Singen des Liedes: „Volk ans Gewehr!" von Arno Pardun durch 150 Männer der SA-Standarte 8 anlässlich einer großen Goebbels-Versammlung. Nach der ersten Strophe verbot die Polizei das Lied. [221] Auch Dr. Goebbels durfte nur zehn Minuten sprechen. Kürzeste Sportpalastversammlung.[222]
1932: 29. Januar: Rede eines nationalsozialistischen Reichstagsabgeordneten, welcher einen Zettel von Dr. Goebbels, der wegen Redeverbotes nicht sprechen durfte, über die be-

218 Gemeint: Ernst Röhm.

219 Laut Angriff v. 20. Mai 1931 handelte es sich um „Berlins Treuegelöbnis zu seinem Führer Adolf Hitler".

220 Die NSBO verfehlten dieses Ziel.

221 Das Lied hieß eigentlich „Siehst du im Osten das Morgenrot"; nur der Refrain lautete „Volk ans Gewehr". Es erinnerte in Melodie und Rhythmus stark an „Brüder, zur Sonne, zur Freiheit!", eines der wichtigsten Lieder der Arbeiterbewegung. Der Text der vier Strophen war ganz eindeutig. Strophe 1: „Siehst du im Osten das Morgenrot / ein Zeichen zur Freiheit zur Sonne / Wir halten zusammen, ob lebend, ob tot / mag kommen, was immer da wolle / Warum jetzt noch zweifeln? Hört auf mit dem Hadern / Noch fließt uns deutsches Blut in den Adern / Volk ans Gewehr Volk ans Gewehr!" Strophe 2: „Viele Jahre zogen dahin / geknechtet das Volk und betrogen / Verräter und Juden hatten Gewinn / sie forderten Opfer Legionen / Im Volke geboren erstand uns ein Führer / gab Glaube und Hoffnung an Deutschland uns wieder / Volk ans Gewehr Volk ans Gewehr!" Strophe 3: „Deutscher, wach auf, und reihe dich ein / wir schreiten der Sonne entgegen / frei soll die Arbeit und frei woll n wir sein / und mutig und trotzig-verwegen / Wir ballen die Fäuste und werden es wagen / es gibt kein Zurück mehr und keiner darf zagen / Volk ans Gewehr Volk ans Gewehr!" Strophe 4: „Wir Jungen und Alten, Mann für Mann / umklammern das Hakenkreuzbanner / Ob Bauer, ob Bürger, ob Arbeitsmann / sie schwingen das Schwert und den Hammer / für Hitler, für Freiheit, für Arbeit und Brot / Deutschland, erwache! Juda den Tod / Volk ans Gewehr Volk ans Gewehr!"

222 Goebbels notierte: „Sportpalast seit 19 Uhr gesperrt. Tolle Stimmung. Ich werde gefeiert wie nie. Litzmann auch da. Magda ist der Clou. Schon bei einem Eingangslied warnt die Polizei. Ich rede. Nach 20 Minuten unterbricht die Polizei. An der harmlosesten Stelle. Aufgelöst! Gegen diese Empörung setze ich mich kaum durch. Aber nach 20 Minuten ist der Saal leer." Zit. n. Fröhlich (Hrsg.): Die Tagebücher von Joseph Goebbels, Teil 1, Bd. 2/II, S. 191.

vorstehende Reichstagspräsidentenwahl verlas.[223] Ohne dass hier Hitlers Name ausdrücklich genannt war, verbanden die Versammlungsbesucher den Sinn von Goebbels‘ Worten richtig und beantworteten sie mit minutenlangen Sprechchören: „Adolf Hitler wird Reichspräsident!“

9. Februar: Anlässlich der bevorstehenden Reichspräsidenten-Wahl Appell von 15.000 Berliner SA-Männern vor Hitler; zweistündiges Abschreiten der Front. Da zu diesem Appell die „Bärenstiefel“[224] polizeilicherseits als „Uniformstücke“ galten, mussten viele SA-Männer diese trotz der Winterkälte auf der Straße ausziehen und sich auf Strümpfen in den Sportpalast begeben. Ferner drohte die Polizei, wenn einer der im Sportpalast in „Räuberzivil“ angetretenen SA-Männer Partei- oder SA-Abzeichen trüge, würde sofort die Veranstaltung verboten werden.[225]

22. Februar: Dr. Goebbels teilte in einer Generalmitgliederversammlung der Berliner Bezirke Westen, Norden und Osten zum ersten Mal Hitlers Kandidatur mit, ebenso am 23. in der Generalmitgliederversammlung der Bezirke Süden und Mitte.[226]

27. Februar: Hitler eröffnete den Reichspräsidentschaftswahlkampf der NSDAP.[227]

4. April: Hitler sprach auf seinem ersten Deutschlandflug (3.-9. April)[228] anlässlich des zweiten Wahlganges der Reichspräsidentenwahl vor 20.000 Berlinern.[229]

15. April: Dr. Goebbels rechnete mit dem Reichskanzler Brüning zwei Tage nach dem SA-Verbot auf eine etwas ungewöhnliche Art ab: Die letzte Rede Brünings[230] vom 9. April in Königsberg, die auf Schallplatten aufgenommen worden war, wurde vor 18.000 Versammlungsbesuchern durch den

223 Gemeint: Hans Hinkel (1900-1960), Freikorps-Kämpfer, seit 1921 Mitglied der NSDAP, 1923 Teilnahme am Hitler-Putsch, Parteifunktionär, nach 1933 in zahlreichen Funktionen der neben Goebbels wichtigste Kulturpolitiker der NSDAP, 1944/45 Reichsfilmintendant.

224 Gemeint: hohe, geschnürte Motorradstiefel, die unter SA-Leuten als Statussymbol galten.

225 Während des Uniformverbotes trat die SA geschlossen in weißen Hemden auf und hebelte so die Auflagen der Polizei aus.

226 Die versammelten NSDAP-Anhänger reagierten am 22. Februar 1932 mit zehnminütigen Ovationen auf Goebbels' Ankündigung.

227 Hitler kam erst gegen 21.45 Uhr am Sportpalast an und sprach von 22 bis 23 Uhr. Vor ihm sprach Goebbels. Die Zuhörer gerieten geradezu in Ekstase. Vgl. *Vossische Zeitung* v. 28. Februar 1932.

228 Propagandistisch inszenierte Wahlkampfreise Hitlers, die erste, die per Flugzeug unternommen wurde. In vier Tagen hielt er 19 Reden in 14 deutschen Großstädten. Vgl. o.

229 Hitler sagte im Wesentlichen dasselbe wie mittags im Lustgarten. Vgl. *Vorwärts* v. 5. April 1932: „Hitler hielt die gleiche Rede, die er auswendig gelernt in ganz Deutschland her redet, am Abend noch einmal im Sportpalast.“ Vgl. o.

230 Gemeint: die letzte Rede Brünings vor dem zweiten Wahlgang der Reichspräsidentenwahl.

Lautsprecher übertragen. Im Anschluss daran setzte sich Dr. Goebbels in sarkastischer Weise mit diesen Ausführungen auseinander.[231]

22. April: Hitler sprach auf seinem zweiten Deutschlandflug anlässlich der preußischen Landtagswahl vom 24. April vor 20.000 Zuhörern.[232]

1. September: Scharfe Rede Hitlers gegen die Reaktion (am 13. August war ihm der Kanzlerposten verweigert worden; am 22. August hatte ein Sondergericht in Beuthen fünf SA-Männer zum Tode verurteilt).[233]

2. November: Rede Hitlers auf seinem vierten Deutschlandflug (11. Oktober bis 4. November) zur Reichstagswahl vom 6. November.[234]

1933: 20. Januar: Hitler sprach zu den Amtswaltern und den SA-, SS- und HJ-Führern Berlins über die politische Lage.[235]

22. Januar: Hitler sprach bei der Horst-Wessel-Gedenkfeier, nachdem er vormittags auf dem Nikolai-Friedhof den Grabstein für Horst Wessel eingeweiht hatte.[236]

10. Februar: Hitler sprach erstmalig als Kanzler in einer Sportpalastversammlung bei Eröffnung des Wahlkampfes für die Reichstagswahl vom 5. März (dann nochmals am 2. März 1933); erste Übertragung einer nationalsozialistischen Kundgebung durch den Rundfunk; zugleich wurden auf zehn öffentlichen Plätzen Berlins große Lautsprecher aufgestellt: Schleidenplatz und Küstriner Platz (Bez. Horst Wessel), Wildenbruchplatz (Bez. Neukölln), Gendarmenmarkt (Bez. Mitte), Pistoriusplatz (Bez. Weißensee), Gartenplatz (Bez. Wedding), Kleiner Tiergarten (Bez. Tiergarten), Wittenbergplatz

231 Goebbels notierte dazu: „Sportpalast polizeilich gesperrt. Diese Überfülle. Zuerst redet Wagner. Gut! Dann lassen wir Brünings Königsberger Rede auf Platten laufen, ich seife ihn darauf ab, daß er einfach zu Boden schlägt. Das Publikum rast vor Begeisterung. Das war ein Bombenerfolg. Heute ist die Presse voll davon." Zit. n. Fröhlich (Hrsg.): Die Tagebücher von Joseph Goebbels, Teil 1, Bd. 2/II, S. 263.

232 Inhaltlich entsprach Hitlers Rede weitgehend seiner Ansprache in Frankfurt (O.) vom selben Tag.

233 Vgl. o. Dokument 63.

234 Vgl. o. Dokument 65.

235 Joseph Goebbels sprach vor Hitler und gab dabei die Parole aus: „Wir werden diese Stadt erobern, und zwar nicht ohne Hitler oder gegen Hitler, sondern unter der Führung von Hitler."

236 Der Sportpalast war mit Lorbeerbäumen, Zweigen, Leuchtern und einem überlebensgroßen Horst-Wessel-Bild „zu einem erhabenen Altar" umgestaltet gewesen, berichtete der Angriff v. 23. Januar 1933. Joseph Goebbels notierte über den Abend: „Sportpalast seit 18.30 Uhr überfüllt. Hitler besichtigt Horst-Wessel-Sturm. Im Sportpalast sinnlose Begeisterung. Frau Wessel unerträglich. Hitler spricht kurz. Nicht gut in Form. Er hat sich zu sehr geärgert über Frau Wessel. Das Publikum tobt vor Begeisterung. Alles hat gut gegangen." Zit. n. Fröhlich (Hrsg.): Die Tagebücher von Joseph Goebbels, Teil 1, Bd. 2/III, S. 113.

(Bez. Charlottenburg), Lauterplatz (Bez. Schöneberg) und Spandauer Rathausvorplatz (Bez. Spandau).[237]
1933: 8. April: Hitler sprach als Oberster SA-Führer zur gesamten deutschen SA; seine Rede wurde über alle deutschen Sender übertragen.[238]
9. April: Bei der Generalmitgliederversammlung der Groß-Berliner NSBO gebrauchte Göring als erste amtliche Persönlichkeit den Ausdruck: „nationalsozialistische Revolution" (bisher: „nationale Revolution").[239]

Nr. 109 ebenerdig, Hof rechts: Sitz der Gauleitung
Sitz der Gauleitung Berlin-Brandenburg der NSDAP und der Landesleitung Groß-Berlin der Hitler-Jugend vom 1. August bis 31. Dezember 1926 (vorher: Luckenwalder Str. 8; nachher: Lützowstr. 44) sowie der SA-Führung (vorher: Weimarische Str. 10); genannt „Opiumhöhle".[240]

Woyrschstr. 38 (früher; Genthiner Str. 17) (Bez. Tiergarten) Jugendheim des Bezirksamtes Tiergarten
Erstes Schulungsheim des Berliner BDM in der Kampfzeit.

Zietenstr. 7 (jetzt: 8) (Bez. Schöneberg)
Sturmlokal des SA-Sturmes 15 Kleist (genannt: „Zum alten Zielen") Zugleich ältestes Berliner SS-Sturmlokal.
1928: 16. November: Hier weilte der SA-Scharführer Hans Georg Kütemeyer nach der Hitler-Versammlung im Sportpalast vor seiner Ermordung.[241]
1932: 30. Juni: Bei einem schweren kommunistischen Feuerüberfall von einem vorüberfahrenden Privatauto aus, das von Motorradfahrern eskortiert wurde, zwei SA-Männer schwer und fünf leicht verletzt.

237 Vgl. o.

238 Goebbels notierte: „SA-Appell. Sportpalast überfüllt. SA des ganzen Reiches angetreten. 600 000 Mann. Der größte Appell der Welt. Ich mache Reportage. Hitler redet fabelhaft. S.A. steht. Ein harter Männerbund." Zit. n. Fröhlich (Hrsg.): Die Tagebücher von Joseph Goebbels, Teil 1, Bd. 2/III, S. 165. Gemeint war, dass zur Zeit von Hitlers Rede überall im Reich alle SA-Mitglieder angetreten waren.

239 Vor Göring hatte Hitler in seiner Erwiderung auf den SPD-Vorsitzenden Otto Wels in der Sitzung des Reichstages am 23. März 1933 von der „nationalsozialistischen Revolution" gesprochen, nachdem er vorher stets den Begriff „nationale Revolution" benutzt hatte. Der Begriff lag allerdings in der Luft; schon im April 1933 erschien die erste Broschüre mit dem Titel „Die nationalsozialistische Revolution".

240 Vgl. o. Dokument 28.

241 Vgl. o. Dokument 47 sowie o.

Nollendorfplatz 5 (Bez. Schöneberg)
Kino „Mozartsaal"
1930: 5. Dezember: Sprengung der Erstaufführung des jüdisch-amerikanischen deutschfeindlichen Remarque-Films: „Im Westen nichts Neues"[242] durch Dr. Goebbels und die SA.[243] Unter Führung des Berliner Gauleiters an den nächsten Abenden große Protestdemonstrationen der SA und des nationalsozialistischen Berlins auf dem Nollendorf- und Wittenbergplatz sowie auf dem Kurfürstendamm.[244] Wüste Ausschreitungen der Polizei. Am 11. Dezember wurde endlich das Verbot des Filmes erzwungen.[245]

II. Wilmersdorf (mit südlichem Charlottenburg und Schmargendorf)

Kurfürstendamm (Bez. Charlottenburg)
Hauptverkehrsstraße des Berliner Westens mit eleganten Läden, Restaurants, Cafés und Kinos. Schon vor dem Weltkrieg stark verjudet.[246]

242 Der Anti-Kriegs-Film nach dem gleichnamigen Roman von Erich Maria Remarque war eine US-Produktion; in Deutschland hatte sich kein Produzent finden lassen. Für die deutsche Erstaufführung war der Film um fast zwei Fünftel gekürzt und im Vorspann waren jüdisch klingende Namen getilgt worden. „Deutschfeindlich" war der Film nicht, er wandte sich lediglich gegen die Heroisierung des „Fronterlebnisses". Im November 1930 hatte der Film zwei Oscars bekommen als bester Film und für die beste Regie.

243 SA-Männer ließen im Zuschauerraum des Kinos weiße Mäuse frei und lösten so eine Panik aus. Sie warfen auch Stinkbomben und erzwangen so die Räumung des Saals. Der Betreiber des Kinos erbat Hilfe der Berliner Polizei, die ihm auch zugesagt wurde. Allerdings konnte Polizeivizepräsident Bernhard Weiß diese Zusage nicht einhalten, denn in den kommenden Tagen verlagerte die SA ihre Proteste auf die Straße und schreckte das Publikum durch Rangeleien vom Besuch des Mozartsaals ab.

244 Goebbels lobte sich: „Das Gespräch des Tages ist unsere Sprengung im Mozartsaal. Die Presse ist voll von Wut und Hass oder Begeisterung. Ich habe wieder einmal die richtige Nase gehabt. Unsere Abgeordneten sind voll Wonne. Das war ein Stück." Zit. n. Fröhlich (Hrsg.): Die Tagebücher von Joseph Goebbels, Teil 1, Bd. 2/I, S. 298f.

245 Auf Antrag mehrerer konservativ und reaktionär geführter Landesregierungen verbot die Oberste Filmprüfstelle am 11. Dezember 1930 die Vorführung des Films im Deutschen Reich wegen der von ihm ausgehenden „Gefährdung des deutschen Ansehens in der Welt" und der „Herabsetzung der deutschen Reichswehr". Der Film habe eine „ungehemmte pazifistische Tendenz", und „wenn eine derartige Darstellung auf die Menschen treffe, könne bei der heutigen seelischen Not nicht ausbleiben, dass Explosionen entstünden".

246 Nationalsozialistisches Stereotyp. Schon seit 1924 hatten SA-Leute immer wieder auf dem Kurfürstendamm und der Tauentzienstraße Ausschreitungen gegen Juden begangen. In Charlottenburg lebte etwa ein Sechstel der etwa 175 000 Berliner Juden, in Mitte dagegen ein Viertel, je ein Achten in Prenzlauer Berg und im Tiergarten. Nirgendwo überstieg der Anteil der bekennenden Juden einen Anteil von zehn Prozent an der Gesamtbevölkerung.

Nr. 68: Mordstelle von Werner Doelle
1925: 9. August: Vor dem Kino „Alhambra" der Frontbann-Mann Werner Doelle (geb. 8. 10. 1909, kaufm. Lehrling) – der erste Berliner Gefallene der Bewegung – von einem Juden erschossen. Nach Doelle ist die Doellestraße in Südende (Bez. Steglitz) sowie der Berliner SA.-Sturm 45/9 benannt.[247]

Nr. 234: Café Schilling
1931: 12. September: Zusammenstöße zwischen SA und jüdischen Passanten bei einer nationalsozialistischen Kundgebung anlässlich des jüdischen Neujahrsfestes.[248] SA-Oberführer Graf Helldorff und sein Stabsleiter sowie 27 SA-Männer vor dem Café Schilling verhaftet. Eine Anzahl von SA-Führern und -Männern deswegen im sog. „Helldorff-Prozeß" am 23. September und 8. November zu schweren Strafen verurteilt.[249] Die Berufungsverhandlung im Januar 1932 in Moabit führte zum Freispruch.[250]

Düsseldorfer Str. 75 (Bez. Wilmersdorf)
Sturmlokal des SA-Sturmes 74 Wilmersdorf (besteht nicht mehr)
Sehr oft von Kommunisten überfallen.

247 Formal war Werner Doelle (1909-1925) weder SA-Mann und Nationalsozialist. Als Mitglied des völkisch-antisemitischen Frontbann stand der knapp 16-jährige kaufmännische Lehrling der Hitler-Bewegung gleichwohl nahe. Erschossen wurde er von Rudolf Schnapp, einem Kaufmann, während einer wüsten Prügelei zwischen Frontbann und SPD-Anhängern in Notwehr.

248 In Wirklichkeit protestierten rund tausend SA-Leute in Charlottenburg gegen die vermeintliche „Verjudung" Berlins. Der SA-Führer der Reichshauptstadt, Wolf Graf Helldorff, ließ sich im offenen Wagen den Boulevard auf und ab fahren, dabei stachelte er seine Männer an. Aus den ersten Sprechchören „Wir haben Hunger! Wir wollen Arbeit!" wurden rasch Parolen wie „Juda verrecke!" und „Schlagt die Juden tot!" Die SA-Leute verprügelten, wer ihnen „verdächtig" oder „jüdisch" vorkam. Helldorff befahl, das Café Reimann am Kurfürstendamm zwischen Uhland- und Knesebeckstraße zu stürmen. Draußen stehende Marmortische wurden in die Schaufenster geworfen, die SA schlug die Gäste und demolierte die Inneneinrichtung des Cafés. Die „Jüdisch-liberale Zeitung" berichtete: „Zu bemerken ist, dass der Inhaber des Café Reimann kein Jude ist, das Café aber sehr viel von Juden, namentlich jüdischen Künstlern, besucht wird." Die Berliner Polizei war von den Ausschreitungen überrascht und musste erst genügend Mannschaften herbeischaffen, um wirksam vorgehen zu können. Wo sie aber erschien, griff sie, wie Augenzeugen berichten, scharf durch. Gegen elf Uhr abends war die Ruhe wieder hergestellt. Etwa 50 Nationalsozialisten wurden festgenommen.

249 In Schnellverfahren verurteilte das Amtsgericht Charlottenburg 27 Angeklagte wegen Landfriedensbruch zu Strafen zwischen neun und 21 Monaten Haft – weit mehr, als bisher verhängt worden war. Helldorff, der Verantwortliche für den Exzess, tauchte zunächst unter, wurde dann jedoch vor einem anderen Gericht nur zu sechs Monaten Haft verurteilt und wegen seines angeblich schlechten Gesundheitszustandes sofort entlassen.

250 Ungenau, aber im Kern zutreffend: Von der Haft- blieb nur eine unbedeutende Geldstrafe. Offensichtlich sympathisierten die in der Berufungsverhandlung zuständigen Richter mit Helldorffs Einlassung, aus Idealismus und „heißester Vaterlandsliebe" gehandelt zu haben.

Brandenburgische Straße (Bez. Wilmersdorf) Nr. 53; Tennishalle
Versammlungslokal der Berliner Nationalsozialisten
1932: Neben dem Sportpalast wichtigster Versammlungsraum des Berliner Westens. Im Jahre 1932 wurden hier auch die Gautage des Gaues Berlin der NSDAP abgehalten.
1932: 18. Januar: Hitler sprach anlässlich der Studentenwahlen zu den nationalsozialistischen Studenten Berlins.[251]
10. Februar: Anlässlich der bevorstehenden Reichspräsidentenwahl Appell von 7000 Mann der Berliner und Brandenburger SS, HJ sowie des NSKK, des NS-Deutschen Studentenbundes und des NS-Schülerbundes vor Hitler. Dabei besondere Ehrung der HJ-Kameradschaft Beusselkiez, der auch Herbert Norkus[252] (am 24. Januar 1932 von Kommunisten ermordet) angehört hatte, durch den Führer. Da bei diesem Appell die Bärenstiefel[253] polizeilicherseits als „verbotene Uniformstükke" bezeichnet wurden, mussten viele Weißhemden[254] sich auf Strümpfen in die Tennishalle begeben.
15. März: Erste große Generalmitgliederversammlung der NSBO in Berlin.
30. Mai: Gautag am Tage des Sturzes Brünings.[255] Da das Singen des Horst-Wessel-Liedes und des Liedes „Volk ans Gewehr" von der Polizei verboten wurde, wurden sie von den Tausenden gepfiffen. [...]

Kaiserallee 172 (Bez. Wilmersdorf)
Sitz der Gauleitung
Sitz der Gauleitung Berlin-Brandenburg der NSDAP vom 14. März 1925 bis zum 26. Februar 1926 (dann: Luckenwalder Str. 8).[256] [...]

251 Goebbels notierte: „Mit Chef zur Tennishalle. Überfüllt. Tolle Begeisterung. Er redet agitatorisch sehr wirksam, inhaltlich etwas konfus. Aber endlich lernen nun die Berliner den Agitator Hitler kennen. Große Ovationen." Zit. n. Fröhlich (Hrsg.): Die Tagebücher von Joseph Goebbels, Teil 1, Bd. 2/II, S. 198.

252 Vgl. o. Dokument 73.

253 Gemeint: hohe, geschnürte Motorradstiefel, die unter SA-Leuten als Statussymbol galten.

254 Während des Uniformverbots traten SA und SS geschlossen in weißen statt den untersagten braunen Hemden an – das konnte ihnen nicht verboten werden und sorgte für die gewünschte Uniformierung.

255 Reichskanzler Heinrich Brüning trat am 30. Mai 1932 zurück, nachdem ihm Reichspräsident Paul von Hindenburg erklärt hatte, keine weitere Notverordnung seines Kabinetts mehr zu unterzeichnen. Hindenburg demütigte Brüning bei der Überreichung der Entlassungsurkunde, indem er jede Feierlichkeit missen ließ.

256 Es handelte sich um die Privatwohnung von Ernst Schlange, dem ersten NSDAP-Gauleiter von Berlin.

77

SPANDAU UND STAAKEN

Ausgewählte Einträge aus einem SA-Stadtführer. Zit. n. Engelbrechten/Volz: Wir wandern durch das nationalsozialistische Berlin, S. 232-236

Spandau
Alte Festungs- und Soldatenstadt am Nordostrande Groß-Berlins am Zusammenfluß von Spree und Havel. Fabrikstadt. Deutsche Industriewerke, Orenstein & Koppel, Siemens-Schuckert-Werke. Ehemalige rote Hochburg. Kampfgebiet des aus der ersten und stärksten Frontbann-Gruppe hervorgegangenen SA-Sturmes 10 (später 1/14). Die Spandauer SA erhielt als stärkste SA-Gruppe Berlins auf dem Weimarer Parteitage (4. Juli 1926) die erste Berliner Standarte aus der Hand des Führers. Auf diese Standarte wurde die Spandauer SA am 9. Juli 1926 im Restaurant „Zum Jägerhäuschen", Lynarstr. 2, vereidigt. „Denn uns zieht ja die erste Standarte voran, Denn wir sind ja Spandaus SA, unser Leben und Blut Adolf Hitler gehört, wenn er ruft, sind wir Spandauer da!"

Spandau, Stresowplatz 10 (Bez. Spandau)
NSDAP-Geschäftsstelle in Spandau
1926: Erste Geschäftsstelle der NSDAP in Spandau.[257]

Spandau, Brückenstr. 3 (Bez. Spandau)
Restaurant „Zum Brückenkopf" (jetzt: „Zur Dampferstation")
1933: 22. Februar: Aus diesem kommunistischen Verkehrslokal wurde der SA-Scharführer Gerhard Schlemminger[258] vom Spandauer Sturm 21/14 durch Kommunisten erschossen, ein weiterer SA-Mann verletzt. An der Mordstelle auf der Brükkenrampe (vor dem Hause Nr. 4) ist ein Gedenkstein errichtet: „Hier fiel für das Dritte Reich Gerhard Schlemminger,

257 Die Geschäftsstelle lag in einer Privatwohnung.

258 Gerhard Schlemminger (1913-1933), Arbeiter. Er wurde erschossen, als sein SA-Trupp das kommunistische Lokal stürmte.

Scharführer 21/14. *14. April 1913. – 22. Februar 1933." Nach Schlemminger ist der Berliner SA-Sturm 46/1 benannt.[259] [...]

Spandau, Wilhelmstr. 20 (Bez. Spandau)
Gasthaus Drechsel
SA-Heim des Sturmes 107 Wilhelmstadt; häufige rote Überfälle. Der Spandauer Sturm erhielt im Herbst 1930 aus Freude über die neuen 107 nationalsozialistischen Reichstagsabgeordneten vom 14. September 1930 diese hohe Sturmnummer.[260]
1932: 4. Juli: Bei einer schweren Abwehrschlacht gegen eine Reichsbannerhorde zwei SA-Männer schwer, der SA-Sturmführer und vier SA-Männer leicht verletzt.[261]

Bahnhof Spandau-West (Bez. Spandau)
1931: 25. Januar: Blutiger Zusammenstoß zwischen 60 Charlottenburger SA-Männern (19 wurden verletzt) und 350 Reichsbannerleuten.[262]

Spandau, Schützenstr. 2/4 (Bez. Spandau) Seitz-Festsäle
Ältestes Versammlungslokal der Berliner Nationalsozialisten.
1926: November: Erste Berliner Mitgliederversammlung der NSDAP nach der Übernahme der Gauleitung durch Dr. Goebbels.[263]
1927: 25. Januar: Erste große öffentliche Kundgebung der NSDAP mit Dr. Goebbels. Großer Erfolg, die Kommunisten kamen nicht dazu, ihren geplanten Sprengungsversuch auszuführen.[264]
15. Februar: Anlässlich einer zweiten nationalsozialistischen Versammlung mit Dr. Goebbels (Thema: „Jüdisch-marxistischer Betrug am deutschen Arbeiter") wurde die gesamte Berliner Unterwelt mobilisiert und alle Zugangsstraßen von Berlin

259 Nach Schlemmingers Tod nahm sein SA-Trupp: Ein Kommunist wurde tödlich verletzt, ein zweiter zum Schwerstpflegefall geschossen.

260 Im „Drechsler", einem der frühesten „wilden KZs" Berlins, sperrte die Spandauer SA ab dem 3. März 1933 politische Gegner ein und quälte sie. Schon am 4. März fand eine Polizeirazzia statt, weil sich Anwohner über die Schmerzensschreie der verschleppten NS-Gegner beschwert hatten. Kurz danach machte die Spandauer SA im „Drechsler" weiter. Die Opfer befanden sich meist nur für einige Stunden oder wenige Tage im Gasthaus, bevor sie entweder freigelassen oder in ein anderes „wildes KZ", zum Beispiel in der General-Pape-Straße, abtransportiert wurden.

261 Die genauen Umstände der Prügelei sind unbekannt.

262 In Wirklichkeit waren SA und Reichsbanner ungefähr gleich stark.

263 Vgl. o. Dokument 26.

264 Vgl. o. Dokument 29.

nach Spandau von Rotfrontlern besetzt, so dass die meisten Versammlungsteilnehmer über Staaken (Bez. Spandau) fahren mussten. Trotzdem wurde die Versammlung glatt durchgeführt.[265] [...]

78

WEITERE UMGEBUNG AUSSERHALB DER STADTGRENZE

Ausgewählte Einträge aus einem SA-Stadtführer. Zit. n. Engelbrechten/Volz: Wir wandern durch das nationalsozialistische Berlin, S. 237-247

Lager Döberitz (Kreis Osthavelland), nordwestlich von Berlin. Truppenübungsplatz (seit 1894, 1895 wurde das Dorf geräumt).
Seit Frühjahr 1932 Sonntagsausbildung der Berliner SA und SS im Geländesport durch die „General-Voigt-Arbeitsgemeinschaft“.[266]
1933: 11.-13. August: Erster Appell der SS-Gruppe Ost (Berlin, Brandenburg, Grenzmark, Pommern); Zeltlager von 11 000 SS-Männern mit anschließendem Marsch in die Reichshauptstadt.[267]

Dallgow bei Döberitz, Germanenstraße (Kreis Osthavelland), nordwestlich von Berlin.
Dietrich-Eckart-Hain
Dieser Hain wurde 1934 in der seit 1900 entstandenen Kolonie Dallgow angelegt; hier wurden verschiedene Gedenksteine zur Geschichte von Dallgow und Döberitz aufgestellt, z. B.: „Seit 1894 ist Döberitz Truppenübungsplatz, eine Stätte ernster

265 Weit übertrieben.

266 Die Gelände-Verbände-Arbeitsgemeinschaft unter Leitung von Generalmajor a. D. Ludwig Vogt war eine halboffizielle Wehrsport-Organisation, die Nachwuchs über das Berufsheer von maximal 100 000 Mann heranziehen sollte.

267 Goebbels notierte: „Stadion: SS-Aufmarsch. Die langen Kerls. Imposanter Anblick. Röhm, Himmler und Daluege reden. Und dann herrlicher Vorbeimarsch.“ Zit. n. Fröhlich (Hrsg.): Die Tagebücher von Joseph Goebbels, Teil 1, Bd. 2/III, S. 246.

Schulung für Führer und Truppe zur Erfüllung ihrer großen Aufgabe: Schutz des Reiches" oder „Dem Andenken Friedrichs des Großen, der im Jahre 1753 auf diesen Feldern mit 44 000 Mann große Truppenmanöver abhielt. Er war der erste Diener des Staates". Am 5. Oktober 1935 wurde in dem Hain auch ein Denkmal für den Dichter und Vorkämpfer der nationalsozialistischen Bewegung Dietrich Eckart[268] eingeweiht, eine mit der Inschrift: „Dietrich Eckart" und dem Hakenkreuz geschmückte Säule. Eckart lebte in Dallgow von 1906 bis zu seiner Verheiratung 1913 im Hause seines 1920 verstorbenen Bruders Wilhelm (Villa Berta , Wilmsstr. 42); bereits seit Herbst 1899 war er in Berlin; in Dallgow entstand u. a. seine Übersetzung von Ibsens „Peer Gynt", sein Schauspiel: „Der Erbgraf", das Lustspiel: „Ein Kerl, der spekuliert", sowie die Komödie: „Ein x-beliebiger Mensch". Seinen „Verlag Herold", wo verschiedene seiner Werke erschienen sind, hatte Eckart in Berlin-Steglitz, Schloßstr. 30. Nach ihm benannt ist die Dietrich-Eckart-Freilichtbühne auf dem Reichssportfeld, die Dietrich-Eckart-Straße in Tegel-Wittenau (Bez. Reinickendorf) und in Teltow (bei Berlin) sowie die Dietrich-Eckart-Schule in Treptow, Neue Krugallee 14-16 (Bez. Treptow). [...]

Potsdam

Stadt Friedrichs des Großen, zweitgrößte Stadt der Mark Brandenburg (64 200 Einwohner). Bis 1918 zweite kaiserliche Residenz und Standort der Kerntruppen des preußischen Heeres. Im April 1925 die erstmalig 1922 gegründete Ortsgruppe der NSDAP nach Aufhebung des Parteiverbotes wieder gegründet.[269]

1926: 9./10. Oktober: „Erster Märkertag", erster nationalsozialistischer Freiheitstag der Mark Brandenburg. Appell der Berlin-Brandenburger SA und SS im Luftschiffhafen.[270] Ansprachen von Dr. Goebbels, der wenige Wochen später die

268 Dietrich Eckart (1868-1923), Journalist, Schriftsteller und Mitbegründer der NSDAP, obwohl nie formal ihr Mitglied. Eckart war Hitlers wichtigster Unterstützer in den ersten Jahren der Partei und so etwas wie sein Mentor. Beim Hitler-Putsch 1923 angeschossen und wenige Wochen später verstorben.

269 Für die Existenz einer NSDAP-Ortsgruppe in Potsdam bereits 1922 gibt es keinen unabhängigen Beleg.

270 Sportgelände im Südwesten Potsdam am Templiner See. Die eigentliche Luftschiffhalle war bereits 1920 abgerissen worden. Seit 1926 existierten hier verschiedene Sportgebäude, darunter eine Halle, und ein Stadion.

Gauleitung übernahm, im Restaurant „Mühlenberggrotte" (Augustastr. 15) und in der Festhalle des Luftschiffhafens.[271]
1932: 4. April: Rede Hitlers im Luftschiffhafen auf seinem ersten Deutschlandflug anlässlich des zweiten Wahlgangs der Reichspräsidentenwahl zu über 50 000 Brandenburgern, darunter 11 000 Brandenburger SA- und SS-Männern; anschließend großer Fackelzug.[272] [...]
1933: 21. März: Feierliche Eröffnung des am 5. März gewählten Reichstags in der Garnisonkirche zu Potsdam. An der Parade vor Hindenburg und Hitler nahmen auch Abordnungen der Berliner SA und SS teil.[273] [...]

Teltow (Kreis Teltow), südwestlich von Berlin
Städtchen mit 5400 Einwohnern, ehemals rote Hochburg.[274]
1927: 22. August: Bei der Rückkehr vom Nürnberger Reichsparteitage wurde die (damals verbotene) Berliner SA und SS in Teltow von der Berliner Polizei aus dem Sonderzug herausgeholt, auf bereitgestellten Lastkraftwagen nach dem Berliner Polizeipräsidium gefahren und dort einen Tag festgehalten. Unter den Festgenommenen befand sich auch Hans Eberhard Maikowski.[275]
1928: 29./30. September: „Dritter Märkertag", Appell der Berlin-Brandenburger SA und vieler auswärtiger Formationen in Stärke von 4000 Mann. Marsch durch Lichterfelde-Ost, Steglitz, Friedenau, Schöneberg zum Sportpalast.

Trebbin (Kr. Teltow), südwestlich von Berlin
Alte Schule
1932: Seit 27. Juni fanden hier Führerlehrgänge der SA-Gruppe Berlin-Brandenburg statt. Bei dem ersten Lehrgang kommunistischer Feuerüberfall; dabei drei SA-Männer vom Sturm 3 Steglitz schwer verletzt. Bei der Rückkehr der Teilnehmer vom ersten Lehrgang am 13. Juli Überfall der Polizei auf die

271 Goebbels notierte: „Abends rede ich im Luftschiffhafen. Riesenhalle voll. Und ich rede." Zit. n. Fröhlich (Hrsg.): Die Tagebücher von Joseph Goebbels, Teil 1, Bd. 1/II, S. 140.
272 Goebbels notierte: „Nach Potsdam. Stadion. 50 000. Hitler redet sehr gut. Der Geist Friedrichs steht auf." Zit. n. Fröhlich (Hrsg.): Die Tagebücher von Joseph Goebbels, Teil 1, Bd. 2/II, S. 255.
273 Diese Propagandainszenierung, die eine Verbindung des alten Preußens mit dem jungen Nationalsozialismus symbolisieren sollte, wurde als „Tag von Potsdam" bekannt.
274 Als Sitz mehrerer größerer Fabriken gab es zahlreiche Facharbeiter in Teltow, die überwiegend SPD wählten. Eine „rote Hochburg" aber war das Städtchen nicht.
275 Vgl. o. Dokument 70.

marschierende Kolonne in der Nähe des Bahnhofs Lichterfelde-West.[276]

Kalkberge bei Rüdersdorf (Kreis Niederbarnim), südöstlich von Berlin
1923: 22./23. September: Im alten, 70 Meter tiefen Stollen im Redenpark Weihe der ersten Berliner Hakenkreuzfahne. Fahnenträger war Erich Thimm.[277]

Tasdorf bei Kalkberge (Kreis Niederbarnim), südöstlich von Berlin
1926: 5. September: Auf Propagandafahrt befindliche Berliner SA wurde aus einem Kommunelokal beschossen, das daraufhin erstürmt und demoliert wurde.[278]

Bernau (Kreis Niederbarnim), nordöstlich von Berlin
Städtchen mit 9900 Einwohnern, von einer aus dem 15. Jahrhundert stammenden, meist wohlerhaltenen Feldsteinmauer umgeben. Die Stadt wehrte Ende April 1432 einen Angriff der Hussiten ab. Im August 1926 wurde die Ortsgruppe der NSDAP gegründet.
1928: 10./11. März: „Zweiter Märkertag" (während des Verbotes des Gaues Berlin der NSDAP), Appell der Berlin-Brandenburger SA und SS sowie auswärtiger Verbände in Stärke von 1000 Mann auf der „Reitbahn". Ansprache von Dr. Goebbels auf dem Marktplatz vor dem Rathaus. Damals wurde erstmalig das Lied „Heraus, verführte Volksgenossen" gesungen.[279] [...].

Beelitz (Kreis Zauch-Belzig), südwestlich von Berlin
Heilstätten Beelitz der Landes-Versicherungsanstalt Berlin
In den während des Weltkrieges in ein Militärlazarett (Vereinslazarett vom „Roten Kreuz") umgewandelten Heilstätten, und zwar im Erdgeschoß des Ostflügels der Sanatoriumsseite

276 Die Polizei griff ein, weil die marschierenden SA-Männer herumpöbelten und Passanten attackierten.

277 Vgl. o. Dokument 14.

278 Die genauen Umstände sind unklar. Wahrscheinlich attackierte die SA das Lokal.

279 Goebbels notierte: „Morgens Begrüßungen, mittags ein wundervoll-farbenprächtiger S.A. Appell, dann Marsch durch die Stadt und Kundgebung am Marktplatz. Ich habe zwei fulminante Reden hingelegt. Abends große Konzerte vor überfüllten Sälen. Alles gut verlaufen. Die Begeisterung war trotz der Mordskälte schier ohne Grenzen. Heim im offenen Wagen. Auch ein Vergnügen." Zit. n. Fröhlich (Hrsg.): Die Tagebücher von Joseph Goebbels, Teil 1, Bd. 1/II, S. 338.

(Zimmer 37 des Pavillons A 1; damals zur 1. Chirurgischen Klinik gehörig) lag Adolf Hitler, der als Meldegänger am 5. Oktober 1916 in der Sommeschlacht bei Le Bargue durch einen Granatsplitter am linken Oberschenkel verwundet worden war, von der zweiten Hälfte Oktober bis zu seiner Ausheilung und Überweisung an das Münchener Ersatzbataillon im Winter 1916/17. Über der Eingangstür des mit Bildern und einer Hakenkreuzfahne geschmückten Zimmers (Besichtigung nach vorheriger Anmeldung bei der Betriebsverwaltung im Verwaltungsgebäude der Sanatoriumsseite) ist eine Gedenktafel angebracht: „Im Winter 1916/17 lag hier unser Führer Adolf Hitler als Verwundeter des Weltkrieges.“[280]

280 Vgl. o. Dokument 2.

STATISTISCHE QUELLEN

79

BERLINS ALTERSSTRUKTUR

Schaubild der Lebensalterverteilung[1] *der Berliner Bevölkerung 1925 und 1933. Aus: Kleines Berliner Taschenbuch 1936, S. 78.*

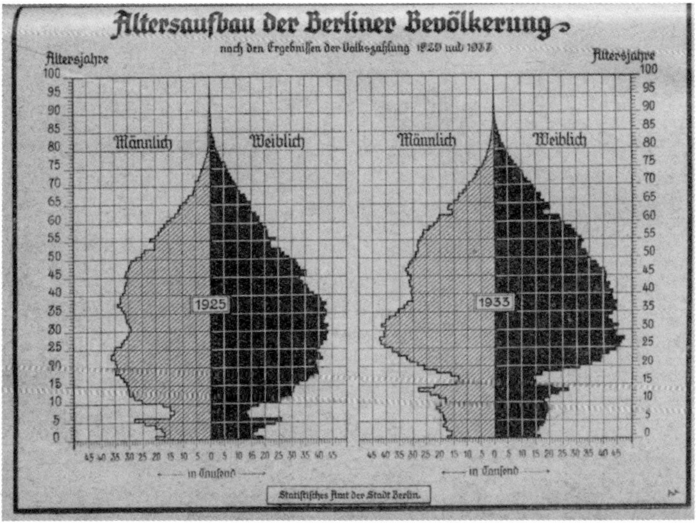

1 Eindeutig erkennbar ist bei den Männern der Jahrgänge 1890-1900 die Delle der Kriegstoten 1914 bis 1918 sowie der starke Geburtenrückgang während des Krieges, dem unmittelbar nach Rückkehr der Frontsoldaten eine deutliche Zunahme folgt. Beim Vergleich der beiden Altersbäume fällt zudem auf, dass auch in der zweiten Hälfte der 20er-Jahre die Sterblichkeit bei jungen Männern deutlich höher war als bei gleichaltrigen Frauen. Das ist auf den Tod von Kriegsversehrten zurückzuführen.

80

DIE BERUFE DER BERLINER

Schaubbild des Statistischen Amtes der Stadt Berlin. Aus: Kleines Berliner Taschenbuch 1936, S. 80

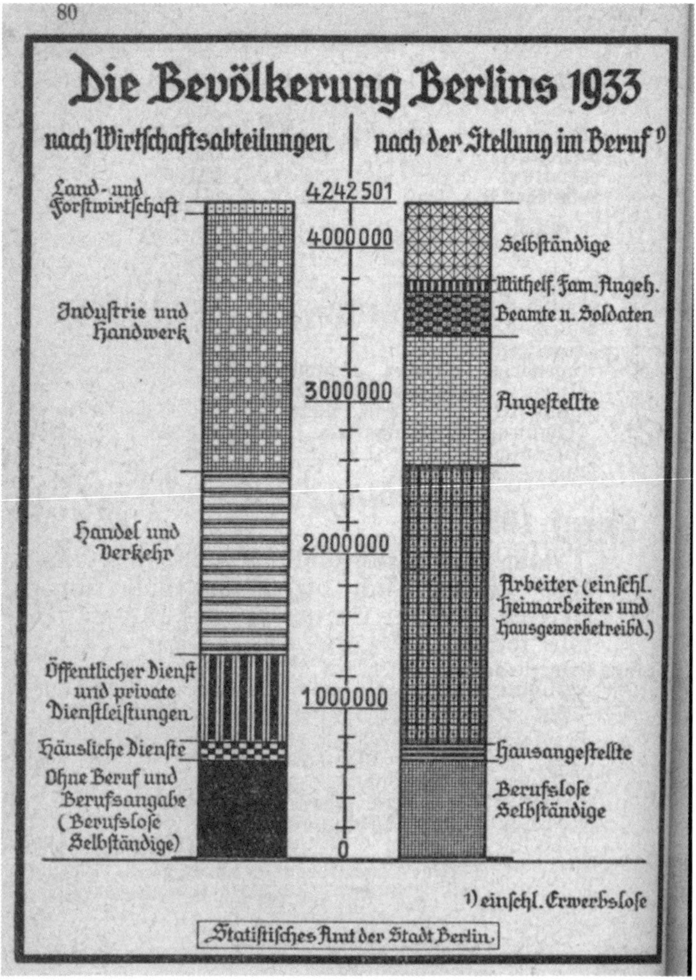

81

SOZIALFAKTOREN IM VERGLEICH

Einzelergebnisse der Volkszählungen 1925 und 1933 im Vergleich. Zit. n. Jürgen Falter u.a.: Wahlen und Abstimmungen in der Weimarer Republik. Materialien zum Wahlverhalten 1919-1933. München 1986, S. 66

Volkszählung 1933; Volkszählung 1925
Daten zur Sozialstruktur der Wahlkreise

	Religion		**Urbanisierung**		**Sozialstruktur**	
Wkr. Nr.	rk	ev	l	s	ar	se
Berlin	11	69	0	100	48	11
Köln-Aachen	83	15	28	44	40	23
Hamburg	5	78	3	93	39	14
Im Dt. Reich	32	63	44	36	39	27

	Wirtschaftsstruktur			**Krisenindikatoren**
Wkr. Nr.	I	II	IIIff.	alo
Berlin	0	54	45	35
Köln-Aachen	18	47	35	22
Hamburg	3	34	63	29
Im Dt. Reich	29	42	29	19

Religion	rk	Prozentsatz der römisch-katholischen Bevölkerung, VZ33.
	ev	Pozentsatz der evangelischen Bevölkerung, VZ33.
Urbanisierung	l	Prozentsatz der Bevölkerung in Gemeinden mit bis zu 5000 Einwohnern, VZ33.
	s	Prozentsatz der Bevölkerung in Städten mit mehr als 50 000 Einwohnern, VZ33.
Sozialstruktur	ar	Prozentsatz der Arbeiter und erwerbslosen Arbeiter an allen Berufspersonen, VZ33.
	se	Prozentsatz der Selbstständigen und Mithelfenden an allen Berufspersonen, VZ33.
Wirrtschaftsstruktur	I	Prozentsatz der in der Landwirtschaft Erwerbstätigen an allen Erwebstätigen, VZ25
	II	Prozentsatz der in Industrie und Handwerk Erwerbstätigen an allen Erwerbstätigen, VZ25
	IIIff.	Prozentsatz der in den übrigen Wirtschaftssektoren Erwerbstätigen an allen Erwerbstätigen, VZ25.
Krisenindikatoren	alo	Prozentsatz der Arbeitslosen an allen Erwerbspersonen, VZ33.

Die Bevölkerung Berlins nach der Religionszugehörigkeit 1925 und 1933

Bezirke	evangelisch	katholisch	andere Christen		jüdisch		Sonstige			
	1925	1933	1925	1933	1925	1933	1925	1933	1925	1933
Mitte	72,3	67,6	11,4	12,1	0,3	0,1	10,5	9,2	5,6	11,0
Tiergarten	75,8	71,3	12,2	12,9	0,4	0,2	4,6	4,9	6,0	10,7
Wedding	76,8	68,5	9,0	8,8	0,2	0,1	1,1	1,1	13,0	21,5
Prenzlauer Berg	74,3	67,2	9,3	9,4	0,2	0,1	6,3	5,8	9,9	17,5
Friedrichshain	74,3	66,9	11,5	11,7	0,2	0,1	2,4	2,1	11,6	19,2
Kreuzberg	77,7	71,3	11,0	11,6	0,2	0,1	2,2	1,8	8,9	15,2
Charlottenburg	74,2	69,9	10,8	11,6	0,6	0,4	8,9	7,9	5,7	10,2
Spandau	82,7	77,7	10,2	10,3	0,2	0,1	0,5	0,5	6,5	11,4
Wilmersdorf	72,8	68,6	10,1	10,9	0,6	0,6	13,0	13,5	3,5	6,4
Zehlendorf	85,3	80,9	8,3	9,7	0,3	0,2	3,4	3,5	2,8	5,7
Schöneberg	76,6	72,1	10,2	10,9	0,5	0,4	7,7	7,3	5,0	9,3
Steglitz	85,4	82,5	8,8	9,6	0,3	0,1	1,5	1,6	4,0	6,2
Tempelhof	81,7	75,2	9,6	11,3	0,2	0,1	1,4	2,0	7,2	11,4
Neukölln	74,9	67,9	8,3	8,3	0,1	0	1,0	0,9	15,7	22,9
Treptow	76,5	70,4	8,9	9,1	0,2	0,1	0,7	0,8	13,8	19,6
Köpenick	81,2	75,9	6,6	7,1	0,2	0,1	0,8	0,7	11,3	16,2
Lichtenberg	79,2	71,2	9,4	9,9	0,1	0	1,0	0,9	10,3	18,0
Weißensee	78,3	71,2	8,8	11,6	0,2	0	1,5	1,7	9,1	15,5
Pankow	83,3	76,9	7,4	8,6	0,2	0	1,6	1,5	7,5	13,0
Reinickendorf	78,6	71,9	9,2	9,8	0,2	0,1	0,5	0,7	11,3	17,5
Insgesamt	**76,6**	**71,1**	**10,0**	**10,4**	**0,3**	**0,1**	**4,3**	**3,8**	**8,8**	**14,6**

Bevölkerungsentwicklung: 1925 = 4 024 165 Einwohner; 1933 = 4 242 501 Einwohner (+ 5,4%)

82

SOZIALSTRUKTUR DER MITGLIEDER DER GDAP 1922

Grundlage der Berechnungen ist eine zufällig erhaltene Mitgliederliste, die mit großer Wahrscheinlichkeit der Großdeutschen Arbeiterpartei (GDAP) zugeordnet werden kann, die als Tarnorganisation der NSDAP am 19. November 1922 in Berlin gegründet wurde. Sie umfasst 194 Namen, von denen zu 132 das Geburtsdatum, zu 122 der Beruf und zu 180 der Wohnort ermittelt werden konnte.

Altersverteilung. Nach Kruppa: Rechtsradikalismus in Berlin, S. 201

Alter	**Absolut**	**In Prozent**
Unter 25 Jahre	56	42,5
26-50 Jahre	70	53,0
Über 50 Jahre	6	4,5
Insgesamt	**132**	**100,0**

Geschlechterverteilung. Nach Kruppa: Rechtsradikalismus in Berlin, S. 201

Geschlecht	**Absolut**	**In Prozent**
Männer	189	97,4
Frauen	5	2,6
Insgesamt	**194**	**100,0**

Berufsgruppen. Nach Kruppa: Rechtsradikalismus in Berlin, S. 201

Berufe	**Absolut**	**In Prozent**
Arbeiter / Facharbeiter	22	18,0
Kaufleute / andere Selbstst.	25	20,5
Angestellte	41	33,6
Freie Berufe	8	6,6
Beamte	11	9,0
Soldaten	3	2,5
Studenten	11	9,0
Landwirte	1	0,8
Insgesamt	**122**	**100,0**

Wohnorte. Nach Kruppa: Rechtsradikalismus in Berlin, S. 201f.

Wohnort	Absolut	In Prozent
Charlottenburg	10	5,5
Friedrichshain	4	2,2
Köpenick	5	2,8
Kreuzberg	6	3,3
Lichtenberg	2	1,1
Mitte	23	12,8
Neukölln	1	0,6
Pankow	3	1,7
Prenzlauer Berg	22	12,2
Reinickendorf	3	1,7
Schöneberg	27	15,0
Spandau	0	0,0
Steglitz	38	21,1
Tempelhof	11	6,1
Tiergarten	9	5,0
Treptow	0	0,0
Wedding	6	3,3
Weißensee	1	0,6
Wilmersdorf	7	3,9
Zehlendorf	2	1,1
Insgesamt	**180**	**100,0**

83

SOZIALSTRUKTUR DER BERLINER MITGLIEDER DER NSDAP 1923

Grundlage der Berechnung ist die unvollständige Mitgliederkartei der NSDAP mit Stand vom 1. Juli 1923 mit 4624 auswertbaren Mitgliedern. Die 17 Berliner NSDAP-Mitglieder wurden organisatorisch in der Münchner Ortsgruppe der NSDAP geführt, sind hier aber separat ausgewiesen.

Altersverteilung. Nach Kater: Zur Soziographie der frühen NSDAP, S. 155

Alter	**Deutschland**	**Süddtld.**	**Norddtl.**	**München**	**Berlin**
Unter 23 Jahre	47,4	46,2	52,9	32,9	41,2
Über 23 Jahre	52,6	53,8	47,1	67,1	58,8
Insgesamt	**100,0**	**100,0**	**100,0**	**100,0**	**100,0**

Geschlechterverteilung. Nach Kater: Zur Soziographie der frühen NSDAP, S. 151

Geschlecht	**Deutschland**	**Süddtld.**	**Norddtl.**	**München**	**Berlin**
Männer	95,6	94,9	98,4	86,3	100,0
Frauen	4,4	5,1	1,6	13,7	0,0
Insgesamt	**100,0**	**100,0**	**100,0**	**100,0**	**100,0**

Berufsgruppen. Nach Kater: Zur Soziographie der frühen NSDAP, S. 138

Berufe	**Deutschland**	**Süddtld.**	**Norddtl.**	**München**	**Berlin**
Arbeiter/Facharb.	18,0	18,1	17,4	18,0	5,9
Handwerker	20,0	21,1	15,1	10,7	11,8
Angestellte	12,9	11,4	19,5	14,3	47,1
Kaufleute	13,6	12,1	20,5	13,3	17,1
Studenten	4,2	3,6	6,6	7,7	11,8
Landwirte	10,4	12,0	3,1	0,4	0,0
Sonstige	20,9	21,7	17,8	35,6	6,3
Insgesamt	**100,0**	**81,6**	**18,4**	**10,7**	**0,4**

84

WAHL DES REICHSPRÄSIDENTEN 1925

Erster Wahlgang am 29. März 1925 Gültige Stimmen

Verwaltungsbezirk	Jarres (DVP)	Braun (SPD)	Thälmann (KPD)	Hellpach (DDP)
Kreuzberg	74 260	83 644	29 104	24 250
Wedding	39 942	74 988	47 783	15 342
Friedrichshain	46 029	71 391	38 063	17 613
Prenzlauer Berg	50 247	71 198	29 108	19 210
Mitte	54 790	51 089	19 361	22 198
Tiergarten	64 384	47 280	17 940	23 062
Charlottenburg	80 061	50 297	14 783	32 710
Neukölln	37 802	68 968	30 310	13 289
Schöneberg	65 289	33 863	8 175	22 478
Lichtenberg	30 937	38 517	19 061	9 568
Wilmersdorf	51 191	19 866	3 705	20 089
Steglitz	50 677	21 044	4 864	11 450
Spandau	19 110	25 114	4 944	4 029
Pankow	21 349	17 486	7 111	5 829
Reinickendorf	16 025	18 625	10 142	4 967
Treptow	16 002	19 496	9 326	5 391
Tempelhof	14 476	12 662	3 615	4 251
Cöpenick	13 387	11 654	5 983	2 804
Weißensee	9 996	9 273	4 610	2 028
Zehlendorf	14 418	5 400	593	3 008
Insgesamt	**770 372**	**751 855**	**308 581**	**263 566**

Amtliche Ergebnisse[2]*. Zit. n. Statistisches Jahrbuch der Stadt Berlin 1926, S. 223*

2 Im ersten Wahlgang erreichte kein Kandidat die notwendige absolute Mehrheit. Für den zweiten Wahlgang einigten sich die Demokratischen Parteien auf den Zentrumspolitiker Wilhelm Marx als Kandidaten, die reaktionären und rechten Kräften auf den vormaligen Chef der Obersten Heeresleitung Paul von Hindenburg. Obwohl ihr Kandidat erkennbar keinerlei Chance auf einen Sieg hatte, trat die KPD bei beiden Wahlgängen mit Ernst Thälmann an. Schon wenn Marx reichsweit gut die Hälfte der Stimmen für Thälmann erhalten hätte, wäre er und nicht Hindenburg das zweite Staatsoberhaupt der jungen Demokratie geworden.

Marx (Zentrumspartei)	Ludendorff (Nat.-soz. Freiheitsbewegung)	Held (BVP)	sonstige
11 349	754	242	33
7 980	630	216	25
10 058	656	265	17
8 428	525	210	19
8 746	730	218	27
10 167	726	210	32
9 731	997	239	46
5 904	514	167	41
6 700	556	161	54
5 363	446	166	4
4 862	390	117	46
3 701	526	153	20
2 687	760	76	11
1 983	204	56	19
2 905	215	68	7
2 425	146	56	9
2 050	83	50	5
1 105	143	45	11
1 553	91	56	6
1 058	130	34	17
108 755	**222**	**2 805**	**449**

Zweiter Wahlgang am 26. April 1925

Verwaltungsbezirk	Gültige Stimmen			
	Marx*	v. Hindenburg*	Thälmann*	sonstige
Kreuzberg	134 251	85 243	24 068	22
Wedding	113 041	48 826	39 048	15
Friedrichshain	114 809	54 662	30 134	12
Prenzlauer Berg	111 604	58 039	22 768	24
Mitte	92 594	65 119	15 462	17
Tiergarten	89 821	73 212	13 938	23
Charlottenburg	104 123	93 147	12 146	35
Neukölln	99 757	44 793	26 010	27
Schöneberg	69 843	72 569	6 447	29
Lichtenberg	62 182	37 276	15 333	18
Wilmersdorf	50 084	57 059	2 993	21
Steglitz	38 526	56 518	3 941	19
Spandau	34 022	24 331	4 504	6
Pankow	28 184	24 787	5 738	8
Reinickendorf	29 952	19 004	8 582	5
Treptow	30 954	18 725	7 594	8
Tempelhof	21 012	16 507	2 954	6
Cöpenick	18 365	16 159	5 306	9
Weißensee	15 061	11 606	3 688	3
Zehlendorf	10 296	15 757	559	4
Insgesamt	**1 268 481**	**893 339**	**251 213**	**311**

* Marx – Volksblock (SPD, DDP, Zentrum)
Hindenburg – Reichsblock (DNVP, DVP, BVP, Bayerischer Bauernbund, Wirtschaftspartei, Deutsch-Hannoversche Partei)
Thälmann – KPD

85

BEZIRKSVERORDNETENWAHL 1925

Amtliche Ergebnisse. Zit. n. Statistisches Jahrbuch der Stadt Berlin 1926, S. 225

Wahlgang am 25. Oktober 1925

Verwaltungsbezirk	Sozialdem. Partei	Deutschnat. Volkspartei	Kommunist. Partei	Deutsche demokr. P.	Deutsche Volkspartei	Wirtschaft des dt. Mi
Kreuzberg	69 298	39 316	33 666	15 540	9 316	6 427
Wedding	60 152	20 966	53 927	9 783	4 113	4 747
Friedrichshain	56 775	22 924	42 290	11 040	4 580	6 119
Prenzlauer Berg	58 834	26 418	32 655	12 510	5 211	4 895
Mitte	39 495	27 177	21 345	15 076	7 262	5 095
Tiergarten	38 371	34 147	19 799	15 374	8 453	4 519
Charlottenburg	38 777	37 098	17 317	22 127	12 303	5 568
Neukölln	56 008	17 728	35 122	8 195	5 288	4 615
Schöneberg	27 541	33 678	10 188	14 984	10 074	4 380
Lichtenberg	31 463	15 385	21 177	5 900	3 524	3 901
Wilmersdorf	16 297	27 069	4 734	13 958	8 477	2 803
Steglitz	15 952	22 631	6 072	6 557	11 947	4 223
Spandau	19 037	9 592	5 487	2 217	2 602	2 584
Pankow	13 914	11 382	7 223	4 032	3 326	2 364
Reinickendorf	15 089		10 672	3 925		4 009
Treptow	16 086	7 992	9 774	3 260	2 905	1 683
Tempelhof	10 322	6 973	4 287	2 806	3 056	1 261
Cöpenick	9 064	5 834	6 262	1 628	1 709	2 822
Weißensee	7 020	4 375	4 449	1 344	1 449	1 409
Zehlendorf	4 160	7 247	792	2 009	3 638	722
Insgesamt	**603 655**	**377 934**	**347 238**	**172 265**	**109 233**	**74 146**

sche rumsp.	Dt. völk. Freiheitsp.	Deutschsoz. Partei	Evangel. Gem.-bund.	Unabh. soz.-dem. P.	Bürger-Block	Nationalsozial. dt. Arbeiterp.	sonstige
97	2 379	1 804	1 541	1 383			815
27	1 122	1 045	1 273	1 745			286
71	1 851	1 575	1 392	1 921			444
73	2 105	1 738	1 103	1 230			569
29	1 744	1 395	768	1 120			680
38	2 011	1 746	1 296	785			794
92	5 159	2 755	1 838	860			1 075
14	1 486	1 580	1 391	1 258			616
41	1 977	2 352	858	445			771
39	982	1 123	1 031	1 049			716
95	1 663	1 723	481	164			417
13	2 001	2 853	899	370			1 626
53	550	407	821	153		137*	173
25		628	365	276			394
54	1 015		794	474	5 550		1 147
23	378	455	431	626			189
58	602	708	328	116			435
63	779		451	275			566
83	392		309	306			
17	674		139	52			165
05	**28 879**	**23 787**	**17 509**	**14 608**	**5 500**	**137**	**11 913**

* Die NSDAP war ausschließlich in Spandau angetreten und erreichte weniger als ein Prozent der Stimmen der SPD im gleichen Wahlbezirk.

86

STADTVERORDNETENWAHL 1925

Amtliche Ergebnisse. Zit. n. Statistisches Jahrbuch der Stadt Berlin 1926, S. 224

Wahlgang am 25. Oktober 1925

Verwaltungsbezirk	Sozialdem. Partei	Deutschnat. Volkspartei	Kommunist. Partei	Deutsche demokr. P.	Deutsche Volkspartei	Wirtschafts des dt. Mit
Kreuzberg	69 487	39 382	33 726	15 547	9 323	6 447
Wedding	60 307	20 958	54 024	9 813	4 137	4 783
Friedrichshain	56 921	22 950	42 314	11 117	4 589	6 167
Prenzlauer Berg	58 933	26 411	32 692	12 502	5 201	4 862
Mitte	39 569	27 261	21 369	15 115	7 244	5 113
Tiergarten	38 390	34 146	19 836	15 391	8 430	4 523
Charlottenburg	38 861	37 066	17 336	22 144	12 314	5 591
Neukölln	56 123	17 759	35 138	8 170	5 272	4 614
Schöneberg	27 526	33 732	10 159	14 973	10 053	4 396
Lichtenberg	31 493	15 433	21 140	5 866	3 515	3 891
Wilmersdorf	16 304	27 073	4 737	13 974	8 503	2 806
Steglitz	16 008	22 716	6 099	6 579	11 923	4 232
Spandau	19 071	9 645	5 480	2 222	2 566	2 586
Pankow	13 942	11 409	7 219	4 029	3 294	2 344
Reinickendorf	15 073	6 888	10 571	3 430	2 505	3 048
Treptow	16 090	7 991	9 758	3 276	2 864	1 686
Tempelhof	10 348	6 982	4 298	2 803	3 018	1 266
Cöpenick	9 094	5 788	6 263	1 633	1 692	2 793
Weißensee	7 016	4 508	4 425	1 368	1 435	1 410
Zehlendorf	4 140	7 226	797	2 002	3 568	705
Insgesamt*	**604 696**	**385 324**	**347 381**	**171 954**	**111 446**	**73 263**

* Die Wahl ergab eine Mehrheit für die demokratisch gesinnten Parteien SPD, DDR, DVP, Wirtschaftspartei und Zentrum. Allerdings erreichten die antidemokratischen Parteien DNVP und KPD zusammen fast drei Viertel der Stärke der demokratischen Parteien.

Deutsche Zentrumsp.	Dt. völk. Freiheitsp.	Deutschsoz. Partei	Evangel. Gem.-bund.	Unabh. soz.-dem. P.	Sparerbund	sonstige
6 394	2 387	1 811	1 525	1 399		679
4 425	1 132	1 057	1 272	1 737		142
5 765	1 861	1 599	1 396	1 907	262	216
5 085	2 109	1 756	1 102	1 212	283	400
4 856	1 763	1 407	767	1 113	188	596
6 239	2 026	1 768	1 272	804	276	341
5 382	5 164	2 782	1 838	871	520	509
3 213	1 487	1 605	1 366	1 264		595
4 046	1 991	2 356	858	444	162	581
3 242	981	1 160	1 045	1 048	490	184
2 507	1 653	1 746	485	166	318	93
2 412	2 028	2 894	894	364	523	1 077
1 768	643	429	830	146		199
1 020		546	358	281	333	55
1 878		414	577	473	40	243
1 541	383	480	423	620	106	100
1 352	609	716	326	119	22	447
659	732	211	431	278	440	98
883		224	281	305	16	14
589	387	249	132	47	121	50
63 265	**27 536**	**25 210**	**17 178**	**14 598**	**4 100**	**6 619**

87

REICHSTAGSWAHL 1928

Amtliche Ergebnisse. Zit. n. Statistisches Jahrbuch der Stadt Berlin 1928, S. 308f.

Wahlgang am 20. Mai 1928

Verwaltungsbezirk	Sozialdem. Partei D.	Kommun. Partei	Dt.-nat. Volkspartei	Dt. demokrat. Partei	Deutsche Volkspartei	Deutsche Zentrum
Kreuzberg	83 297	58 954	40 819	15 067	12 140	7 795
Wedding	74 579	88 650	24 129	9 801	5 713	5 663
Friedrichshain	70 668	71 156	25 532	10 943	6 228	6 697
Prenzlauer Berg	73 650	56 261	29 752	12 413	6 890	6 163
Mitte	53 189	43 959	30 478	14 767	8 426	6 285
Tiergarten	50 396	34 017	36 149	15 274	11 744	7 291
Charlottenburg	57 257	30 872	42 779	25 130	18 676	7 311
Neukölln	75 257	57 567	20 963	9 622	7 439	4 504
Schöneberg	38 739	17 913	36 705	16 787	13 896	5 185
Lichtenberg	44 684	36 951	17 862	6 578	5 812	4 073
Wilmersdorf	24 890	8 747	29 889	16 237	13 391	3 721
Steglitz	23 712	11 648	27 517	9 208	17 303	3 556
Spandau	28 017	11 765	12 238	3 501	5 004	2 462
Pankow	24 722	20 243	9 735	4 428	4 748	2 918
Reinickendorf	21 841	13 452	13 996	5 005	4 281	1 617
Treptow	22 176	17 703	9 473	4 063	3 786	2 011
Tempelhof	15 701	7 736	9 437	4 134	3 959	1 814
Cöpenick	15 547	11 319	8 428	2 770	2 906	980
Weißensee	11 102	10 715	5 456	1 743	2 107	1 175
Zehlendorf	6 772	1 689	8 795	3 049	5 417	1 078
Insgesamt	**816 196**	**611 317**	**440 132**	**190 520**	**159 866**	**82 299**

n

chsp. d. Mittelst.	Nat.-soz. deutsche Arbeiterp. (3)	Völk.-nation. Block	Linke Kommunisten	Volksrechtpartei	Volksbl. d. Inflationsgeschäd.	sonstige
756	4 031	1 585	771	510	817	2 923
594	1 742	907	668	299	763	2 071
377	2 439	938	768	352	510	2 879
718	2 343	998	645	387	433	1 775
434	3 069	1 495	609	377	670	2 264
810	2 898	1 599	522	587	574	2 576
449	3 959	3 845	808	996	453	3 063
474	2 145	937	695	335	373	2 414
493	2 949	1 501	375	572	512	1 902
783	1 876	929	448	519	248	1 815
434	2 231	1 502	300	596	267	1 421
122	3 021	2 080	247	579	261	1 464
194	1 566	250	262	119	148	680
762	914	556	238	152	138	895
173	851	447	288	258	114	718
896	603	398	231	142	67	878
185	822	694	111	110	60	519
144	726	368	145	371	60	525
288	330	121	140	70	72	530
685	537	548	73	237	21	341
771	**39 052**	**21 698**	**8 344**	**7 568**	**6 561**	**31 814**

88

LANDTAGSWAHL PREUSSEN 1928

Amtliche Ergebnisse. Zit. n. Statistisches Jahrbuch der Stadt Berlin 1928, S. 309f.

Wahlgang am 20. Mai 1928

Verwaltungsbezirk	Sozialdem. Partei D.	Kommun. Partei	Dt.-nat. Volkspartei	Dt. demokrat. Partei	Deutsche Volkspartei	Deutsche Zentrums
Kreuzberg	82 605	58 534	40 578	14 800	11 941	7 762
Wedding	74 365	88 415	24 031	9 735	5 644	5 671
Friedrichshain	70 185	70 905	25 285	10 876	6 178	6 666
Prenzlauer Berg	73 236	55 960	29 620	12 326	6 826	6 141
Mitte	52 844	43 629	30 217	14 642	8 238	6 204
Tiergarten	49 948	33 854	35 912	15 004	11 512	7 241
Charlottenburg	56 780	30 737	42 546	24 715	18 228	7 227
Neukölln	74 742	57 352	20 874	9 517	7 352	4 497
Schöneberg	38 376	17 715	36 605	16 683	13 643	5 129
Lichtenberg	44 309	36 683	17 682	6 545	5 718	4 054
Wilmersdorf	24 674	8 652	29 731	16 009	13 065	3 691
Steglitz	23 556	11 500	27 417	9 054	16 998	3 531
Spandau	27 786	11 700	12 183	3 492	4 910	2 443
Pankow	24 543	20 365	9 685	4 402	4 602	2 815
Reinickendorf	21 633	13 336	13 909	4 927	4 234	1 602
Treptow	22 037	17 546	9 412	4 027	3 758	2 002
Tempelhof	15 596	7 662	9 393	4 069	3 921	1 807
Cöpenick	15 467	11 209	8 400	2 740	2 880	968
Weißensee	11 037	10 628	5 434	1 720	2 080	1 178
Zehlendorf	6 683	1 676	8 753	2 996	5 300	1 079
Insgesamt	**810 402**	**608 058**	**437 667**	**188 279**	**157 028**	**81 708**

en

chsp. d. Mittelst.	Nat.-soz. deutsche Arbeiterp. (1)	Völk.-nation. Block	Linke Kommunisten	Volksrechtpartei	Volksbl. d. Inflationsgeschäd.	Dt.-Soz. Partei	sonstige
5 778	3 929	1 526	777	489	731	310	731
4 595	1 680	875	690	301	633	161	549
5 425	2 362	923	773	353	434	220	684
4 738	2 284	938	679	395	386	223	490
4 456	2 959	1 463	610	370	598	238	700
3 871	2 778	1 566	507	579	507	303	775
4 506	3 881	3 781	829	972	434	432	1 089
4 504	2 081	939	724	329	331	273	760
3 516	2 860	1 504	346	555	483	395	705
3 745	1 857	924	477	505	181	255	421
2 451	2 193	1 454	316	581	245	268	520
3 112	2 945	2 040	255	555	232	267	524
2 203	1 534	247	247	119	128	69	218
2 767	906	556	229	163	120	81	215
2 204	829	442	307	267	96	84	199
1 907	579	391	236	146	68	84	250
1 174	809	691	113	105	63	107	153
3 127	716	360	159	366	57	73	188
1 282	318	118	139	73	51	46	157
691	512	542	71	238	21	28	88
6 052	**38 012**	**21 280**	**8 484**	**7 461**	**5 799**	**3 917**	**9 416**

89

VOLKSBEGEHREN GEGEN DEN YOUNG-PLAN

Amtliches Ergebnis des Volksbegehrens[3] über das Freiheitsgesetz, das die Umsetzung des Reparations-Abkommens von 1929 als Landesverrat unter Strafe stellen sollte. Zit. n. Statistisches Jahrbuch der Stadt Berlin 1930, S. 352

Kampagne gegen den Young-Plan

Volksbegehren 16.-29. Oktober 1929

Bezirke	Stimmberechtigte	Eintragungen Zahl	In % der Stimmber.
Mitte	231 429	16 640	7,2
Tiergarten	223 319	21 150	9,5
Wedding	268 471	10 524	3,9
Prenzlauer Berg	241 825	13 986	5,8
Friedrichshain	256 296	11 682	4,6
Kreuzberg	302 018	21 809	7,2
Charlottenburg	269 051	26 461	9,8
Spandau	89 985	5 146	5,7
Wilmersdorf	141 764	19 445	13,7
Zehlendorf	36 676	5 578	15,2
Schöneberg	187 807	24 210	12,9
Steglitz	130 518	18 531	14,2
Tempelhof	57 805	5 431	9,4
Neukölln	225 415	9 145	4,1
Treptow	76 613	4 661	6,1
Köpenick	57 515	4 584	8,0
Lichtenberg	154 928	8 768	5,7
Weißensee	45 137	2 706	6,0
Pankow	81 312	7 310	9,0
Reinickendorf	89 494	5 088	5,7
Groß-Berlin	**3 167 378**	**242 855**	**7,7**

3 In den letzten zwei Oktober-Wochen 1929 konnten sich Wahlberechtigte in Listen eintragen lassen, um auf diese Weise ihren Willen zu demonstrieren, in einem Volksentscheid über das Freiheitsgesetz abstimmen zu wollen. Laut Artikel 73 der Reichsverfassung mussten zehn Prozent der Wähler das tun. Reichsweit trugen sich 10,02 Prozent der Wähler ein, also minimal mehr als notwendig. In Berlin lag der Wert deutlich niedriger bei nur 7,7 Prozent. Allein in den vier Bezirken Wilmersdorf, Zehlendorf, Steglitz und Schöneberg lag die Quote über zehn Prozent

90

VOLKSENTSCHEID GEGEN DEN YOUNG-PLAN

Amtliches Ergebnis des Volksentscheids[4] über das Freiheitsgesetz, das die Umsetzung des Reparations-Abkommens von 1929 als Landesverrat unter Strafe stellen sollte. Zit. n. Statistisches Jahrbuch der Stadt Berlin 1930, S. 352

Volksentscheid gegen den Young-Plan

Volksentscheid am 22. Dezember 1929

Bezirke	Stimm-berechtigte	Wahlbeteiligung in %	Abgegebene Stimmen gültig ja	nein	zus.	ungültig
Mitte	239 413	9,7	21 861	1 117	22 978	236
Tiergarten	212 862	12,8	29 401	1 291	30 692	293
Wedding	279 316	5,5	14 507	701	15 208	150
Prenzlauer Berg	255 131	8,4	20 429	870	21 299	175
Friedrichshain	265 531	6,5	16 225	904	17 129	161
Kreuzberg	315 506	10,0	29 960	1 305	31 265	258
Charlottenburg	285 770	13,5	36 840	1 565	38 405	314
Spandau	95 747	8,0	7 166	418	7 584	103
Wilmersdorf	153 741	17,9	26 149	1 097	27 246	215
Zehlendorf	41 607	20,9	8 254	346	8 600	90
Schöneberg	200 072	17,3	33 057	1 323	34 380	229
Steglitz	142 798	21,6	29 527	1 114	30 641	190
Tempelhof	65 208	13,9	8 634	326	8 960	73
Neukölln	238 656	6,3	14 143	743	14 886	110
Treptow	83 119	8,9	7 033	313	7 346	56
Köpenick	59 373	12,3	6 883	361	7 244	70
Lichtenberg	169 833	8,8	14 269	604	14 873	154
Weißensee	50 851	8,3	4 023	182	4 205	23
Pankow	88 545	13,2	11 084	467	11 551	101
Reinickendorf	102 209	8,8	8 595	369	8 964	54
Groß-Berlin	**3 375 288**	**10,9**	**348 010**	**15 416**	**363 456**	**3 055**

4 Beim Volksentscheid mussten, da es sich um ein verfassungsänderndes Gesetz handelte, die absolute Mehrheit der Wahlberechtigten zustimmen. Dieser Wert wurde weit verfehlt: Reichsweit stimmten 13,8 Prozent für das Freiheitsgesetz, in Berlin nur 10,3 Prozent.

91

STADTVERORDNETENWAHL 1929

Amtliche Ergebnisse. Zit. n. Statistisches Jahrbuch der Stadt Berlin 1930, S. 346f.

Wahlgang am 17. November 1929

Verwaltungsbezirk	Sozialdem. Partei D.	Dt.-nat. Volkspartei	Kommun. Partei.	Deutsche Demokr. Partei	Deutsche Volkspartei	Reichsp d. Dt. Mittelst.
Mitte	39 692	26 850	40 199	9 908	7 242	6 284
Tiergarten	38 993	32 775	30 512	11 142	10 038	5 418
Wedding	61 045	21 856	82 289	7 514	5 285	7 416
Prenzlauer Berg	61 147	26 903	52 855	8 840	5 845	7 106
Friedrichshain	56 581	22 910	64 076	7 111	5 350	7 643
Kreuzberg	65 760	37 123	55 005	10 075	10 275	8 511
Charlottenburg	41 438	37 520	27 758	18 713	21 416	8 217
Spandau	21 757	11 674	10 122	2 768	5 438	4 181
Wilmersdorf	18 431	28 092	7 249	12 467	13 522	3 443
Zehlendorf	5 319	8 531	1 518	2 357	5 566	1 177
Schöneberg	29 161	33 943	15 381	11 701	12 278	4 849
Steglitz	18 101	25 855	9 891	6 985	18 501	4 842
Tempelhof	13 766	9 997	7 171	3 192	3 824	1 832
Neukölln	62 223	20 295	56 100	7 907	7 840	6 079
Treptow	19 146	9 548	16 605	3 217	3 859	2 621
Cöpenick	11 730	7 044	10 828	1 697	2 568	4 707
Lichtenberg	37 537	16 348	35 251	4 338	5 346	5 783
Weißensee	9 736	5 156	9 650	1 328	1 812	2 259
Pankow	18 189	13 143	12 658	3 769	3 787	3 614
Reinickendorf	21 983	9 069	20 159	13 427	4 458	4 347
Insgesamt	**651 735**	**404 632**	**565 277**	**138 456**	**154 250**	**100 329**

n …trums- …tei	Dt.-völk. Freiheits- bewegung	Christlicher Volksdienst	Unabäng. Soz.-dem. Partei D.	Linke Kom- munisten (Leninbund)	Nat.-soz. deutsche Arbeiterp. (Hitlerbew.)	sonstige
327	409	1 671	232		8 616	1 175
828	533	2 083	316	256	9 934	1 345
910	254	2 589	619	493	6 271	1 122
774	375	1 966	428	309	8 281	1 340
164	331	2 328	636	512	6 811	1 703
447	441	2 757	492	316	11 406	1 548
	1 600	3 118	309	326	14 087	1 899
711	209	865	51		3 351	521
885	460	718	112	160	8 444	739
217	188	242	24		2 268	207
298	486	1 155	151	203	11 031	1 347
091	532	1 563	180		10 608	1 472
320	309	793	51		2 721	411
770	387	2 271	477	367	7 070	1 271
361	69	851	212	93	2 672	512
141	132	599	108	27	2 811	464
799	319	2 130	326	153	6 933	1 266
425	89	623	61	379	1 388	616
821	168	772	104	123	3 578	432
115	94	993	185	80	3 816	589
404	**7 385**	**30 087**	**1 074**	**3 797**	**132 097**	**19 979**

92

STADTVERORDNETENWAHL 1929 NACH GESCHLECHTERN

Stadtverordnetenwahlen vom 17. November 1929 in Berlin - Ergebnisse nach dem Geschlecht der Wähler*

Bezirk		Prozentualer Anteil der Parteien an den gültigen Stimmen KPD	SPD	DDP	Z	DVP	Wirtschafts-partei	DNVP	NSDAP
Mitte	Zus.	27,1	26,7	6,7	4,3	4,9	4,2	18,1	5,8
	m.	55,1						41,2	54,7
	w.	44,9						58,8	45,3
Tiergarten	zus.	20,2	25,8	7,4	5,2	6,6	3,6	21,7	6,6
	m.	55,2						38,2	52,6
	w.	44,8						61,8	47,4
Wedding	zus.	40,6	30,1	3,7	2,9	2,6	3,7	10,8	3,1
	m.	53,0						41,5	54,0
	w.	47,0						58,5	46,0
Prenzlauer Berg	zus.	29,0	33,6	4,9	3,7	3,2	3,9	14,8	4,6
	m.	53,7						41,6	53,9
	w.	46,3						58,4	46,1
Friedrichshain	zus.	35,0	30,9	3,9	3,9	2,9	4,2	12,5	3,7
	m.	54,2						41,8	53,9
	w.	45,8						58,2	46,1
Kreuzberg	zus.	25,9	31,0	4,8	4,0	4,8	4,0	17,5	5,4
	m.	35,9						40,0	53,2
	w.	54,1						60,0	46,8
Charlottenburg	zus.	15,7	23,5	10,6		12,1	4,7	21,3	8,0
	m.	55,3						39,0	52,4
	w.	44,7						61,0	47,6
Spandau	zus.	16,0	34,4	4,4	4,3	8,6	6,6	18,4	5,3
	m.	59,4						43,6	58,9
	w.	40,6						56,4	41,1
Wilmersdorf	zus.	7,4	18,9	12,8	4,0	13,8	3,5	28,7	8,6
	m.	54,3						36,6	49,7
	w.	45,7						63,4	50,3
Zehlendorf	zus.	5,3	18,6	8,2	4,3	19,5	4,1	29,8	7,9
	m.	55,2						38,5	51,2
	w.	44,8						61,5	48,8

Schöneberg	zus.	12,[illegible]	23,0	9,2	4,2	9,7	3,8	26,7	8,7
	m.	55,5						37,6	50,5
	w.	44,5						62,4	49,5
Steglitz	zus.	9,6	17,6	6,8	4,0	18,0	4,7	25,2	10,3
	m.	55,9						39,2	50,5
	w.	44,1						60,8	49,5
Tempelhof	zus.	15,5	29,7	6,9	5,0	8,2	4,0	21,6	5,9
	m.	56,3						42,4	55,2
	w.	53,2						57,6	44,8
Neukölln	zus.	31,7	35,1	4,5	2,7	4,4	3,4	11,5	4,0
	m.	53,5						43,3	55,3
	w.	46,5						56,7	44,7
Treptow	zus.	26,9	31,0	5,2	3,8	6,3	4,2	15,5	4,3
	m.	54,8						43,7	57,1
	w.	45,2						56,3	42,9
Köpenick	zus.	24,7	26,8	3,9	2,6	5,9	10,7	16,1	6,4
	m.	54,3						43,2	53,0
	w.	45,7						56,8	47,0
Lichtenberg	zus.	29,3	31,1	3,6	4,0	4,4	4,8	13,6	5,8
	m.	55,1						44,4	55,1
	w.	44,9						55,6	44,9
Weißensee	zus.	28,0	28,2	3,9	4,1	5,3	6,5	14,9	4,0
	m.	55,1						45,1	56,7
	w.	44,9						54,9	43,3
Pankow	zus.	20,4	29,3	6,1	2,9	6,1	5,8	21,1	5,8
	m.	56,2						41,6	53,5
	w.	43,8						58,4	46,5
Reinickendorf	zus.	27,9	30,4	4,7	4,3	6,2	6,0	12,5	5,3
	m.	56,0						44,0	54,5
	w.	44,0						56,0	45,5
Groß-Berlin	**zus.**	**24,6**	**28,4**	**6,0**	**3,6**	**6,7**	**4,4**	**17,6**	**5,8**
	m.	**54,4**						**40,5**	**53,2**
	w.	**45,6**						**59,5**	**46,8**

Berechnungen nach: Statistisches Jahrbuch der Stadt Berlin 6 (1930), S. 348f.

93

REICHSTAGSWAHL 1930

Amtliche Ergebnisse. Zit. n. Statistisches Jahrbuch der Stadt Berlin 1931, S. 339f.

Wahlgang am 14. September 1930

Verwaltungsbezirk	Sozialdem. Partei D.	Dt.-nat. Volkspartei	Deutsche Zentrumsp.	Kommun. Partei	Deutsche Volkspartei	Christl.-soz. Volk gemeins
Mitte	45 123	23 425	6 998	52 872	5 096	479
Tiergarten	42 280	27 102	8 256	39 917	6 029	404
Wedding	64 642	20 015	6 254	99 223	3 699	493
Prenzlauer Berg	66 024	23 670	6 957	67 098	3 483	402
Friedrichshain	59 902	19 648	7 446	80 178	3 183	462
Kreuzberg	69 114	31 486	8 769	70 400	6 086	558
Charlottenburg	52 647	31 803	9 132	39 042	11 822	681
Spandau	26 562	10 377	3 131	16 432	4 654	344
Wilmersdorf	26 053	23 419	5 054	11 071	9 009	351
Zehlendorf	6 900	7 429	1 407	2 593	4 113	155
Schöneberg	35 028	27 124	5 967	21 991	7 856	361
Steglitz	22 544	21 289	4 284	14 165	11 540	472
Tempelhof	17 097	9 728	2 871	10 915	2 607	123
Neukölln	65 783	17 580	4 995	70 344	4 862	488
Treptow	22 116	9 010	2 509	21 791	2 533	183
Köpenick	14 674	7 297	1 305	15 211	2 198	178
Lichtenberg	42 011	14 705	5 147	45 560	3 294	319
Weißensee	10 958	5 245	1 680	14 185	1 231	130
Pankow	21 799	12 194	2 225	18 144	2 351	184
Reinickendorf	26 837	8 731	3 610	28 103	3 466	253
Insgesamt	**738 094**	**351 277**	**97 997**	**739 235***	**99 112**	**7 020**

* Zum ersten Mal erhielt in Berlin eine antidemokratische Partei die meisten Stimmen. Zusammen mit der reaktionären DNVP und der NSDAP erreichten die Gegner der Weimarer Republik die Mehrheit in der Reichshauptstadt.

n Staats- ei	Reichsp. d. Dt. Mittelst.	Dt. Kulturp. d. geist. Berufe, Angest. u. Beamten	National-sozialist. deutsche Arbeiterp.	Deutsches Landvolk	Volksrechtpartei u. Christlich-soziale Reichspartei	sonstige
350	4 128	235	26 359	88	137	2 928
143	3 536	208	28 305	99	217	4 213
881	4 833	291	20 758	51	145	3 728
659	4 544	221	24 906	23	170	3 050
778	4 900	265	24 461	37	178	3 529
410	5 492	271	33 758	95	242	4 457
995	4 567	287	39 739	132	330	6 042
026	2 535	138	12 283	101	58	2 458
184	2 059	136	22 124	125	190	4 028
444	685	38	6 207	107	60	1 942
315	3 177	193	29 322	109	157	4 026
511	3 132	171	28 013	163	198	5 602
354	1 320	73	9 435	105	63	1 608
798	4 472	255	22 342	122	145	3 647
435	2 102	108	9 338	52	138	1 551
456	3 267	181	7 875	31	215	1 217
167	3 969	217	20 017	83	211	3 056
357	1 468	82	6 171	47	52	793
942	2 439	150	11 773	130	91	1 549
055	2 902	152	12 802	89	77	1 802
260	**65 527**	**3 672**	**395 988**	**1 789**	**3 074**	**61 226**

94

VOLKSBEGEHREN ZUR LANDTAGSAUFLÖSUNG

Amtliches Ergebnis des Volksbegehrens[5] über eine vorzeitige Auflösung des Preußischen Landtages. Zit. n. Statistisches Jahrbuch der Stadt Berlin 1932, S. 258

Volksbegehren 8.-21. April 1931

Bezirke	Stimmberechtigte	Eintragungen Zahl	In % der St.-b.
1 Mitte	238 795	25 196	10,6
2 Tiergarten	221 031	34 455	15,6
3 Wedding	280 106	17 688	6,3
4 Prenzlauer Berg	258 575	22 470	8,7
5 Friedrichshain	264 519	18 996	7,2
6 Kreuzberg	308 136	33 419	10,8
7 Charlottenburg	285 953	47 645	16,7
8 Spandau	98 951	13 501	13,6
9 Wilmersdorf	157 787	35 541	22,5
10 Zehlendorf	44 022	12 113	27,5
11 Schöneberg	197 116	39 455	20,0
12 Steglitz	146 966	40 595	27,6
13 Tempelhof	72 700	12 219	16,8
14 Neukölln	243 157	18 229	7,5
15 Treptow	88 376	10 023	11,3
16 Köpenick	62 018	9 110	14,7
17 Lichtenberg	178 176	16 399	9,2
18 Weißensee	53 574	5 995	11,2
19 Pankow	93 577	14 309	15,3
20 Reinickendorf	110 799	11 504	10,4
Groß-Berlin	**3 404 334**	**438 862**	**12,9**

5 In der zweiten und dritten April-Woche 1931 konnten sich Wahlberechtigte in Listen eintragen lassen, um auf diese Weise ihren Willen zu demonstrieren, in einem Volksentscheid über eine Auflösung des Preußischen Landtages und Neuwahlen abstimmen zu wollen. Neben dem Veteranenverband Stahlhelm unterstützten die antidemokratischen Parteien NSDAP und DNVP den Antrag, aber auch die bis dahin noch zum demokratischen Lager zählende DVP. Die KPD hielt sich bedeckt. Laut Artikel 6 der Verfassung von 1920 und dem entsprechenden Ausführungsgesetz mussten 20 Prozent der Wähler das tun. Landesweit trugen sich 22,6 Prozent der Wähler ein, also etwas mehr als notwendig. In Berlin lag der Wert deutlich niedriger bei nur 12,9 Prozent. Allein in den vier Bezirken Wilmersdorf, Zehlendorf, Steglitz und Schöneberg lag die Quote über 20 Prozent.:

95

VOLKSENTSCHEID ZUR LANDTAGSAUFLÖSUNG

Amtliches Ergebnis des Volksentscheids[6] über eine vorzeitige Auflösung des Preußischen Landtages. Zit. n. Statistisches Jahrbuch der Stadt Berlin 1932, S. 258

Volksentscheid am 9. August 1931

Bezirke	Stimm-berechtigte	Wahlbeteili-gung in %	Abgegebene Stimmen gültig			
			ja	nein	zus.	ungültig
1 Mitte	234 379	30,2	67 329	2 289	69 618	1 225
2 Tiergarten	218 024	32,0	66 424	2 193	68 617	1 166
3 Wedding	278 154	34,3	89 974	3 294	93 268	2 022
4 Prenzlauer Berg	256 561	29,9	72 899	2 467	75 366	1 369
5 Friedrichshain	259 625	31,4	77 051	2 765	79 816	1 580
6 Kreuzberg	291 140	31,9	88 352	2 908	91 200	1 628
7 Charlottenburg	284 846	29,1	79 682	2 075	81 757	1 076
8 Spandau	101 115	30,2	29 096	1 003	30 099	482
9 Wilmersdorf	152 700	32,5	47 525	1 284	48 809	744
10 Zehlendorf	46 283	38,4	16 932	500	17 432	344
11 Schöneberg	195 068	32,4	60 698	1 631	62 329	799
12 Steglitz	144 866	42,2	58 863	1 571	60 434	747
13 Tempelhof	78 919	31,6	23 941	687	24 628	342
14 Neukölln	244 770	30,9	71 500	2 513	74 013	1 667
15 Treptow	92 944	31,6	27 995	852	28 847	538
16 Köpenick	65 565	40,7	25 529	749	20 278	432
17 Lichtenberg	182 851	30,9	53 690	1 858	55 548	1 041
18 Weißensee	57 328	34,0	18 741	518	19 259	244
19 Pankow	97 268	33,9	31 436	963	32 399	591
20 Reinickendorf	114 418	33,6	36 536	1 270	37 806	651
Groß-Berlin	**3 396 824**	**32,3**	**1 044 193**	**33 390**	**1 077 583**	**16 688**

6 Am 9. August 1931 fand der Volksentscheid über eine Auflösung des Preußischen Landtages und Neuwahlen statt. Neben dem Veteranenverband Stahlhelm unterstützten die antidemokratischen Parteien NSDAP und DNVP unterstützte nun auch die KPD den Antrag, außerdem die DVP. Laut Artikel 6 der Preußischen Verfassung von 1920 und dem entsprechenden Ausführungsgesetz mussten 50 Prozent der Wähler mit „Ja" stimmen, um den Landtag aufzulösen. Landesweit stimmten 37,1 Prozent der Wahlberechtigten für eine Landtagsauflösung. In Berlin lag der Wert mit 30,7 Prozent.

96

WAHL DES REICHSPRÄSIDENTEN 1932

Erster Wahlgang am 13. März 1932

Verwaltungsbezirk	Stimmberechtigte überhaupt	Abgegebene Stimmen gültig	ungültig	Wahlbeteiligung %
Mitte	219 951	182 162	926	83,2
Tiergarten	222 783	178 726	839	80,6
Wedding	285 302	236 481	1 219	83,3
Prenzlauer Berg	252 390	218 330	1 187	87,0
Friedrichshain	254 602	214 933	1 214	84,9
Kreuzberg	293 496	246 196	1 209	84,3
Charlottenburg	275 752	231 854	933	84,4
Spandau	105 242	91 381	570	87,4
Wilmersdorf	159 466	136 054	445	85,6
Zehlendorf	48 060	42 804	141	89,4
Schöneberg	201 294	157 358	621	78,5
Steglitz	151 850	135 275	496	89,4
Tempelhof	85 258	74 499	320	87,8
Neukölln	247 829	216 563	1 302	87,9
Treptow	95 882	83 538	529	87,7
Köpenick	65 833	57 946	347	88,5
Lichtenberg	183 735	156 102	862	85,4
Weißensee	57 729	48 873	226	85,4
Pankow	101 764	88 815	438	87,7
Reinickendorf	117 532	102 220	529	87,4
Insgesamt	**3 425 750**	**2 900 110**	**14 353**	**85,1**

Zweiter Wahlgang am 10. April 1932

Verwaltungsbezirk	Stimmberechtigte	Abgegebene Stimmen gültig	ungültig	Wahlbeteiligung %
Mitte	220 065	172 372	1 131	78,8
Tiergarten	224 731	169 120	1 176	75,8
Wedding	286 164	225 825	1 328	79,4
Prenzlauer Berg	251 854	209 027	1 356	83,5
Friedrichshain	254 137	204 900	1 309	81,1
Kreuzberg	293 173	234 138	1 488	80,4
Charlottenburg	278 732	220 324	1 298	79,5
Spandau	106 162	88 283	536	83,7
Wilmersdorf	161 176	127 386	825	79,5
Zehlendorf	49 038	41 016	300	84,3
Schöneberg	201 300	148 961	905	74,4
Steglitz	153 457	129 436	884	84,9
Tempelhof	85 849	71 259	490	83,6
Neukölln	248 496	207 718	1 340	84,1
Treptow	96 218	80 365	550	84,1
Köpenick	67 261	56 417	516	84,6
Lichtenberg	184 364	149 672	917	81,7
Weißensee	58 147	46 432	240	80,3
Pankow	102 355	85 077	580	83,7
Reinickendorf	117 988	98 032	606	83,6
Insgesamt	**3 440 667**	**2 765 760**	**17 829**	**80,9**

Amtliche Ergebnisse[7]. Zit. n. Statistisches Jahrbuch der Stadt Berlin 1932, S. 258f.

7 Im ersten Wahlgang erreichte kein Kandidat die notwendige absolute Mehrheit. Für eine Wiederwahl Hindenburgs hatte sich, um die Wahl Adolf Hitlers zu verhindern, ein breites Bündnis von SPD, Zentrum und den liberalen Parteien ausgesprochen. Im zweiten Wahlgang trat Theodor Duesterberg nicht mehr an; die meisten seiner Wähler gingen zu Hitler über.

tige Stimmen esterberg VP)	von Hindenburg (parteilos)	Hitler (NSDAP)	Thälmann (KPD)	Winter (Inflationsgeschädigte)
017	79 367	40 511	47 644	614
944	81 926	42 767	35 526	539
274	96 843	35 851	90 693	818
967	100 317	40 350	61 939	754
289	92 554	36 642	72 530	912
529	109 788	51 735	64 138	992
151	113 959	61 580	34 635	521
732	43 636	25 685	16 182	139
032	70 643	39 008	10 106	256
283	20 895	12 750	2 831	44
232	74 128	45 596	19 037	359
605	57 689	47 577	13 182	210
832	35 798	20 485	11 170	208
404	96 920	41 235	67 112	885
761	37 441	18 915	21 209	210
469	23 299	15 174	13 885	118
549	69 248	32 600	43 222	481
353	19 199	12 132	14 082	106
442	39 459	22 231	18 474	205
359	44 552	23 229	27 814	266
224	**1 307 661**	**666 053**	**685 411**	**8 637**

Gültige Stimmen von Hindenburg* (parteilos)	Hitler (NSDAP)	Thälmann (KPD)
79 539	53 038	39 789
83 689	56 509	28 918
98 412	49 400	78 012
101 355	55 373	52 296
93 066	49 137	62 692
110 951	69 066	54 106
115 138	77 136	28 043
44 477	31 026	12 776
70 880	48 633	7 861
21 851	16 936	2 225
75 115	58 674	15 167
59 269	59 809	10 351
36 685	25 596	8 974
98 729	52 156	56 829
38 765	24 140	17 459
24 827	19 817	11 763
71 146	42 218	36 304
19 799	14 995	11 638
39 924	30 183	14 968
45 325	29 779	22 928
1 328 941	**863 621**	**573 099**

* Hindenburg unterstützt von SPD und Zentrumspartei

97

ERSTE REICHSTAGSWAHL 1932

Amtliche Ergebnisse. Zit. n. Statistisches Jahrbuch der Stadt Berlin 1933, S. 262f.

Wahlgang am 31. Juli 1932

Verwaltungsbezirk	Sozialdem. Partei D.	National-sozialist. deutsche Arbeiterp.	Kommun. Partei Dtls.	Deutsche Zentrumsp.	Dt.-nat. Volkspartei	Deutsche Volkspart
Mitte	42 845	46 640	49 562	8 219	12 072	706
Tiergarten	39 682	46 728	38 242	10 366	15 963	1 118
Wedding	59 995	41 690	91 851	7 320	10 024	508
Prenzlauer Berg	61 217	46 767	63 255	7 833	12 072	621
Friedrichshain	54 204	41 683	74 287	8 355	9 947	481
Kreuzberg	62 431	58 606	66 348	10 279	16 265	997
Charlottenburg	52 718	67 265	39 503	13 596	20 897	2 125
Spandau	26 682	31 915	18 663	4 261	6 443	1 264
Wilmersdorf	29 038	40 086	11 699	9 256	17 312	1 904
Zehlendorf	8 486	14 531	3 382	2 967	7 741	1 215
Schöneberg	34 258	48 611	21 012	8 518	18 030	1 543
Steglitz	22 877	50 604	14 745	6 546	18 691	2 517
Tempelhof	19 000	23 208	11 923	4 075	7 251	647
Neukölln	59 911	46 551	66 898	6 291	9 589	818
Treptow	23 413	22 006	21 688	3 538	5 519	577
Köpenick	18 813	21 044	18 301	2 086	6 405	542
Lichtenberg	43 214	38 414	45 858	6 564	9 132	719
Weißensee	11 497	13 790	14 912	2 162	2 719	241
Pankow	23 687	27 382	20 171	3 387	7 213	577
Reinickendorf	28 016	29 224	29 683	4 727	6 071	678
Insgesamt	**722 064**	**756 745**	**721 983**	**130 346**	**219 356**	**19 798**

en

Staats- -tei	Reichsp. d. Dt. Mittelst.	Christlich-sozialer Volksdienst (Ev Bew.)	Sozialist. Arbeiterp. Deutschlands	Dt. Landvolk – Christl. Nat. Bauern- und Landvolkpartei	Polenliste	sonstige
2 203	300	541	190	23	81	633
2 742	230	722	218	48	162	722
1 939	372	839	330	32	95	645
2 200	350	539	323	47	60	128
1 589	330	698	329	34	208	674
2 621	420	828	346	25	200	740
4 851	406	911	213	28	109	169
952	358	667	61	13	20	73
3 980	178	373	132	10	27	102
1 260	69	171	44	11	1	63
3 303	182	437	121	20	37	104
2 861	220	742	98	13	14	119
1 573	138	400	101	13	14	66
2 033	489	829	456	23	90	117
1 358	208	433	128	8	20	54
944	239	351	147	8	11	54
1 611	397	855	193	20	47	131
416	123	241	74	7	30	26
1 256	282	434	106	18	9	60
1 332	324	570	188	9	13	70
1 024	**5 615**	**11 587**	**3 798**	**410**	**1 248**	**4 750**

98

ZWEITE REICHSTAGSWAHL 1932

Amtliche Ergebnisse. Zit. n. Statistisches Jahrbuch der Stadt Berlin 1933, S. 264f.

Wahlgang am 6. November 1932

Verwaltungsbezirk	National-sozialist. deutsche Arbeiterp.	Sozialdem. Partei D.	Kommun. Partei Dtls.	Deutsche Zentrumsp.	Dt.-nat. Volkspartei	Deutsche Volkspart
Mitte	43 524	37 294	57 980	7 596	16 591	983
Tiergarten	45 318	36 409	45 549	9 955	22 694	1 836
Wedding	40 329	52 537	105 487	7 105	13 486	677
Prenzlauer Berg	45 835	55 201	76 412	7 573	16 593	890
Friedrichshain	40 335	48 243	87 355	7 855	12 931	601
Kreuzberg	54 508	55 653	79 321	9 585	23 333	1 524
Charlottenburg	64 641	49 402	49 328	12 495	31 982	3 716
Spandau	29 241	22 766	20 529	3 895	8 386	1 829
Wilmersdorf	37 588	29 487	15 971	8 328	27 468	3 348
Zehlendorf	12 395	7 776	4 366	2 491	11 238	2 014
Schöneberg	47 155	32 594	26 880	7 820	26 490	2 632
Steglitz	47 775	21 160	19 087	6 233	29 122	4 095
Tempelhof	22 336	17 288	15 624	4 223	10 767	1 047
Neukölln	46 322	54 656	82 188	6 323	13 758	1 019
Treptow	21 379	21 245	25 871	3 442	7 838	759
Köpenick	17 108	13 056	16 968	1 680	7 038	580
Lichtenberg	37 162	37 991	54 661	6 237	12 505	971
Weißensee	13 583	9 614	18 471	2 050	3 858	305
Pankow	26 598	20 929	24 555	3 223	10 713	844
Reinickendorf	27 181	23 343	34 234	4 449	8 630	1 034
Insgesamt	**720 613**	**646 644**	**860 837**	**122 558**	**315 421**	**30 407**

en

. Staats- rtei	Reichsp. d. Dt. Mittelst.	Christlich sozialer Volksdienst (Ev Bew.)	Sozialist. Arbeiterp. Deutschlands	Dt. Landvolk – Christl. Nat. Bauern- und Landvolkpartei	Polenliste
2 065	117	695	100	11	93
2 807	93	974	175	18	192
1 806	152	1 007	259	10	105
2 148	153	617	272	8	67
2 553	142	852	245	13	274
2 574	200	983	254	14	220
4 785	190	1 204	134	11	136
705	224	764	31	12	19
4 281	78	547	96	17	28
1 166	10	247	12	7	2
3 247	93	556	115	9	45
2 559	112	947	52	12	12
1 353	46	518	73	13	17
2 075	179	983	333	11	110
1 165	81	509	93	5	29
659	94	387	67	1	3
1 554	186	987	138	8	57
396	90	241	54	3	26
1 266	137	455	74	5	11
1 150	137	625	153	5	8
9 314	**5 615**	**14 098**	**2 730**	**193**	**1 454**

99

ÜBERSICHT

DER WAHLERGEBNISSE 1921-1933

Schaubbild des Statistischen Amtes der Stadt Berlin. Aus: Kleines Berliner Taschenbuch 1936, S. 16

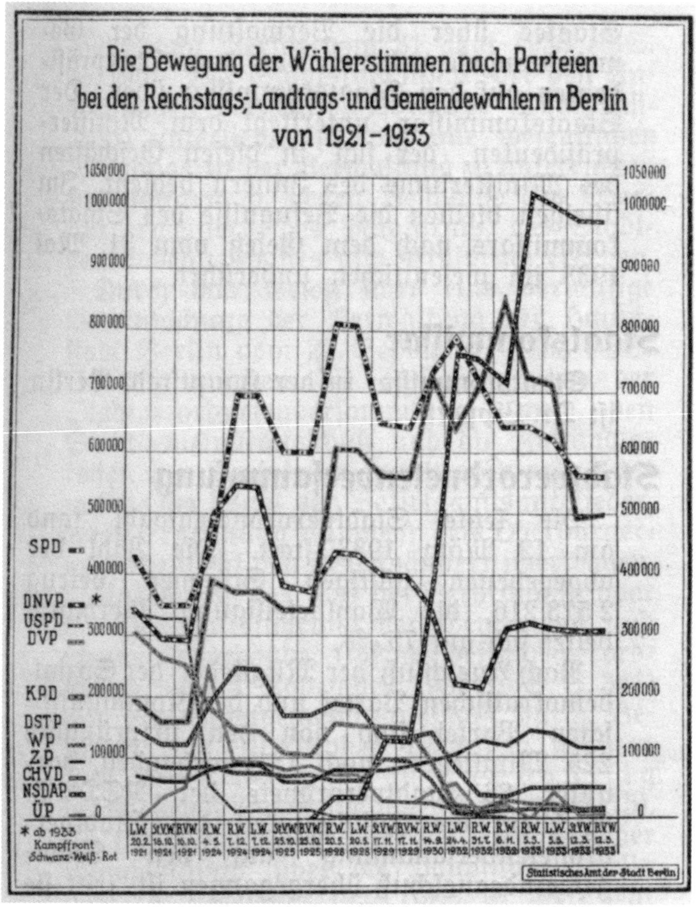

100

ENTWICKLUNG DER NSDAP

1928-1932

Zusammengestellt nach den amtlichen Ergebnissen.

Anteil der NSDAP bei Reichstags-, Landtags-, Stadtverordnetenwahlen in Berlin 1928 bis 1932
Prozentuale Anteile der NSDAP an den jeweils gültigen Stimmen

Bezirke	RT 20.5.28	StVV 17.11.29	RT 14.9.30	LT 24.4.32	RT 31.7.32	RT 6.11.32
Mitte	1,8	5,8	14,9	27,6	28,4	25,8
Tiergarten	1,7	6,6	16,5	25,9	29,8	27,1
Wedding	0,8	3,1	9,0	18,9	19,3	18,0
Prenzlauer Berg	1,2	4,6	11,9	23,3	23,8	22,1
Friedrichshain	1,2	3,7	11,6	20,7	21,6	20,0
Kreuzberg	1,7	5,4	14,0	26,1	26,6	23,7
Charlottenburg	2,0	8,0	8,5	31,8	33,1	29,4
Spandau	2,3	5,3	15,0	33,6	34,9	33,0
Wilmersdorf	2,1	8,6	18,8	33,6	35,1	29,3
Zehlendorf	1,8	7,9	17,7	35,5	36,3	29,4
Schöneberg	2,1	8,7	19,9	35,2	35,7	31,7
Steglitz	2,9	10,3	23,3	42,1	42,1	36,1
Tempelhof	1,8	5,9	15,7	32,7	33,9	30,3
Neukölln	1,2	1,4	11,1	22,6	24,0	22,2
Treptow	1,1	4,3	12,5	27,1	27,9	25,8
Köpenick	1,5	6,4	14,0	31,0	30,5	29,5
Lichtenberg	1,5	5,8	13,9	24,6	26,1	24,3
Weißensee	1,1	4,0	14,2	29,3	29,8	27,8
Pankow	1,3	5,8	15,3	31,6	32,3	29,9
Reinickendorf	1,3	5,3	13,8	28,1	29,0	27,1
Groß-Berlin	**1,6**	**5,8**	**14,6**	**27,9**	**28,7**	**26,0**

ANHANG

Quellen- und Literaturverzeichnis

1. Ungedruckte Quellen

Fahndungsplakat im Mordfall Horst Wessel (Sammlung Kellerhoff).

Flugblätter und Handzettel der NSDAP, der KPD und des Reichsbanners (Sammlung Kellerhoff).

Postkarten aus Berlin 1911-1933 (Sammlung Kellerhoff).

Propagandapostkarten der NSDAP (Sammlung Kellerhoff).

Wessel, Horst: Politika. Biblioteka Jagiellonska in Krakau, Ms. Berol. Germ. Oct. 762 sowie http://jbc.bj.uj.edu.pl/dlibra/docmetadata.

2. Zeitgenössische Schriften und andere gedruckte Quellen

Bade, Wilfried: Die SA erobert Berlin. Ein Tatsachenbericht. 55. Tausend München 1937 (zuerst 1933)

Berendt, Erich Franz: Soldaten der Freiheit. Ein Parolebuch des Nationalsozialismus 1918–1925. Hrsg. von Hermann Kretzschmann. Berlin 1935.

Booms, Hans / Erdmann, Karl-Dietrich (Hrsg.): Akten der Reichskanzlei. Die Kabinette Brüning I/II. 3 Bde. Boppard 1982-1990.

Dies (Hrsg.): Akten der Reichskanzlei. Das Kabinett von Papen. 2 Bde. Boppard 1989.

Dies. (Hrsg.): Akten der Reichskanzlei. Das Kabinett von Schleicher. 2 Bde. Boppard 1986

Broszat, Martin (Hrsg.): Die Anfänge der Berliner NSDAP 1926/27. In. Vierteljahrshefte für Zeitgeschichte 8 (1960), S. 85–117.

Heinrich Brüning: Memoiren 1918–1934. Stuttgart 1970.

Engelbrechten, Julek [Julius] Karl von: Eine braune Armee entsteht. Die Geschichte der Berlin-Brandenburger SA. München – Berlin 1937.

Ders. / Volz, Hans: Wir wandern durch das nationalsozialistische Berlin. Ein Führer durch die Gedenkstätten des Kampfes um die Reichshauptstadt. München 1937.

François-Poncet, André: Als Botschafter in Berlin. Deutsch von Erna Stübel. Mainz 1949 (zuerst 1948)

Goebbels, Joseph: Das Buch Isidor. Ein Zeitbild voll Lachen und Haß. 5. Aufl. München 1931 (zuerst 1929).

Ders.: Knorke. Ein neues Buch Isidor. 2. Aufl. München 1931 (zuerst 1931).

Ders: Das erwachende Berlin. 2. Aufl. München 1933 (zuerst 1933).

Ders.: Der Angriff. Aufsätze aus der Kampfzeit. München 1935.

Ders.: Kampf um Berlin. Bd. 1: Der Anfang 1926/27. [mehr nicht erschienen]. 9. Aufl. München 1936 (zuerst 1932).

Ders.: Vom Kaiserhof zur Reichskanzlei. Eine historische Darstellung in Tagebuchblättern. München 1934.

Ders.: Das Tagebuch von Joseph Goebbels 1925/26. Mit weiteren Dokumenten hrsg. von Helmut Heiber. Stuttgart 1960.

Ders.: Die Tagebücher von Joseph Goebbels. Teil I. Aufzeichnungen 1923–1941. Hrsg. von Elke Fröhlich. 9 Bde. in 14 Teilbänden. München usw. 1998–2008.

Gruchmann, Lothar / Weber, Reinhard / Gritschneder, Otto (Hrsg.): Der Hitler-Prozess 1924. Wortlaut der Hauptverhandlung vor dem Volksgericht München I. 4 Bde. München 1997–2000.
Hanfstaengl, Ernst: Zwischen Braunem und Weißem Haus. Erinnerungen eines politischen Außenseiters. 2. Aufl. München 1970 (zuerst 1970).
Hitler, Adolf: Mein Kampf. Zwei Bände in einem Band. 479. – 483. Auflage München 1939 (zuerst 1925/26, in einem Band 1930).
Ders.: Monologe im Führerhauptquartier 1941–1944. Die Aufzeichnungen Heinrich Heims. Hrsg. von Werner Jochmann. Hamburg 1980.
Ders.: Sämtliche Aufzeichnungen 1905–1924. Hrsg. von Eberhard Jäckel und Axel Kuhn. Stuttgart 1980.
Ders.: Reden – Schriften – Anordnungen 1925–1933. Hrsg. von Christian Hartmann u.a.. 6 Bde. in 13 Teilbänden. München usw. 1992–2002.
Huber, Ernst Rudolf: Dokumente zur deutschen Verfassungsgeschichte. Bd. 4: Deutsche Verfassungsdokumente 1918-1933. 3. Aufl. Stuttgart 1992.
Kessler, Harry Graf: Tagebücher 1918–1937. Hrsg. von Wolfgang Pfeiffer-Belli. Frankfurt/Main 1961.
Krause, Franz / Krause, Albert / Kohler, Emil: SA kämpft im Berliner Westen. Chronik der Standarte 17. Berlin 1937.
Kühnl, Reinhard (Hrsg.): Der deutsche Faschismus in Quellen und Dokumenten. Köln 1975.
Pünder, Hermann: Politik in der Reichskanzlei. Aufzeichnungen aus den Jahren 1929-1932. Stuttgart 1961
Tyrell, Albrecht (Hrsg.): Führer befiehl... Selbstzeugnisse aus der Kampfzeit der NSDAP. Düsseldorf 1969.
Der unbekannte SA-Mann. Ein guter Kamerad der Hitler-Soldaten. München 1930.
Wagener, Otto: Hitler aus nächster Nähe. Aufzeichnungen eines Vertrauten 1929–1932. Hrsg. von Henry A. Turner. 2. Aufl. Kiel 1987 (zuerst 1978).
Wessel, Ingeborg: Mein Bruder Horst. München 1934.
Woodward, Ernest Llewellyn/ Butler, Rohan/ Lambert, Margaret (Hrsg.); Documents on British Foreign Policy 1919-1939. 2. Serie, Bd. 4 (1932/33). London 1950.
Ziemann, Ernst: Adolf Hitler gewinnt Berlin. Leipzig o. J. [1937].

3. Periodika

Der Angriff; Berliner Illustrirte; Berliner Lokal-Anzeiger; Berliner Morgenpost; Berliner Tageblatt; BZ am Mittag; Frankfurter Zeitung; Illustrierter Beobachter; Nachtausgabe; Reichsgesetzblatt; Rote Fahne; Tägliche Rundschau; Völkischer Beobachter; Vorwärts; Vossische Zeitung; Welt am Abend; Weltbühne.

4. Literatur

Bering, Dietz: Von der Notwendigkeit politischer Beleidigungsprozesse. Der beginn der Auseinandersetzungen zwischen Polizeivizepräsident Bernhard Weiß und der NSDAP. In: Berlin in Geschichte und Gegenwart. Jahrbuch des Landesarchivs Berlin 1983. Hrsg. von Hans J. Reichardt. Berlin 1983, S. 87–112.
Ders.: Der Kampf um Namen. Bernhard Weiß gegen Joseph Goebbels. 2. Aufl. Stuttgart 1992 (zuerst 1991).
Berlin-Handbuch. Das Lexikon der Bundeshauptstadt. Hrsg. von Ernst Luuk u.a.. Berlin 1992.
Bracher, Karl-Dietrich: Die Auflösung der Weimarer Republik. Stuttgart 1955.
Ders. / Sauer, Wolfgang / Schulz, Gerhard: Die nationalsozialistische Machtergreifung. Studien zur Errichtung des totalitären Herrschaftssystems in Deutschland 1933/34. Köln – Opladen 1960.
Bräuninger, Werner: Hitlers Kontrahenten in der NSDAP 1921–1945. München 2004.
Bräutigam, Helmut / Gliech, Oliver C.: Nationalsozialistische Zwangslager in Berlin I. Die „wilden" Konzentrationslager und Folterkeller 1933/34. In: Ribbe, Wolfgang (Hrsg.): Berlin-Forschungen II. Berlin 1987, S. 141–178.
Burkert, Hans-Norbert / Matußek, Klaus / Wippermann, Wolfgang: „Machtergreifung" Berlin 1933. Berlin 1982.

Cadle, Caron: Kurt Daluege – Der Prototyp des loyalen Nationalsozialisten. In: Smelser, Ronald / Syring, Enrico / Zitelmann, Rainer (Hrsg.): Die braune Elite II. 21 weitere biographische Skizzen. Darmstadt 1993, S. 66–79.
Demps, Laurenz: Berlin-Wilhelmstraße. Eine Topographie preußisch-deutscher Macht. 3. Aufl. Berlin 2000 (zuerst 1994).
Deuerlein, Ernst: Hitlers Eintritt in die Politik. In: Vierteljahrshefte für Zeitgeschichte 7 (1959), S. 177–227.
Drage, Charles: Als Hitler nach Canossa ging. Deutsch von Brigitte Schreiber-Grabitz. Berlin 1982.
Ehls, Marie-Luise: Protest und Propaganda. Demonstrationen in Berlin in der Zeit der Weimarer Republik. Berlin – New York 1997.
Engel, Helmut u.a. (Hrsg.): Geschichtslandschaft Berlin – Orte und Ereignisse. Bd. 5: Kreuzberg. Berlin 1994.
Engelmann, Bernt: Berlin. Eine Stadt wie keine andere. Göttingen 1991.
Engeli, Christian / Ribbe, Wolfgang: Berlin der NS-Zeit. In: Ribbe, Wolfgang (Hrsg.): Geschichte Berlins 2 Bde. München 1987, Bd. 2, S. 925–1025.
Engler, Harald: Die Finanzierung der Reichshauptstadt. Untersuchungen zu den hauptstadtbedingten staatlichen Ausgaben Preußens und des Deutschen Reiches in Berlin vom Kaiserreich bis zum Dritten Reich (1871–1945). Berlin – New York 2004.
Falter, Jürgen / Lindenberger, Thomas / Schumann, Siegfried: Wahlen und Abstimmungen in der Weimarer Republik. Materialien zum Wahlverhalten 1919–1933. München 1986.
Ders.: Hitlers Wähler. München 1991.
Fest, Joachim: Hitler. Eine Biographie. Berlin – Frankfurt/M. 1973.
Ders.; Speer. Eine Biographie. Berlin 1999.
Ders./Hoffmann, Heinrich/Lang, Jochen von: Hitler. Gesichter eines Diktators. Eine Bilddokumentation. Neuausgabe München 1975 (zuerst 1968).
Franz-Willing, Georg: Die Hitler-Bewegung. Der Ursprung 1919–1922. Hamburg – Berlin 1962.
Ders.: Krisenjahr der Hitlerbewegung. 1923. Preußisch Oldendorf 1975.
Friedrich, Thomas: Die missbrauchte Hauptstadt. Hitler und Berlin. Berlin 2007.
Gliech, Oliver C.: Die Spandauer SA 1926–1933. Eine Studie zur nationalsozialistischen Gewalt in einem Berliner Bezirk. In: Ribbe, Wolfgang (Hrsg.): Berlin-Forschungen III. Berlin 1988, S. 107–205.
Hamilton, Richard F.: Who Voted For Hitler? Princeton 1982.
Joachimsthaler, Anton: Korrektur einer Biographie. Hitler 1905–1920. München 1989.
Ders.: Hitlers Weg begann in München 1913–1923. München 2000.
Ders.: Hitlers Liste. Ein Dokument persönlicher Beziehungen. München 2003
Keil, Lars-Broder / Kellerhoff, Sven Felix: Deutsche Legenden. Vom Dolchstoß und anderen Mythen der Geschichte. 2. Aufl. Berlin 2003 (zuerst 2002).
Kellerhoff, Sven Felix: Hitlers Berlin. Geschichte einer Hassliebe. Berlin 2005.
Kershaw, Ian: Hitlers Macht. Das Profil der NS-Herrschaft. Deutsch von Jürgen Peter Krause. München 1992.
Ders.: Hitler. Deutsch von Jürgen Peter Krause und Jörg W. Rademacher. 2 Bde München 1998–2000.
Kessemeier, Carin: Der Leitartikler Goebbels in den NS-Organen „Der Angriff" und „Das Reich". Münster 1967.
Köhler, Henning: Berlin in der Weimarer Republik. In: Ribbe, Wolfgang (Hrsg.): Geschichte Berlins. 2 Bde. München 1987, Bd. 2, S. 795–923.
Kruppa, Bernd: Rechtsradikalismus in Berlin 1918–1928. Diss masch. Berlin 1988.
Lilla, Joachim: Statisten in Uniform. Die Mitglieder des Reichstages 1933–1945. Ein biographisches Handbuch. Düsseldorf 2004.
Longerich, Peter: Die brauen Bataillone. Geschichte der SA. München 1989.
Ludwig, Cordula: Korruption und Nationalsozialismus in Berlin 1924–1934. Frankfurt/M. usw. 1998.
Mendelssohn, Peter de: Zeitungsstadt Berlin. Menschen und Mächte in der Geschichte der deutschen Presse. Neuausgabe Berlin 1982 (zuerst 1959)
Moreau, Patrik: Otto Strasser – Nationaler Sozialismus versus Nationalsozialismus. In: Smelser, Ronald / Zitelmann, Rainer (Hrsg.): Die braune Elite I. 22 biographische Skizzen. Darmstadt 1989, S. 286–298.

Neuber, Gerhard: Faschismus in Berlin. Entwicklung und Wirken der NSDAP und ihrer Organisationen in der Reichshauptstadt 1920–1934. Diss masch. Berlin (Ost) 1976.
Peuckert, Detlef: Alltag unterm Nationalsozialismus. Berlin 1981.
Picker, Henry / Hoffmann, Heinrich / Lang, Jochen von: Hitlers Tischgespräche im Bild. München 1980.
Plewnia, Margarete: Auf dem Weg zu Hitler. Der „völkische" Publizist Dietrich Eckart. Bremen 1970.
Reuth, Ralf Georg: Goebbels. München 1990.
Röhl, Klaus-Rainer: Fünf Tage im November. Kommunisten, Sozialdemokraten und Nationalsozialisten und der BVG-Streik vom November 1932 in Berlin. In: Krebs, Diethart / Stahr, Henrick (Hrsg.): Berlin 1932. Das letzte Jahr der ersten deutschen Republik. Berlin 1992, S. 161–177.
Sandner, Harald: Wo war Hitler? Manuskript (unveröffentlicht).
Sauer, Bernhard: Gerhard Rossbach – Hitlers Vertreter für Berlin. Zur Frühgeschichte des Rechtsradikalismus in der Weimarer Republik. In: ZfG 50 (2002), S. 5–21.
Ders.: Goebbels „Rabauken". Zur Geschichte der SA in Berlin-Brandenburg. In : Berlin in Geschichte und Gegenwart. Jahrbuch des Landesarchivs Berlin 1983. Hrsg. von Jürgen Wetzel. Berlin 2006, S. 107-164.
Schmitz-Berning, Cornelia: Vokabular des Nationalsozialismus. Berlin – New York 1998.
Schoeps, Julius H. (Hrsg.): Berlin. Geschichte einer Stadt. Berlin 2001.
Schulz, Gerhard: Der „Nationale Klub von 1919" zu Berlin. Zum politischen Zerfall einer Gesellschaft. In: Jahrbuch für die Geschichte Mittel- und Ostdeutschlands 11 (1962), S. 207–227.
Schulze, Hagen: Otto Braun. Preußens demokratische Sendung. Eine Biographie. 2. Aufl. Frankfurt/M. – Berlin 1977 (zuerst 1977).
Schuster, Martin: Die SA in der nationalsozialistischen „Machtergreifung"in Berlin und Brandenburg 1926–1934. Berlin 2005.
Schwarzwäller, Wulf C.: Hitlers Geld. Vom armen Kunstmaler zum millionenschweren Führer. Wien 1998.
Shirer, William L: Aufstieg und Fall des Dritten Reiches. Deutsch von Wilhelm und Modeste Pferdekamp. Neuausgabe Bindlach 1990 (zuerst 1957).
Sidman, Charles F.: Die Auflagenkurve des Völkischen Beobachters und die Entwicklung des Nationalsozialismus 1920–November 1923. In: Vierteljahrshefte für Zeitgeschichte 13 (1965), S. 112–118.
Steinbach, Peter: Berlin unter dem Nationalsozialismus. In: Ribbe, Wolfgang / Schmädecke, Jürgen (Hrsg.): Berlin im Europa der Neuzeit. Ein Tagungsbericht. Berlin 1990, S. 315–328.
Ders.: Berlin unter dem Nationalsozialismus. Hauptstadt im „Dritten Reich" – Zentrum des deutschen Widerstandes. In: Süß, Werner / Rytlewski, Ralf (Hrsg.): Berlin. Die Hauptstadt. Vergangenheit und Zukunft einer europäischen Metropole. Berlin – Bonn 1999, S. 121–156.
Steinert, Marlies: Hitlers Krieg und die Deutschen. Stimmung und Haltung der deutschen Bevölkerung im Zweiten Weltkrieg. Düsseldorf – Wien 1970.
Stremmel, Ralf: Modell und Moloch. Berlin in der Wahrnehmung deutscher Politiker vom Ende des 19. Jahrhunderts bis zum Zweiten Weltkrieg. Bonn 1992.
Striefler, Christian: Kampf und die Macht. Kommunisten und Nationalsozialisten am Ende der Weimarer Republik. Frankfurt/M. – Berlin 1993.
Turner, Henry A.: Die Großunternehmer und der Aufstieg Hitler. Deutsch von Hildegard Möller und Marina Münkler. Berlin 1985.
Ders.: Hitlers Weg zur Macht. Der Januar 1933. Deutsch von Enrico Heinemann und Thomas Pfeiffer. München 1996.
Tyrell, Albrecht: Vom Trommler zum Führer. München 1975.
Weber, Hermann: Hauptfeind Sozialdemokratie. Strategie und Taktik der KPD 1929–1933. Düsseldorf 1982.
Wilderotter, Hans: Alltag der Macht. Berlin Wilhelmstraße. Berlin 1998.
Winkler, Heinrich August. Weimar 1918–1933. Die Geschichte der ersten deutschen Demokratie. München 1993.
Wippermann; Wolfgang: Die Doppelstadt. Anmerkungen über den Stand und die Perspektive der Erforschung der Geschichte Berlins in der NS-Zeit. In: Röhr, Werner u.a. (Hrsg.): Faschismus und Rassismus. Kontroversen um Ideologie und Opfer. Berlin 1992, S. 377–399.